LA GRANDE TRANSFORMATION DES AVOCATS

LA GRANDE TRANSFORMATION DES AVOCATS

ESSAI

oct.
2014

Thierry WICKERS
Ancien président
du Conseil national des barreaux

DALLOZ

ISBN 978-2-247-15009-0

31-35, rue Froidevaux
75685 PARIS CEDEX 14

SERVICE CLIENTÈLE
tél. 0 820 800 017
fax 33 (0)1 41 48 47 92

www.editions-DALLOZ.fr

Eih bennek, eih blavek.
Devise syldave

Table des matières

DEUXIÈME PARTIE

MAÎTRISER LA TRANSFORMATION

Préface

VOICI UN OUVRAGE SINGULIER. Son auteur a exercé les plus hautes fonctions de représentation au sein du barreau : bâtonnier du barreau de Bordeaux, puis président de la conférence des bâtonniers et enfin président du Conseil national des barreaux. On pouvait donc s'attendre à ce qu'il publie un livre de souvenirs, comme le font la plupart de ses pairs arrivés au faîte de leur carrière professionnelle. Eh bien non ! Le président Wickers nous livre ici un essai réflexif sur l'avenir de la profession d'avocat, presque un livre programmatique. Si celui-ci arrive trop tard pour promouvoir les intérêts propres de l'auteur, il sera certainement d'une grande utilité pour celles et ceux qui aspirent à des fonctions représentatives au sein de la profession, plus encore pour tous les avocats qui s'intéressent à ce qu'ils font, au-delà de leur seule activité quotidienne de conseil ou de plaideur, voire pour tous les décideurs de politiques publiques.

Emprunté pour partie à Karl Polanyi, le titre du livre permet d'en résumer la thèse centrale : l'exercice du droit est aujourd'hui en plein bouleversement, ce qui peut amener la profession d'avocat à disparaître au profit du marché (première partie) si elle ne se transforme pas en modifiant sa pratique au niveau individuel et en se dotant d'une stratégie cohérente au plan collectif (seconde partie).

Beaucoup d'avocats pourront être surpris par ce propos tant ils sont encore nombreux à croire qu'une profession, qui dispose d'une aussi riche et ancienne histoire, ne peut précisément pas disparaître. Néanmoins la thèse défendue par le président Wickers est fortement étayée. Elle repose à mon sens sur trois piliers qui s'articulent les uns aux autres.

Le premier tient à l'évolution de la réglementation de la profession depuis plusieurs décennies, et plus encore aux soubassements intellectuels qui fondent cette évolution. L'auteur relève en effet que les décideurs publics s'appuient désormais massivement sur un discours emprunté à l'analyse économique du droit pour modifier les règles applicables aux professions juridiques, dont celle d'avocat. Le débat sur la réglementation est devenu un débat d'économistes qui ont accaparé le sujet au fil des trois dernières décennies. L'analyse dominante a tendu à remettre en cause la logique « professionnelle » de l'exercice du droit au motif que les professions auraient moins pour fonction de remédier aux défaillances du marché que d'assurer la protection de leurs membres en leur conférant une rente au détriment du public. Cette perception négative des professions juridiques a fondé des politiques publiques qui ont abouti au démantèlement de pans entiers de règles qui les organisaient aux fins de restituer au marché une part plus importante, sans que la promotion d'une analyse économique dite de l'intérêt public ait réussi à contrecarrer cette vision dominante. Pour autant l'auteur ne condamne pas celle-ci dans son intégralité et pour une raison sur laquelle il insiste à de nombreuses reprises.

Cette raison constitue le deuxième pilier de sa thèse. Le président Wickers reprend ici une analyse développée tant par le sociologue Lucien Karpik [1] que par l'anthropologue du droit Louis Assier-Andrieu [2], à savoir que la profession d'avocat n'a pu exister et l'emporter sur le marché que parce qu'elle a pactisé avec le public dont elle a servi les intérêts. Or ce pacte aurait été au moins partiellement rompu durant les dernières décennies, car la profession ne permettrait plus à la majeure partie des membres de la société d'accéder au droit. Le développement du barreau d'affaires a permis de servir les intérêts des plus grandes d'entre les entreprises alors que la mise en place d'un système d'aide juridictionnel a donné un certain accès au droit à la fraction la plus pauvre de la population; en revanche, l'entre-deux n'a guère été servi, ce que démontrent une multitude d'études empiriques réalisées un peu partout dans le monde. Une fraction croissante des justiciables, personnes physiques et morales, ne peut être conseillée ni faire prévaloir ses droits car les professionnels que sont les avocats, qui n'entendent rien céder de la qualité de leurs prestations ni des modes de fonctionnement de leurs cabinets (qui sont, selon la terminologie anglaise, des « *solution shops* »), ne les servent pas à un prix accessible.

1. Lucien Karpik, *Les avocats : Entre l'État, le public et le marché : XIIIe-XXe siècle*, « Bibliothèque des sciences humaines », Nrf - Gallimard, 1995.
2. Louis Assier-Andrieu, *Les avocats : Identité, culture et devenir*, Gazette du Palais - Lextenso, 2011.

L'auteur le déplore, mais il y voit surtout la cause du développement de services concurrents qui constitue le troisième pilier de sa démonstration. Ces services n'ont pu croître qu'en raison de l'apparition des nouvelles technologies. Ici l'on songe aux travaux précurseurs et à certains égards dévastateurs de Richard Susskind[1] et plus spécialement à cette idée que l'utilisation massive des nouvelles technologies standardise un nombre sans cesse croissant de services qui deviennent alors accessibles à de plus en plus de personnes. Le développement actuel de sites internet qui offrent une multitude de services juridiques à des prix plus bas que ceux pratiqués par les cabinets d'avocats en constitue la démonstration. À plus ou moins brève échéance, ces sites sont susceptibles de priver de travail une large fraction des professionnels du droit en révolutionnant le marché des services. Plus et pire que cela : en privant la profession de ce qui justifiait sa raison d'être, à savoir le service du public !

Le lecteur l'aura compris : les trois phénomènes mis en avant par le président Wickers sont susceptibles d'engendrer un cercle infernal propre à détruire toute logique professionnelle. (a) Le fait que les avocats aient rompu leur pacte avec un public qu'ils ne servent plus aussi bien qu'auparavant ne peut qu'encourager les pouvoirs publics à continuer à démanteler les règles professionnelles en espérant que le marché sera mieux à même de rendre service aux sujets de droit. (b) Or, ce démantèlement permet à de nouveaux acteurs, issus de l'économie numérique, de s'intéresser à un domaine d'activité qui ne leur était pas alors accessible, précisément parce qu'il n'était pas constitué en marché. Et l'on peut parier qu'ils le feront avec une efficacité d'autant plus grande que leur mode de fonctionnement relève plus de l'esprit d'entreprise que des arts libéraux. (c) Une efficacité qui encouragera les pouvoirs publics à accentuer le processus de démantèlement des règles professionnelles au motif que ces nouveaux acteurs servent les intérêts du public à certains égards mieux que les avocats. La boucle sera ainsi bouclée...

Voici pour le constat : la profession d'avocat est susceptible d'être absorbée par le marché. Quelle démarche faut-il alors suivre ? On peut d'abord accompagner le mouvement, voire le précéder ou l'accélérer. C'est l'état d'esprit qui semble l'emporter au Royaume-Uni

1. Richard Susskind, *The End of Lawyers? Rethinking the Nature of Legal Services*, Oxford University Press, 2008.

depuis qu'il a accouché en 2007 du fameux *Legal Services Act* dont les effets collatéraux se font sentir un peu partout dans le monde en suscitant nombre d'écrits, de débats et de projets de réforme. On peut aussi vouloir préserver la logique professionnelle en soutenant qu'elle a encore un sens. C'est l'option retenue par le président Wickers dans la seconde partie de son livre.

Il y cherche d'ailleurs moins à justifier le maintien de cette logique qu'à fournir à ses lecteurs les moyens d'y parvenir. Néanmoins la raison en est simple : elle tient tout entier dans le fait que l'auteur me semble adhérer à cette idée que la profession d'avocat fonde son existence sur le pacte qu'elle a su nouer au fil du temps avec le public. Renouons ce pacte, paraît-il soutenir, et les avocats maintiendront leur existence en tant qu'ils constituent une profession. Mais alors que d'autres ont soutenu, par exemple, qu'on ne pouvait se passer des avocats parce qu'ils sont indissociables des sociétés démocratiques et libérales[1], l'auteur - peut-être parce qu'il entend répliquer à des économistes - trouve implicitement le fondement de ce pacte, non dans la promotion des libertés publiques, mais avant tout dans l'accès au droit. En définitive, c'est du constat établi dans la première partie que le président Wickers déduit la solution : pour renouer ce pacte qui autorisera leur existence, les avocats doivent trouver en eux-mêmes les ressources nécessaires afin que la plus large fraction des membres de la société accède concrètement au droit.

À partir de cette prémisse qui vaut justification, l'auteur déroule son raisonnement. L'accès au droit (dont le lecteur aura compris qu'il ne se confond pas avec l'aide juridictionnelle) peut être promu de multiples façons dont certaines empruntent aux nouveaux concurrents des avocats : recours massif aux nouvelles technologies afin d'accroître une offre susceptible de s'adapter à une demande qui appelle des services plus standardisés, accroissement de la publicité et du démarchage (au-delà même de la timide loi du 17 mars 2014) afin de rendre l'offre plus transparente, ou encore ouverture du capital des cabinets aux capitaux extérieurs pour permettre aux avocats de lever les fonds nécessaires à leur développement. D'autres propositions sont plus spécifiques à la profession, telles celles relatives à la formation auxquelles l'auteur consacre un court mais tonique chapitre. Regret-

1. T. C. Halliday, L. Karpik and M. M. Feeley (ed.), *Fighting for Political Freedom: Comparative Studies of the Legal Complex and Political Liberalism*, Hart, 2007.

tant avec d'autres le caractère trop dogmatique de la formation des futurs avocats, il y souhaite en particulier que les étudiants puissent participer, au plus tôt et en très étroite collaboration avec les barreaux, à des programmes de « cliniques du droit » qui connaissent actuellement un intérêt croissant au sein des facultés de droit.

Laissons aux lecteurs le soin de découvrir les nombreuses idées de l'auteur dont certaines ne manqueront pas de susciter la discussion. Relevons simplement ici qu'elles vont à rebours de certains propos en vogue qui visent plutôt à concentrer l'activité des avocats sur certains segments de marché réputés les plus à même de dégager de la plus-value, tout en compensant parfois cette stratégie par un développement du *pro bono* au bénéfice des plus démunis (afin précisément de ne pas rompre ce fameux lien avec le public propre à justifier, aux yeux des pouvoirs publics, l'existence de la profession). En lecteur attentif des théories de l'innovation, le président Wickers retient que cette stratégie aboutirait à terme à une éviction des avocats du marché des services juridiques par les acteurs plus innovants, car ceux-ci commencent toujours par se concentrer sur les segments de marché les plus standardisés pour finir par investir les plus sophistiqués – et avec des moyens autrement plus importants que les avocats !

Relevons aussi que le propos rompt avec la doxa de la grande majorité des représentants de la profession depuis la parution du fameux *livre bleu* de 1967 qui avait partiellement servi de base aux travaux de la commission présidée en 2008 par Jean-Michel Darrois : celle d'une grande profession du droit. Mis à part le droit d'user du titre d'avocat quand un juriste exerce au sein d'une entreprise, l'auteur n'y croit pas et pour cette raison simple que les praticiens du droit soumis à un statut professionnel qui n'ont pas déjà rejoint le barreau, au premier rang desquels figurent les notaires, ne le souhaitent nullement. Le président Wickers fait plutôt le pari d'une profession d'avocat qui aura su se régénérer de l'intérieur au point de marginaliser les autres professions. Il défend d'autant plus cette idée qu'il est convaincu que celles-ci sont aujourd'hui confrontées à une même problématique, en l'occurrence justifier leur existence vis-à-vis du marché. Le cas des notaires, dont il est un analyste fin, lucide et à certains égards admiratif[1], est à ses yeux

1. Il ne faut pas manquer de lire l'article qu'il leur a récemment consacré : Thierry Wickers, « La dernière corporation », *Gaz. Pal.* 25-26 avr. 2014, n°s 115-116, p. 9 s.

emblématique. Remis en cause à intervalles réguliers par les pouvoirs publics (et en dernier lieu par un rapport déjà fameux de l'inspection générale des finances) qui considèrent qu'ils ne servent plus correctement les intérêts du public, ceux-ci ne cessent de multiplier les discours propres à justifier leur existence en tant que profession. L'effort le plus spectaculaire en ce sens aura été ces dernières années leur stratégie visant à faire accroire que l'acte authentique, qui leur sert de levier pour obtenir le bénéfice de droits exclusifs (dont celui sur les ventes immobilières), est au cœur de la tradition civiliste (autrement dénommée « continentale » aux pures fins de communication) et une source incomparable de sécurité juridique, alors même que personne n'y avait jamais songé auparavant, ledit acte étant relégué aux modestes questions de preuve. Néanmoins ce discours ne semble plus avoir prise sur le réel et plus spécialement sur des autorités européennes qui ne s'effraient pas du lobbying intense et souvent efficace des notaires, du moins quand il est relayé par le régulateur national (en l'occurrence les gardes des Sceaux successifs) qu'ils ont su capturer de longue date.

Pour autant, le président Wickers le reconnaît lui-même : cette « grande transformation des avocats » n'aura de chance d'advenir au profit d'une logique professionnelle que si les organes représentatifs du barreau sont en mesure d'exercer un effet d'entraînement, ce qui implique à son sens qu'elles sachent réformer tout à la fois leurs modes de régulation et de gouvernance.

Passons sur la régulation même si elle permet à l'auteur d'aborder des questions complexes et fort épineuses dont la discipline n'est pas la moindre dans la mesure où le régime actuel ne fonctionne pas en dépit de sa régionalisation. Disons plutôt quelques mots sur la gouvernance et spécialement ce qui fait l'actualité du jour : la réforme du Conseil national des barreaux. Le président Wickers parle ici en connaisseur qui sait allier à son expérience pratique une réelle maîtrise des théories de l'organisation. Les lecteurs retiendront peut-être essentiellement deux choses de sa subtile démonstration : d'une part que l'instauration d'un organe national qui s'appuierait uniquement sur les ordres est vouée à l'échec car ceux-ci ne disposent d'aucune représentativité politique, d'autre part que ce même organe ne s'imposera que s'il bénéficie d'un réel pouvoir hiérarchique sur des ordres qui ne doivent plus pouvoir s'exprimer « au nom de la profession » et que s'il est en mesure de rendre des services concrets à ses membres, ce qui exige de lui qu'il absorbe toute une série d'organismes techniques.

On peut parier que ce chapitre suscitera lui aussi le débat, tout comme l'ensemble de ce livre passionnant qui rénove largement la manière d'aborder les questions relatives à la profession d'avocat. Sa valeur repose à mon sens sur le fait que son auteur a su allier à sa connaissance concrète des questions une réflexion qui prend appui sur un corpus important de travaux académiques. Ce qui frappe quand on a l'occasion de fréquenter régulièrement les praticiens du droit et plus spécialement celles et ceux qui entendent les représenter, c'est qu'ils sont le plus souvent convaincus de détenir les clefs des questions qu'ils doivent traiter du seul fait de leur expérience quotidienne. Or, ce n'est pas le cas du président Wickers qui a su profiter de la lecture des nombreux travaux consacrés aux professions du droit qui sont aujourd'hui scrutées sous tous les angles par de multiples chercheurs de nombreuses disciplines qui s'y intéressent à la fois sur un plan théorique et empirique[1]. Ses réflexions s'en ressentent : elles sont toujours puisées aux meilleures sources dont on peut seulement regretter pour notre pays qu'elles soient essentiellement d'origine anglo-américaine.

On notera néanmoins que certains de ces travaux sont plus directement d'origine française. En effet, tout comme le bâtonnier Paul-Albert Iweins qui l'avait précédé à la tête du Conseil national des barreaux, le président Wickers avait su s'entourer d'un petit groupe de juristes, de sociologues et d'économistes pour aider les élus du Conseil à réfléchir à l'élaboration d'une stratégie professionnelle à moyen et long terme. C'est à cette expérience qu'il me fut donné de participer durant cinq années au sein du Centre de recherches et d'études des avocats (CREA), et c'est ce qui me vaut aujourd'hui le plaisir et l'honneur de rédiger une préface dont l'auteur n'a nul besoin. Cette expérience originale n'a malheureusement pas eu vraiment de suite alors qu'elle aurait pu aboutir à la constitution d'un corpus intellectuel propre à mieux orienter les prises de décision politique de celles et ceux qui ont aujourd'hui en charge de la profession d'avocat et de son avenir. On en trouve heureusement les traces dans cet essai, à la fois sobre et profond, qui ne devrait laisser aucun lecteur indifférent et, du

1. V. la récente synthèse de Ole Hammerslev, "Studies of the Legal Profession", *in* Reza Banakar and Max Travers (ed.), *Law and Social Theory*, Hart, 2013, p. 213 s.

moins est-ce le vœu que je formule, inaugurer une nouvelle orientation dans la stratégie qui doit être nécessairement et urgemment menée par les instances représentatives de la profession d'avocat dans les années à venir, qui sont celles de tous les dangers mais aussi de toutes les opportunités. Ce serait le plus bel héritage laissé à ses pairs par le président Wickers.

Christophe JAMIN,
Professeur des universités,
Directeur de l'École de Droit de Sciences Po

Avant-propos

« IL N'Y A PAS *de communauté professionnelle qui puisse porter sur elle-même un regard neutre, et la communauté des avocats n'échappe pas à la règle.* »[1]

Si ce « regard neutre » est indispensable, c'est parce que les membres d'un groupe ont besoin d'appréhender correctement la nature des forces auxquelles il est soumis. Ils doivent aussi être en mesure de comprendre la façon dont leurs actions individuelles, en se combinant, peuvent aboutir à des résultats qui ne sont pas ceux qu'ils poursuivent. Ils doivent, enfin, être capables de prévoir les incidences vraisemblables des décisions collectives qu'ils prennent sur le comportement des acteurs concernés.

À défaut, il y a de fortes chances que ceux qui appartiennent au groupe vivent les évolutions avec l'impression d'être emportés vers un futur qui les dépasse et développent un fort sentiment d'impuissance. La peur du changement s'installe alors. L'action collective risque de s'en trouver ralentie ou paralysée, de sorte que les décisions nécessaires à la survie du groupe deviennent impossibles à prendre.

Pour porter ce regard neutre, est-il possible de s'en remettre à la consultation des ouvrages publiés, chez nous, à propos des avocats ?

Un premier ensemble est composé de ceux qui évoquent les petits et les grands dossiers judiciaires. Ils sont parfois écrits par des avocats, qui racontent leurs souvenirs ou font part de leur expérience et parfois par des personnes extérieures à la profession, comme des journalistes. Les grandes figures des barreaux (femmes[2] ou hommes) sont aussi

1. Louis Assier-Andrieu, *Les avocats : Identité, culture et devenir,* Gazette du Palais - Lextenso, 2011, p. 7.

2. Christiane Féral-Schuhl avec la collaboration de Daniel Garcia, *Ces femmes qui portent la robe,* Plon, 2013.

régulièrement célébrées dans des publications qui contribuent à entretenir la mémoire collective de la profession. C'est une tradition assez répandue dans les barreaux que de conserver la trace de leur histoire et de ceux qui l'ont écrite. Sous un autre angle, de nombreux titres, qui traitent de la justice et de la façon dont elle est rendue, reviennent sur la place de l'avocat. Même si elles peuvent nous en apprendre beaucoup et à leur tour devenir sujets d'études, ces publications ne nous procurent pas ce regard neutre sur la communauté, auquel Louis Assier-Andrieu fait allusion.

Un autre groupe comprend les travaux, plus techniques, qui s'intéressent aux règles de la profession, sous l'angle juridique. Dans sa préface[1] des *Règles de la profession d'avocat*[2], André Damien rappelle que « les traités de déontologie consacrés aux avocats sont nombreux, diserts et d'inspiration diverse ». En réalité, à l'époque contemporaine, l'ouvrage que cosignent aujourd'hui André Damien et Henri Ader[3] reste la référence, s'agissant de l'objet qui est le sien, la déontologie des avocats. Plus récemment est apparue une nouvelle catégorie qui traite cette fois du cabinet et de sa gestion[4]. Il est même désormais possible, sur le site du Conseil national des barreaux, d'accéder à un *Guide* de l'avocat[5] qui se donne pour objectif de répondre « de manière concrète aux questions que les praticiens se posent au quotidien dans leur cabinet : règles déontologiques, statut, cadre et modes d'exercice, management, gestion, développement, marketing et communication des cabinets ». Tout cela est utile et même indispensable aux avocats, dans l'exercice quotidien de leur métier, mais ne répond pas pour autant au besoin déjà évoqué.

En fait, lorsqu'on cherche à identifier des travaux consacrés à la profession d'avocat, qui porteraient ce regard neutre sur la communauté et faciliteraient l'appréhension des problèmes qu'elle rencontre, les résultats de la quête sont minces. D'abord le grand classique de Lucien Karpik, *Les avocats : Entre l'État, le public et le marché* XIIIe-

1. Préface de la septième édition (reprise dans la quatorzième édition).

2. Henri Ader, André Damien, *Règles de la profession d'avocat*, 14e éd., « Dalloz Action », 2013.

3. À l'origine rédigé par Jacques Hamelin.

4. Dominique Jensen, *Cabinet d'avocats : Création et stratégie, organisation et gestion*, 2e éd., « Dalloz Référence », 2013.

5. J.-M. Braunschweig, J. Demaison (dir.), *Profession avocat : Le guide*, 2e éd., Lamy, 2011, revue et actualisée en 2013.

XXe siècle[1], paru en 1995 et ensuite l'*essai*[2] de Louis Assier-Andrieu[3], de 2011. Encore faut-il, s'agissant de ce dernier, souligner, comme son auteur a pris le soin de le préciser lui-même, que son sujet central est l'avocat, pas le barreau, ni la profession. Figure aussi sur cette courte liste un rapport de recherche sous la direction du professeur Olivier Favereau, *Les avocats entre ordre professionnel et ordre marchand*[4], examinant les conséquences économiques d'une déréglementation des services juridiques et ses effets (néfastes ou bénéfiques) pour les « consommateurs de droit ». Sa parution est la conséquence d'une initiative du Conseil national des barreaux[5] dont le site permet aussi de découvrir les premiers travaux scientifiques traitant de thématiques en rapport avec la profession.

Lucien Karpik, lorsqu'il se fixait, en 1995, l'objectif de rendre intelligibles des « phénomènes qui englobent aussi bien la définition et la redéfinition de la profession depuis sa création officielle au XIIIe siècle que l'organisation et le fonctionnement de la collectivité contemporaine dans ses diverses composantes », ne manquait pas de relever[6] l'étonnante rareté des travaux dédiés à ce « groupement particulier ». Vingt ans après l'étonnement ressenti est le même et la frustration presque aussi grande.

Heureusement, même si les contours de la réglementation professionnelle peuvent varier d'un pays à l'autre, les avocats présentent de nombreux points communs. Un peu partout dans le monde ils se vivent comme membres d'une « profession » soumise à des règles particulières et composée de professionnels indépendants regroupés selon des modalités variables. Un peu partout, ils revendiquent un rôle particulier dans la société et dans le fonctionnement de la démocratie.

1. Lucien Karpik, *Les avocats : Entre l'État, le public, le marché : XIIIe-XXe siècle*, « Bibliothèque des sciences humaines », Nrf - Gallimard, 1995.

2. Je n'utilise le terme qu'avec précaution. Karine Mignon-Louvet, qui, en sa qualité de présidente de la commission de prospective du Conseil national des barreaux, est à l'origine du projet qui a débouché sur sa parution, en réprouvait l'emploi.

3. Louis Assier-Andrieu, *Les avocats : Identité, culture et devenir*, Gazette du Palais - Lextenso, 2011.

4. Olivier Favereau (dir.), *Les avocats entre ordre professionnel et ordre marchand*, Rapport du Conseil national des barreaux, Gazette du Palais - Lextenso, 2009.

5. Auquel on doit aussi la publication du livre de Louis Assier-Andrieu.

6. Lucien Karpik, *Les avocats : Entre l'État, le public, le marché : XIIIe-XXe siècle*, « Bibliothèque des sciences humaines », Nrf - Gallimard, 1995, p. 12.

Partout ils attachent une importance primordiale à l'indépendance. Partout aussi, ils sont aujourd'hui concernés par les incidences de la mondialisation. Quant à l'innovation, qu'elle soit juridique et réglementaire ou strictement technologique, elle ne connaît pas de frontières. La communauté des avocats, élargie aux dimensions de la planète, est donc confrontée aux mêmes tendances.

Du coup, il devient possible, pour chercher ce regard neutre qui nous manque en France, de s'intéresser à ce qui s'écrit ailleurs. Le contraste est frappant, notamment dans le monde anglo-américain, avec la situation que nous connaissons. La richesse et la variété des parutions a de quoi satisfaire le plus curieux et le plus exigeant des lecteurs.

C'est ainsi qu'aucun avocat intéressé par les technologies de l'information ne peut se dispenser de la lecture de l'auteur anglais Richard Susskind. La parution de *The End of Lawyers ?* en 2008[1] a été un véritable coup de tonnerre et a suscité de multiples débats. Sur des thèmes aussi variés que le développement des firmes internationales, la formation des juristes, la révolution de l'information, le prix des avocats et l'accès au droit, les modes de régulation, une foule d'universitaires américains comme Marc S. Galanter, Larry E. Ribstein, William D. Henderson, Deborah L. Rhode, Bruce H. Kobayashi, Gillian K. Hadfield ou David B. Wilkins ne cessent de publier de passionnantes études.

On ne compte plus les livres, depuis le critique *Lost Lawyer, Failing Ideals of the Legal Profession*[2] jusqu'à *Lawyers As Leaders*[3], en passant par *The Vanishing American Lawyer*[4], qui s'interrogent sur les avocats, leur rôle, leur devenir et offrent à nos confrères américains ce regard neutre et extérieur qui leur permet de mieux comprendre leur profession.

Mon ambition a donc été de faire connaître aux lecteurs français (et avant tout de mes confrères) cette abondante littérature[5], mais aussi de tenter d'en tirer tout ce qui pourrait être utile à la compréhension de la situation des avocats français.

1. Richard Susskind, *The End Of Lawyers? Rethinking the Nature of Legal Services*; Oxford University Press, 2008; revised edition, 2010.
2. Anthony T. Kronman, *The Lost Lawyer: Failing Ideals of the Legal Profession*, Cambridge, Mass., Belknap Press of Harvard University Press, 1993.
3. Deborah L. Rhode, *Lawyers As Leaders*, Oxford University Press, 2013.
4. Thomas D. Morgan, *The Vanishing American Lawyer*, Oxford University Press, 2010.
5. Toutes les traductions ont été effectuées par mes soins.

Le regard neutre n'a cependant d'utilité qu'à condition de recourir à la « posture décalée de la science sociale »[1].

Cet objectif était toutefois hors de portée.

D'abord parce que, né dans une famille d'avocats, je suis un des membres du groupe que je me propose d'observer. Ma vision est donc celle d'un avocat de province, exerçant depuis 1978 et dont l'activité personnelle est essentiellement judiciaire (même si je travaille quotidiennement avec des associés qui ne partagent pas tous cette orientation). Je me suis cependant efforcé de conserver autant de distance que possible, aidé en cela par le fait que mon parcours, ordinal ou professionnel, est en grande partie accompli.

Il faudra aussi se contenter du point de vue d'un juriste, formé exclusivement au « droit technicien » enseigné dans la plupart des facultés de droit dans les années 70. Il continue d'ailleurs de l'être, pour l'essentiel, aujourd'hui encore. Il a précisément pour particularité de refuser toute influence externe. Mes « connaissances » sociologiques sont donc le fruit, non pas d'une formation universitaire, mais uniquement de lectures d'auteurs relevant surtout de la tradition de l'individualisme méthodologique.

Les données de première main ne manquent pas, en revanche, pour savoir ce que pensent les économistes de la profession. Depuis le début des années 2000, avec la parution du rapport Clementi au Royaume-Uni ou les initiatives du commissaire Mario Monti, la profession d'avocat, au sein de l'Union européenne, n'a pas cessé de faire l'objet de leur attention[2]. Le rapport de l'Inspection générale des finances (IGF), dont le contenu a été dévoilé au cours de l'été 2014, s'inscrit donc dans une série déjà longue. La lecture des travaux effectués notamment par le groupe Economix, fournit l'indispensable contre-éclairage à cette production officielle.

En contrepartie des insuffisances mentionnées plus haut et même si les plateaux de la balance ne sont pas nécessairement équilibrés, la réflexion menée ne se limite pas à de simples constats, comme pourrait le faire une analyse extérieure. Sans proposer des solutions « clés en main » aux multiples difficultés étudiées, ce qui serait trop ambi-

1. Louis Assier-Andrieu, *Les avocats : Identité, culture et devenir*, Gazette du Palais - Lextenso, 2011, p. 7.

2. Cette attention n'est pas toujours uniquement réservée aux avocats. Elle peut s'étendre aux autres professions réglementées ou même à la totalité des professions libérales.

tieux et n'aurait pas vraiment de sens, elle s'attache à proposer des réponses aux questions soulevées et des pistes d'actions.

Sous cet angle, le fait d'appartenir à la profession cesse d'être un désavantage, et il m'est possible de justifier d'une connaissance acquise au cours d'un long parcours au sein des institutions de la profession[1].

« *Ce livre interroge la profession d'avocat sous l'angle de son rôle dans la société. Soumise à l'idéologie de la globalisation et de la marchandisation, la fonction d'avocat est à la croisée des chemins, tiraillée entre un passé glorieux de défense des libertés publiques et l'adhésion d'une partie croissante de ses membres à la logique de profit* », écrit Louis Assier-Andrieu à propos de *Les avocats : identité, culture et devenir.*

La formule résume effectivement le dilemme devant lequel se trouve la profession. La pression croissante que font peser sur elle les phénomènes de la mondialisation, de la globalisation, de la marchandisation et d'une révolution technologique de première importance dans l'histoire de l'humanité, la contraint à se transformer profondément et très rapidement. Ces changements peuvent conduire à la remise en cause du rôle qu'elle s'est toujours appliquée à jouer.

Les événements s'accélèrent toutefois au point que les réponses à proposer ne sont plus uniquement celles que j'avais pu (avec Christophe Jamin) tenter de fournir dans un précédent travail[2], consacré à l'avenir de la profession d'avocat. Elles sont, à la vérité, également différentes de celles que je pouvais avoir à l'esprit, il y a quelques mois, en commençant d'écrire.

Ainsi, pour reprendre le titre du célèbre ouvrage de Karl Polanyi, les avocats doivent connaître une grande transformation[3].

Les moyens dont la profession d'avocat s'est toujours servie pour mener à bien sa mission (refus du marché, refus de la publicité, refus

1. J'ai en effet eu la chance d'exercer, à partir de l'année 2000 les mandats de bâtonnier (2000-2001) du barreau de Bordeaux, puis de membre du bureau (2002), premier vice-président (2003) et enfin président (2004-2005) de la Conférence des bâtonniers. J'ai ensuite occupé les fonctions de vice-président du Conseil national des barreaux (2006-2008), avant de le présider pendant la mandature 2009-2011. Je dirige actuellement la délégation française auprès de Conseil des barreaux européens (CCBE).

2. Christophe Jamin, Thierry Wickers, « L'avenir de la profession d'avocat », *Commentaire*, n° 132, 2010/4.

3. Karl Polanyi, *La grande transformation : Aux origines politiques et économiques de notre temps*, « Bibliothèque des sciences humaines », Gallimard, 1983.

des capitaux extérieurs, etc.), sont en train de devenir des obstacles à la réalisation de celle-ci. Il faut désormais envisager un changement de paradigme pour apprivoiser ce qui était jusqu'à présent rejeté. Voilà donc l'objet de la grande transformation des avocats. Elle peut aussi bien être vécue comme un drame, que comme une extraordinaire opportunité.

Un avant-propos est aussi l'occasion de formuler quelques remerciements.

À l'origine de ce livre, il y a bien sûr l'article écrit en 2010 avec Christophe Jamin[1]. C'est également celui-ci qui m'a mis sur la piste des auteurs américains qui écrivent sur la profession. J'ai aussi profité, tout le temps qu'il a assuré la direction du CREA et même après, des nombreuses discussions que nous avons pu avoir, à propos de la profession d'avocat. C'est aussi lui qui m'a encouragé dans ce projet. Il m'a enfin fait l'amitié d'accepter de le préfacer, les raisons de le remercier ne manquent donc pas.

Je dois aussi des remerciements, bien entendu, à ceux que j'ai sollicités et qui ont bien voulu accepter d'apporter les témoignages qui accompagnent l'ouvrage et en illustrent certains aspects.

Des remerciements sont également dus, pour terminer[2], aux élus de la mandature 2009-2011 du Conseil national des barreaux. Et d'abord aux membres de mon bureau (Christian Charrière-Bournazel, Marie-Aimé Peyron, Frédéric Sicard, Denis Lequai, Jean-Louis Cocusse, Régine Barthélémy, François Faugère et Lionel Escoffier), qui m'ont accompagné au cours de cette passionnante aventure, en même temps que les deux vice-présidents de droit[3], Alain Pouchelon et Jean Castelain. Ce livre est la prolongation de celle-ci, par d'autres moyens.

Bordeaux, août 2014,
Thierry Wickers

1. Christophe Jamin, Thierry Wickers, « L'avenir de la profession d'avocat », *Commentaire*, n° 132, 2010/4.

2. Pas tout à fait, cependant. Je n'oublie pas que ma fille, Marie-Victoire, a accepté de passer quelques heures de précieuses vacances d'été dans l'enfer des bas de page, à remettre de l'ordre dans les notes qui y figurent. Je lui y réserve donc une petite place.

3. Dès le vote de la loi n° 2009-526 du 12 mai 2009, Pascal Eydoux, président de la Conférence des bâtonniers (2008-2009), a été associé aux travaux du bureau, jusqu'à la fin de son mandat.

Introduction

1 Crise de la carte judiciaire, crise de l'aide juridictionnelle, crise du divorce, crise de la déjudiciarisation, crise du RPVA, crise de l'aide juridictionnelle, crise de la gouvernance, crise des écoutes, crise de l'aide juridictionnelle. La profession d'avocat semble aller de crise en crise, sans jamais pouvoir reprendre son souffle.

2 Lorsque la crise devient permanente, c'est que des changements plus profonds sont à l'œuvre. Elle ne fait qu'exprimer la difficulté à s'adapter aux bouleversements qu'ils entraînent. La situation des avocats n'est cependant pas exceptionnelle. Lorsque l'on cherche à identifier les facteurs qui les déstabilisent on constate rapidement qu'ils s'appliquent à d'autres qu'à eux et affectent parfois la société ou la planète entière.

3 C'est à l'occasion de la deuxième mondialisation (la première avait été interrompue par la Première Guerre mondiale), qui a multiplié les occasions d'échanges et fait disparaître le cloisonnement des économies, que le marché a découvert les avocats (ou peut-être l'inverse). Les avocats font en effet partie des acteurs de la « globalisation ». Pour accompagner leurs clients dans la conquête des nouveaux marchés, ils ont développé des structures entièrement nouvelles, de puissants cabinets internationaux, qui regroupent des centaines ou des milliers d'avocats, capables de fournir partout leurs prestations et désireux d'exercer leur métier sans entrave. En même temps que leur rôle économique s'est affirmé, son importance est devenue plus visible.

4 La mondialisation s'est accompagnée d'une situation inédite : la conversion de la planète entière à la même idéologie, le libéralisme économique, qui célèbre certes les libertés, mais surtout celles qui sont nécessaires au fonctionnement du marché. Le poids croissant des ser-

vices juridiques, qui s'est traduit par l'étalage d'une insolente prospérité par les grandes firmes, a conduit les avocats à une confrontation avec le marché à laquelle ils étaient peu préparés. Ils s'en étaient tenus jusqu'alors à l'écart, à l'abri de leurs usages, de leurs traditions, de leur réglementation professionnelle et de la modestie de leur poids économique.

5 Certes, la plupart des autres professions réglementées font l'objet en même temps, de la même attention. Les règles qui les régissent sont aujourd'hui soupçonnées d'être faites pour les protéger de la concurrence et pour capturer une rente. Il suffirait de les mettre à bas pour « redonner du pouvoir d'achat aux ménages »[1] et retrouver le chemin de la croissance. En comparaison de celles qui s'appliquent à certaines autres professions réglementées, les règles auxquelles sont soumis les avocats sont probablement loin d'être les plus critiquables. En revanche, elles traduisent indiscutablement un attachement à des valeurs assez antinomiques de celles professées par l'économie de marché. La modération (dans la fixation des honoraires), le désintéressement ou la place accordée à la dignité, qui se traduit notamment par la réticence à recourir à la publicité ou à démarcher les clients. Quel meilleur symbole de leur singularité et de leur indifférence[2] aux lois ordinaires du marché que le mode de fixation du prix des prestations des avocats ? Il ne s'arrête pas un instant sur la valeur du service rendu à leur bénéficiaire. Il ne s'intéresse finalement au client que pour affirmer que le prix pratiqué pour le (même) service dépendra de sa situation de fortune[3].

6 Le second facteur de déstabilisation provient des évolutions de la technique. Là encore, les transformations qu'induit la révolution des technologies de l'information ne sont pas réservées aux seuls avocats. Mais, en leur qualité de travailleurs intellectuels ils sont cependant particulièrement concernés par les modifications que connaît l'écono-

1. C'est l'objectif fixé par le ministre de l'Économie, du Redressement productif et du Numérique, Arnaud Montebourg.

2. Indifférence, ou ignorance ?

3. Les critères fixés par l'article 10 de la loi n° 71-1130 du 31 décembre 1971 sont centrés sur l'avocat qui pourra fixer le montant de ses honoraires en fonction de sa notoriété, de ses diligences, des frais qu'il a engagés. La valeur du service rendu au client n'entre en ligne de compte que pour majorer le montant de l'honoraire, ce qui en fait un objet étrange dans un monde marchand.

mie de la connaissance. Dans un rapport intitulé *Technologies de rupture : les avancées qui vont transformer la vie, les affaires et l'économie globale*[1], le McKinsey Global Institute (MGI)[2] a identifié douze technologies devant avoir des incidences significatives dans les années à venir. La moitié d'entre elles relèvent du traitement de l'information, désormais au cœur des métiers de l'intelligence. Pour ses auteurs, ces technologies sont susceptibles de conduire, dans ce domaine, au même mouvement de remplacement des hommes par des machines que celui qui s'est produit lors de la révolution industrielle et dans les mêmes proportions.

7 Sous l'influence cumulée de ces facteurs, la profession d'avocat va connaître une transformation de grande ampleur. Cependant, si les avocats ne sauraient faire que ces phénomènes ne s'appliquent pas à eux, il dépend encore de leur volonté de les laisser les entraîner sans réagir, ou de chercher à en maîtriser les effets.

8 Dans ce mouvement général, les avocats restent un cas particulier. Leur réglementation n'est pas la même que celle des notaires, ou des huissiers et leur statut est différent, comme aussi leur façon d'aborder le marché. Il faut donc tenter de reconstituer la nature de cette relation, pour comprendre comment elle a évolué jusqu'au moment où l'influence du droit de l'Union européenne est devenue prépondérante. Celle-ci, après avoir assuré la libre prestation de services et le libre établissement, a largement étendu le champ de son intervention, au point qu'il englobe désormais tous les aspects importants de la réglementation professionnelle.

9 C'est aussi la question de la pertinence et de l'efficacité de l'autorégulation qui se trouve posée, non pour l'heure par l'Union européenne, mais du fait des initiatives qui ont pu être prises dans différents pays. Les avocats revendiquent leur rôle dans l'accès au droit. Finalement, ce qui leur est dorénavant demandé, c'est d'apporter la démonstration de ce que leur organisation est bien la plus apte à

1. James Manyika, Michael Chui, Jacques Bughin, Richard Dobbs, Peter Bisson, Alex Marrs, *Disruptive technologies: Advances that will transform, life, business and the global economy,* McKinsey Global Institute, 2013; http://www.mckinsey.com/insights/business_technology/disruptive_technologies/

2. Le McKinsey Global Institute (MGI) étudie depuis plus d'une vingtaine d'années maintenant l'évolution de l'économie globale et publie régulièrement des rapports très appréciés.

rendre au public ce service essentiel, tant en ce qui concerne les règles qui s'appliquent à leur exercice professionnel, que pour ce qui est des pouvoirs qui leur sont reconnus, en tant que collectivité.

10 On ne peut pas assurer une totale étanchéité entre les aspects juridiques et les aspects techniques de la transformation. L'environnement réglementaire peut modifier l'impact qu'aura la révolution technologique sur les avocats. Il arrive que les changements techniques, mêmes quand ils sont radicaux, soient assimilés par les acteurs économiques. Mais il arrive aussi que les conditions de leur activité en soient totalement bouleversées. C'est le cas notamment lorsque les innovations sont portées par de nouveaux entrants sur le marché, qui finissent par évincer ceux qui le dominaient précédemment. Les règles juridiques peuvent paralyser, ou au contraire accentuer, les effets des changements techniques. C'est donc la manière dont vont se combiner ces deux facteurs, évolution réglementaire et mutation technologique, qui conduira la transformation des avocats.

11 Quelle marge leur reste-t-il pour peser sur leur destin ? L'importance de celle-ci dépend beaucoup des initiatives qu'ils seront en mesure de prendre, dans deux domaines essentiels.

12 La capacité d'influence d'une profession ne dépend absolument pas du nombre ou des qualités individuelles de ses membres. Elle est pour l'essentiel fonction de son niveau d'organisation. Or, s'il a été possible de citer en commençant la « crise de la gouvernance » c'est que les avocats n'ont toujours pas été capables, en France, de se doter d'une organisation qui leur permettrait d'utiliser (à bon escient) la position unique qui est la leur, gardiens de l'accès du seul système de contrainte légitime dont les sociétés démocratiques disposent pour le règlement des conflits.

13 Les avocats souffrent aussi de recevoir une formation inadaptée aux conditions d'exercice qu'ils connaissent déjà. La répartition qui s'est opérée entre l'Université et la profession ne donne pas les résultats espérés et la recherche de l'équilibre se traduit de fait par une forte instabilité. La formation universitaire, dont les grandes lignes ont été fixées à la fin du XIXe siècle, n'a pas tenu compte des progrès immenses des sciences sociales depuis cette époque et continue de proposer une formation strictement juridique et dogmatique. Ainsi les avocats souffrent-ils d'un double désavantage. Ils ne sont pas dotés des compétences non juridiques qui leur permettraient de maîtriser leur environnement. L'acquisition des connaissances juridiques n'a pas non plus été pour eux l'occasion de s'ouvrir à d'autres disciplines qui pourraient enrichir leur compréhension du droit.

14 Malgré les difficultés à s'organiser qu'ils connaissent, les avocats ont depuis longtemps cherché à se fixer et à atteindre des objectifs communs. Toutefois, les buts que s'est ainsi assignée la profession ont été déterminés avant que ne se manifestent les tendances actuelles. Ils ne sont probablement pas en adéquation avec elles, ni suffisants pour y répondre efficacement. Il s'agit désormais de concevoir et de conduire une stratégie professionnelle de nature à maîtriser le changement. C'est évidemment une tâche difficile, qui impose aux avocats de parvenir à concilier les impératifs de l'économie de marché, de l'innovation et du service dû au public. Cela ne pourra probablement pas se faire sans accepter de profondes transformations.

15 Le présent ouvrage est donc divisé en deux parties, correspondant aux buts qu'il se fixe. La première est consacrée à l'étude des deux grands facteurs de transformation que sont le marché (livre un, v. ss nos 16 s.) et l'innovation (livre deux, v. ss nos 214 s.). Elle a pour objet d'analyser la façon dont les avocats se situent par rapport au marché et celle dont ils appréhendent l'innovation. L'enjeu est ici d'acquérir une compréhension suffisante de ces phénomènes, pour en déterminer les effets probables et de répondre ainsi aux questions que se posent les avocats. La seconde est davantage tournée vers l'action collective. Elle s'intéresse aux outils (livre trois, v. ss nos 293 s.) qui peuvent permettre à une profession de conserver une influence sur les événements qui la touchent et de décider (livre quatre, v. ss nos 396 s.), dans une mesure importante, de son devenir.

PREMIÈRE PARTIE

COMPRENDRE LA TRANSFORMATION

LIVRE UN

LES AVOCATS ET LE MARCHÉ

Lawyers are now to a greater extent than formerly business men, a part of the great organized system of industrial and financial enterprise. They are less than formerly the students of a particular kind of learning, the practitioners of a particular art. And they do not seem to be so much of a distinct professional class.

Dans une mesure beaucoup plus grande qu'autrefois, les avocats semblent être devenus des hommes d'affaires, des membres du grand système industriel et financier. Ils sont bien moins que jadis des individus à la recherche d'un type de savoir original, les pratiquants un art particulier. Et il n'y a plus grand-chose qui permette de les distinguer, en tant que profession.

Louis D. BRANDEIS,
avocat et membre de la Cour suprême des États-Unis, 1905.

CHAPITRE PRÉLIMINAIRE

Une relation difficile

16 Les Français n'aiment pas le marché. Un sondage (réalisé en 2009 pour la BBC[1]) montre que nos concitoyens sont 43 % à penser que le capitalisme est « fondamentalement vicié » contre 19 % au Royaume-Uni, 16 % aux États-Unis et 9 % en Allemagne. Si le rejet du marché n'est nulle part plus fort qu'en France, il ne s'agit absolument pas d'une nouveauté, mais d'une constante de l'opinion française, déjà relevée par Adam Smith lorsqu'il comparait l'Angleterre pays dans lequel le commerce est en « grande estime » et la France « où le commerce est peu considéré »[2]. Le sondage mentionné plus haut semble donc confirmer la persistance d'idées nées dans un état très antérieur de la société. C'est en effet dans les sociétés dans lesquelles la place de chacun est fixée par droit de naissance que le marché introduit le plus de perturbation, en donnant à n'importe quel individu la possibilité d'accumuler des richesses et d'acheter du pouvoir. Il a notamment été condamné dans toutes les sociétés à statut se référant à un ordre divin « *car la société de marché annonce la possibilité d'une société sans Dieu* »[3]. C'est ainsi que « *les sociétés aristocratiques ont globalement rejeté le commerce dans les métiers infâmes et ont interdit le prêt d'argent avec intérêt à toute personne qui serait susceptible, avec sa fortune, de confisquer le pouvoir à son profit* »[4]. L'acteur principal du marché, le marchand « *est*

1. Sondage réalisé pour la BBC auprès de 29 000 personnes dans 27 pays; James Robbins, BBC, 9 nov. 2009.

2. Adam Smith, *Recherche sur la nature et les causes de la richesse des nations*, 1776, Livre I, chap. 9; http://classiques.uqac.ca/classiques/Smith_adam/richesse_des_nations_extraits/richesse_nations_extraits.pdf; http://drx.doi.org/doi:10.1522/cla.sif.sma.rec1/

3. Laurence Fontaine, *Le Marché : Histoire et usages d'une conquête sociale*, « NRF essais », Gallimard, 2014, p. 19.

4. *Ibidem*.

ainsi présenté sous les traits d'un homme vil et vulgaire, qui ne pense qu'à faire des profits sur le dos des autres et dont l'horizon est exclusivement matériel »[1].

17 C'est bien à cette tradition que se rattache « l'étrangeté française » étudiée par le sociologue Philippe d'Iribarne[2]. Ce dernier souligne « *la place que tiennent dans la culture française le désir de grandeur, la crainte de déchoir et l'attachement à la possession d'un état* » et rappelle que jusqu'à la fin de l'Ancien Régime, faire du commerce c'était déroger. Du coup, comme l'observe Laurence Fontaine « *en France, dans l'opinion courante comme dans les idéologies dominantes, le marché est dénué de tout rôle positif; beaucoup ont préféré le laisser à l'écart d'une réflexion en profondeur pour ne pas se salir l'esprit et ne s'occuper que de la noble sphère du politique* »[3].

18 Non seulement la profession d'avocat ne se distingue pas sous cet angle, mais elle se reconnaît assez facilement dans cet autre constat de Philippe d'Iribarne « *on trouve en France une conception de la grandeur propre à une caste attachée à son rang, qui ressent comme une atteinte insupportable toute demande d'effectuer des actions indignes de celui-ci* »[4]. L'adoption par les avocats au XVIIIe siècle du concept de profession renvoie d'ailleurs aux activités « honorables et savantes », par opposition au simple « métier » jugé vil. D'après Hervé Leuwers[5], l'avocat ne se « *définit jamais par référence au marchand, au négociant ou au financier, car il rejette l'idée de profit* » et socialement, « *le groupe se définit par son attachement à son "honneur", et prétend se classer en partie avec la véritable noblesse, en partie avec les hommes "vivant noblement"* ». C'est ainsi que s'expliquerait le glissement sémantique du « salaire » à « l'honoraire », le triomphe du mot « ordre » ou de celui de « profession » sur celui de « métier » et la référence au désintéressement.

Tous éléments qui subsisteront, en dépit de la professionnalisation du métier et de l'émergence de la notion de profession libérale qui donne la

1. Olivier Grenouilleau, *Et le marché devint roi : Essai sur l'éthique du capitalisme*, « Essais », Flammarion, 2013, p. 74.

2. Philippe d'Iribarne, *L'Étrangeté française*, « La couleur des idées », Seuil, 2006, p. 195.

3. Laurence Fontaine, *Le Marché : Histoire et usages d'une conquête sociale*, « NRF essais », Gallimard, 2014, p. 331.

4. Philippe d'Iribarne, *L'Étrangeté française*, « La couleur des idées », Seuil, 2006, p. 49.

5. Hervé Leuwers, *L'Invention du Barreau français 1660-1830*, Éditions de l'École des hautes études en sciences sociales, 2006, p. 179.

première place aux notions de liberté et d'indépendance (à l'égard de l'État notamment), sans pour autant remettre en cause la position adoptée vis-à-vis du marché. Louis Assier-Andrieu [1] relève la persistance de ce discours, inchangé, dans des ouvrages comme celui publié en 2002 par le barreau de Grenoble, pour célébrer certains des plus éminents de ses membres [2].

19 Lorsqu'au cours du XIXe siècle les exigences de la professionnalisation vont conduire à clarifier le périmètre de la fonction et à définir des incompatibilités, on verra ressurgir intacte la répugnance à l'égard de la recherche du profit et des valeurs marchandes. Ce n'est d'ailleurs en définitive qu'en 1920, que le titre d'avocat sera finalement réservé à ceux qui exercent réellement le métier. Avant cette date, le fait de vivre de sa profession n'était nullement la règle. C'est aussi l'occasion de rejeter en dehors de la profession les logiques commerciales « *l'agent d'affaires, ce commerçant qui traite des affaires sous l'angle commercial (gestion de fortunes mobilières, de capitaux, de recouvrement de créances, etc.), est combattu et diabolisé pour mieux s'en distinguer* » [3]. Il ne sera revenu sur ces choix qu'avec les fusions de 1971 et 1991 et la recherche de nouveaux champs d'activités. La rencontre avec le marché va être retardée de plus d'un demi-siècle.

20 Leurs particularismes bien réels ne doivent cependant pas conduire les avocats français à croire que leur vision du marché les place dans une situation exceptionnelle. En réalité, il n'existe aucun pays dans lequel les avocats n'ont pas cherché à se mettre à l'abri des mécanismes du marché. Ce qui frappe, c'est l'universalité de cette réaction, les avocats mettant en avant la spécificité des prestations qu'ils fournissent, ou le rôle particulier qu'ils jouent dans la société, pour s'opposer au marché. La généralité du phénomène a été mise en évidence par de multiples travaux comme ceux menés par l'Organisation de coopération et de développement économiques (OCDE) au cours de l'année 2007 [4]. Il se traduit aussi, chez les avocats, par un véritable effort de

1. Louis Assier-Andrieu, *Les avocats : Identité, culture et devenir*, Gazette du Palais - Lextenso, 2011, p. 91.
2. Paul Dreyfus (dir.), *Grenoble et ses avocats : D'hier à aujourd'hui*, « Histoire régionale », Presses universitaires de Grenoble, 2002.
3. Frédéric Audren, Jean-Louis Halpérin, *La culture juridique française : Entre mythes et réalités XIXe-XXe siècles*, CNRS Éditions, 2013, p. 180.
4. OECD, *Policy Roundtables: Competitive Restrictions in Legal Professions*, "Competition Law and Policiy", OECD, 2007; http://www.oecd.org/regreform/sectors/40080343.pdf

définition des valeurs communes, susceptible de déboucher sur une « globalisation » des règles déontologiques[1], en contrepoint de la « globalisation » de la profession.

21 Bénéficier d'une réglementation spécifique, plus ou moins dérogatoire aux règles ordinaires du marché, est une revendication qui s'exprime dans des termes assez proches dans la plupart des pays. Aux États-Unis, pays dans lequel ce discours est à la fois ancien et très construit, c'est le caractère particulier des prestations juridiques qui est évoqué pour expliquer cette situation. Les avocats ne sont pas de simples prestataires de services, ils ont pour mission non seulement de servir leurs clients, mais aussi l'État de droit (rule of law) et l'intérêt public (public good). Pour leur permettre de remplir cette mission, il est nécessaire de protéger leur indépendance et de ne pas les soumettre à la contrainte du marché ou de l'État. À cela s'ajoute le fait que les avocats jouent un rôle particulier dans la construction de la démocratie libérale. L'indépendance des avocats est une nécessité, car ils agissent pour la défense des libertés individuelles, de l'État de droit et de l'intérêt public. Le préambule des "models rules" de l'American Bar Association (ABA) s'ouvre sur le rappel du rôle social de l'avocat : "*A lawyer, as a member of the legal profession, is a representative of clients, an officer of the legal system and a public citizen having special responsibility for the quality of justice.*"[2] La pratique du droit n'est pas un simple « business », c'est une profession.

Un véritable pacte a été conclu entre la profession et la société : « *Percevant un besoin social, et la capacité de la profession à y répondre, la société a conclu un pacte avec la profession : la société confère les bénéfices et privilèges d'un monopole légal au groupe professionnel, en contrepartie de son engagement au service du public, c'est-à-dire de sa promesse d'adopter un comportement professionnel conforme aux plus hauts standards, dans l'intérêt public.* »[3]

1. Andrew Boon, John Flood, "Globalization of Professional Ethics? The Significance of Lawyer's International Codes of Conduct", *Legal Ethics*, vol. 2, n° 1 (1999).
2. « Un avocat, en qualité de membre de la profession, est le représentant de ses clients, c'est un auxiliaire du système judiciaire et c'est un citoyen sur lequel pèse une responsabilité particulière, s'agissant d'assurer la qualité de la justice. »
3. Lisa H. Newton, "Professionalisation: The intractable plurality of values", in Wade L. Robisen et al. (eds.), *Profits and Professions: Essays in Business and Professional Ethics*, "Contemporary Issues in Biomedicine, Ethics, and Society Series", Springer, New York, 1983.

22 En 1986, prenant acte des difficultés de plus en plus grandes qu'elle rencontrait pour faire admettre ce modèle aux juridictions, l'ABA mit sur pied une commission chargée de réfléchir sur l'évolution des valeurs de la profession. Le rapport "*... In the spirit of public service:" A blueprint for the rekindling of lawyer professionalism*[1] a eu un grand retentissement. La « legal profession » y est définie comme une activité dont les membres bénéficient de privilèges particuliers, qui sont justifiés par les postulats suivants :

- cette activité implique une formation intellectuelle poussée et la mise en œuvre de jugements complexes;
- il s'agit d'une activité de confiance car les clients, placés en asymétrie d'information ne peuvent apprécier la qualité des services rendus et doivent faire confiance à ceux qu'ils sollicitent;
- cette confiance du client repose sur l'idée que le professionnel fera passer l'intérêt de son client, et celui du bien public, avant son intérêt propre;
- cette activité est autorégulée, c'est-à-dire que son organisation garantit au public et aux juridictions que ses membres sont compétents, ne trahissent pas la confiance mise en eux et sont capables de dépasser la recherche de leur seul intérêt.

23 Les mêmes idées se retrouvent, exprimées clairement de ce côté de l'Atlantique dans le code de conduite du Conseil des barreaux européens (CCBE), qui fait partie intégrante du Règlement intérieur national (RIN)[2] : « *Dans une société fondée sur le respect de la justice, l'avocat remplit un rôle éminent. Sa mission ne se limite pas à l'exécution fidèle d'un mandat dans le cadre de la loi. L'avocat doit veiller au respect de l'État de droit et aux intérêts de ceux dont il défend les droits et libertés. Il est du devoir de l'avocat non seulement de plaider la cause de son client mais aussi d'être son conseil. Le respect de la mission de l'avocat est une condition essentielle à l'État de droit et à une société démocratique.* »

1. American Bar Association - Commission on Professionalism, "*... In the spirit of public service:" A blueprint for the rekindling of lawyer professionalism*, 1986; http://www.americanbar.org/content/dam/aba/migrated/cpr/professionalism/Stanley_Commission_Report.authcheckdam.pdf

2. RIN, art. 21.1.1., version consolidée en vigueur - 1er juin 2014, http://cnb.avocat.fr/Reglement-Interieur-National-de-la-profession-d-avocat-RIN_a281.html#CDAE21A1/; Le RIN a été adopté par la décision n° 2005-003 de l'assemblée générale du CNB.

24 C'est donc sans grand enthousiasme que les avocats se découvrent au cœur de l'économie de marché : « Les services aux entreprises vont jouer un rôle central dans la réindustrialisation de l'Europe, à la fois grâce à la fourniture de services innovants et productifs à d'autres entreprises, et par l'intégration des services au processus industriel. Déjà, le marché mondial des services d'affaires est estimé à plus 3,5 milliards d'euros et il a doublé au cours de la dernière décennie. En Europe les seuls services aux entreprises représentent 1,5 milliards d'euros de valeur ajoutée brute et fournissent des emplois à plus de 20 millions de personnes, par l'intermédiaire de 4 millions d'entreprises. Si l'activité économique dans les services aux entreprises se développe aux niveaux déjà atteints par certains pays, le marché mondial sera 7,8 milliards de milliards d'euros dans dix ans. »[1] Ainsi commence le rapport du « high level group on business services » remis à la Commission européenne et diffusé au mois d'avril 2014. Le secteur des services est devenu stratégique. Les services sont considérés comme les moteurs de la croissance économique puisqu'ils représentent 70 % du PIB et des emplois dans la majorité des États membres de l'Union. En France[2], la part des services[3] dans les dépenses des ménages est passée de 30 % en 1960 à plus de 50 % en 2007, et depuis 1991 la croissance de la consommation est tirée par les services (+ 0,9 % point par an) plus que par les biens manufacturés (+ 0,5 % par an). Aux États-Unis, dans le domaine des services juridiques, l'évolution a été considérable, puisque l'on estime que le chiffre d'affaires engendré par la pratique du droit est passé de 4,2 milliards de dollars par an en 1965 à 148 milliards de dollars en 1999. En 2000 les services juri-

1. Business Services will play a central role in the reindustrialization of Europe, both through the provision of innovative and productive services to other firms, and through the servitization of manufacturing. Already the global Business Services market is estimated to be in excess of €3.5 trillion and to have doubled in size in the last decade. In Europe alone Business Services account for €1.5 trillion gross value added and provide jobs for more than 20 million people, across 4 million enterprises. If economic activity in Business Services grows to the levels achieved by some countries, then the total global market for Business Services will be €7.8 trillion within a decade.

2. Georges Consales, Maryse Fesseau et Vladimir Passeron, Dossier – *La consommation des ménages depuis cinquante ans*, Insee; http://www.insee.fr/fr/ffc/docs_ffc/ref/CONSO09c.PDF?utm_source=rss&utm_medium=rss&utm_campaign=la-consommation-des-menages-depuis-50-ans-pdf-insee/

3. Pourcentage calculé en prenant en compte le poids des loyers.

diques fournis au sein de l'Union européenne étaient évalués à 176 milliards d'euros. Selon Research and Markets [1], le marché mondial des services juridiques atteindra 716 milliards de dollars en 2013. Du coup, notamment en Europe, les pouvoirs publics ont inscrit l'élimination des obstacles au bon fonctionnement du marché des services parmi leurs priorités.

25 L'idée que la profession puisse ne pas être soumise aux forces du marché, ou qu'elle soit dispensée de s'y plier et autorisée à fixer elle-même ses propres règles de fonctionnement, sans devoir en rendre compte à quiconque, est devenue insoutenable; au moins du jour où ses membres ont prétendu tirer des revenus réguliers de leur activité. Pour autant les mouvements de libéralisation, déréglementation ou même dérégulation, entraînent-ils irrémédiablement la profession vers la perte de toute spécificité et le basculement vers une pure logique de « métier » ? Sommes-nous placés devant un choix binaire profession/business, pour reprendre la terminologie anglo-américaine, qui se traduirait inévitablement par le triomphe du second terme sur le premier et l'abandon de toute prétention à jouer un autre rôle que celui de prestataire de services ? Avant de répondre à ces interrogations, il faut d'abord revenir sur ces trois notions de libéralisation, de déréglementation et de dérégulation, pour en fixer le contenu.

26 En économie, le terme de libéralisation désigne le fait de rendre libre l'accès à une activité économique pour des agents économiques, par la disparition d'un monopole (souvent étatique). On peut parfois aussi être tenté de qualifier de libéralisation les actions ayant pour but de permettre aux avocats d'exercer librement, dans n'importe quel pays. Dans cette acception, la libéralisation ne remet nullement en cause les spécificités de la profession. Dans l'espace européen la libéralisation, entendue comme l'établissement de la liberté de prestation de services et de la liberté d'établissement, s'analyse comme un des objectifs poursuivis par les avocats. Ils ont d'ailleurs, par l'intermédiaire du CCBE, été associés à l'élaboration des outils communautaires qui ont permis de l'assurer. Dès lors que l'exercice de ces libertés n'entraîne pas la remise en cause des règles fixées dans le cadre national pour le fonctionnement des structures d'avocats, ce mouvement ne peut qu'être encouragé; surtout dans un pays dont les cabinets entendent jouer un rôle international et dont les avocats n'hésitent

1. http://www.researchandmarkets.com/info/about.asp/

pas à s'exporter. C'est le cas de la France, puisque la population des avocats français inscrits à un barreau étranger connaît depuis dix ans une croissance démographique supérieure à celle de la profession en général[1].

27 C'est au travers de cette activité des avocats français, principalement, que le système de droit « continental » auquel le droit français se rattache peut espérer voir croître son influence. D'autres régions du monde sont restées en arrière de ce mouvement. C'est ainsi que, pour l'essentiel, les marchés juridiques de l'Asie du Sud-Est sont encore fermés à l'implantation des cabinets étrangers. C'est également le cas de la Chine ou de l'Inde (où la présence de cabinets d'avocats anglais ne fournissant que des prestations juridiques en dehors du droit indien fait l'objet de deux procédures pendantes devant la Cour suprême de l'Inde[2]). S'agissant des États-Unis, ils se caractérisent par le fait que la réglementation de la profession relève de la compétence, non de l'État fédéral, mais des États membres de l'Union. Elle n'est donc pas unifiée, une trentaine d'États seulement ayant à ce jour adopté les dispositions relatives à l'exercice d'avocats étrangers arrêtées par l'ABA[3]. La prochaine étape devrait être l'adoption d'un statut de « foreign legal consultant » (FLC) autorisant les avocats étrangers à fournir des prestations juridiques dans leur droit national et en droit international[4]. Compte tenu de l'échec des négociations multilatérales conduites au sein de l'Organisation mondiale du commerce (OMC), le FLC pourrait voir rapidement le jour à l'occasion de la conclusion ou de la ratification d'accords de libre-échange entre l'Union européenne et

1. D'APRÈS les chiffres du ministère de la Justice, en 2003, le chiffre des avocats étrangers en exercice en France était de 1 069, ce qui représentait 2,6 % de l'effectif total des avocats de France. En 2013 ce taux était de 3,3 % (1 942 avocats). Le taux de progression annuelle moyenne sur dix ans de l'effectif des avocats étrangers en exercice en France a été de 6,2 % : le taux de croissance annuel moyen (TCAM) de l'effectif total des avocats est de 3,5 %.
En 2003, les avocats français inscrits à un barreau étranger étaient 859 (2,10 % de l'effectif total). En 2013 ils étaient 1 604 (2,75 % de l'effectif total). Le TCAM de 2003 à 2013 a été de 6,4 %.

2. Nuno Garoupa, "Globalization and deregulation of legal services", http://www.utexas.edu/law/wp/wp-content/uploads/centers/clbe/GLOBALIZATION-AND-DEREGULATION-OF-LEGAL-SERVICES-v71.pdf

3. Rule 5.5 Unauthorized practice of law, *Multijurisdictional practice of law.*

4. DANS le cadre du cycle de Doha la profession avait accepté d'ouvrir le marché de la prestation de services juridiques aux avocats non communautaires en tant ►

différents États ou groupe d'États étrangers (Cariforum [1], Corée, États-Unis).

28 La déréglementation est la démarche des autorités publiques qui consiste à supprimer les réglementations existant dans un secteur d'activité donné, pour favoriser la concurrence. Relèvent donc de cette définition les actions de démantèlement des règles spécifiques régissant le fonctionnement du marché du droit. Même les économistes les plus libéraux paraissent cependant convenir qu'une réglementation est nécessaire pour assurer un fonctionnement optimal du marché du droit. L'examen du programme communautaire [2] montre toutefois

▶ que Foreign Legal Consultant (FLC) sous certaines conditions cumulatives qui devraient être les suivantes, ce statut n'ayant pas encore été intégré dans la loi française :

• Le FLC est reconnu par le pays d'accueil sur base de l'article VII GATS 1994, à condition qu'il soit membre d'un barreau réglementé, indépendant et comparable, dont le code de déontologie soit comparable au Code de déontologie du CCBE et de ses organisations membres, qu'il ait acquis une formation et une expérience suffisantes et comparables à celles requises dans le pays d'accueil et qu'il satisfasse aux exigences de son pays d'origine ou qu'il ait obtenu les licences ou les certificats requis dans son pays d'origine.

• Le FLC s'enregistre comme tel auprès du barreau et/ou des autorités compétentes du pays d'accueil et relève de ses/leurs pouvoirs disciplinaires. Il doit justifier d'une assurance de responsabilité professionnelle couvrant son activité de FLC dans le pays d'accueil.

• Le comportement professionnel du FLC dans le pays d'accueil est réglementé par les règles déontologiques du barreau et/ou des autorités compétentes du pays d'accueil, même si les règles déontologiques de ce dernier sont plus strictes que celles du pays d'origine.

• Le FLC doit exercer dans le pays d'accueil sous son titre d'origine et, pour la nécessaire information du public, doit mentionner qu'il n'est pas admis à consulter dans le droit du pays d'accueil.

• Le FLC doit donner des conseils juridiques uniquement en droit de son pays d'origine et/ou en droit public international (à l'exception du droit communautaire).

• Le FLC n'est pas autorisé à représenter qui que ce soit devant les juridictions ni les autorités administratives, sauf s'il n'est pas exigé que ce soit un avocat qui se charge de la représentation.

• Le FLC peut s'associer à et peut être employé par des avocats du pays d'accueil, dans la limite de ce qui est permis à ces derniers, pour exercer la profession en commun.

1. Caribbean Forum of African, Caribbean and Pacific States.
2. CET examen sera effectué au chapitre 2 (v. s^s^ n°s 61 s.).

qu'il peut avoir un effet profondément déstabilisant, puisqu'il porte sur des questions aussi sensibles que les activités réservées, la place des capitaux extérieurs ou la possibilité que les cabinets d'avocats puissent être dirigés par des non-avocats.

29 Le terme de régulation est quant à lui réservé aux interventions des autorités publiques dans un secteur donné, dans un but déterminé. Il arrive que ces interventions soient confiées à une autorité particulière, qui peut être qualifiée d'autorité d'autorégulation lorsque ce rôle est attribué aux acteurs du secteur eux-mêmes. Il n'existe pas à proprement parler de tendance à la « dérégulation ». Tant qu'existe une réglementation du marché du droit compatible avec celle de la profession d'avocat, le besoin de régulation existe. En revanche, désormais, la compétition entre les différents modèles de régulation est ouverte, puisqu'aux modèles traditionnels de régulation par les cours ou par la profession elle-même, est venu s'ajouter le modèle anglais ou australien de régulation par une autorité indépendante. Poser la question de l'autorité de régulation pour les avocats, c'est en définitive se demander qui doit les contrôler.

30 Voilà défini le cadre dans lequel s'inscrit la relation des avocats avec le marché. Le premier chapitre (v. ss nos 31 s.) a pour objet de revenir sur la façon dont s'est nouée la relation entre les avocats et le marché, puis de se pencher sur les principales théories économiques qui ont été mobilisées pour expliquer le fonctionnement du marché du droit. Être confronté au marché, c'est en effet aussi être confronté à un discours, celui des économistes. Ce discours est une découverte pour les avocats et il est très différent du discours juridique dont il a pris en partie la place, notamment dans la sphère des décisions politiques. Sa maîtrise est devenue indispensable et elle est d'autant plus utile qu'il est loin d'être homogène et qu'il recèle des contradictions qu'il faut être prêt à exploiter.

Le deuxième chapitre (v. ss nos 61 s.) est centré sur l'action des institutions européennes. Après avoir consacré deux directives à la profession d'avocat, elles ont cessé de s'attacher à ses particularités, de sorte que les avocats sont désormais rattachés au vaste ensemble des prestataires de services. L'exercice imposé consiste à vérifier si les réglementations professionnelles édictées par les États nationaux sont compatibles avec les textes européens.

Le troisième chapitre (v. ss nos 150 s.) revient sur les différents modes possibles de régulation. L'autorégulation n'est plus en effet un principe naturel ou intangible, depuis que certains pays ont décidé que les avocats n'étaient peut-être pas les mieux placés pour contrôler les avocats. Puisqu'il s'installe désormais une forme de concurrence entre les systèmes de régulation, une évaluation des mérites et des faiblesses du modèle français devient nécessaire.

Les avocats restent majoritairement (unanimement ?) attachés à l'idée que leur profession est nécessaire, non pas uniquement pour produire des services sur un marché, mais également pour assurer l'accès au droit et à la justice, pas seulement à des « consommateurs », mais aussi à des « sujets de droit », des individus jouissant de droits et de libertés. Mais pour rendre effectifs ces droits et libertés établis par le droit et garantis par le système judiciaire ne faut-il pas précisément accepter le marché ? C'est la thématique abordée au cours du quatrième chapitre (v. s^s n°s 180 s.).

CHAPITRE PREMIER

Le marché, contre les avocats ?

§

À L'ORIGINE D'UN MOUVEMENT

31 Si l'identité de conceptions entre avocats qui a été mise en évidence se traduit néanmoins par des réglementations et des comportements différents de part et d'autre de l'Atlantique, il s'agit en fait pour une bonne part de la conséquence d'évolutions qui ont été imposées à la profession. Si elles se sont produites plus tôt aux États-Unis, c'est peut-être seulement parce que le rôle économique de la profession s'y est affirmé plus précocement, comme en témoigne dès 1905 Louis D. Brandeis.

32 Le rapport Darrois[1], citant l'exemple anglais, met en exergue le lien entre le poids économique pris par le secteur des services juridiques, et le mouvement de libéralisation ou de dérégulation : « *Le Royaume-Uni, quant à lui, a choisi de considérer l'exercice du droit comme une activité ordinaire, comme un "business", et depuis la fin des années 1970 conteste que les prestations juridiques aient une quelconque spécificité. Les juristes anglais se sont lancés à la conquête de marchés extérieurs, aux États-Unis, et en Europe continentale grâce au principe de liberté d'établissement et bientôt de la Directive Services.* » Les réformes ont eu pour but premier de renforcer la productivité du secteur « *Sur le plan économique, le résultat est éloquent : en 2003 l'activité juridique représentait pour l'Angleterre, avec un volume d'activité de 19 milliards de livres, 1,73 % du produit intérieur brut, de 1991 à 2006 l'exportation des prestations juridiques a été multipliée par six, passant de 445 à 2 612 millions*

1. Jean-Michel Darrois (dir.), *Vers une grande profession du droit*, La Documentation française, 2009; http://www.justice.gouv.fr/art_pix/rap_com_darrois_20090408.pdf/

de livres. » Pour le rapport Darrois, si le mouvement a trouvé son achèvement avec le Legal Services Act de 2007[1] qui « *tend à déréguler leur profession et permet de créer des structures juridiques nouvelles autorisant le regroupement des praticiens de différentes disciplines et l'appel à des capitaux extérieurs* », il remonte en réalité aux années 70.

33 Frank H. Stephen dans *Lawyers, Markets and Regulation*[2] fait effectivement référence aux premières interventions de la « Monopolies Commission » puis de la « Monopolies and Mergers Commission », militant pour l'introduction de la concurrence au sein du marché des services juridiques et débouchant, par exemple, sur le retrait des échelles d'honoraires recommandés, la possibilité de recourir à la publicité pour les solicitors et le droit pour les clients de bénéficier d'un devis estimatif. L'étape suivante correspond aux années Thatchter, sans qu'il soit facile de distinguer les mesures concernant les professions juridiques, dans l'action plus générale des gouvernements conservateurs pour imposer un tournant libéral à l'ensemble de la société britannique. C'est le moment où le marché de l'immobilier est ouvert à la concurrence (il était jusqu'alors réservé aux seuls *solicitors*) tandis que le monopole judiciaire des *barristers* disparaît avec l'accès des *solicitors* aux cours supérieures. Il faudra ensuite attendre la désignation de Sir David Clementi[3] et l'adoption du Legal Services Act de 2007, pour que des évolutions décisives se produisent. Elles méritent d'être étudiées en tant que telles.

34 En réalité, le véritable point de départ, c'est aux États-Unis qu'il faut le chercher. Même si les avocats américains se plaisent à rappeler qu'en 1787, pour écrire la Constitution américaine, 33 des 35 parlementaires étaient des avocats, ou se référer aux propos de Tocqueville sur la place des juristes au sein de la jeune République, l'histoire de la profession aux États-Unis est loin d'avoir toujours été glorieuse[4]. Il

1. Legal Services Act 2007; http://www.legislation.gov.uk/ukpga/2007/29/contents

2. Frank H. Stephen, *Lawyers, Markets and Regulation*, Edward Elgar, Cheltenham, 2013, p. 67 s.

3. Sir David Clementi, *Review of the Regulatory Framework for Legal Services in England and Wales*, Final report, Dec. 2004; http://www.aiga.it/old/pdf/doc-57-871.pdf

4. POUR un aperçu historique : Thomas D. Morgan, *The Vanishing American Lawyer*, Oxford University Press, 2010, p. 33 s.

faut attendre la création de l'ABA (1878) et surtout l'adoption d'un premier code de déontologie, *Canons of Ethics*[1], en 1887 pour que se construise véritablement le discours professionnel. Aussitôt, celui-ci cherche à distinguer l'exercice du droit de l'activité commerciale, pour en refuser les règles. Cette attitude ne se démentira jamais. C'est ainsi qu'en 1959, le « Special Committee on Economics of Law Practice », préoccupé de la pression que certains clients font peser sur les avocats dans la fixation des honoraires, décide de publier des échelles d'honoraires imposés et d'en rendre l'application obligatoire sous peine de sanction disciplinaire. Pour prendre de telles mesures, il fallait bien que les avocats aient été convaincus de ne pas relever des règles du droit de la concurrence... La Cour suprême des États-Unis leur a rapidement fait comprendre qu'ils étaient dans l'erreur.

35 La première des décisions de la Cour suprême intervint en 1963 dans une situation il est vrai assez atypique, tant les enjeux dépassaient la seule question de la position de l'avocat par rapport au marché. À l'occasion du mouvement de résistance des États du Sud au démantèlement des lois ségrégationnistes, l'État de Virginie avait pris différentes mesures législatives renforçant l'interdiction faite aux avocats de tout démarchage ou sollicitation. Le but de cette législation était en réalité de paralyser les efforts de la *National Association for the Advancement of Colored People* (NAACP) qui tentait d'inciter les noirs américains à faire valoir en justice leurs droits civiques[2]. De manière assez prévisible, compte tenu de ce contexte, la Cour Suprême jugea que cette législation était contraire au premier amendement garantissant la liberté d'expression (freedom of speech). La décision rendue l'année suivante dans *Broterhood of Railway Trainmen v. Virginia*[3], en application des mêmes principes a cependant levé les derniers doutes. Au-delà de la défense des droits civiques, la profession d'avocat était bel et bien concernée. Le barreau de Virginie reprochait à cette association de diriger ceux de ses membres (ou leurs familles) victimes d'accidents du travail vers des cabinets d'avocats sélectionnés par elle sur les critères qu'elle avait déterminés[4]. Le barreau voulait mettre fin à cette pratique, considérant qu'elle relevait indirectement de la prati-

1. Alabama State Bar Association, *Code of Ethics: Adopted by the Alabama State Bar Association*, Brown printing Company, Dec. 14, 1887.
2. *NAACP v. Button*, 371 US 415 (1963).
3. *Broterhood of Railway Trainmen v. Virginia*, 377 US 1 (1964).
4. L'association avait également négocié les honoraires.

que prohibée du démarchage, puisque les cabinets sélectionnés bénéficiait d'une clientèle rabattue vers eux par l'association syndicale des chemins de fer. La Cour suprême, comme l'année précédente, jugea que la liberté de parole entraînait pour toute personne le droit de conseiller un avocat et qu'elle ne pouvait être limitée au seul motif que son usage viendrait affaiblir l'interdiction professionnelle du démarchage. La « fraternité » était libre de conseiller tel ou tel avocat, dès lors qu'elle ne se livrait pas elle-même à l'exercice illégal du droit. L'opinion dissidente[1] mérite d'être citée : « *Par sa décision d'aujourd'hui, la Cour anéantit la réglementation de la profession d'avocat et relègue la pratique du droit au niveau du commerce* [...]. *Cet état de choses dégrade la profession* [...] *et contrevient à la fois à l'éthique admise de la profession et aux règles de conduite acceptables.* » Observons au passage qu'à la différence de l'affaire *Button* (subie par la profession), l'affaire *Broterhood* avait été engagée par le barreau de Virginie.

36 Décidément mal inspiré, celui-ci avait aussi publié une échelle d'honoraires « recommandés ». L'utilisation de cette échelle n'était certes pas obligatoire mais le barreau considérait que l'avocat qui refusait de l'appliquer pouvait valablement être présumé se livrer à la pratique de la sollicitation illicite[2]... À l'occasion de l'affaire *Goldfarb v. Virginia State Bar* la Cour suprême fut donc saisie[3] par un individu qui se plaignait du fait que se référant au barème des honoraires minimum du barreau de Virginie, tous les avocats sans exception qu'il avait consultés pour la réalisation d'une vente immobilière, lui avaient réclamé un honoraire égal à 1 % de la valeur des biens qu'il achetait. Il soutenait que l'on se trouvait en présence d'une entente illégale entre opérateurs économiques, interdite par le *Sherman Anti-Trust Act*[4]. La

1. M. Justice Clark, suivi par M. Justice Harlan.

2. Un argument est souvent avancé contre les avocats accusés de « casser les prix » : ils se livreraient à des pratiques insupportables de « dumping ». Le dumping, dont l'objectif est d'accaparer un marché en pratiquant des prix en dessous du prix de revient pour expulser du marché la concurrence suppose chez l'acteur économique qui y recourt la capacité de répondre à une part significative (ou à la totalité) de l'offre, pour le produit considéré. Cependant, un doute peut être émis sur le fait qu'un cabinet d'avocats se soit jamais trouvé dans une telle situation.

3. *Goldfarb v. Virginia State Bar*, 421 US 773 (1975).

4. Le Sherman Antritust Act (15 USC §§ 1-7) du 2 juillet 1890 est à l'origine du droit de la concurrence; http://www.justice.gov/atr/public/divisionmanual/chapter2.pdf/

question était donc posée directement à la Cour : la profession d'avocat était-elle ou non concernée par la réglementation des activités économiques ? Dans un avis rédigé par le juge en chef Burger, la Cour, à l'unanimité, jugea que l'établissement de ce barème d'honoraires minimum constituait une pratique illicite. En réponse à l'argument selon lequel la profession d'avocat devait jouir d'un statut particulier dérogatoire de la réglementation commerciale, la Cour répondit : « *Ce n'est pas dénigrer la pratique du droit en tant que profession que de reconnaître qu'elle a un aspect commercial.* »[1] Pour que les choses soient bien claires, elle prit le soin de rappeler que le statut de la profession ne l'empêchait pas de relever dans son fonctionnement d'une logique de marché, en ce sens qu'elle rendait des services juridiques en échange d'une rémunération. « L'examen d'un titre est un service et la réalisation de ce service à titre onéreux est du « commerce » au sens que le langage commun donne à ce mot. »[2]

37 Le cas de la publicité fut réglé à l'occasion de la décision *Bates v. State Bar of Arizona*[3] (v. s[s] n° 180). Cette affaire illustre la difficulté pour le barreau, d'admettre que l'objet ultime de la réglementation professionnelle reste l'intérêt du client et que la dignité de la profession n'est pas une valeur supérieure aux intérêts de ceux qu'elle est supposée servir. Dans l'affaire Bates, le barreau de l'Arizona cherchait à mobiliser les règles professionnelles restreignant la publicité, pour empêcher des avocats de répondre à une demande de droit dont tout le monde paraissait admettre qu'elle n'était pas satisfaite. Le recours à la publicité était en effet le fait d'un cabinet ayant ouvert une « clinique juridique » et dont l'ambition était de fournir des prestations juridiques simples à une clientèle modeste. La décision s'appuie sur le principe de la liberté d'expression, qu'elle considère comme applicable à la publicité (commercial speech). Dans son arrêt, la Cour analyse la publicité en se plaçant du point de vue du public, qui pourra grâce à elle accéder plus facilement aux services d'un avocat, ce qui simplifiera l'accès au droit à la justice. L'arrêt reconnaissait la nécessité de fixer certaines limites, notamment pour éviter la publicité mensongère. Il

1. *It is no disparagement of the practice of law as a profession to acknowledge that it has this business aspect.*

2. « *A title examination is a service, and the exchange of such a service for money is "commerce" in the common usage of that term.* », *Goldfarb v. Virginia State Bar*, 421 US 773 (1975), préc.

3. *Bates v. State Bar of Arizona*, 433 US 350 (1977).

reste qu'à partir de cette décision le recours à la publicité se trouvait définitivement ouvert aux avocats aux États-Unis, pour le meilleur et pour le pire, en dépit de l'opposition des barreaux.

§

LES ÉVOLUTIONS EN EUROPE

38 Le Royaume-Uni n'est pas totalement une exception en Europe (v. s^s n° 31). Des évolutions dans le sens d'un assouplissement des règles professionnelles peuvent en fait être relevées également dans plusieurs pays européens. C'est ainsi qu'en Allemagne, des décisions de la Cour constitutionnelle ont remis en cause des pans entiers de la réglementation professionnelle (libéralisation du régime de la publicité, possibilité de cumuler un emploi salarié avec l'exercice de la profession d'avocat, disparition des limites territoriales à l'activité d'avocat.). En Espagne depuis 2007, une part minoritaire du capital des sociétés d'avocats (25 %) peut être détenue par des tiers. En France même, l'interdiction du recours à la publicité a progressivement été levée et les structures d'exercice ont été modernisées. La loi n° 2011-331 du 28 mars 2011[1] a permis la création de sociétés de participation financière des professions libérales (SPFPL) pluriprofessionnelles. Elle a autorisé les prises de participation dans les sociétés d'exercice libéral (SEL) de professionnels du droit, du chiffre et de conseils en propriété industrielle, chacune des professions concernées restant soumise aux règles déontologiques qui lui sont propres[2]. Cette loi est entrée en vigueur le 19 mars 2014 avec la publication de son décret d'application[3]. Quant au décret n° 2005-790 du 12 juillet 2005[4],

1. L. n° 2011-331, 28 mars 2011 de modernisation des professions judiciaires ou juridiques et certaines professions réglementées, *JO* 29 mars, p. 5447, art. 32.

2. L. n° 90-1258, 31 déc. 1990 relative à l'exercice sous forme de sociétés des professions libérales soumises à un statut législatif ou réglementaire ou dont le titre est protégé, *JO* 5 janv., p. 216, art. 31-2; *JCP G* 2011. I. 468, n° 3, obs. Ch. Jamin.

3. Décr. n° 2014-354, 19 mars 2014 pris pour l'application de l'article 31-2 de la loi n° 90-1258 du 31 décembre 1990 relative à l'exercice sous forme de sociétés des professions libérales soumises à un statut législatif ou réglementaire ou dont le titre est protégé, *JO* 21 mars, p. 5618; *D. Avocats*, avr. 2014, p. 137, note L. Dargent.

4. Décr. n° 2005-790, 12 juill. 2005 relatif aux règles de déontologie de la profession d'avocat, *JO* 16 juill., p. 11688.

il a souvent été analysé comme consacrant la disparition du pouvoir d'autoréglementation de la profession. En réalité, ni la loi n° 71-1130 du 31 décembre 1971[1], ni le décret n° 91-1197 du 27 novembre 1991[2] ne pouvaient guère laisser de doute sur le caractère subsidiaire et subordonné du pouvoir concédé à la profession dans ce domaine.

39 Ce qui retient désormais l'attention, c'est le rôle essentiel joué par la Commission européenne dans ce mouvement. À l'occasion de sa réunion de Lisbonne des 23 et 24 mars 2000, le Conseil européen a en effet décidé de la mise en œuvre d'une stratégie de croissance pour l'Union fondée sur « l'économie de la connaissance », consacrant en fait la part décisive prise par les services dans l'économie de l'Union : « *Les professions libérales sont appelées à jouer un rôle important dans l'amélioration de la compétitivité de l'économie européenne, puisqu'elles participent à l'économie et à l'activité, de sorte que leur qualité et leur compétitivité ont des répercussions importantes. Les professions libérales sont également importantes dans la mesure où elles offrent leurs services directement aux consommateurs.* »[3]

Cette communication a été précédée de la publication d'un très controversé rapport sollicité par la DG concurrence[4] auprès de l'Institut des hautes études de Vienne[5]. Une publication qui fit à l'époque découvrir aux avocats français (au moins à leurs instances représentatives) que les règles de fonctionnement de la profession étaient susceptibles d'être remises en cause, à l'occasion de la construction européenne et de l'édification du grand marché intérieur. Dans un premier temps, les États membres ont été invités à se livrer à une évaluation des réglementations nationales susceptibles d'avoir une incidence sur la concurrence ou sur la libre circulation des professionnels

1. L. n° 71-1130, 31 déc. 1971 portant réforme de certaines professions judiciaires et juridiques, *JO* 5 janv. 1972, p. 131.

2. Décr. n° 91-1197, 27 nov. 1991 organisant la profession d'avocat, *JO* 28 nov., p. 15502.

3. Communication de la Commission - Rapport sur la concurrence dans le secteur des professions libérales; http://eur-lex.europa.eu/legal-content/FR/TXT/HTML/?uri=CELEX:52004DC0083&from=EN/

4. Dirigée à l'époque par Mario Monti.

5. Paterson, Fink et Ogus, *Economic impact of regulation in the field of liberal professions in different Member States*, Research report, 2003, Institute for Advanced Studies (IHS); http://ec.europa.eu/competition/sectors/professional_services/studies/prof_services_ihs_part_1.pdf/

libéraux. Ils avaient également à vérifier si ces dispositifs étaient susceptibles de passer le test de proportionnalité, c'est-à-dire être édictées dans l'intérêt général, conformes au but recherché et ne dépassant pas ce qui est strictement nécessaire pour y parvenir. L'adoption le 12 décembre 2006 de la directive 2006/123/CE [1], relative aux services dans le marché intérieur, a donné à cette invite un caractère impératif.

Les objectifs sont ambitieux : « *L'élimination des obstacles au développement des activités de services entre États membres est un moyen essentiel pour renforcer l'intégration entre les peuples européens et pour promouvoir le progrès économique et social équilibré et durable. En éliminant ces obstacles, il importe de veiller à ce que le développement des activités de services contribue à l'accomplissement de la mission visée à l'article 2 du traité* [2], *à savoir promouvoir dans l'ensemble de la Communauté un développement harmonieux, équilibré et durable des activités économiques, un niveau d'emploi et de protection sociale élevé, l'égalité entre les hommes et les femmes, une croissance durable et non inflationniste, un haut degré de compétitivité et de convergence des performances économiques, un niveau élevé de protection et d'amélioration de la qualité de l'environnement, le relèvement du niveau et de la qualité de vie et la cohésion économique et sociale et la solidarité entre les États membres.* »

La directive services intègre un mécanisme à double détente; non seulement elle est venue interdire immédiatement certaines pratiques, enjoignant aux États de les supprimer sans délai, mais elle comporte aussi un volet d'évaluation très étendu [3], dont l'application a été volontairement décalée dans le temps par rapport à l'entrée en vigueur de la directive services elle-même. Ce sont les effets de ce double dispositif qui se font désormais sentir. Ainsi c'est au visa de l'article 24 [4], de la directive services, qui prohibe toute interdiction totale « visant les communications commerciales des professions réglementées », que

1. Dir. 2006/123/CE, Parlement et Conseil, 12 déc. 2006, relative aux services dans le marché intérieur, *JOUE* L 376, 27 déc., p. 36; dite ci-après directive services.

2. Traité sur l'Union européenne (TUE), art. 3, *JOUE* C 115/1, 9 mai 2008, p. 1 s., signé le 13 décembre 2007, dit traité de Lisbonne, avec le Traité sur le fonctionnement de l'Union européenne (TFUE); à l'origine Traité instituant la Communauté économique européenne, art. 2, signé le 25 mars 1957, dit traité CEE ou traité de Rome - AUSSI : I. Pingel (dir.), *De Rome à Lisbonne : Commentaire article par article des traités UE et CE*, 2e éd., Helbing Lichtenhahn - Dalloz - Bruylant, 2e éd., 2010, p. 10.

3. Dir. 2006/123/CE, Parlement et Conseil, 12 déc. 2006, art. 15.

4. Dir. 2006/123/CE, Parlement et Conseil, 12 déc. 2006, art. 24.

la Cour de justice de l'Union européenne (CJUE) a jugé[1], dans une décision qui concerne toutes les professions couvertes par la directive services, que l'interdiction générale du démarchage contenue dans le Code de déontologie des experts-comptables devait être abrogée.

40 En adoptant la directive services[2], le Parlement européen et le Conseil ont donc fixé à la Commission une feuille de route qu'elle s'applique depuis à mettre en œuvre. Après la crise économique, les États européens, conscients de la nécessité de mieux coordonner leurs politiques économiques pour atteindre les résultats de l'Union ont élaboré un dispositif annuel qui implique la Commission, le Conseil et les États membres. Le « semestre européen[3] » impose notamment à la Commission de « réaliser une analyse détaillée des programmes de réformes économiques et structurelles des États membres de l'Union européenne » et de leur adresser des recommandations pour les 12 à 18 prochains mois. Il s'agit tout à la fois de porter une appréciation sur la mise en œuvre des mesures décidées et de les inviter à mener de nouvelles actions si nécessaire[4].

Le 29 mai 2013, la Commission a ainsi publié sa « Recommandation de recommandation du Conseil[5] concernant le programme national de réforme de la France pour 2013 et portant avis du Conseil sur le programme de stabilité de la France pour la période 2012-2017. »[6] S'agissant du secteur des services, la Commission a relevé le « peu de progrès accomplis en 2012 », reprochant à la France de n'avoir engagé « aucune réforme horizontale pour éliminer les restrictions injustifiées dans les secteurs et professions réglementés ». Elle constate que « de nombreux prestataires de services professionnels se

1. CJUE, 5 avr. 2011, aff. C-199/09, *Rec. CJUE* I-02551; *AJDA* 2011. 1007, chron. M. Aubert, E. Broussy et F. Donnat; *D.* 2011. 1072, obs. X. Delpech; *D.* 2013. 136, obs. T. Wickers; *RFDA* 2011. 1225, chron. L. Clément-Wilz, F. Martucci et C. Mayeur-Carpentier; *RTD eur.* 2011. 592, obs. A.-L. Sibony et A. Defossez; *RMCUE* 2013. 45, chron. Ekaterini Sabatakakis.

2. DONT le contenu est examiné au chapitre 2, v. ss nos 61 s.

3. http://ec.europa.eu/europe2020/making-it-happen/index_fr.htm

4. Les décisions sont prises par le Conseil, c'est-à-dire par les États membres et ensuite mises en œuvre par la Commission. Aucun État national ne devrait donc s'étonner des initiatives qu'elle prend, elle ne fait qu'exécuter leurs décisions.

5. IL S'AGIT en effet des suggestions de la Commission qui doivent ensuite être approuvées par le Conseil. On passe alors à la « recommandation du Conseil ».

6. http://ec.europa.eu/europe2020/pdf/nd/csr2013_france_fr.pdf

heurtent encore à des restrictions en matière de forme juridique et de structure d'actionnariat (par exemple, restrictions en matière de propriété du capital pour les vétérinaires et les avocats) ». Elle ajoute que des barrières importantes à l'entrée ou à l'exercice d'une activité, notamment concernant les communications commerciales, les quotas et les restrictions territoriales, subsistent dans un certain nombre de secteurs ou professions, « tels que les taxis, certaines professions de santé, les notaires et d'autres professions juridiques ». Il est donc enjoint (recommandation n° 4) à la France de prendre des mesures pour renforcer la concurrence dans le secteur des services et d'éliminer en conséquence « les restrictions injustifiées à l'accès aux services professionnels et à leur exercice, notamment en ce qui concerne la forme juridique, la structure d'actionnariat, les quotas et les restrictions territoriales ».

41 Le 2 juin 2014, après avoir pris connaissance du programme national de réforme de la France pour 2014, la Commission a publié une nouvelle « recommandation de recommandation du Conseil ». La Commission y constate (considérant 13) que : « *Bien que les restrictions en matière de formes juridiques, d'actionnariat ou de tarifs aient été levées pour certaines professions (par exemple les vétérinaires), une majorité reste confrontée à d'importantes barrières à l'entrée ou à l'exercice (par exemple les taxis, le secteur des soins de santé, les notaires et, plus généralement, les professions juridiques)* ». Elle poursuit en critiquant les professions qui appliquent un *numerus clausus* alors qu'il entrave l'accès aux services « *et pourrait être réexaminé sans mettre en péril la qualité et la sécurité* ». Sa conclusion est claire : « *À ce jour, la nécessité et la proportionnalité des restrictions auxquelles sont soumises les professions réglementées n'ont encore fait l'objet d'aucune évaluation approfondie.* » La Commission recommande donc que la France s'attache, au cours de la période 2014-2015 : « 4. *à supprimer les restrictions injustifiées à l'accès aux professions réglementées et à l'exercice de ces professions, et à réduire les coûts d'entrée et à promouvoir la concurrence dans les services;* [...]. »

42 Il semble que cette fois elle ait été entendue. Le 3 juin le ministère de l'Économie a saisi l'Autorité de la concurrence d'une demande d'avis portant sur les tarifs d'un certain nombre de professions juridiques, dont les notaires, les huissiers, les administrateurs judiciaires ou les mandataires judiciaires[1]. Le 10 juillet 2014, à l'occasion de la pré-

1. Le texte de la saisine est consultable sur le site de l'Autorité de la concurrence : http://www.autoritedelaconcurrence.fr/doc/saisine_prof_regl.pdf

sentation de sa feuille de route pour le redressement économique de la France, le ministre de l'Économie, Arnaud Montebourg, tout en s'en prenant à la politique des institutions européennes, a confirmé son intention de prendre un train de mesures concernant les professions réglementées, se référant à un rapport déjà rédigé[1] de l'Inspection générale des finances (IGF). Dans la liste des professions protégées par un monopole dressée par le ministre figurent les avocats (mais pas les notaires, ce qui n'a pas manqué de surprendre[2]). Comme cela était devenu évident, du fait de la mauvaise situation économique du pays, l'exécutif n'hésite pas désormais à donner des gages aux autorités européennes, dans l'espoir de continuer de bénéficier d'un traitement de faveur, dans le domaine de la résorption du déficit budgétaire du pays.

§

UN APERÇU DES THÉORIES ÉCONOMIQUES

43 Dès l'instant où les économistes et les sociologues se sont intéressés de plus près au fonctionnement de la profession, un certain nombre d'entre eux ont fait valoir que la plupart des restrictions aux règles de la concurrence existant avaient été élaborées pour mettre la profession à l'abri des règles ordinaires du marché, de sorte qu'elles ne s'expliquaient que par la seule volonté du groupe professionnel de s'auto-protéger. Il est devenu désormais indispensable aux avocats de se pencher à leur tour sur le discours des économistes et sur sa pertinence. La théorie économique n'a en effet toujours pas tranché de manière claire et définitive le point de savoir s'il était préférable pour les « consommateurs de droit » que le marché des services juridiques soit un marché régulé, ou qu'au contraire toute réglementation soit démantelée, pour en assurer la libéralisation. Il s'agit en réalité d'une question extrêmement controversée sur laquelle les économistes s'opposent, comme le confirment plusieurs travaux récents qui y sont consacrés.

44 Ces différents travaux, dont les développements qui suivent sont directement inspirés, confirment qu'il existe deux séries de théories à fondements économiques ou sociologiques apparemment contradictoires. Seule l'étude, intitulée *Les conséquences économiques de la libéralisation du marché des services juridiques,* réalisée à la demande du Conseil

1. Le rapport n'a pas été rendu public immédiatement après l'annonce du ministre.
2. Les articles dans la presse ont plus cité les notaires que les avocats.

national des barreaux[1] qui l'avait confiée à un groupe d'économistes et de sociologues dirigée par le professeur Olivier Favereau, (Economix) se livre toutefois à leur comparaison critique et propose de les dépasser. Les professeurs du groupe Economix sont les auteurs d'une précédente recherche publiée sous le titre *Les avocats entre ordre professionnel et ordre marchand*[2]. Même si leur dernière étude a été réalisée pour le groupement d'intérêt public (GIP) Mission de recherche Droit et Justice[3], son existence est en définitive la conséquence des initiatives prises par le Conseil national des barreaux. C'est lui qui a su susciter, pour la première fois, l'intérêt d'équipes de chercheurs pour le fonctionnement de la profession d'avocat et celui du marché des services juridiques. Ce type d'action, qui a plus ou moins été abandonné avec la mise en sommeil du Centre de recherches et d'études des avocats (CREA)[4] est pourtant

1. L'assemblée générale du Conseil national des barreaux avait décidé, dans le prolongement du rapport du bâtonnier Michel Bénichou consacré à *L'Europe, les avocats et la concurrence*, en février 2007, de commander une étude pluridisciplinaire sur les effets économiques d'un éventuel mouvement de libéralisation des services juridiques sur le fonctionnement et l'organisation de la profession d'avocat. L'étude est disponible sur le site du Conseil national; http://cnb.avocat.fr/Etude-sur-Les-consequences-economiques-de-la-liberalisation-du-marche-des-services-juridiques-presentation_a63.html/

2. Olivier Favereau (dir.), *Les avocats entre ordre professionnel et ordre marchand*, Rapport du Conseil national des barreaux, Gazette du Palais - Lextenso, 2009.

3. http://www.gip-recherche-justice.fr/

4. Centre de recherches et d'études des avocats (CREA) est un service du Conseil national des barreaux mis sur pied en 2007. Il n'a aucun équivalent dans la profession : « Il est à la fois l'instrument scientifique d'aide à la décision du Conseil national et sa boîte à idées pour dessiner les contours d'une profession d'avocat en mutation permanente. Ce centre a vocation à travailler sur toutes les questions touchant à l'évolution et à la diversification de la demande de droit, ainsi qu'aux modes de régulation des avocats. Il a été créé pour renforcer l'expertise technique du Conseil national en vue de fournir une aide efficace, concrète et prospective aux commissions et à l'Assemblée générale. Plus largement, la création du Centre a pour objet de permettre au Conseil national et à la profession qu'il représente d'être moins une force de réaction qu'un vecteur de propositions constructives à l'égard des organes politiques et administratifs, à la fois sur le plan national et européen. Le Centre publie des chroniques à vocation purement informative et scientifique sur des questions intéressant le droit et la déontologie de la profession d'avocat. Une nouvelle chronique semestrielle « Avocats » rédigée par le CREA est ainsi publiée à la *Semaine juridique* ». Pendant six ans, c'est le professeur Christophe Jamin qui a assuré la direction scientifique du CREA; http://cnb.avocat.fr/Presentation-du-CREA_a266.html

absolument essentiel. L'ampleur du mouvement de déréglementation ne permet plus à la profession d'avocat de s'en remettre à un simple discours rhétorique, lorsqu'il s'agit de justifier de son organisation et de ses règles de fonctionnement[1].

45 La première série de théories part du constat qu'il existe des défaillances dans le marché des services juridiques et que ces défaillances justifient la mise en place, dans l'intérêt du public, d'une réglementation permettant d'y remédier. Les théories qui se rattachent à ce courant sont qualifiées de « théories de la réglementation en termes d'intérêt public » (public interest theories). À l'inverse, les tenants des théories de « l'intérêt privé » (private interest theories) soutiennent que dans la pratique, la réglementation est détournée de son but par les professionnels et qu'elle ne permet pas de remédier aux défaillances du marché. C'est la théorie de la « capture », pour laquelle toute réglementation est en fait détournée de son objet par le groupe régulé qui la conçoit et la met en œuvre avant tout à son bénéfice.

§§
Les théories de l'intérêt public

46 La justification économique de la réglementation en termes d'intérêt public mobilise traditionnellement trois arguments : l'asymétrie d'information entre le professionnel et son client, les externalités produites à l'occasion de la fourniture des services juridiques et enfin les caractéristiques de bien public des services juridiques.

47 L'asymétrie d'information entre le professionnel et son client est une particularité des marchés de prestations intellectuelles. Par hypothèse, le client s'adresse à un professionnel parce qu'il ne dispose pas des compétences de ce dernier. Les services juridiques relèvent de la catégorie des « biens de confiance » que la théorie économique définit comme des biens dont le client n'est en mesure d'apprécier la qualité ni *ex ante*, ni même *ex post*. *Ex ante*, le client est tout à la fois incapable

1. Un bon exemple de la façon dont ce type de discours est susceptible de se retourner contre celui qui le tient, peut être trouvé dans les commentaires faits par l'IGF sur les explications fournies par la profession à propos du paradoxe de l'aide juridictionnelle : moins la rétribution est attractive, plus les avocats sont nombreux à accepter des dossiers d'aide juridictionnelle.

d'apprécier ses besoins et de juger de la qualité des services disponibles; *ex post* il aura la même difficulté à déterminer la qualité du service rendu et il ne saura jamais si celui-ci aurait pu être meilleur, ou meilleur marché. La Cour de cassation, en jugeant que la convention d'honoraires passée entre un avocat et son client échappe au principe général de la force obligatoire des conventions et en autorisant le juge à la réviser, manifeste clairement qu'elle considère les prestations des avocats comme des biens de confiance, fournis dans une situation asymétrique. C'est la raison pour laquelle cette jurisprudence ne devrait pas soulever les protestations des avocats, mais au contraire être appliquée par les bâtonniers eux-mêmes, chaque fois qu'ils constatent que l'avocat a agi au détriment de son client en lui faisant signer une convention déséquilibrée.

L'asymétrie d'information est à l'origine de deux phénomènes qui peuvent entraîner la défaillance du marché. Le premier est l'anti-sélection décrite par Akerlof à propos du marché des véhicules d'occasion[1]. Le second est l'aléa moral, déjà identifié par Adam Smith, il désigne le risque que le prestataire de services profite de la situation, pour vendre une prestation inutile, ou d'une qualité insuffisante, pour un prix trop élevé. Le phénomène de demande induite par le producteur (supplier-induced demand) a ainsi été étudié en premier lieu dans le domaine médical[2]. La

1. George A. Akerlof, "The Market for 'Lemons': Quality Uncertainty and the Market Mechanism", *Quarterly Journal of Economics*, vol. 84, n° 3 (1970), p. 488-500. Parmi les voitures d'occasion, certaines sont en bon état et d'autres comportent des défauts cachés, plus ou moins graves, connus du vendeur mais que l'acheteur ne peut découvrir avant d'avoir acheté le véhicule. Dans ce marché, les vendeurs qui savent que leur voiture est en bon état veulent en tirer un prix correspondant à la qualité de leur véhicule, tandis que les vendeurs des voitures en mauvais état (les « lemons ») sont prêts à les vendre à un prix faible pour s'en débarrasser. De leur côté, les acquéreurs qui ne sont pas suffisamment compétents pour apprécier la qualité des véhicules proposés et courent le risque de ne pas acheter un véhicule en bon état, ne sont pas décidés à payer un prix élevé. Du coup les propriétaires de véhicules d'occasion en bon état, ne trouvant pas d'acquéreurs décidés à les payer un juste prix, refusent de les vendre et se retirent du marché. Il ne reste plus sur celui-ci que les véhicules de mauvaise qualité. L'impossibilité de juger de la qualité du produit conduit à la disparition des produits de qualité, ou même à la disparition du marché.

2. Kenneth J. Arrow, "Uncertainty and the Welfare Economics of Medical Care", *American Economic Review*, vol. LIII, (1963), p. 141; http://www.who.int/bulletin/volumes/82/2/PHCBP.pdf

réglementation est donc nécessaire, pour limiter ou empêcher les effets de l'asymétrie d'information.

48 La deuxième branche de la théorie est relative aux externalités produites par les prestations juridiques. Des externalités se produisent lorsque les coûts et les bénéfices d'une transaction ne se limitent pas aux parties en cause, mais peuvent s'étendre à des tiers. Ainsi, une décision de justice réglant de manière pertinente une question de droit difficile va profiter à toutes les personnes se heurtant à la même difficulté, qui pourront bénéficier de son existence. L'exemple du testament est souvent mis en avant (par les auteurs anglais ou américains) : la qualité de la rédaction intéresse en effet essentiellement des tiers, les héritiers, les légataires... La théorie économique montre que les parties sont en général indifférentes aux externalités produites par leur comportement, de sorte que le libre jeu du marché ne permet pas d'atteindre un résultat satisfaisant : « *Dans le cas d'externalités négatives, les agents privés n'intègrent pas dans leur décision économique les coûts sociaux de leur activité, liés au fait que celle-ci peut affecter négativement des tiers. Dans le cas d'externalités positives, les agents n'intègrent pas le bénéfice global de leur activité que retire l'ensemble de la société – c'est-à-dire le fait que leur activité peut produire des effets externes positifs dépassant le simple cadre de la relation bilatérale de marché dans laquelle ils sont engagés.* »[1] Des règles professionnelles comme celles posant des conditions de diplôme sont susceptibles, en favorisant la production de prestations de qualité, d'engendrer plus facilement des externalités positives.

49 Les services juridiques peuvent enfin s'analyser comme des biens publics ou des biens collectifs. En effet la production de services juridiques de qualité est essentielle pour une bonne administration de la justice ou pour le fonctionnement de l'État de droit. Mais en raison des caractéristiques propres des biens publics (qui sont notamment et par définition accessibles à tous gratuitement) les agents économiques ne sont pas incités à les financer et préfèrent mettre en œuvre la stratégie du « passager clandestin » (free-rider) (v. s^s^ n° 303), de sorte que les seules règles du marché sont insuffisantes pour permettre la production des biens collectifs nécessaires à la société. Il faut là encore

1. EconomiX – Sophie Harnay (dir.), *Régulations professionnelles et pluralisme juridique : Une analyse économique de la profession d'avocat*, Rapport pour le GIP Mission de recherche Droit et Justice, 2013, p. 18.

faire appel à la réglementation pour pallier les insuffisances du marché autorégulé : « *Par exemple, l'obligation de recourir à un avocat pour certaines prestations juridiques revient à contraindre les individus à participer à la production d'un bien collectif.* »[1]

§§
Les théories de l'intérêt privé

50 La critique de la régulation économique surgit avec la science économique elle-même, lorsqu'Adam Smith suggère que les règles sur l'apprentissage obligatoire très répandues à son époque, sont en réalité dictées par la volonté de limiter la concurrence et accuse les corporations de « conspirer contre le public » et de chercher avant tout à maintenir des prix élevés. À l'époque moderne, ce sont les travaux de George Stigler[2] et sa théorie de la « capture du régulateur » qui retiennent l'attention. Pour les économistes qui se prévalent de la théorie de la capture, la réglementation est le résultat des actions de lobbying menées par les groupes professionnels, pour obtenir des autorités dont ils dépendent la production de normes qui leur sont en réalité favorables.

51 Les professions juridiques paraissent d'autant mieux correspondre au modèle dénoncé, qu'elles bénéficient en général du droit à l'autorégulation et à l'autoréglementation, de sorte qu'elles sont mêmes dispensées des efforts nécessaires à la « capture » et peuvent produire de leur propre initiative la norme qui doit leur permettre de se protéger de la concurrence. Les ordres d'avocats se comporteraient en réalité comme des ententes entre producteurs et n'agiraient que dans l'intérêt des professionnels.

52 La réglementation professionnelle est donc accusée d'être excessive, inefficace et de ne pas protéger les consommateurs. Elle ne fait rien pour remédier aux défaillances du marché mises en avant par les adeptes des théories de l'intérêt public. D'ailleurs, comme les travaux

1. EconomiX - Sophie Harnay (dir.), *Régulations professionnelles et pluralisme juridique : Une analyse économique de la profession d'avocat*, Rapport pour le GIP Mission de recherche Droit et Justice, 2013, p. 58.

2. George J. Stligler, "The Theory of Economic Regulation", *Bell Journal of Economics and Management Science*, 3 (1971).

de Milton Friedman menés à propos des professions médicales ont pu l'établir, ce ne sont jamais les consommateurs, mais toujours les producteurs qui revendiquent pour que le marché soit réglementé. Il y a là un indice puissant de ce que cette réglementation sert le groupe professionnel et pas le public[1]. De même Mario Pagliero[2] a montré que l'élévation des exigences à l'entrée de la profession s'accompagne de la protection des droits acquis des professionnels en exercice, seuls les nouveaux entrants devant se soumettre aux nouveaux standards.

Les exigences de diplôme relèveraient en réalité de la volonté d'édifier à l'entrée du marché les barrières les plus élevées possibles pour limiter le nombre des professionnels, les tarifs conseillés ou obligatoires devraient être analysés comme des ententes sur les prix, la prohibition de la publicité ne s'expliquerait que par la volonté de créer une rente au profit des professionnels déjà installés et les restrictions sur les formes d'exercice empêcheraient l'innovation et l'initiative. Il serait donc indispensable de démanteler la réglementation professionnelle, pour permettre à la concurrence de s'exercer.

53 Ce courant économique peut également s'appuyer sur une tradition sociologique qui remonte à Max Weber. Ce dernier avait mis en lumière la tendance récurrente des professionnels, théoriquement concurrents sur un marché, à se regrouper pour la défense de leurs intérêts communs. Toute profession tendrait, dans l'intérêt exclusif de ses membres et pour accaparer le marché, à en organiser la clôture par l'établissement de monopoles et de barrières d'entrée. Le professionnalisme ne serait qu'un discours dont l'objectif serait de masquer cette réalité et de la rendre acceptable pour les tiers. Il est difficile de nier que le comportement de certaines professions donne du poids à cette théorie. Le sociologue Ezra Suleiman[3] a examiné en profondeur la profession notariale et en a tiré la conclusion que son fonctionnement obéissait à cette logique[4].

Le Conseil supérieur du notariat (CSN) a su faire du ministère de la Justice, théoriquement chargé de contrôler les notaires, le meilleur

1. Milton Friedman, *Capitalism and Freedom*, University of Chicago Press, 1962; 40th anv. ed., 2002.

2. Mario Pagliero, "What is the Objective of Professional Licensing ?", *US Market for Lawyer's, 29 International Journal of Industrial Organization*, n° 473 (2011).

3. Ezra N. Suleiman, *Les notaires : Les pouvoirs d'une corporation*, Seuil, 1987.

4. SUR le passionnant cas d'école que représente la profession de notaire : Thierry Wickers, « La dernière corporation », *Gaz. Pal.* 25-26 avr. 2014, nos 115-116, p. 9 s.

protecteur de cette profession, chargé de la défense de ses intérêts. Il s'est créé en effet un rapport de clientèle entre l'administration de tutelle et la profession, qui conduit le notariat à placer de fait la « tutelle » sous son contrôle et à le revendiquer : « Vous assurez notre tutelle, donc notre défense. »[1] À titre d'exemple, le ministère de la Justice a joué un rôle déterminant pour obtenir l'inscription à l'article 2 de la directive services de l'exemption des activités « participant à l'exercice de l'autorité publique conformément à l'article 45[2] du traité », qui était censée assurer la protection du notariat. Il a agi de même pour que la profession de notaire soit exclue du champ d'application de la directive 2013/55/UE du 20 novembre 2013[3] sur la reconnaissance des qualifications professionnelles.

54 S'agissant des avocats, le pouvoir d'autoréglementation qui leur a été concédé est strictement encadré et limité à des dispositions ne concernant que les relations des avocats entre eux. Pour l'essentiel La réglementation applicable à la profession d'avocat est d'origine étatique puisqu'elle résulte soit de la loi, soit du règlement. Le droit reconnu au Conseil national des barreaux d'unifier les règles et usages de la profession d'avocat[4] ne s'exerce que dans le respect de la hiérarchie des normes. Il reste à savoir si la relation entre les pouvoirs publics et la profession d'avocat relève du phénomène de la « capture » décrit à propos des notaires. Il serait très exagéré, de la part des avocats français, de prétendre disposer d'un pouvoir identique.

1. Lettre d'Henri Chardon, président du CSN à Robert Badinter, ministre de la Justice, citée par Ezra N. Suleiman, *Les notaires : Les pouvoirs d'une corporation*, Seuil, 1987, p. 36.

2. Traité sur le fonctionnement de l'Union européenne (TFUE), art. 51, *JOUE C* 115/1, 9 mai 2008, p. 1 s., signé le 13 décembre 2007, dit traité de Lisbonne; antérieurement notamment Traité d'Amsterdam modifiant le Traité sur l'Union européenne, les traités instituant les Communautés européennes et certains actes connexes, art. 45, *JOCE C* 340/1, 10 nov. 1997, p. 1 s., signé le 2 oct. 1997, dit traité d'Amsterdam; issu du Traité instituant la Communauté économique européenne, art. 55, signé le 25 mars 1957, dit traité CEE ou traité de Rome – AUSSI : I. Pingel (dir.), *De Rome à Lisbonne : Commentaire article par article des traités UE et CE*, 2e éd., Helbing Lichtenhahn – Dalloz – Bruylant, 2010, p. 511 (v. aussi ss no 39).

3. Dir. 2013/55/UE, Parlement et Conseil, 20 nov. 2013, modifiant la directive 2005/36 relative à la reconnaissance des qualifications professionnelles et le règlement 1024/2012/CE concernant la coopération administrative par l'intermédiaire du système d'information du marché intérieur (« règlement IMI »); http://eur-lex.europa.eu/LexUriServ/LexUriServ.do?uri=OJ:L:2013:354:0132:0170:fr:PDF

4. L. no 71-1130, 31 déc. 1971, art. 21-1.

Il est facile de vérifier que la relation de la profession d'avocat avec les pouvoirs publics est à la fois d'une autre nature et bien plus conflictuelle. Chaque fois qu'elle le juge nécessaire, elle fait usage de l'indépendance dont elle bénéficie pour contester les décisions gouvernementales ou critiquer les textes dont elle estime qu'ils portent atteintes aux libertés. En raison de sa liberté de ton, il y a fort peu de chances pour qu'un garde des Sceaux soit jamais accueilli par les avocats comme il l'est par « ses » notaires : « *Vous aviez su saisir l'âme du notariat en décrivant le cœur de l'authenticité. Et les journaux avaient titré : Les notaires sous le charme de la ministre.* »[1]

§

UNE TENTATIVE DE DÉPASSEMENT DES CONTRADICTIONS

55 Est-il possible de dépasser les contradictions constatées entre ces différentes théories économiques, apparemment incompatibles ? Les derniers travaux du groupe Economix[2] apportent un éclairage précieux, car ils contiennent une analyse critique des différentes théories présentées, dont ils mettent en avant les faiblesses communes. Il s'agit en effet de théories très générales, développées à partir de concepts dégagés à propos de biens standards, comme les produits de l'industrie, qui traitent donc les services juridiques « *de manière standard, globale et indifférenciée* » sans tenir compte, ni des spécificités des marchés de services par rapport aux marchés des biens, ni (à plus forte raison) d'une éventuelle spécificité des services juridiques par rapport aux autres services. Même s'il n'est pas obligatoire d'adhérer à la conception de Charles Fried[3] de l'avocat « *special-purpose friend* » qui « défend vos intérêts comme s'il s'agissait des siens », il paraît tout à fait évident qu'il y a quelque étrangeté à vouloir appliquer la même théorie explicative au recours à un avocat et à l'achat d'un four à micro-ondes...

1. Discours du président du CSN, Jean Tarrade au congrès de Lyon, 2013; http://www.notaires.fr/fr/

2. EconomiX - Sophie Harnay, (dir.), *Régulations professionnelles et pluralisme juridique : Une analyse économique de la profession d'avocat*, Rapport pour le GIP Mission de recherche Droit et Justice, 2013.

3. Charles Fried, "The Lawyer as Friend: The Moral Foundations of the Lawyer-Client Relation", 85 *Yale L.J.* 8 (jul. 1976) p. 1060-1089.

Au demeurant, il ne suffirait pas, pour être pertinentes, que ces théories reconnaissent la spécificité des services juridiques, il faudrait encore qu'elles intègrent le fait que ces services ne constituent pas non plus un ensemble homogène et indifférencié : quels sont les points communs entre la défense pénale d'urgence, l'établissement d'un contrat simple suivant un modèle type, ou la rédaction d'un traité de fusion ? De même, peut-on prétendre traiter à l'identique, sous l'angle de l'asymétrie d'information, la relation entre le cabinet et le service juridique d'une grande entreprise, qui peut courir sur des dizaines d'années, ou celle entre un avocat et un client particulier, confronté une fois dans sa vie à un contentieux judiciaire ?

56 L'étude précitée souligne également la pauvreté, ou l'insuffisance des études empiriques dont les résultats sont rarement concluants. Le discours économique est donc marqué à la fois par une très grande généralité et un caractère très théorique. « *La portée des études empiriques consacrées au marché des services juridiques reste limitée. Elles ne permettent donc pas, en l'état, de départager les approches théoriques en présence ni, de ce fait, de trancher entre des préconisations régulatoires divergentes, favorables respectivement à une réglementation et à une libéralisation du marché des services juridiques.* »

57 À rebours de la théorie de la « capture » il apparaît que les professions juridiques, qui produisent des « biens de confiance » ont intérêt au maintien de la bonne réputation de la profession et à utiliser les pouvoirs qui leur sont dévolus pour garantir aux consommateurs des services de qualité. Toute autre stratégie peut déboucher sur la disparition du marché lui-même, ce qui serait évidemment contraire aux intérêts des « fournisseurs ». Des consommateurs rationnels ne sont en effet pas décidés à payer des prix élevés pour des prestations dont ils doutent de la qualité. Ils auront donc tendance à proposer systématiquement des prix bas, ce qui découragera les meilleurs fournisseurs qui se retireront du marché. La qualité diminuant, les consommateurs demanderont des prix encore plus bas ce qui découragera de nouveaux fournisseurs et ainsi de suite jusqu'à ce qu'il n'y ait plus de marché.

58 Point fondamental, les deux théories convergent sur l'idée que le marché des services juridiques ne peut fonctionner selon le modèle du marché autorégulé. En effet, la théorie de l'intérêt public met en lumière les défaillances du marché et c'est à partir de ce constat qu'elle propose comme solution le recours à la réglementation professionnelle; mais la théorie des intérêts privés, si elle critique les résultats obtenus au travers de cette réglementation, en raison notamment du risque de capture, ne règle pas pour autant le problème initial, dont elle ne nie pas l'existence. Une fois le marché libéralisé, les défaillances signalées *ab initio* ne sont pas supprimées et se produiront inévitablement : « *Si on accepte l'idée que la profession produit des règles autorégulées restrictives de concurrence, favorisant les intérêts de ses membres et défavorables aux consommateurs de services juridiques, il n'en demeure pas moins que la déréglementation - c'est-à-dire, en l'espèce, la suppression des règles produites par autorégulation - ne résout pas le problème des défaillances de marché caractérisant, dans tous les cas, le marché des services juridico-judiciaires, compte tenu de la nature même de ces derniers.* »[1]

Comme le font observer les auteurs de cette étude, la libéralisation des marchés des biens n'a, lorsqu'elle a été mise en œuvre, fait que précéder un processus de re-réglementation « *tel a été le cas, par exemple, pour la libéralisation des "opérateurs historiques" sur les marchés de monopoles naturels dans des secteurs-clés comme l'énergie et les transports* », caractérisé notamment par l'émergence d'autorités indépendantes de régulation sectorielles.

59 Sans entrer plus en détail dans la théorie économique, il apparaît que les difficultés posées par l'existence d'une réglementation professionnelle sont donc de deux ordres. Il s'agit d'abord de s'interroger sur les règles existantes pour vérifier, au cas par cas si ces règles se justifient par le souci de remédier aux défaillances du marché, quitte à les modifier ou à les supprimer, s'il est constaté que leur effet est en réalité seulement de restreindre la concurrence, au détriment des consommateurs. Mais il convient aussi, si l'on admet que la réglementation subsistera et qu'une régulation reste dans tous les cas nécessaire, de s'interroger sur le meilleur mode de régulation de l'activité des services juridiques. Le risque de « capture » étant identifié, ne doit-on pas remettre en cause le principe d'autorégulation et confier la régulation des professions juridiques à une autorité extérieure ? Dans ce dernier cas, il faut encore choisir laquelle : un service de l'État, le juge, une autorité indépendante ?

60 Dans la plupart des pays occidentaux, la déréglementation a essentiellement porté sur l'analyse de l'efficience des règles profession-

1. EconomiX - Sophie Harnay (dir.), *Régulations professionnelles et pluralisme juridique : Une analyse économique de la profession d'avocat*, Rapport pour le GIP Mission de recherche Droit et Justice, 2013, p. 63.

nelles. C'est à un mouvement de ce type que la profession est confrontée à travers la montée en puissance des dispositions contenues dans la directive services. Elle se trouve contrainte de s'interroger sur la pertinence ou la compatibilité de celles-ci avec les directives communautaires (chapitre 2, v. ss nos 61 s.). D'un autre côté, même si la question du meilleur mode d'autorégulation n'est pas abordée par les directives, elle ne peut plus être totalement éludée, dès lors que certains pays, comme le Royaume-Uni[1], ont décidé d'y répondre (chapitre 3, v. ss nos 150 s.). Tels sont les thèmes abordés dans les deux chapitres qui suivent.

1. On désignera sous le vocable « Royaume-Uni » l'ensemble constitué par l'Angleterre et le Pays de Galles. L'Irlande du Nord et l'Écosse connaissant un régime différent.

CHAPITRE 2

La réglementation nationale revisitée par les directives européennes

§

LES PRINCIPAUX INSTRUMENTS DE L'UNION EUROPÉENNE

61 L'originalité des avocats, au regard des instruments de l'Union européenne (UE), réside dans les deux directives qui les concernent exclusivement. Il s'agit d'une part de la directive 77/249/CEE du 22 mars 1977[1] tendant à faciliter l'exercice effectif de la libre prestation de services par les avocats et d'autre part de la directive 98/5/CE du 16 février 1998[2] visant à faciliter l'exercice permanent de la profession d'avocat dans un État membre autre que celui où la qualification a été acquise. Ces directives, dites directives sectorielles[3], qui sont relativement anciennes maintenant, ont permis aux avocats d'être la première profession de services à bénéficier de la liberté de fournir des prestations de services ou de s'établir dans tous les pays de l'Union. Mais un changement de logique est intervenu par la suite. La Commission a en effet abandonné l'approche « verticale » consistant à réglementer chaque profession séparément, au profit d'une approche « horizontale », tendant à traiter de manière indifférenciée tous les « prestataires de services ». Au moment de l'adoption de la directive services[4], la question

1. Dir. 77/249/CEE, Conseil, 22 mars 1977, tendant à faciliter l'exercice effectif de la libre prestation de services par les avocats, *JOCE* L 78, 26 mars, p. 17.

2. Dir. 98/5/CE, Parlement et Conseil, 16 févr. 1998, visant à faciliter l'exercice permanent de la profession d'avocat dans un État membre autre que celui où la qualification a été acquise, *JOCE* L 77, 14 mars, p. 36.

3. Ces directives ne concernaient que la profession d'avocat.

4. Dir. 2006/123/CE, Parlement et Conseil, 12 déc. 2006, relative aux services dans le marché intérieur, *JOUE* L 376, 27 déc., p. 36; dite ci-après directive services.

s'est donc posée de l'articulation de ce texte à portée très générale avec les textes spécifiques à la profession d'avocat. Elle a alors été résolue par l'introduction d'une règle de conflit énoncée à l'article 3 de la directive services, qui fait prévaloir les textes spéciaux sur le texte général[1]. Toutefois, la Commission ne s'en est pas tenue là. Elle s'est interrogée sur la pertinence du maintien d'une « exception » au profit des avocats et a décidé de faire évaluer l'efficacité des deux directives sectorielles propres à la profession d'avocat.

En l'état, les conclusions du rapport relatif à l'évaluation du dispositif assurant la liberté de prestation de services et la liberté d'établissement des avocats, intitulé *Evaluation of the Legal Framework for the Free Movement of Lawyers*[2], vont dans le sens du maintien du dispositif actuel, jugé globalement satisfaisant. Pour autant, les auteurs du rapport ont cru y déceler un certain nombre de faiblesses de sorte qu'une éventuelle révision des directives sectorielles n'est pas encore totalement exclue.

62 Pour toutes les questions qui ne sont pas réglées par les directives sectorielles, les autres instruments communautaires s'appliquent aux avocats. Il n'y a pas lieu ici de faire l'inventaire de tous les textes effectivement applicables aux avocats et susceptibles d'avoir une incidence par ricochet sur certains aspects de la réglementation professionnelle (comme par exemple les directives relatives à la lutte contre le blanchiment) et ne seront mentionnés ici ceux dont la vocation première est de réglementer l'accès ou l'exercice de la profession.

63 Le premier et le plus important de ces textes, c'est la directive services, déjà citée. Son incidence est cependant limitée - si l'on peut dire - à la seule question de l'appréciation des règles professionnelles. Elle a pour objet d'établir « *les dispositions générales permettant de facili-*

1. Si les dispositions de la présente directive sont en conflit avec une disposition d'un autre acte communautaire régissant des aspects spécifiques de l'accès à une activité de services ou à son exercice dans des secteurs spécifiques ou pour des professions spécifiques, la disposition de l'autre acte communautaire prévaut et s'applique à ces secteurs ou professions spécifiques.

2. S.J.F.J. Claessens, M.C.C. van Haeften MSc, N.J. Philipsen, B.J. Buiskool, H.E.G.S. Schneider, S.L.T. Schoenmaekers, D.H. Grijpstra, H.J. Hellwig (advisor), *Evaluation of the Legal Framework for the Free Movement of Lawyers*, Final Report, 2012; http://ec.europa.eu/internal_market/qualifications/docs/studies/2013-lawyers/report_en.pdf

ter l'exercice de la liberté d'établissement des prestataires ainsi que la libre circulation des services, tout en garantissant un niveau de qualité élevé pour les services ». La directive services ne remet pas en cause le principe de l'autorégulation et consacre même le rôle des autorités professionnelles au considérant 114 : « *Les États membres encouragent l'élaboration de codes de conduite au niveau communautaire, en particulier par des ordres, organismes ou associations professionnels. Ces codes de conduite devraient inclure, en fonction des spécificités de chaque profession, les modalités des communications commerciales relatives aux professions réglementées ainsi que les règles déontologiques des professions réglementées visant à garantir notamment l'indépendance, l'impartialité et le secret professionnel.* » L'article 37 de la directive services prévoit en conséquence d'encourager l'établissement de codes de conduite au niveau communautaire.

64 La directive 2005/36/CE du 7 septembre 2005[1] relative à la reconnaissance des qualifications professionnelles est également directement applicable aux avocats. Son importance pratique ne doit pas être sous-estimée, notamment dans la circulation des avocats en Europe, comme le montre le rapport du Consortium Panteia/Université de Maastricht (v. s[s] n° 125). Cette directive est à l'origine d'une initiative communautaire qui porte sur l'évaluation des effets des « réserves d'activités » pouvant être instaurées au profit des professions réglementées. Elle a donné lieu au dépôt d'un rapport (v. s[s] n° 101) qui identifie le secteur juridique comme celui dans lequel les réserves d'activités sont les plus fréquentes.

§§
La directive services

65 En ce qui concerne les avocats et leur réglementation les dispositions essentielles de la directive services sont celles des articles 15 (exigences à évaluer), 24 (communications commerciales) et 25 (activités multidisciplinaires). En effet, les avocats, en ce que leur sont par ailleurs applicables deux directives sectorielles, restent soumis (comme

1. Dir. 2005/36/CE, Parlement et Conseil, 7 sept. 2005, relative à la reconnaissance des qualifications professionnelles, *JOUE* L 255, 30 sept., p. 22; dite ci-après directive qualifications professionnelles.

indiqué précédemment) à ces deux directives, qui organisent la libre prestation de services et le libre établissement des avocats.

66 L'article 15 de la directive services énumère huit types d'exigences[1] susceptibles d'avoir été mises en œuvre par les législations nationales pour encadrer l'accès ou l'exercice des professions entrant dans le champ de la directive services.

67 De fait, la consultation de cette liste permet de constater qu'elle concerne nombre d'éléments structurant de la réglementation professionnelle des avocats. Les exigences qui figurent sur cette liste ne sont pas nécessairement interdites (une liste des exigences interdites figure à l'article 14 mais aucune des règles qui y sont énumérées ne s'applique en France aux avocats) ; en revanche, elles ne peuvent continuer de s'appliquer qu'à condition de remplir les conditions fixées par la directive services, qui sont (en sus de la non-discrimination sur laquelle il paraît inutile de s'étendre) :

- la nécessité : « les exigences sont justifiées par une raison impérieuse d'intérêt général »;
- la proportionnalité : « les exigences doivent être propres à garantir la réalisation de l'objectif poursuivi, ne pas aller au-delà de ce qui est

1. Les États membres examinent si leur système juridique subordonne l'accès à une activité de service ou son exercice au respect de l'une des exigences non discriminatoires suivantes :

a) les limites quantitatives ou territoriales sous forme, notamment, de limites fixées en fonction de la population ou d'une distance géographique minimum entre prestataires;

b) les exigences qui imposent au prestataire d'être constitué sous une forme juridique particulière;

c) les exigences relatives à la détention du capital d'une société;

d) les exigences autres que celles relatives aux matières couvertes par la directive 2005/36 ou que celles prévues dans d'autres instruments communautaires, qui réservent l'accès à l'activité de service concernée à des prestataires particuliers en raison de la nature spécifique de l'activité;

e) l'interdiction de disposer de plus d'un établissement sur le territoire d'un même État;

f) les exigences qui imposent un nombre minimum de salariés;

g) les tarifs obligatoires minimum et/ou maximum que doit respecter le prestataire;

h) l'obligation pour le prestataire de fournir, conjointement à son service, d'autres services spécifiques.

nécessaire pour atteindre cet objectif et d'autres mesures moins contraignantes ne doivent pas permettre d'atteindre le même résultat. »

68 Le considérant 100 mentionne, s'agissant du recours à la publicité qu'il convient « de mettre fin aux interdictions totales des communications commerciales pour les professions réglementées, non pas en levant les interdictions relatives au contenu d'une communication commerciale sinon celles qui, de manière générale et pour une profession donnée, interdisent une ou plusieurs formes de communication commerciale, par exemple toute publicité dans un média donné ou dans certains d'entre eux. » L'article 24 reprend, sous une forme beaucoup plus ramassée, le texte du considérant, en précisant que « les États membres suppriment toutes les interdictions totales visant les communications commerciales des professions réglementées. »

69 L'article 25 invite les États membres à veiller à ce que « les prestataires ne soient pas soumis à des exigences qui les obligent à exercer exclusivement une activité spécifique ou qui limitent l'exercice conjoint ou en partenariat d'activités différentes. ». Une exception est toutefois prévue, en faveur des professions réglementées « dans la mesure où cela est justifié pour garantir le respect de règles de déontologie différentes en raison de la spécificité de chaque profession, et nécessaire pour garantir l'indépendance et l'impartialité de ces professions. »

70 Si l'on reprend la liste des huit types d'exigences à évaluer figurant à l'article 15 déjà évoqué (v. s^s^ n° 66), on constate que les points e), f), h) sont relatifs à des réglementations qui n'ont pas cours en France, pour les avocats [1] de sorte qu'ils peuvent être laissés de côté. Le point d) renvoie à l'application d'autres instruments communautaires spécifiques concernant les avocats mais dont l'étude sera menée par ailleurs, à ce titre. Reste à examiner les points a), b), c) et g) de la liste, qui intéressent les avocats.

Une fois ce tri effectué, force est néanmoins de constater que ce sont pratiquement tous les éléments constitutifs de l'organisation de la profession d'avocat en France qui sont concernés par la directive services, dont il convient de mesurer l'incidence possible :

- les règles relatives à la publicité;

1. Dans le cours de cet exposé, on réservera pour plus tard les points b) et c), en raison de leur importance et de la nécessité d'aborder de manière plus générale la situation née des initiatives prises sur ce terrain au Royaume-Uni.

- l'organisation territoriale de la profession qui repose sur les limites fixées à l'activité de représentation en justice devant le tribunal de grande instance et désormais la cour d'appel;
- le tarif de postulation;
- l'accès à la profession (problème des limites quantitatives);
- les dispositions imposant aux avocats de se consacrer exclusivement à leur profession;
- les limitations apportées à la pluridisciplinarité;
- les formes sociales spécifiques imposées pour la constitution des structures professionnelles;
- l'interdiction[1] de recourir à des capitaux extérieurs[2].

71 Évidemment, les avocats ne sont pas les seuls à devoir s'interroger sur la conformité de leur réglementation professionnelle aux règles décidées en commun à l'échelle de l'Union. Les autres professions juridiques réglementées sont placées face aux mêmes obligations. La profession d'avocat n'est certainement pas celle qui rencontrera le plus de difficultés d'adaptation.

72 Il faut ici s'arrêter un instant sur la grande « absente » de ces débats : la profession de notaire. Les notaires sont en effet parvenus, de haute lutte, à obtenir l'inscription dans l'article 2 de la directive services d'une disposition excluant son application aux « services fournis par les notaires et les huissiers de justice, nommés par les pouvoirs publics ». Reste à justifier cette exemption et sa conformité aux traités. Pour y parvenir, les notaires prétendent que leur activité relèverait en réalité de l'exercice de l'autorité publique. Il est exact que l'article 2 exclut également du champ de la directive services « les activités participant à l'exercice de l'autorité publique conformément à l'article 45[3] du traité ». Les pouvoirs publics français ont relayé ce discours avec une grande constance. Pour eux, les notaires sont effectivement des « *dépositaires d'une parcelle de l'autorité publique* », comme

1. En France l'interdiction pour les avocats de recourir à des capitaux extérieurs résulte de la loi n° 90-1258 du 31 décembre 1990. Il ne s'agit pas d'une interdiction absolue.

2. La question des formes sociales ainsi que celle des capitaux extérieurs seront traitées un peu plus loin.

3. TFUE, art. 51 (traité d'Amsterdam, art. 45; traité CEE, art. 55) - AUSSI : I. Pingel (dir.), *De Rome à Lisbonne*, 2e éd., 2010, p. 511 (v. aussi ss nos 39 et 53).

l'affirmait la ministre de la Justice, Rachida Dati, au congrès des notaires de Nice en 2008.

73 Toutefois, à l'occasion de ses arrêts[1] du 24 mai 2011, qui ne portait que sur la condition de nationalité, la Cour de justice de l'Union européenne a clairement jugé que l'activité d'authentification confiée aux notaires ne comportait pas de participation directe et spécifique à l'exercice de l'autorité publique. Dès lors, et sauf à ce que les traités de l'Union soient modifiés sur ce point, on doit considérer que l'exemption des notaires à l'article 2 de la directive services n'a aucun fondement juridique et que l'organisation de la profession notariale doit répondre aux exigences de la directive services.

Pour l'heure, les pouvoirs publics et le notariat ont préféré ignorer la décision. Pourtant, dès le début de la procédure, les notaires avaient compris le danger : « *On voit bien qu'en réalité, la condition de nationalité n'est pas le problème. Ce que la direction générale du marché intérieur vise, c'est* [...] *de faire juger que le notaire n'exerce pas d'activité d'autorité publique, et n'est donc pas ressortissant de l'article* 45[2] *du traité CE* »[3], écrivait le président du CSN, Bernard Reynis.

74 Si la CJUE avait été saisie d'une question préjudicielle portant précisément sur la compatibilité du monopole immobilier des notaires (italiens) avec la directive services, elle a rapidement constaté que celle-ci était irrecevable. Mais tôt ou tard, la CJUE aura nécessairement l'occasion de préciser sa jurisprudence.

1. PLUS exactement : CJUE 24 mai 2011, aff. C-47/08, C-50/08 [Commission européenne c/France], C-51/08, C-53/08, C-54/08, C-61/08, C-52/08, *Rec. CJUE* I-04105, I-04195, I-04309, I-04355, I-04399, I-04275, C-50/08, C-51/08, C-53/08, C-54/08, C-61/08 et C-52/08, *Rec. CJUE* I-04105, I-04195, I-04231, I-04309, I-04355, I-04399, I-04275; *AJDA* 2011. 1058; *AJDA* 2011. 1614, chron. M. Aubert, E. Broussy et F. Donnat; *D.* 2011. 1417, obs. C. de presse; *D.* 2011. 1401, édito. F. Rome; *D.* 2011. 1544, entretien J. Tarrade; *D.* 2012. 390, obs. O. Boskovic, S. Corneloup, F. Jault-Seseke, N. Joubert et K. Parrot; *RFDA* 2011. 1225, chron. L. Clément-Wilz, F. Martucci et C. Mayeur-Carpentier; *RTD eur.* 2011. 590, obs. A.-L. Sibony et A. Defossez; *RTD eur.* 2011. 879, obs. E. Guinchard; *RMCUE* 2013. 45, chron. Ekaterini Sabatakakis.

2. TFUE, art. 51 (traité d'Amsterdam, art. 45; traité CEE, art. 55) - AUSSI : I. Pingel (dir.), *De Rome à Lisbonne*, 2e éd., 2010, p. 511 (v. aussi ss nos 39 et 53).

3. Bernard Reynis, « La fonction notariale répond à un besoin d'authenticité », *JCP* N 2007, no 1127.

§§
La réglementation de la publicité

75 La réglementation de la publicité est un point particulièrement sensible aux yeux des avocats. Le constat peut facilement être dressé de ce que partout, la profession d'avocat a tenté d'interdire la publicité à ses membres. L'existence de dispositions restrictives est de fait attestée dans à peu près tous les pays dans lesquels la profession est autorégulée, qu'il s'agisse des États-Unis, du Royaume-Uni ou des pays de l'Union européenne. Ce comportement permet aux tenants de la théorie des intérêts privés d'accuser les autorités d'autorégulation de n'utiliser leurs pouvoirs que pour empêcher la concurrence de s'exercer : « *Restreindre la capacité des avocats à faire de la publicité sur leurs prestations a souvent été un moyen utilisé par les autorités d'autorégulation pour contrôler le comportement de leurs membres. Aux yeux des économistes ces dispositions sont vues comme ayant pour objet de restreindre la concurrence sur le marché des services juridiques.* »[1] Les économistes ont été longtemps partagés sur les effets de la publicité. L'école de Harvard sur l'organisation industrielle considérait même que la publicité était un indice de ce que le marché s'éloignait de la concurrence parfaite, mais depuis les travaux de Stigler[2] un consensus semble exister pour considérer que les interdictions dans ce domaine augmentent les coûts de transaction pour les consommateurs et limitent la concurrence entre professionnels[3].

Il n'est toutefois pas certain que s'agissant des prestations juridiques, le recours à la publicité ait véritablement un sens, sauf en ce qui concerne les prestations les plus standardisées et routinières qui peuvent en conséquence entrer dans la catégorie des biens de recherche, c'est-à-dire des biens dont les caractéristiques permettent aux consommateurs d'apprécier facilement la qualité *ex ante*[4].

1. Frank H. Stephen, *Lawyers, Markets and Regulation*, Edward Elgar, Cheltenham, 2013, p. 26.
2. George J. Stigler, « The economics of information », *Journal of Political Economy*, vol. 69, n° 3, p. 213-225 (1961).
3. Frank H. Stephen, *Lawyers, Markets and Regulation*, Edward Elgar, Cheltenham, 2013, p. 27 s.
4. EconomiX - Sophie Harnay (dir.), *Régulations professionnelles et pluralisme juridique : Une analyse économique de la profession d'avocat*, Rapport pour le GIP Mission de recherche Droit et Justice, 2013, p. 49.

76 En réalité, le débat sur la publicité est loin d'être entièrement nouveau. C'est l'objet de la décision de la Cour suprême des États-Unis *Bates v. State Bar of Arizona*[1] (v. s[s] n° 180), analysant les restrictions au droit de recourir à la publicité comme une atteinte à la liberté d'expression. En 1994, la CEDH, à son tour, s'est référée à la liberté d'expression dans l'affaire Casado Coca (24 février 1994)[2]. En France, la réglementation est progressivement passée d'un régime de prohibition à un régime de liberté encadrée ou surveillée. Mais pour la plupart des avocats (et des ordres) la publicité n'est toujours que tolérée, de sorte que cette évidence qu'elle constitue un élément de la liberté d'expression (dont les avocats sont les premiers défenseurs) est rarement prise en considération.

77 C'est dans le domaine hautement sensible de la publicité que la Cour de justice de l'Union européenne a fait prendre conscience aux avocats (dans une décision relative aux experts-comptables) des incidences directes de la directive services sur la réglementation professionnelle nationale de la profession. Par son arrêt du 5 avril 2011[3] elle a en effet été amenée à se prononcer sur la conformité avec le droit de l'Union européenne de l'article 12 du code de déontologie français des professionnels de l'expertise comptable[4] relatif au démarchage. À cette occasion, la Cour a dit pour droit que : « *L'interdiction de démarchage, telle que prévue par ledit article 12-I, est conçue de manière large, en ce qu'elle prohibe toute activité de démarchage, quelle que soit sa forme, son contenu ou les moyens employés. Ainsi, cette interdiction comprend la prohibition de tous les moyens de communication permettant la mise en œuvre de cette forme de communication commerciale. Il s'ensuit qu'une telle interdiction doit être considérée comme une interdiction totale des communications commerciales, prohibée par l'article 24, paragraphe 1, de la directive 2006/123.* »

78 La Cour était invitée à déterminer la portée de l'obligation de « *supprimer toutes les interdictions totales visant les communications commerciales des professions réglementées* » visée à l'article 24 §1 de la

1. *Bates v. State Bar of Arizona*, 433 US 350 (1977).
2. CEDH, 24 févr. 1994, aff. Casado Coca c/Espagne, série A, vol. n° 285.
3. CJUE, 5 avr. 2011, aff. C-119/09, *Société fiduciaire nationale d'expertise comptable*, *Rec. CJUE* I-02551.
4. Décr. n° 2007-1387, 27 sept. 2007 portant code de déontologie des professionnels de l'expertise comptable, *JO* 28 sept., p. 15847.

directive services. Dans sa question préjudicielle, la juridiction de renvoi envisageait deux approches aux fins de l'interprétation de cette obligation. Selon une première approche, l'obligation de supprimer toutes les interdictions totales concernerait toute interdiction totale d'une forme quelconque de communication commerciale. Selon une seconde approche, ladite obligation ne viserait que l'interdiction totale de toute communication commerciale, ce qui impliquerait que les États membres conserveraient la possibilité de maintenir des interdictions totales à l'égard de certaines formes de communications commerciales.

79 La Cour, suivant en cela les conclusions de l'avocat général Mazak[1] (§ 27 et § 28) a opté pour une interprétation qui limite strictement la marge de manœuvre des États membres en matière d'interdiction totale. La Cour rappelle que la finalité de l'article 24 de la directive est précisée au centième considérant de celle-ci, en vertu duquel il convient de mettre fin aux interdictions totales des communications commerciales pour les professions réglementées qui, de manière générale et pour une profession donnée, interdisent une ou plusieurs formes de communication commerciale, notamment toute publicité dans un média donné ou dans certains d'entre eux. Elle retient que l'article 24 comporte une double obligation. D'une part, le paragraphe 1 vise la suppression, non seulement des interdictions générales, mais aussi l'élimination des « *interdictions de recourir à une ou plusieurs formes de communication commerciale au sens de l'article 4, point 12* » de la directive services. D'autre part, le paragraphe 2 de l'article 24 de la directive services oblige les États membres à veiller « *à ce que ces communications commerciales faites par des professions réglementées respectent les règles professionnelles, conformes au droit de l'Union, qui visent notamment l'indépendance, la dignité et l'intégrité de la profession ainsi*

1. « Selon une première conclusion, soutenue notamment par la Commission, il s'ensuivrait que le législateur communautaire avait l'intention de supprimer non seulement l'interdiction totale de toute communication commerciale, *mais également les interdictions totales de certaines formes de communication commerciale.* Selon une seconde conclusion, dégagée par le gouvernement français, même si le législateur communautaire se réfère aux "interdictions totales", il ne s'agirait que de l'interdiction totale de toute communication commerciale pour les professions réglementées, car, dans la plupart des États membres, il n'existait pas jusqu'alors une seule interdiction totale valable pour l'ensemble des professions réglementées, mais autant d'interdictions totales que de professions concernées. »

que le secret professionnel, en fonction de la spécificité de chaque profession ». Toutes les « *interdictions totales* » de certaines formes de publicité sont donc prohibées, même si, en vertu du paragraphe 2 de l'article : « *Les États membres restent libres de prévoir des interdictions relatives au contenu ou aux modalités de communications commerciales s'agissant des professions réglementées, pour autant que les règles prévues soient justifiées et proportionnées aux fins d'assurer notamment, l'indépendance, la dignité et l'intégrité de la profession ainsi que le secret professionnel nécessaire lors de l'exercice.* » L'interdiction totale d'une forme de communication commerciale n'est donc jamais possible. Elle ne peut donc jamais être « justifiée ». Elle est illicite *per se*.

80 Il n'est donc désormais possible que d'apporter de simples limitations au recours à telle ou telle forme de communication. Encore faut-il que ces limitations soient justifiées par des « raisons impérieuses d'intérêt général » définies de la manière suivante : « *Des raisons reconnues comme telles par la jurisprudence de la Cour de justice, qui incluent les justifications suivantes : l'ordre public, la sécurité publique, la santé publique, la préservation de l'équilibre financier du système de sécurité sociale, la protection des consommateurs, des destinataires de services et des travailleurs, la loyauté des transactions commerciales, la lutte contre la fraude, la protection de l'environnement et de l'environnement urbain, la santé des animaux, la propriété intellectuelle, la conservation du patrimoine national historique et artistique, des objectifs de politique sociale et des objectifs de politique culturelle.* »[1] Il résulte assez clairement de cette définition qu'il n'est donc possible d'édicter que des limitations et à condition qu'elles puissent être justifiées par la protection du consommateur[2].

1. Dir. 2006/123/CE, Parlement et Conseil, 12 déc. 2006, art. 4 § 8.
2. Les considérants 44 et 45 sont particulièrement intéressants pour comprendre l'ordre des priorités :

« 44 Le gouvernement français soutient que le démarchage porte atteinte à l'indépendance des membres de cette profession. Selon ce gouvernement, l'expert-comptable étant chargé de contrôler la comptabilité d'entreprises et d'organismes auxquels il n'est pas lié par un contrat de travail ainsi que d'attester la régularité et la sincérité des comptes de résultats de ces entreprises ou de ces organismes, il est indispensable que ce professionnel ne soit suspecté d'aucune complaisance vis-à-vis de ses clients. Or, par une prise de contact avec le dirigeant de l'entreprise ou de l'organisme concernés, l'expert-comptable risquerait de modifier la nature de la relation qu'il doit habituellement entretenir avec son client, ce qui nuirait alors à son indépendance. ▶

81 Reste à vérifier que le droit français est bien conforme à la décision de la Cour. Certes le décret n° 2005-790 du 12 juillet 2005[1] autorise la publicité des avocats « *si elle procure une information au public et si sa mise en œuvre respecte les principes essentiels de la profession* ». Cependant, l'article 15 alinéa 2 du décret prévoit que : « *La publicité inclut la diffusion d'informations sur la nature des prestations de services proposées,* dès lors qu'elle est exclusive de toute forme de démarchage. » La violation de l'interdiction du démarchage est par ailleurs sanctionnée par une amende de 4 500 euros ou, en cas de récidive, par une amende de 9 000 euros accompagnée ou non d'une peine d'emprisonnement de 6 mois[2]. Lorsqu'il a été saisi par un avocat qui trouvait que la Chancellerie tardait à tirer les conséquences de l'arrêt de la cour de Luxembourg, le Conseil d'État a fort normalement jugé que les dispositions de l'article 66-4 de la loi n° 71-1130 du 31 décembre 1971, de l'article 15 du décret du 12 juillet 2005 et des articles 2, 3 et 5 du décret n° 72-785 du 25 août 1972[3] prohibant, pour les avocats, toute activité de démarchage ou offre personnalisée de services juridiques étaient incompatibles avec les articles 4 et 24 de la directive services[4]. Comme il était vraiment devenu impossible de tergiverser plus longtemps, l'article 13 de la loi n° 2014-344 du 17 mars 2014 relative à la consommation, dite loi Hamon[5], est venu modifier l'article 3 *bis* de la

45 Cependant, ainsi qu'il a été constaté au point 42 du présent arrêt, la réglementation en cause au principal interdit totalement une forme de communication commerciale et relève, de ce fait, du champ d'application de l'article 24, paragraphe 1, de la directive 2006/123. Elle est, dès lors, incompatible avec cette directive et ne peut être justifiée en vertu de l'article 24, paragraphe 2, de la directive 2006/123, même si elle est non discriminatoire, fondée sur une raison impérieuse d'intérêt général et proportionnée. »

1. Décr. n° 2005-790, 12 juill. 2005 relatif aux règles de déontologie de la profession d'avocat, *JO* 16 juill., p. 11688.

2. L. n° 71-1130, 31 déc. 1971 portant réforme de certaines professions judiciaires et juridiques, *JO* 5 janv. 1972, p. 131, art. 66-4 et 72.

3. Décr. n° 72-785, 25 août 1972 relatif au démarchage et à la publicité en matière de consultation et de rédaction d'actes juridiques, *JO* 29 août 1972, p. 9283.

4. CE, sect., 13 déc. 2013, req. n° 361593, inédit au *Lebon*, *D.* 2014. 27; Avocats – Chronique, Christophe Jamin (dir.), *JCP* 2014, doctr. 597.

5. L. n° 2014-344, 17 mars 2014 relative à la consommation, *JO* 18 mars, p. 5400; *JCP* 2014, Act. 376, Aperçu rapide, N. Ferrier et A.-C. Martin*;* C. Enkaoua, « Démarchage des avocats : beaucoup de bruit pour pas grand-chose », *Gaz. Pal.* 25-26 avr. 2014, p. 8.

loi du 31 décembre 1971 et le compléter de deux nouveaux alinéas. Le premier autorise l'avocat à recourir à la publicité ainsi qu'à la sollicitation personnalisée. Le second prévoit que toute prestation réalisée à la suite d'une sollicitation personnalisée fait l'objet d'une convention d'honoraires. Les conditions de ce dispositif doivent être fixées par un décret en Conseil d'État.

82 D'après ce que l'on sait de son contenu ce décret devrait modifier l'article 15 du décret du 12 juillet 2005 pour autoriser la publicité et la sollicitation personnalisée sous réserve du respect des principes essentiels, formule vague que l'on peut probablement admettre. Mais il semble[1] que le nouveau texte devrait se contenter d'autoriser les sollicitations faites par correspondance postale ou électronique, en excluant toute sollicitation réalisée par une présence physique ou par téléphone ou SMS[2]. Sauf erreur, cela reviendrait donc à maintenir des interdictions totales de certains modes de communication. Ces distinctions byzantines (qui vont finir par renvoyer la profession à l'époque où elle mesurait les plaques professionnelles au pied à coulisse pour en vérifier la conformité...) voleront probablement en éclats à la première contestation. Dans l'intervalle, il aura été démontré à la Commission que les avocats français sont arc-boutés sur la défense du *statu quo*. Mais s'il s'agit du message que la profession souhaite faire passer et qu'elle est prête à en payer le prix, pourquoi pas ? Sinon elle a parfaitement la possibilité, dans le cadre de son pouvoir d'autorégulation et de l'indispensable réécriture de l'article 10 du règlement intérieur national (RIN), de passer outre les dispositions du décret et de faire une application directe de la directive services, telle qu'elle est interprétée par la CJUE. Ce serait un message différent en direction de la Commission européenne.

§§
Le tarif de la postulation

83 La France ne connaît pas de tarif obligatoire, dans le domaine des prestations des avocats (elle ne connaît que cela, pour tous les autres prestataires juridiques), sauf cependant le tarif résiduel de la postula-

1. Anne Portmann, « Démarchage des avocats, quel cadre ? », *D. actualité* 1er avr. 2014.
2. On ne sait si le tweet a été oublié dans la liste ?

tion[1], héritage de l'ancienne profession d'avoué au tribunal, qui lui a survécu (à la différence de ce qui s'est passé lors de la suppression des avoués à la Cour, dont le tarif a disparu avec eux). Le tarif de postulation ne s'applique que devant le tribunal de grande instance, dans les procédures où la représentation est obligatoire. L'absence de toute revalorisation, depuis des décennies[2], en a progressivement réduit l'importance de sorte qu'il se double toujours, dans les cas où la mission confiée à un avocat se limite à la postulation « d'honoraires de postulation ». On aura probablement beaucoup de mal, pour défendre ce tarif, à bâtir un argumentaire répondant aux canons de l'article 15 3° de la directive services. La position des pouvoirs publics en France est elle-même très ambiguë, puisqu'ils paraissent considérer être en présence d'un « cadre d'extinction » qui n'est plus mis à jour et que l'inflation a rendu à peu près insignifiant, à l'exception des items calqués sur le tarif... des notaires. Un ancrage (v. s^s n° 42) qui n'est pas non plus une garantie de pérennité.

84 C'est donc sans véritable surprise que l'on relève, dans le rapport de l'IGF, une invite à mettre fin à ce qui est considéré comme un simple héritage historique désormais dépourvu de justification. Sauf dans le domaine des ventes à la barre du tribunal, où pour la raison que l'on vient d'invoquer, il reste significatif; l'importance économique du tarif de postulation n'est pas stratégique. Étant par ailleurs étranger à la profession d'avocat (qui ne l'applique que depuis 1972 et en raison de la fusion avec les avoués au tribunal) il ne constitue pas un enjeu de première importance. En réalité, quand on parle de postulation, ce n'est donc pas tant le tarif qui compte que la façon dont sera réglée la question de la territorialité.

§§
La territorialité

85 La première des exigences soumises par l'article 15 de la directive services à évaluation est celle relative aux « limites quantitatives ou

1. Lorsque l'avocat exerce l'activité d'agent sportif il est également soumis à un tarif, mais il s'agit d'un tarif maximum, l'objet de la mesure étant de limiter la liberté de l'avocat, dans l'intérêt du client.

2. La dernière revalorisation (20 %) date de 1975. D'après le rapport de l'IGF, la baisse de rémunération sur un litige évaluable en argent, sur la base d'un droit proportionnel, est de l'ordre de 60 % entre 1960 et 2012.

territoriales sous forme, notamment, de limites fixées en fonction de la population ou d'une distance géographique minimum entre prestataires ». Compte tenu des termes utilisés, les dispositions de droit interne qui limitent le droit des avocats de représenter les parties à un territoire donné (le ressort de leur barreau devant le tribunal de grande instance (TGI) ou le ressort de la cour en appel), paraissent devoir faire l'objet de l'évaluation selon le critère de proportionnalité.

86 C'est par rapport à cette notion de territorialité qu'il devient important de justifier l'existence de la postulation. Une question cruciale, non pas tant pour ses incidences financières appréciées à l'aune du tarif de postulation, mais tout simplement parce que territorialité et organisation de la profession en barreaux indépendants sont liées de manière étroite. Conformément à l'article 15 il faudra donc établir que la territorialité s'explique par des raisons impérieuses d'intérêt général. La tâche est évidemment complexe face à une Commission européenne dont la première tâche est d'assurer la liberté d'établissement au sein de l'Union. Il sera assez difficile de la convaincre, alors qu'elle s'efforce (avec un succès certain) de gommer « l'obstacle des Pyrénées » entre les territoires nationaux, qu'il convient en revanche, à l'intérieur de chacun d'entre eux, d'admettre que la liberté d'établissement ou de prestation ne soit pas totale. L'idée qu'elle doive être bornée par les barrières dressées aux frontières de territoires vus de Bruxelles comme des mouchoirs de poche et qu'une « rivière borne », risque d'avoir du mal à s'imposer...

Mais il est vrai - et c'est essentiel - que les limites territoriales ne portent que sur des aspects très limités de l'activité, dans le domaine judiciaire exclusivement et seulement devant certaines des juridictions devant lesquelles la représentation est obligatoire.

87 Il est concevable de mettre en avant des raisons liées au fonctionnement des juridictions, même s'il faut bien admettre que celles-ci ont un peu perdu de leur acuité du fait des progrès de la communication électronique. Il reste que dans des domaines comme la défense pénale, il est nécessaire que les juridictions soient assurées de la présence d'un nombre suffisant d'avocats attachés à leur ressort. La territorialité a en effet un sens en ce qu'elle assure une répartition géographique des avocats en adéquation avec les exigences du fonctionnement des juridictions. Pour apporter la démonstration de cet effet, il ne serait pas absurde de procéder à la vérification empirique des conséquences de la disparition de certains tribunaux de grande instance sur l'implantation locale des avocats. Ces disparitions se sont-elles traduites par une raréfaction de l'offre de droit dans les villes privées de leur barreau ?

88 Établir l'existence d'un tel phénomène pourrait être d'une grande utilité, à l'occasion des processus d'évaluation prévus par la directive services. Le rapport de l'IGF recommande en effet, soit de supprimer la postulation, soit de supprimer totalement les limites territoriales. En effet, la territorialité[1] complexifie inutilement la relation entre l'avocat et son client et peut constituer une cause artificielle de renchérissement des prestations.

89 Pour terminer avec ce sujet, il convient d'observer que les raisons qui peuvent justifier les restrictions à la territorialité devant les tribunaux de grande instance sont probablement moins pertinentes pour expliquer les restrictions qui touchent la procédure devant la cour d'appel.

§§
Les limites quantitatives

90 Il n'existe actuellement pas de limites quantitatives à l'accès à la profession d'avocat mais le thème du *numerus clausus* revient de manière récurrente dans les débats professionnels. Pourtant, il est en général assez difficile de justifier les limites quantitatives par l'intérêt du consommateur. L'expérience révèle que ces limites, lorsqu'elles existent, sont toujours édictées à la demande et dans l'intérêt des producteurs[2]. D'ailleurs, quand la question est abordée à l'intérieur de la profession, elle ne l'est jamais sous l'angle de la défense des consommateurs et on évoque plutôt la nécessité de lutter contre la paupérisation d'une partie de la profession, qui serait la conséquence d'une offre de droit pléthorique. On a du mal à imaginer qu'une telle argumentation puisse convaincre la Commission européenne et ce d'autant que les rapports comparatifs tendent plutôt à démontrer que les avocats

1. Comme prévu les trois notions de tarif de postulation, de représentation obligatoire et de territorialité s'enchevêtrent.
2. Le phénomène a notamment été mis en évidence pour les professions médicales; Ruth Horowitz, *In the Public Interest: Medical Licensing and the Disciplinary Process*, New Brunswick, N.J. : Rutgers University Press, 2013, p. 42.

français sont à la fois moins nombreux et plus prospères[1] que dans la plupart des États de l'Union, de sorte que la France est plutôt donnée comme exemple d'un pays où un accès restreint à l'entrée de la profession joue en faveur de ses membres... Pour preuve, le tableau ci-dessous, qui est extrait du rapport (rédigé à la requête du CCBE) du professeur George Yarrow[2].

REVENU MOYEN PAR AVOCAT DANS LES PRINCIPAUX PAYS DE L'UNION EUROPÉENNE EN 2010 (EN EUROS)

	Revenu moyen par avocat
Royaume-Uni *	212 915
Allemagne	165 303
Italie *	83 702
Espagne	72 233
France	216 751

* Pour ces deux pays les chiffres sont calculés sur la base du nombre des avocats en 2008.

Source : Assessing the economic significance of the professional legal services sector in the European Union; http://www.ccbe.eu/fileadmin/user_upload/NTCdocument/RPI_study_Yarrow_D1_1348650358.pdf/.

91 La question du nombre d'avocats semble pouvoir être posée, mais dans des termes différents. Les professions juridiques ont connu au cours des dernières années une expansion démographique assez remarquable et il s'agit même d'un phénomène mondial. Le professeur Marc Galanter[3], qui l'a mis en évidence, relève ainsi que sur la période de 1970 à 2000 et sur un panel de vingt-deux pays étudiés, le nombre d'avocats « *a augmenté dans tous les pays, doublant en Autriche et au Japon, mais étant multiplié par dix dans plusieurs pays d'Amérique Latine,*

1. CETTE prospérité est surtout révélée par les chiffres moyens des revenus; elle est beaucoup moins évidente lorsque les chiffres médians sont mis en avant. Les moyennes sont en effet tirées par le haut en raison de la situation privilégiée dont bénéficient certains cabinets parisiens.

2. George Yarrow, Christopher Decker, *Assessing the Economic Significance of the Professional Legal services sector in the European Union,* 2012; http://www.ccbe.eu/fileadmin/user_upload/NTCdocument/RPI_study_Yarrow_D1_1348650358.pdf

3. Marc Galanter, "More lawyers than people", in *The paradox of Professionalism: Lawyers and the Possibility of Justice,* edited by Scott L. Cummings. Cambridge; New York : Cambridge University press, 2011, p. 69.

ou d'un facteur trois ou quatre dans des pays aussi divers que le Canada, l'Allemagne, les Pays-Bas, l'Espagne, le Portugal, Israël, la Corée du Sud les États-Unis et le Royaume-Uni. Enfin sur cette même période, en Australie, en France et en Italie, les effectifs ont fait plus que doubler ». Le rapport du professeur Yarrow relève qu'en 2010 on recensait en Europe environ 1 million d'avocats, ce qui représente une augmentation d'environ 10 % sur la période 2006-2010[1]. Aux États-Unis le nombre de « lawyers » est de l'ordre de 1, 2 million[2].

92 Du coup, notamment aux États-Unis, certains s'interrogent sur le nombre optimal d'avocats. D'après un certain nombre d'économistes[3], au-delà d'un certain chiffre, la croissance démographique de la profession aurait des effets négatifs sur l'économie. La multiplication des procédures (et notamment les actions collectives) finirait par ralentir l'innovation, tandis que le côté rémunérateur de l'activité juridique attirerait dans ce secteur des talents qui seraient plus utiles et plus productifs ailleurs : « *Le résultat net de ces tendances est un phénomène massif de dérivation de talents exceptionnels, vers des buts qui n'ont pas grand-chose à voir avec la croissance de l'économie, le progrès culturel, ou celui de l'espèce humaine. Le talent est une ressource rare. Et voilà que cette ressource précieuse se dirige vers les professions juridiques, à un moment où l'on aurait tant besoin de plus de chefs d'entreprise brillants, de fonctionnaires performants, d'ingénieurs inventifs, d'enseignants compétents* [...]. *Comme les Japonais ont coutume de le dire "les ingénieurs savent faire grossir le gâteau, les juristes ne servent qu'à décider comment il sera partagé".* »[4]

Ces études, qui cherchent à déterminer le nombre optimal d'avocats, sont à prendre avec beaucoup de prudence. Il reste également à savoir si les avocats français souhaitent engager le débat du *numerus clausus* sur ces bases. Si tel est le cas, et si ces études devaient être

1. Ce chiffre provient de données extraites de *Legal Services in Europe*, Datamonitor, 2011. Cependant, la définition donnée de l'Europe n'est pas restreinte aux seuls États membres de l'Union européenne et comprend la Norvège, la Suisse, la Turquie, la Russie et l'Ukraine.

2. ABA Market Research Department, *National Lawyer Population by State 2002-2012*.

3. Stephen P. Magee, "The Optimum Number of Lawyers: and a Radical Proposal for Legal Change" Paper for conference at George Mason University, Exhibit 1, (dec. 2010).

4. Derek C. Bok, "A Flawed System", 85 *Harvard Magazine* 38, 41 (May-June 1983).

tenues pour pertinentes, il faudrait observer qu'en Europe, seules l'Espagne et la Grèce comptent aujourd'hui un nombre d'avocats supérieur au « chiffre optimal ». La France est très loin du compte.

93 La question des limites quantitatives se posera en revanche à l'évidence pour la profession voisine des avocats aux Conseils. On peut facilement admettre, pour des raisons liées au fonctionnement des Cours suprêmes et aux particularités de la procédure suivie devant elles, que tous les avocats ne puissent avoir le droit de se présenter devant elles. Le fait que tous les avocats sans exception puissent intervenir devant le Conseil constitutionnel, où leur monopole ne s'applique pas, conduit pourtant à nuancer le propos. En raison des possibilités nouvelles offertes par les technologies de l'information, on peut aussi s'interroger sur la pertinence d'un modèle qui conduit à concentrer tous les professionnels sur la seule ville de Paris. Quoi qu'il en soit, des dispositifs restrictifs existent effectivement dans un certain nombre d'autres pays. Cependant, là où l'accès aux Cours suprêmes est ainsi limité à certaines catégories d'avocats, le tri se fait sur la base de critères de compétence, ou d'ancienneté et non en raison de l'attribution d'un office. Le modèle français est à ce point daté et obsolète que l'on a du mal à concevoir qu'il puisse se maintenir encore longtemps.

En attendant, du côté des avocats aux Conseils, les choses se font a minima. Il a été imaginé avec le décret n° 2013-470 du 5 juin 2013[1] de porter le nombre maximum d'associés au sein d'une SCP d'avocats aux conseils de trois... à quatre. Pour apprécier la portée réelle de l'innovation, il n'est pas inutile d'observer que le nombre des avocats aux conseils est loin d'atteindre à l'heure actuelle le chiffre maximum de 180 pour les 60 charges existant. Une réforme en trompe l'œil[2], comme celle ayant consisté à permettre l'exercice en qualité de salarié de la profession d'avocat aux conseils[3]. Il n'est pas certain que tout cela suffise...

1. Décr. n° 2013-470, 5 juin 2013 portant augmentation du nombre d'associés au sein des sociétés civiles professionnelles d'avocats au Conseil d'État et à la Cour de cassation, *JO* 7 juin, p. 9467.

2. Ch. Jamin, *JCP* 2013, doctr. 1087.

3. Ord. n° 2014-239, 27 févr. 2014 relative à l'exercice des professions d'avocat au Conseil d'État et à la Cour de cassation et de notaire en qualité de salarié, *JO* 28 févr., p. 3630, art. 1er; *D. Avocats* 2014. 112, obs. F. Taquet.

§§
Les activités pluridisciplinaires

94 L'article 25 de la directive services est consacré aux activités pluridisciplinaires. La question des activités pluridisciplinaires peut être abordée sous deux angles. Il s'agit d'une part de savoir si *le même professionnel* peut exercer plusieurs activités professionnelles distinctes en même temps et, d'autre part, de déterminer les conditions dans lesquelles deux (ou plus) professionnels exerçant des métiers différents peuvent travailler ensemble. L'article 25 aborde effectivement ces deux hypothèses et les traite de la même façon, puisque les États membres sont invités à faire disparaître à la fois les exigences qui imposent aux professionnels d'exercer *exclusivement* une activité spécifique et celles qui limitent l'exercice *conjoint ou en partenariat* d'activités différentes.

En France, l'idée du cumul par un avocat d'une autre activité professionnelle avec son activité d'avocat est tellement étrangère aux habitudes, qu'elle n'est en général même pas envisagée. L'exercice de la profession d'avocat est conçu comme exclusif de toute autre activité. Quant à l'interprofessionnalité, on sait qu'autorisée par la loi, elle n'est jamais rentrée en pratique, les décrets nécessaires n'ayant jamais été pris.

95 L'article 25 de la directive services admet toutefois que puissent subsister des restrictions dans le cas des professions réglementées « *dans la mesure où cela est justifié pour garantir le respect de règles de déontologie différentes en raison de la spécificité de chaque profession, et nécessaire pour garantir l'indépendance et l'impartialité de ces professions.* » Reste à savoir si la réglementation française peut être considérée comme conforme à cette disposition.

96 L'article 115 du décret n° 91-1197 du 27 novembre 1991[1] pose en principe que l'exercice de la profession d'avocat est incompatible avec celui de toute autre profession, sauf exception. Il est en effet possible d'être avocat et enseignant, ou d'être avocat et collaborateur ou assistant parlementaire... Le dispositif a donc pour objectif d'interdire très largement le cumul de professions[2] et il doit donc servir les objectifs

1. Décr. n° 91-1197, 27 nov. 1991 organisant la profession d'avocat, *JO* 28 nov., p. 15502.

2. En effet, certaines activités sont considérées comme compatibles avec la profession d'avocat, comme l'activité de fiduciaire ou de CIL.

énumérés par l'article 25. Or, les justifications à l'obligation d'exercer exclusivement la profession d'avocat sont assez vagues. Il est en général fait état du devoir de compétence et de diligence vis-à-vis du client, qui imposerait que l'avocat se consacre tout entier à sa profession. Toutefois, il n'est absolument pas interdit à un avocat de travailler à temps partiel, de sorte que l'argument paraît un peu dépassé. De manière paradoxale il faut observer que la règle, dans son extension actuelle, est relativement récente. Sous l'empire du décret n° 72-468 du 9 juin 1972 [1] il était seulement prévu une incompatibilité avec les activités commerciales. Cette règle figure toujours à l'article 111 du décret du 27 novembre 1991. Mais depuis 1991, une disposition plus générale figure à l'article 115.

La jurisprudence rendue sous l'empire du décret n° 72-468 du 9 juin 1972 montre en effet que le cumul des professions d'avocat et de médecin n'avait été jugé contraire ni au caractère libéral de la profession, ni à l'indépendance de celle-ci. Avait été considéré à cette occasion comme inopérant par la Cour de cassation [2] l'argument, présent dans différents arrêts de cour d'appel, consistant à soutenir que l'exercice simultané de deux professions était susceptible de faire « *obstacle au plein et libre accomplissement des diverses charges et services de la profession* » d'avocat.

97 Il n'est pas évident que l'interdiction générale édictée par l'article 115 du décret du 27 novembre 1991 soit bien conforme aux exigences de la directive services. Les mêmes doutes peuvent être exprimés à propos de celle contenue à l'article 111 du même décret. L'assemblée générale du Conseil national des barreaux, dans une délibération du 10 juillet 2010 avait invité à une réforme du régime des incompatibilités rompant avec l'interdiction générale de toute activité commerciale (considérée comme une activité « dérogeant » à la « noblesse » de robe) et s'appuyant sur les éléments essentiels du statut de l'avocat : indépendance et strict respect des règles de conflits

1. Décr. n° 72-468, 9 juin 1972 organisant la profession d'avocat, pris pour l'application de la loi n° 71-1130 du 31 décembre 1971 portant réforme de certaines professions judiciaires et juridiques, *JO* 11 juin, p. 5884.

2. Civ. 1re 27 févr. 1985, n° 83-17.025, *Bull. civ.* I, n° 25; *Gaz. Pal.* 1985. 2. 577, note Damien et obs. Guinchard et Moussa, CRIT.; *D.* 1987. Somm. 65, obs. Brunois; CASSANT : Versailles, 24 oct. 1983, *Gaz. Pal.* 1983. 2. 668, note Damien – *CONTRA* : Paris, 28 avr. 1982, *Gaz. Pal.* 1982. 401, note Damien; *RDSS* 1982. 581, obs. Boulouis; *D.* 1983. IR 493, obs. Penneau.

d'intérêts. Ce projet semble avoir depuis été abandonné. L'indépendance et l'impartialité sont pourtant les deux notions évoquées par l'article 25 de la directive services (avec l'incompatibilité entre les règles déontologiques), comme permettant de justifier une interdiction de cumul d'activités. Il paraît donc urgent de reprendre la réflexion avant qu'à l'occasion d'une demande d'inscription, une question préjudicielle soit posée à la CJUE pour savoir si l'article 115 permet d'empêcher un avocat de cumuler son activité avec celle d'artisan taxi par exemple[1], ce qui n'est, en définitve, pas parfaitement évident.

98 De même, on pourrait parfaitement imaginer qu'un avocat soit également employé d'une entreprise et que le débat sur « l'avocat en entreprise » trouve brutalement sa solution par la reconnaissance de la possibilité de cumuler l'exercice de la profession d'avocat et le salariat dans une entreprise. C'est d'ailleurs la situation existant en Allemagne, pays souvent choisi comme exemple[2]. Si l'on se réfère à l'exception dont bénéficient actuellement tous les enseignants, le fait d'être à la fois avocat et salarié n'est pas nécessairement incompatible avec l'indépendance et l'impartialité visées par l'article 25 de la directive services. Il serait donc opportun de s'interroger sur les aménagements à apporter, précisément pour garantir dans tous les cas cette indépendance et cette impartialité. Dans tous les cas, la reprise de la réflexion sur les incompatibilités, interrompue depuis trois ans, paraît s'imposer.

99 S'agissant de l'interprofessionnalité d'exercice, la directive services (qui ne constitue qu'un outil de droit dérivé) a dû tenir compte de l'arrêt rendu par la Cour de justice des Communautés européennes dans l'affaire Wouters le 19 février 2002[3]. En dépit des effets restric-

1. La question se serait posée en Allemagne.

2. La Cour fédérale de la sécurité sociale considère que l'avocat exerçant au sein d'une entreprise est un salarié comme les autres et pas un avocat. Dès lors, son régime de retraite n'est pas celui des avocats. L'avocat qui travaille dans l'entreprise n'est pas un avocat indépendant au sens de la jurisprudence allemande; BSG, NJW 2014, 2743.

3. CJCE, 19 févr. 2002, aff. C-309/99, C.J. Wouters, J.W. Savelbergh, Price Waterhouse Belastingadviseurs BV c/Algemene Raad van de Nederlandse Orde van Advocaten, *Rec. CJUE* I-01577; *AJDA* 2002. 326, chron. C. Lambert, J.-M. Belorgey et S. Gervasoni; *D.* 2002. 1465; *RTD com.* 2002. 389, obs. S. Poillot-Peruzzetto; *RTD com.* 2002. 392, obs. S. Poillot-Peruzzetto; *RTD eur.* 2003. 287, chron. L. Idot; *RTD eur.* 2013. 837, obs. J.-B. Blaise.

tifs de la concurrence d'une réglementation (néerlandaise) interdisant la collaboration intégrée entre les avocats et les experts-comptables, cette réglementation a été jugée nécessaire au bon exercice de la profession d'avocat. La Cour a estimé à cette occasion qu'il pouvait exister une certaine incompatibilité entre l'activité de conseil exercée par l'avocat et celle de contrôle exercée par l'expert-comptable qui n'est pas soumis à un secret professionnel comparable à celui de l'avocat. Elle a jugé que la réglementation néerlandaise n'entravait ni l'article *81*[1] du traité instituant la Communauté européenne, ni les articles *43*[2] et *49*[3] étant donné qu'elle était justifiée par des raisons impérieuses d'intérêt général liées à la nécessité de concevoir des « *règles d'organisation, de qualification, de déontologie, de contrôle et de responsabilité, qui procurent la nécessaire garantie d'intégrité et d'expérience aux consommateurs finaux des services juridiques et à la bonne administration de la justice* » et « *étant donné que celle-ci a pu être raisonnablement considérée comme nécessaire au bon exercice de la profession d'avocat telle qu'elle est organisée dans le pays concerné.* »

Du coup, la question de la multidisciplinarité, vue sous l'angle des limites imposées à la collaboration entre des professionnels exerçant des activités différentes, peut raisonnablement être considérée comme n'étant pas la plus difficile que pose la directive services.

100 D'ailleurs, dans ce domaine, la profession est loin d'être restée inerte et elle a cherché à concilier les différents intérêts contradictoires que sont l'élaboration d'une offre réduisant les coûts de transaction pour les entreprises (celles qui sont à la recherche d'offres complètes) et le maintien des garanties dont elles doivent pouvoir bénéficier, même quand elles s'adressent à des professionnels travaillant en commun. Suivant en cela une des recommandations du rapport Darrois, le législateur a ouvert depuis la loi n° 2011-331 du 28 mars 2011[4] la possibilité d'une interprofessionnalité capitalistique entre professions réglementées. Il est possible de recourir à la création

1. TFUE, art. 101 (traité d'Amsterdam, art. 81; traité CEE, art. 85) - AUSSI : I. Pingel (dir.), *De Rome à Lisbonne*, 2e éd., 2010, p. 695 (v. aussi ss nos 39 et 53).
2. TFUE, art. 49 (traité d'Amsterdam, art. 43; traité CEE, art. 52) - AUSSI : I. Pingel (dir.), *De Rome à Lisbonne*, 2e éd., 2010, p. 490 (v. aussi ss nos 39 et 53).
3. TFUE, art. 56 (traité d'Amsterdam, art. 49; traité CEE, art. 59) - AUSSI : I. Pingel (dir.), *De Rome à Lisbonne*, 2e éd., 2010, p. 535 (v. aussi ss nos 39 et 53).
4. L. n° 2011-331, 28 mars 2011 de modernisation des professions judiciaires ou juridiques et certaines professions réglementées, *JO* 29 mars, p. 5447, art. 32.

de SPFPL pluriprofessionnelles, qui peuvent détenir des participations dans des SEL de professionnels du droit, du chiffre et de conseils en propriété industrielle, chacune des professions concernées restant soumise aux règles déontologiques qui lui sont propres[1]. Le décret d'application a été publié[2], au bout de trois ans.

Cette nouvelle possibilité reste à expérimenter. Il sera peut-être plus facile à de nouveaux professionnels de se saisir de ce nouveau dispositif qu'à des cabinets déjà installés d'en faire un instrument de rapprochement. Cette interprofessionnalité capitalistique n'est peut-être enfin qu'une étape sur la voie de l'interprofessionnalité fonctionnelle, sur laquelle le Conseil national des barreaux entend poursuivre la réflexion.

§

LA RÈGLEMENTATION PROFESSIONNELLE ET LA DIRECTIVE SUR LA RECONNAISSANCE DES QUALIFICATIONS PROFESSIONNELLES

§§

Le rapport sur les activités réservées

101 En vertu de la directive 2005/36/CE du 7 septembre 2005[3] (v. s[s] n° 64) a été déposé un autre de ces rapports économétriques dont la Commission est friande. Les conclusions du rapport *Study to provide an Inventory of Reserves of Activities linked to professional qualifications requirements in 13 EU Member States & assessing their economic impact*[4]

1. L. n° 90-1258, 31 déc. 1990 relative à l'exercice sous forme de sociétés des professions libérales soumises à un statut législatif ou réglementaire ou dont le titre est protégé, *JO* 5 janv., p. 216, art. 31-2; *JCP* 2011. I. 468, n° 3, obs. Ch. Jamin.

2. Décr. n° 2014-354, 19 mars 2014 pris pour l'application de l'article 31-2 de la loi n° 90-1258 du 31 décembre 1990 relative à l'exercice sous forme de sociétés des professions libérales soumises à un statut législatif ou réglementaire ou dont le titre est protégé, *JO* 21 mars, p. 5618; *D. Avocats* 2014. 137, note L. Dargent.

3. Dir. 2005/36/CE, Parlement et Conseil, 7 sept. 2005 relative à la reconnaissance des qualifications professionnelles, *JOUE* L 255, 30 sept., p. 22.

4. *Study to provide an Inventory of Reserves of Activities linked to Professional qualifications requirements in 13 EU Member States & assessing their economic impact*, Final report, 2012; http://ec.europa.eu/internal_market/qualifications/docs/news/20120214-reportcorr_en.pdf

ne sont pas parfaitement claires. Ses auteurs ont certes identifié une corrélation négative, dans le secteur juridique, entre l'existence de réserves d'activités et les performances constatées en termes de productivité ou d'innovation, mais à des niveaux trop faibles pour être significatifs. De même, ils s'interrogent sur une possible corrélation entre l'étendue de la réserve d'activités et la dimension des cabinets, ceux-ci semblant plus importants dans des pays où les professions juridiques ne bénéficient pas de réserves d'activités conséquentes, sans toutefois parvenir à conclure de manière formelle. La prudence des auteurs s'explique peut-être par les critiques sévères qui avaient accueilli le précédent rapport commandé par la Commission (v. s[s] n° 39).

102 Le caractère peu concluant du rapport n'a toutefois pas conduit la Commission à renoncer à l'éventuelle remise en cause des activités réservées. Dans sa communication du 2 octobre 2013 (en cours de révision de la directive qualifications professionnelles), intitulée « évaluer les réglementations nationales en matière d'accès à la profession »[1], elle a même invité les États membres à faire de l'examen des professions réglementées une priorité « *afin de stimuler le potentiel de croissance et de consolider la voie vers la reprise économique* ». Elle leur a aussi suggéré d'agir[2] « *sans attendre l'entrée en vigueur formelle de la directive révisée sur les qualifications professionnelles* (fin 2013) *et à commencer à examiner, au niveau national, les exigences en matière de qualifications imposées aux professions réglementées et le champ des activités réservées* ».

Revoilà donc posé la question des réserves d'activité dont peuvent bénéficier les professions réglementées. Quel regard peut-on porter sur les dispositions applicables en France aux avocats ?

§§
Les activités judiciaires

103 Le rôle particulier des avocats dans le domaine des activités judiciaires est affirmé à l'article 4 de la loi du 31 décembre 1971 : « *Nul ne peut, s'il n'est avocat, assister ou représenter les parties, postuler et plaider devant les juridictions et les organismes juridictionnels ou disciplinaires de*

1. http://ec.europa.eu/internal_market/qualifications/docs/policy_developments/131002_communication_fr.pdf

2. EN TOUTE discrétion, une mission a été confiée à l'IGF, portant sur trente-sept professions réglementées. L'existence de ces travaux n'a été révélée qu'après coup.

quelque nature que ce soit, sous réserve des dispositions régissant les avocats au Conseil d'État et à la Cour de cassation. » Ce texte ne doit pas faire oublier qu'en réalité, l'accès aux juridictions est largement ouvert aux parties. En première instance, la représentation obligatoire par avocat est l'exception (devant le tribunal de grande instance) et les parties ont la possibilité de se présenter elles-mêmes devant de très nombreuses juridictions, en matière civile, pénale[1], administrative, ou devant les juridictions traitant des contentieux économiques (tribunal de commerce) ou des rapports de travail (conseil de prud'hommes). La situation s'inverse devant les cours d'appel, puisque sauf exception, la représentation par avocat est obligatoire. Enfin, devant les cours suprêmes, la situation est assez contrastée. Devant le Conseil d'État et la Cour de cassation, le droit d'assurer la représentation n'est accordé qu'aux seuls avocats membres de l'ordre des avocats aux Conseils.

Le fait de réserver l'accès aux cours suprêmes à une catégorie limitée d'avocats (v. ss no 93), en fonction de critères de compétence[2], peut paraître justifié par les nécessités liées au fonctionnement de ces juridictions. Il n'en est pas de même de la survivance du système des charges en France. La situation est d'autant plus incongrue que ce monopole n'a (heureusement) absolument pas été étendu devant le Conseil constitutionnel à l'occasion de l'instauration de la question prioritaire de constitutionnalité...

104 On ne doit cependant pas s'en tenir à la seule question de la représentation et il faut aborder celle de l'assistance. En effet, l'assistance des parties devant les juridictions, d'une manière générale, est réservée aux avocats, qui sont les seuls à être autorisés à réaliser ces prestations de manière habituelle et rémunérée. En ce qui concerne le monopole de représentation, il dispose d'une solide assise, puisqu'il peut se justifier par le besoin pour les juridictions, dans les contentieux les plus formalisés (existence notamment d'une procédure écrite) de dialoguer avec des interlocuteurs rompus aux techniques procédurales, ce qui garantit le bon fonctionnement de la justice. Le

1. On laissera néanmoins de côté le contentieux pénal, en raison de l'incidence des droits fondamentaux sur le régime de représentation ou d'assistance.

2. Comme le tableau issu du rapport du Consortium Panteia/Université de Maastricht (v. ss no 125) permet de le constater, cette compétence peut être vérifiée au travers d'un examen, ou résulter d'un certain nombre d'années de pratique professionnelle.

fait que son périmètre soit limité aux juridictions où précisément la procédure est la plus complexe (comme les TGI) ou à un stade de la procédure (devant la cour d'appel) où s'applique une procédure écrite permet de le considérer comme une mesure proportionnée. S'agissant du monopole d'assistance à titre professionnel, qui existe pour des juridictions devant lesquelles la procédure est orale et donc normalement plus simple, ces arguments n'ont pas la même force. Toutefois, les parties peuvent se présenter elles-mêmes et les possibilités de représentation occasionnelle sont assez largement ouvertes.

Reste à savoir si l'on pourrait concevoir l'intervention, devant ces juridictions « inférieures » d'assistants à titre professionnel n'appartenant pas au barreau. Les technologies de l'information rendent plus actuelles ce questionnement (v. s[s] n° 194). S'interroger sur la pertinence du dispositif revient finalement, de fil en aiguille, à le faire au sujet de l'existence même d'un barreau...

105 Il est très peu fréquent que tout ou partie des activités judiciaires ne soient pas réservées aux avocats. La tendance à la rationalisation des procédures, pour une meilleure efficacité de la justice, s'accompagne en France d'un renforcement régulier des exigences procédurales sur les parties, peu compatibles avec l'idée que ces dernières puissent comparaître seules. L'évolution de la procédure orale vers un formalisme renforcé est également significative de la difficulté à assurer un fonctionnement efficace des juridictions sans imposer aux parties des règles dont la maîtrise implique le recours à des professionnels. La mise en œuvre des technologies de l'information s'accompagne de besoins nouveaux en termes de sécurité, d'identification, etc. auxquels peuvent difficilement répondre efficacement des utilisateurs occasionnels. Un système comme le réseau privé virtuel des avocats (RPVA) n'a d'ailleurs pu voir le jour que parce que les coûts économiques engendrés par sa conception et son utilisation ont été pris en charge par la communauté des professionnels.

Le fait que l'existence d'un barreau bénéficiant dans le domaine judiciaire d'une réserve d'activités ait une incidence positive pour le fonctionnement des juridictions doit donc pouvoir faire assez facilement l'objet d'une vérification empirique[1]. L'évolution de la situation

1. Il pourrait être utile de revenir sur des épisodes comme l'entrée en vigueur de la loi n° 91-650 du 9 juillet 1991 et le décret n° 92-755 du 31 juillet 1992. Lors de la création du juge de l'exécution, des formes très simplifiées de saisine des juridictions ▶

en Finlande, pays souvent donné en exemple par les thuriféraires de la déréglementation, mériterait aussi d'être suivie de près.

§§
Les prestations juridiques

106 La consultation juridique et la rédaction d'actes sous seing privé sont strictement réglementées par les dispositions des articles 54 et suivants de la loi n° 71-1130 du 31 décembre 1971. Seule la pure information juridique échappe à cet encadrement et peut donc être fournie sans aucune qualification particulière comme le précise l'article 66-1 de la loi. L'article 54 réserve les activités de consultation juridique (qu'il ne définit pas) et de rédaction d'actes sous seing privé, à titre habituel et rémunéré, à des professionnels ayant acquis une compétence juridique sanctionnée par un diplôme adéquat. Cette compétence juridique est présumée chez les membres des professions énumérées aux articles 56 à 58 de la loi, professionnels réglementés du droit (avocats, avocats aux conseils, notaires, huissiers, commissaires-priseurs judiciaires, administrateurs judiciaires, mandataires-liquidateurs) enseignants et juristes d'entreprise.

Tous ces professionnels sont autorisés à fournir des prestations juridiques, dans les limites toutefois de ce que leur statut autorise. C'est ainsi que si les avocats ou les notaires, par exemple, disposent d'une très grande liberté dans la délivrance des prestations juridiques, les juristes d'entreprise ne peuvent les fournir qu'au profit de leur employeur.

107 La consultation juridique n'a pas été définie par la loi. Tout au plus est-il possible de se référer à une réponse ministérielle : « *La consul-*

► avaient été imaginées, très incitatives, ce qui s'est traduit par la multiplication des demandes sans véritable objet. Il a fallu rapidement revenir en arrière pour imposer le regard d'un professionnel du droit au moins pour la formalisation de la demande. Cette seule mesure a permis de faire disparaître le contentieux généré artificiellement. Il serait également intéressant de vérifier les incidences de la disposition autorisant, dans le cadre d'une saisie immobilière, le débiteur à se présenter seul à l'audience, mais seulement pour solliciter la vente amiable. Le dispositif fonctionne-t-il bien ? Arrive-t-il que le débiteur soit tenté de formuler des contestations (qu'il ne peut exposer lui-même) etc.

tation est une prestation intellectuelle personnalisée qui tend à fournir un avis par les éléments qu'il apporte à la prise de décision du bénéficiaire de la consultation et donc distincte de l'information à caractère documentaire qui consiste à renseigner un interlocuteur sur l'état du droit ou de la jurisprudence relativement à un problème donné. »[1] Le Conseil national des barreaux avait proposé[2] de combler ce vide en suggérant de la définir comme « *une prestation intellectuelle personnalisée tendant, sur une question posée, à la fourniture d'un avis ou d'un conseil sur l'application d'une règle de droit en vue, notamment, d'une éventuelle prise de décision* ». Il n'a pas été possible à ce jour d'obtenir une consécration législative de ce travail (pour d'obscures raisons liées à la réglementation anti-blanchiment).

Cependant cette définition semble s'être imposée. C'est en effet à elle que s'est référé le gouvernement dans l'affaire Michaud[3] et c'est en conséquence celle que la CEDH a adoptée dans le même litige (considérant 97). Surtout, la Cour de cassation s'est refusée à entériner l'idée que la « complexité » pourrait constituer un critère permettant de qualifier la consultation juridique, en rappelant que le niveau de complexité des questions traitées était indifférent[4].

108 Ce n'est pas un monopole juridique qui est organisé par la loi du 31 décembre 1971 mais une simple « réserve d'activité partagée avec d'autres opérateurs économiques »[5]. Il y a, d'abord, l'article 61, qui en autorisant les organismes chargés d'une mission de service public à donner des consultations juridiques dans l'exercice de cette mission

1. Rép. min. AN, 8 juin 1992, *JOAN Q*, 8 juin 1992, p. 2523; *JCP* 1992. V. p. 95.
2. CNB, délibération du 18 juin 2011.
3. CEDH 6 déc. 2012, n° 12323/11, *Michaud c/France*, *AJDA* 2013. 165, chron. L. Burgorgue-Larsen; *D.* 2013. 284, note F. Defferrard; *D.* 2013. 1647, obs. C. Mascala; *D.* 2014. 169, obs. T. Wickers; *AJ pénal* 2013. 160, obs. J. Lasserre Capdeville; *D. avocats* 2013. 8, obs. L. Dargent; *D. avocats* 2013. 96, note W. Feugère; *Gaz. Pal.* 9-11 déc. 2012, comm. Y. Repiquet; *Procédures* n° 2, févr. 2013, comm. 43, N. Fricero; *JCP* 2013, n° 187, note H. Robert, D. Levy *in* Avocats - Chronique, Christophe Jamin (dir.), *JCP* 2013, doctr. 622; *RFDA* 2013. 576, chron. H. Labayle, F. Sudre, X. Dupré de Boulois et L. Milano; *RSC* 2013. 160, obs. J.-P. Marguénaud; *RTD eur.* 2013. 664, obs. F. Benoît-Rohmer.
4. Civ. 1re, 15 nov. 2010, n° 09-66.319, CNB c/ SAS Alma Consulting Group et a., *Bull. civ.* I, n° 230; Ch. Jamin, *JCP* 2011, 46.
5. S. Bortoluzzi, *JCP* 2010, 1193, n° 48.

ferme une large partie du marché aux prestataires privés. Il y a également la longue liste d'organismes habilités à fournir des consultations juridiques, notamment pour leurs membres (associations, syndicats...). Ensuite, les dispositions des articles 59 et 60 organisent un régime particulier, qui est celui de l'accessoire. Il autorise certaines catégories de prestataires de services à fournir des prestations juridiques, à condition que celles-ci soient effectivement l'accessoire (nécessaire ou direct) de la prestation principale fournie.

Les principaux bénéficiaires de ce régime sont, d'une part, les experts-comptables, conformément à l'article 22 de l'ordonnance n° 45-2138 du 19 septembre 1945[1] et, d'autre part, les organismes bénéficiant d'un agrément délivré par l'office professionnel de qualification des conseils en management (OPQCM).

109 L'interprétation de ces dispositions a donné lieu à un abondant contentieux entre les professions d'avocat et d'expert-comptable. Retenons surtout que sur le plan strictement économique, les experts-comptables ont su s'imposer sur certains segments du marché, auprès des PME dénuées de service juridique interne notamment, comme des prestataires de services juridiques simples. L'« euro-compatibilité » du dispositif a pu être testée, certes uniquement en droit interne, mais tout de même, à l'occasion d'un litige au cours duquel a été posée frontalement la question de la pertinence de réserver cette activité de services à des catégories de professionnels strictement déterminées. Dans un arrêt du 18 septembre 2013[2], qui se rattache au contentieux dit « Alma », la Cour d'appel de Paris a donc cherché à vérifier si le critère de proportionnalité était bien respecté. La cour s'est d'abord assurée de ce que la réglementation répondait bien à des impératifs d'intérêt général. Cette vérification a été opérée à partir de l'affirmation que « *le droit* [...] *n'est pas assimilable à une banale activité de prestations de service* », de sorte que « *la protection des destinataires des services concernés* » implique que les prestations juridiques soient fournies « *par un professionnel présentant les qualifications professionnelles et morales nécessaires* » et de la constatation que le législateur français

1. Ord. n° 45-2138, 19 sept. 1945 portant institution de l'ordre des experts-comptables et réglementant le titre et la profession d'expert-comptable, *JO* 21 sept., p. 5938.

2. Paris 18 sept. 2013, n° 10/25413, *D.* 2013. 2232; *D.* 2014. 169, obs. T. Wickers; *D. avocats* 2013. 420, chron. T. Wickers.

n'était pas allé au-delà de ce qui était nécessaire pour garantir cette protection.

Ainsi, de nombreuses catégories peuvent, sous certaines conditions, fournir des prestations juridiques, en dehors des seuls professionnels du droit. C'est donc le fait que le législateur français se soit abstenu d'édicter, au profit des seuls professionnels du droit une interdiction absolue de l'exercice du droit qui permet finalement de conclure que la condition de proportionnalité est respectée[1].

110 Le principal reproche que l'on puisse faire au système français est donc de n'appliquer qu'un seul mode de réglementation, alors que les prestations juridiques ne sont pas toutes de même nature. Certaines relèvent de la catégorie des biens de confiance, ce qui justifie une réglementation forte pour protéger les clients non avertis, d'autres relèvent de catégories différentes, comme les biens de recherche pour lesquelles on pourrait concevoir de s'en remettre plus facilement aux forces du marché. Cependant, s'il est tout à fait facile de dresser une typologie des prestations juridiques en fonction de leur « complexité » et de les traiter sur le plan théorique comme des objets ayant des propriétés économiques différentes, ces distinctions théoriques sont en pratique assez difficiles à mettre en œuvre.

C'est une expérience communément partagée par tous les avocats que de constater que la prestation qui pour l'un d'entre eux entre dans la catégorie des prestations « simples », paraîtra complexe à un autre. Il ne s'agit là que de la conséquence d'une spécialisation de plus en plus poussée et de l'étendue de plus en plus vaste du champ juridique. La même constatation pourra être faite en ce qui concerne les clients, ce qui paraîtra simple à l'un ne le paraîtra pas à l'autre. Juger de la plus ou grande complexité de la prestation est une pure idiosyncrasie...

111 À cela s'ajoute le fait que le niveau de complexité de la même prestation juridique peut aussi varier dans le temps. Le problème juridique, complexe à l'origine, va être tranché du fait de l'intervention de la jurisprudence, dès lors sa solution devient évidente et il perd sa

1. Thierry Wickers, « Ne pas confondre le principal et l'accessoire », *D. avocats* 2013. 420 : voilà qui ne peut que nourrir la réflexion d'une profession pour laquelle l'horizon stratégique a toujours été dominé par l'idée de l'émergence d'une grande profession du droit (v. s[s] n° 401).

complexité. L'itération de la prestation par le même professionnel la rend plus facile à réaliser pour le fournisseur qui en acquiert la maîtrise. Cette évolution est illustrée par « le parcours de la prestation juridique » proposé par l'auteur britannique Richard Susskind (v. s[s] nº 272). Enfin, du côté du client, l'itération de l'achat rend la prestation plus compréhensible et il devient plus apte à en apprécier la qualité.

112 Lorsque ce que les économistes appellent l'optimum de Pareto[1] ne peut être atteint, la meilleure des solutions possibles prend le nom d'optimum de second rang. De même, la solution française pourrait bien illustrer la théorie du « second best » et représenter le meilleur second choix. Il serait peut-être plus pertinent de réserver les prestations juridiques complexes (et seulement celles-ci) aux avocats et seulement aux avocats. Faute de pouvoir le faire, la loi française se rabat sur un système dans lequel toutes les prestations juridiques sont réglementées, mais sans être pour autant réservées uniquement aux juristes (dont les avocats), puisque de nombreux autres professionnels peuvent intervenir en fonction des critères définis par la loi.

113 Le débat sur les activités réservées devra, dans tous les cas, rapidement avoir lieu, conformément à la communication du 2 octobre 2013. Le calendrier est même particulièrement resserré puisque les États membres sont « invités » de manière pressante à mettre en œuvre des plans d'action. D'après la Commission ces « *plans d'action devraient s'appuyer sur une analyse approfondie, au cas par cas, des obstacles entravant l'accès à une profession et des possibles mécanismes de régulation alternatifs* ». La note de la Commission précise : « *Après l'évaluation mutuelle réalisée pour chaque groupe, les États membres seront invités à présenter des plans d'action nationaux, qui peuvent comprendre des actions déjà en cours. Pour chaque profession réglementée, ils devraient déterminer les mesures les plus appropriées, notamment les options suivantes : maintenir la réglementation existante permettant d'accéder à la profession, en indiquant si les autres types de réglementation portant sur l'exercice de la profession ont été abrogés ou réexaminés; modifier la réglementation existante, par exemple grâce à une révision des exigences en matière de qualifications, en réduisant par exemple la durée*

1. L'optimum de Pareto, du nom de l'économiste italien Vilfredo Pareto, est un état de la société dans lequel on ne peut pas augmenter le bien-être de certains individus sans dégrader celui d'au moins un des membres de la société.

du programme de formation ou du stage, ou bien encore en rétrécissant le champ des activités réservées, en réservant par exemple uniquement les activités associées à une expertise spécifique et/ou à des risques élevés; remplacer la forme actuelle de réglementation par un autre système permettant de garantir la qualité des services, par exemple en protégeant le titre ou en créant un système de certification volontaire contrôlé par les autorités publiques; ou abroger la réglementation existante. Les plans d'action devraient également contenir des critères clairs et transparents d'examen des demandes de nouvelles réglementations provenant directement des professionnels. »

114 Ces éléments devraient être pris en compte à l'occasion de la réflexion actuellement en cours sur la réforme de la formation initiale. Les intentions de la Chancellerie ne sont pas encore connues, ni la façon dont elle compte s'impliquer dans ce « plan d'action ». Le « Programme national de réforme » publié en 2014[1] précise que d'ici la fin de 2014 le Conseil de la simplification devra passer en revue le régime « *d'autorisation et d'accès à certaines professions, et formuler des propositions au Gouvernement* ». Il comporte également l'indication que : « *Par ailleurs, la France souhaite transposer le plus efficacement possible la "directive qualifications professionnelles", et a pour cela confié à un haut fonctionnaire du CGEFI*[2] *la mission de coordonner le passage en revue des réglementations régissant le fonctionnement de nombreuses activités. Ainsi, les éléments transmis à la Commission seront d'une plus grande cohérence et cela permettra au Gouvernement d'avoir une vision d'ensemble des professions dont la réglementation nécessite d'être réformée.* »

115 À partir de différents critères la Commission a établi une présélection de 15 professions dans laquelle figurent les professions juridiques. Elles n'ont pas été retenues au titre de la première liste de six professions à examiner en priorité. Rendez-vous est donné (selon les professions) en 2015 ou 2016... La liste reproduite ci-dessous a au moins le mérite de montrer que la profession d'avocat, bien plus que d'autres, a su faire du libre établissement une réalité pour ses membres.

1. http://ec.europa.eu/europe2020/pdf/csr2014/nrp2014_france_fr.pdf
2. Contrôle général économique et financier (CGEFI), au service de la performance publique; http://www.economie.gouv.fr/cgefi

MOBILITÉ DES MEMBRES DES PRINCIPALES PROFESSIONS DE SERVICES AU SEIN DE L'UNION EUROPÉENNE

	(1)	*(2)*	*(3)*
	Countries where regulated	*Employment*	*Mobility*
	2013	*2011*	*1997-2013*
	EU28 + EEA	EU27	EU27, EEA+CH
Electrician	10	735,160	13,628
Lawyer	27	408,470	7,431
Architect	27	819,580	4,224
Civil engineer	11	416,740	2,462
Painter / Decorator	8	687,250	2,126
Joiner / Carpenters	9	676,550	1,851
Optician	20	58,602	1,791
Driving instructor	22	104,198	1,051
Surveyor	11	[included in "Architects"]	889
Security guards	17	923,670	645
Accountant	21	692,480	491
Real estate agent	12	232,320	465
Repair of motor vehicles	7	1,022,320	375
Welder / Steel worker	8	901,540	322
Translator / Interpreter	11	89,460	126

Source : (1), (3) Database on Regulated Professions based on information received from Member States by 28 February 2014, EC; (2) ISCO.

116 On comprend mieux, compte tenu des perspectives évoquées, le sens de la bataille des notaires pour être, à la toute dernière minute, retirés du champ de la directive qualifications professionnelles, à l'occasion de sa révision. Cet effort qui a pour unique objet de limiter les conséquences de la jurisprudence de la CJUE pourrait se révéler vain[1]. On a déjà fait observer (v. ss n° 72) que les notaires ne remplissaient pas les conditions pour bénéficier de l'exemption prévue par l'article 2 de la directive services. Instruit par cette expérience, dont toutes les conséquences sont loin d'avoir été tirées pratiquement, ils ont obtenu que l'exemption contenue dans la directive qualifications

1. Thierry Wickers, « La dernière corporation », *Gaz. Pal.* 25-26 avr. 2014, nos 115-116, p. 9 s.

professionnelles soit dépourvue de toute ambiguïté de sorte que l'article 1er énonce que ce texte « *ne s'applique pas aux notaires qui sont nommés par un acte officiel des pouvoirs publics* ». Cependant, on en saisit mal le fondement juridique. En excluant les notaires du champ d'application de la reconnaissance mutuelle des qualifications professionnelles, la directive rend pratiquement impossible l'exercice de la liberté d'établissement garantie par l'article 49 [1] du Traité sur le fonctionnement de l'Union européenne (TFUE), et organise un strict cloisonnement du marché. Pourtant, la CJUE, à l'occasion de ces arrêts du 24 mai 2011 [2] (v. s^s n° 73) a jugé que les activités des notaires relevaient bien de l'article 49 du TFUE relatif à la liberté d'établissement (et non de l'article 51 [3] du TFUE et de l'exercice d'une autorité publique).

Cette interprétation s'impose et doit notamment être prise en considération lors de l'adoption des actes de droit dérivé comme les directives. Mais prendre en considération les interprétations données par la Cour, cela ne signifie certainement pas mettre en place des dispositifs dont le seul but est d'en paralyser les effets obligatoires.

§

LES STRUCTURES D'EXERCICE

117 L'article 15 de la directive services concerne plus spécialement les structures d'exercice, sous l'angle des « *exigences qui imposent au prestataire d'être constitué sous une forme juridique particulière* » et des « *exigences relatives à la détention du capital d'une société* ». Si ces deux sujets sont traités ici en même temps, c'est pour mieux les distinguer, car il n'est pas avéré que les effets économiques de ces deux types d'exigence soient identiques.

118 D'après le « programme national de réforme », les réformes déjà réalisées doivent être considérées comme suffisantes pour répondre

1. TFUE, art. 49 (traité d'Amsterdam, art. 43; Traité CEE, art. 52) - AUSSI : I. Pingel (dir.), *De Rome à Lisbonne*, 2e éd., 2010, p. 490 (v. aussi s^s n°s 39 et 53).

2. CJUE 24 mai 2011, aff. n^os C-47/08, C-50/08, C-51/08, C-53/08, C-54/08, C-61/08, C-52/08, *Rec. CJUE* I-04105, I-04195, I-04309, I-04355, I-04399, I-04275 (v. s^s n° 73).

3. TFUE, art. 51 (traité d'Amsterdam, art. 45; traité CEE, art. 55) - AUSSI : I. Pingel (dir.), *De Rome à Lisbonne*, 2e éd., 2010, p. 511 (v. aussi s^s n°s 39 et 53).

aux exigences de la directive services : « *Concernant les professions du droit et du chiffre, la levée des restrictions capitalistiques, territoriales et juridiques à l'offre de services est déjà engagée. La loi du 2 janvier 2014 autorise le Gouvernement à prendre par ordonnance diverses mesures concernant le notariat, l'expertise-comptable et les avocats. Ainsi, l'ordonnance n° 2014-239 du 27 février 2014 relative à l'exercice des professions d'avocat au Conseil d'État et à la Cour de cassation et de notaire en qualité de salarié, a pour objet le développement du nombre de notaires salariés, ce qui devrait permettre une augmentation significative du nombre de notaires et ainsi renforcer la concurrence dans le secteur juridique en garantissant le maintien d'un niveau de qualité élevé de la prestation.* » La mise en place des SPFPL est mise en exergue : « *Par ailleurs, un décret pris par le gouvernement vient parachever la réforme instaurant les sociétés de participations financières de professions libérales (SPFPL) pluriprofessionnelles. Il ouvre la possibilité pour sept professions (avocats, notaires, huissiers de justice, commissaires-priseurs judiciaires, experts-comptables, commissaires aux comptes, conseils en propriété industrielle) de créer des holdings pluriprofessionnelles et en particulier autorisera la constitution de structures capitalistiques entre les professions du droit et les professions du chiffre.* » La porte n'est toutefois pas fermée à d'autres réformes, dont les contours restent vagues[1] : « *Ces réformes pourront être approfondies, notamment par la définition, sur la base d'un avis de l'Autorité de la Concurrence, d'une méthode d'orientation vers les coûts des tarifs réglementés de certaines professions. Une concertation sera ainsi ouverte avec les professionnels, pouvant également porter sur l'organisation de certaines prestations, dans une perspective de plus grande efficacité économique.* »

119 Un large consensus s'est formé chez les auteurs économiques pour considérer que les restrictions portant sur les formes juridiques sous lesquelles un professionnel est autorisé à exercer, peuvent avoir des effets négatifs sur la concurrence. En effet elles peuvent priver les professionnels des possibilités que seul l'exercice en commun procure et donc les empêcher de fournir des prestations optimales, en termes par exemple, d'économies d'échelle, de gamme ou d'envergure. Du coup, l'innovation se trouve également découragée. Pour autant, comme le

1. La référence à « l'organisation de certaines prestations » est particulièrement vague, surtout lorsqu'elle se rapporte à l'activité de plusieurs professions en même temps.

mentionne le rapport Yarrow[1], le seul point sur lequel se rejoignent les économistes est qu'il n'existe pas de règle générale applicable dans tous les cas, dans tous les contextes et dans tous les secteurs, désignant la meilleure façon d'organiser une activité professionnelle. Simplement, les restrictions imposées étant susceptibles, comme toujours, de brider la concurrence et donc de limiter l'innovation, la règle devrait être le *laisser-faire,* sauf si de bonnes raisons exigent la régulation.

Dans le domaine juridique, les raisons les plus fréquemment avancées sont celles relatives à la gestion du conflit d'intérêts et au maintien de l'intégrité de la profession. Le rapport Yarrow souligne qu'il est ensuite nécessaire (comme toujours) de se poser la question de la proportionnalité des mesures mises en œuvre, au regard des objectifs à atteindre.

120 À la différence de ce qui peut encore être constaté dans certains autres États de l'Union, les avocats français ne sont évidemment pas contraints de s'en tenir à l'exercice individuel (*solo practicioner*). Les possibilités d'associations d'avocats ont même été étendues par le décret n° 2007-932 du 15 mai 2007[2] qui a instauré l'association d'avocats à responsabilité professionnelle individuelle (AARPI) et peuvent aussi comprendre en leur sein des personnes morales. Si la loi française[3] impose aux avocats le recours à certaines formes juridiques particulières, la palette mise à leur disposition est considérable : il s'agit d'un domaine dans lequel l'action du Conseil national des barreaux[4], qui a beaucoup œuvré pour la modernisation des formes d'exercice, a été décisive. Cette richesse est peut-être même devenue

1. George Yarrow, Christopher Decker, *Assessing the economic significance of the professional legal services sector in the European Union,* 2012; http://www.ccbe.eu/fileadmin/user_upload/NTCdocument/RPI_study_Yarrow_D1_1348650358.pdf

2. Décr. n° 2007-932, 15 mai 2007 portant diverses dispositions relatives à la profession d'avocat, *JO* 16 mai, p. 9230.

3. ESSENTIELLEMENT la loi n° 66-879 du 29 novembre 1966 relative aux sociétés civiles professionnelles (*JO* 30 nov., p. 10451) et la loi n° 90-1258 du 31 décembre 1990 relative à l'exercice sous forme de sociétés des professions libérales soumises à un statut législatif ou réglementaire ou dont le titre est protégé (et aux sociétés de participations financières de professions libérales) (*JO* 5 janv. 1991, p. 216).

4. On saluera tout particulièrement le travail des présidents successifs de la commission statut social et fiscal comme Jack Demaison, Jean-Jacques Caussain, André-Philippe Dupont-Champion, Anne Vaucher.

excessive. Sur le plan fiscal, les avocats peuvent également choisir entre une comptabilité recettes/dépenses et une comptabilité d'engagements beaucoup plus adaptée aux besoins de développement d'une entreprise. La caractéristique commune de ces sociétés est de laisser subsister la responsabilité personnelle de l'avocat à l'égard de son client. Cette exigence peut raisonnablement être considérée comme instituée dans l'intérêt du client plutôt que du producteur.

Du coup les limitations posées par la loi française ne doivent pas nécessairement être considérées comme des mesures disproportionnées : les avocats français ont à leur disposition un éventail de choix plus important que ce qui se constate dans de nombreux autres pays européens.

121 La situation, ailleurs en Europe, se révèle assez contrastée. Il n'existe *a priori* plus guère de pays dans lesquels toute forme d'association d'avocats soit prohibée[1]. Les possibilités existant en France, qui viennent d'être exposées, donnent cependant aux avocats français des outils qui sont loin d'être disponibles partout. Enfin, une minorité de pays sont allés plus loin, en permettant à des tiers d'investir en capital dans des cabinets d'avocats, mais sans pouvoir être majoritaires (c'est le cas en Espagne). Le Royaume-Uni se distingue quant à lui par le fait que les limitations qui existaient au droit d'association des professionnels ont été éliminées avec la création par le Legal Services Act (LSA) en 2007 des Alternative Business Structures (ABS).

Cependant, dans le même temps il a été décidé que le capital de ces nouvelles structures pourrait être détenu majoritairement par des non-avocats, qui peuvent aussi assurer des fonctions de direction.

122 Mais pour quelle raison faudrait-il, pour régler les problèmes créés par les restrictions portant sur les formes autorisées d'exercice, autoriser le recours aux capitaux extérieurs ? À l'origine du mouvement qui conduira au Legal Services Act se trouveraient notamment les critiques de l'Office of Fair Trading (OFT) britannique, qui considérait depuis de nombreuses années que la situation constatée en Angleterre, au Pays de Galles et en Écosse était nuisible à la concurrence, puisque les règles professionnelles imposaient aux *barristers* et aux *avocates* d'exercer à titre individuel, leur interdisant tout rappro-

1. Sauf, peut-être, encore en Suisse, dans le canton des Grisons ?

chement avec les solicitors ou entre eux. Frank Stephen[1] qui peut difficilement passer pour un chantre de la régulation, fait remarquer que les accusations de l'OFT n'étaient fondées sur aucune vérification empirique. L'étude réalisée en 2009 par Stephen et Malville sur l'institution écossaise de la Faculty of Advocates[2] permit de démontrer que cette organisation originale permettait d'atteindre les objectifs en général recherchés (économies d'échelle, économies de gamme et d'envergure, spécialisation, diversification et répartition des risques de marché, etc.) à travers le recours à d'autres formes d'organisation. Le Legal Services (Scotland) Bill voté par le parlement écossais n'a pas prévu pour les « advocates » écossais d'ABS...

Comme le montre très bien l'exemple écossais, il pouvait parfaitement être répondu aux demandes de l'OFT en autorisant des formes sociales ne bridant pas la concurrence, sans pour autant permettre que la majorité du capital des cabinets d'avocats soit détenu par des tiers.

123 Le mode de financement d'une entreprise n'a tout simplement rien à voir avec sa façon de s'organiser ! Là encore, il n'est peut-être pas inutile d'en revenir à la théorie économique. Modigliani (en 1985) et Miller (en 1990) ont remporté tour à tour le prix Nobel pour leurs travaux sur le financement des entreprises. D'après le théorème de Modigliani-Miller, toutes choses étant égales par ailleurs (neutralisation des effets de la fiscalité notamment), la structure de financement de l'entreprise est sans incidence aucune sur ses performances. Son efficacité n'est affectée ni dans un sens, ni dans un autre, par ses choix en termes de financement : recours à l'emprunt ou recours aux « capitaux extérieurs ». Ajoutons que la fiscalité aurait plutôt tendance à faire pencher la balance en faveur du recours à l'emprunt, la rémunération du prêteur (les intérêts de l'emprunt) constituant une charge déductible, ce qui n'est pas le cas de la rémunération des actionnaires (les dividendes).

Du coup, si l'on peut identifier les inconvénients (v. s^s^ n° 130) générés par les capitaux extérieurs, on ne voit pas très bien, à ce stade, quels sont les arguments mobilisés pour réclamer cette ouverture. En tout cas, ceux liés à la difficulté d'innover relèvent plutôt de la thématique des formes d'exercice que de celle des modes de financement de l'entreprise.

1. Frank H. Stephen, *Lawyers, Markets and Regulation*, Edward Elgar, Cheltenham, 2013, p. 103.
2. Institution qui remonte à 1562.

124 Il n'existe au demeurant pas en France de prohibition absolue du recours aux « capitaux extérieurs » et la logique du « tout ou rien » n'a pas non plus prévalu. Le capital des sociétés d'avocats n'est pas nécessairement en totalité entre les mains des seuls avocats exerçant au sein des structures d'exercice. Une partie du capital de certaines des structures d'exercice peut-être détenue par d'autres professionnels réglementés ou même par une SPFPL, c'est-à-dire une société holding, outil juridique auquel il a déjà été fait allusion (v. s^s^ n° 100). Une participation minoritaire peut même être détenue par des actionnaires non professionnels, pour une durée limitée et pour permettre d'assurer la pérennité des structures face à certaines circonstances comme le départ à la retraite ou à la disparition d'un associé.

Cependant, dans chacun de ces cas, les tiers détenteurs d'une participation sont en réalité des ayants droit d'un associé initial, qui était détenteur de capital en qualité de professionnel. Aucun tiers ne peut décider *de plano* d'effectuer un investissement en capital, même minoritaire, dans un cabinet d'avocats[1].

125 La diversité constatée en Europe, illustrée par les tableaux[2] qui suivent, extraits du rapport du Consortium Panteia/Université de Maastricht, a été prise en considération, lorsque les règles relatives au libre établissement des avocats ont été élaborées. La directive 98/5/CE du 16 février 1998[3], tout en assurant le libre établissement des personnes physiques, a laissé subsister la possibilité pour chaque État d'interdire l'établissement sur son sol de structures ne respectant pas les restrictions que la législation nationale pouvait imposer, en termes de détention du capital ou de direction des cabinets. La France a fait usage de la possibilité offerte par l'article 11, 5° de la directive 98/5/CE du 16 février 1998[4], de sorte que les groupements d'exercice étrangers qui souhaitent s'installer en France doivent respecter les exigences de la loi n° 90-1259 du 31 décembre 1990, intégrées à l'occasion de la – tardive – transposition des directives sectorielles aux articles 83 et suivants de la loi n° 71-1130 du 31 décembre 1971.

1. C'est à cette situation particulière que l'on se référera pour la suite de l'exposé en invoquant la « prohibition relative des capitaux extérieurs ».
2. PAS toujours exacts, si l'on se réfère aux données recueillies en France...
3. Dir. 98/5/CE, Parlement et Conseil, 16 févr. 1998 visant à faciliter l'exercice permanent de la profession d'avocat dans un État membre autre que celui où la qualification a été acquise, *JOCE* L 77, 14 mars, p. 36.
4. Dir. 98/5/CE, Parlement et Conseil, 16 févr. 1998, art. 11.

RESTRICTIONS RELATIVES AUX FORMES D'EXERCICE,
À LA DÉTENTION DU CAPITAL ET AUX ACTIVITÉS MULTIDISCIPLINAIRES
APPLICABLES AUX CABINETS D'AVOCATS DANS LES ÉTATS DE L'UNION EUROPÉENNE

	Partnership	*Company*	*MDPs*	*Non-lawyer / external ownership of law firms*
Austria	Yes	Yes (Limited liability company)	No	No
Belgium	Yes	Yes (Limited liability company)	Only with certain specific professions	No
Bulgaria	Yes	No	No	No
Cyprus	Yes	Yes (Limited liability company)	No	No
Czech Republic	Yes	Yes	No (except for unlimited liability companies that may include the practice of an insolvency administrator)	No
Denmark	Yes	Yes	No	Non Lawyer partners active in the firm are permitted to own up to 10%
Estonia	Yes	No	No	No
Finland	Yes	After requesting permission of the Bar	No	No
France	Yes	Yes (but members keep liability)	Yes with certain professions	No (except for MDPs)
Germany	Yes	Yes	With notaries, auditors and tax advisors	No
Greece	Yes	Yes*	No	No
Hungary	Yes	Yes	No	No
Ireland, solicitors*	Yes	Yes	No	No
Italy	Yes	Yes	No	Up to 33%
Latvia	Yes	No (employment is not permited)	No	No

	Partnership	*Company*	*MDPs*	*Non-lawyer / external ownership of law firms*
Lithuania	Yes	No (no limited liability companies)	No	No
Luxembourg	Yes (practice jointly)	No (but employment is permitted)	No	No
Malta	Yes	Yes	No	No
Netherlands	Yes	Yes	With some other legal professions	No non-lawyer ownership (minority non-lawyer management possible)
Poland	Yes	For legal advisors, but not for advocates	With tax advisors and patent attorneys	No
Portugal	Yes	Yes	No	No
Romania	Yes	Yes	No	No
Slovakia	Yes	Yes	No	No
Slovenia	Yes	Yes	No	No
Spain	Yes	Yes	Yes (with a common objective	Up to 25% (ownership and management)
Sweden	Yes	Yes	No	No
UK – England and Wales	Yes	Yes	Solicitors: Yes Barristers: No	Solicitors: Up to 100% Barristers: Up to 25% non-lawyer management, no external ownership
UK – Scotland, solicitors*	Yes	Yes	No	Up to 49% (ownership)
UK – Nothern Ireland	Yes	Yes	No	No

Source : Extrait du rapport du Consortium Panteia/Université de Maastricht. *National regulation (country studies); Bar association websites; S. Claessens, Free Movement of Lawyers in the European Union, 2008; Nascimbene, The Legal Profession in the European Union, 2009; Lex Mundi, In-House Counsel and the Attorney Client Privilege: A Global Practice Guide prepared by the Lex Mundi Litigation, Arbitration an Dispute Resolution Practice Group, 2009.*

C'est ainsi qu'un cabinet d'avocats installé dans un des États européens pratiquant une ouverture aux capitaux extérieurs plus large que ce que la loi du 31 décembre 1990 ne serait (probablement[1]) pas autorisé à s'établir en France, au titre de la directive 98/5/CE du 16 février 1998. Inversement, un cabinet d'avocats français dont le capital est en partie détenu par des avocats à la retraite ou les membres de la famille d'un ancien associé décédé pourrait se voir refuser l'établissement dans un pays dont la législation comporte une prohibition absolue[2].

126 Toutefois, la liberté laissée à l'origine à chaque État est désormais strictement encadrée, du fait des termes de l'article 15 de la directive services. La Commission européenne a demandé en 2013 la réalisation d'un inventaire et d'une évaluation économique des exigences relatives à la forme juridique et à l'actionnariat dans le secteur des services de l'Union européenne. Cette étude vise à répondre aux trois objectifs suivants :

- réaliser un inventaire de toutes les exigences relatives aux formes juridiques et à la détention de capital social dans l'Union européenne (notamment, pour les professions juridiques);
- mettre en place une méthode d'évaluation économique;
- évaluer les impacts économiques de la suppression ou de la simplification de ces exigences.

127 La Commission a déjà précisé que les résultats de cette étude pourraient conduire au lancement de procédures d'infraction contre certains États membres, à l'adoption de lignes directrices ou de communications, ou à la proposition d'une nouvelle législation au niveau de l'Union européenne. Le soumissionnaire retenu, sur appel d'offres, est le Consortium Panteia/Université de Maastricht. Ce consortium est parfaitement connu, puisqu'il a déjà réalisé pour le compte de la Commission un premier rapport (v. s^{s} n° 61). Le thème des structures d'exercice n'était abordé, dans ce premier rapport, que sous l'angle des difficultés rencontrées au titre du libre établissement, ou de la libre prestation de services.

1. PUISQUE chaque barreau est maître de son tableau et on ne peut exclure des interprétations divergentes.

2. Il y a lieu d'observer au passage que les indications portées sur le tableau figurant au rapport du Consortium Panteia/Université de Maastricht sont erronées, au moins en ce qui concerne la France, ce qui n'est pas particulièrement rassurant.

128 De l'autre côté de l'Atlantique, l'ABA reste opposée à l'idée que des cabinets d'avocats puissent être la propriété de non-avocats. C'est la position adoptée à la suite du rapport déposé par la « Commission on Ethics 20/20 », au mois de février 2013[1]. Cependant, un cabinet américain, Jacoby & Meyers (v. s[s] n° 253), a engagé un recours au mois de septembre 2011 pour contester la validité des dispositions lui interdisant de recourir à des capitaux extérieurs. Alors qu'au début de l'année 2012 la Cour du district sud de New York avait décidé que le litige ne pouvait aller plus loin, cette décision a été réformée en appel par la *US Court of Appeals for the Second Circuit*, de sorte que l'affaire a été renvoyée devant le premier juge[2].

129 En définitive, la question des capitaux extérieurs doit être finalement traitée sous ces deux aspects. D'une part, est-il possible de maintenir une prohibition en droit interne ? D'autre part, quelle position adopter face à des cabinets d'avocats étrangers ne respectant pas cette prohibition, mais désireux d'exercer une activité en France ? Ce qui revient à s'interroger sur le point de savoir si le modèle des ABS est susceptible de se répandre partout en Europe par voie d'exportation.

§

LA PROHIBITION RELATIVE DES CAPITAUX EXTÉRIEURS PEUT-ELLE ÊTRE JUSTIFIÉE ?

130 Dès 2010, le Conseil national des barreaux a sollicité du professeur Bruno Deffains, une étude intitulée *Organisation et gouvernance des sociétés d'avocats : les enjeux de l'ouverture aux capitaux extérieurs et de l'interprofessionnalité capitalistique*[3] qui se penche sur le domaine assez peu étudié de la gouvernance des sociétés d'avocats, pour comparer les incidences des différents modes de financement que sont les

1. ABA Commission on Ethics 20/20, 2013; http://www.americanbar.org/content/dam/aba/administrative/ethics_2020/20121112_ethics_20_20_overarching_report_final_with_disclaimer.authcheckdam.pdf

2. J. Smith, "Not Dead Yet: 2nd Circuit Resurrects Jacoby and Meyers Suit", *The Wall street Journal*, 2012 : http://blogs.wsj.com/law/2012/11/21/not-dead-yet-2nd-circuit-resurrects-jacoby-meyers-suit/

3. Bruno Deffains, *Organisation des sociétés d'avocats : Les enjeux de l'ouverture aux capitaux extérieurs et à l'interprofessionnalité capitalistique*, Rapport pour le CNB, 2010.

« capitaux interprofessionnels », les capitaux extérieurs (v. s[s] n° 453) sans condition d'interprofessionnalité et les emprunts bancaires.

131 L'effet, absolument mécanique et inévitable, de la coexistence entre actionnaires extérieurs à l'entreprise (et non professionnels) et professionnels travaillant en son sein est la création d'une relation d'agence entre les deux groupes, dont l'un détient un droit de propriété, alors que l'autre dispose de l'avantage informationnel que lui confère sa connaissance de l'entreprise.

On voit donc surgir au sein du cabinet une situation connue, celle de l'asymétrie d'information, mais cette fois entre l'actionnaire et le professionnel. Il n'existe que deux façons d'aborder la question et aucune d'elles n'est satisfaisante. Soit, pour protéger les actionnaires mettre en place des outils de contrôle de l'activité des professionnels, mais alors on prive les clients de ce qu'ils viennent chercher chez l'avocat (le recours à un professionnel indépendant leur garantissant le secret professionnel) ; soit on décide de s'abstenir de la mise en place de ces dispositifs et aucun investisseur extérieur n'acceptera jamais de placer des capitaux en étant privé de tout droit d'en contrôler l'utilisation...

132 Il faut aussi s'intéresser aux incidences du démembrement des droits entre apporteurs externes de capital financier et détenteurs internes du capital humain. Plus les droits des apporteurs externes seront limités, plus le capital sera volatil, les actionnaires dépourvus de droits de contrôle sur la gestion étant tentés de ce fait de « voter avec leurs pieds ». En même temps, le rapport Deffains souligne la nécessité de laisser la majorité du capital entre les mains des professionnels, car sinon, ces derniers peuvent être tentés par des comportements de *hold-up* : quitter l'entreprise en emportant la clientèle... Un phénomène qui se produit déjà parfois dans les cabinets d'avocats, mais qui deviendrait tragique pour les actionnaires extérieurs, auxquels il ne resterait qu'une coquille vide.

133 Le recours aux capitaux extérieurs soumet donc le cabinet d'avocats à des exigences contradictoires. Il ne sera pas possible d'assurer la protection des intérêts légitimes des actionnaires sans placer les professionnels sous un contrôle dont on peut sérieusement se demander s'il est compatible avec les éléments fondamentaux de la déontologie professionnelle : gestion des conflits d'intérêts, respect du secret professionnel, indépendance. Ce sont des éléments dont la CJUE, à l'occasion de l'arrêt Wouters (v. s^{s} n° 99), a déjà estimé qu'ils étaient de nature à justifier une réglementation restrictive.

134 Pour contourner les difficultés relevées plus haut, dans l'hypothèse où il deviendrait possible de recourir sans restriction à des capitaux extérieurs, il est vraisemblable que les firmes y recourant mettront en place des stratégies réduisant les risques encourus par les actionnaires.

135 Une première stratégie peut consister à se limiter à répondre aux besoins juridiques d'une entreprise déjà installée, qui cherche seulement à proposer un « service juridique » dans une offre globale présentée à sa clientèle préexistante. Dans un tel cas le risque de « hold-up » est très limité : les avocats sont au service d'une clientèle qui n'est pas la leur, mais celle de l'entreprise. Leur « trahison » aurait donc des effets limités. Évidemment, dans ce modèle, la position des avocats est strictement subordonnée. Ils sont au service de l'entreprise, beaucoup plus que de leurs clients, qui sont en réalité ceux de l'entreprise.

La situation n'est pas très différente de celle qui découlerait de la transformation du service juridique de l'entreprise en cabinet d'avocats. Le service fourni ne peut pas être assimilé à celui d'un cabinet d'avocats. Il ne s'agit pas d'une prestation donnée en toute indépendance par un professionnel, mais d'une prestation accessoire délivrée à l'occasion d'un service global par un « département » d'une entreprise. La loyauté du professionnel va d'abord à l'entreprise mère, les questions de l'indépendance, du conflit d'intérêts ou du secret professionnel se règlent au détriment du client final.

136 Une deuxième stratégie consiste à investir dans des segments limités du marché sur lesquels il est relativement facile de produire des prestations standardisées, selon des processus facilement industrialisables, mais à une clientèle constamment renouvelée. Pour éviter le risque de hold-up, l'entreprise fournit des « produits packagés » selon un savoir-faire qu'elle maîtrise et qui ne sera pas compromis par le départ éventuel de certains des professionnels. La compétence est intégrée à l'entreprise elle-même, elle n'est pas la propriété des professionnels qui sont facilement interchangeables. Le risque de captation de la clientèle est neutralisé par le fait que ce sont les prestations qui sont répétitives, alors que les clients sont en constant renouvellement.

Des secteurs comme celui des accidents de la circulation, des accidents médicaux, etc. sont particulièrement propices à ce type de projets : la prestation fournie sera toujours la même, en revanche (heureusement) un client est rarement victime à plusieurs reprises d'un accident de la route... Le même raisonnement peut facilement être tenu à propos du droit de la famille.

137 Ce modèle est probablement plus respectueux des règles professionnelles. Pour les avocats employés par ces structures, il peut correspondre à une conception différente de l'exercice professionnel, à partir d'un investissement personnel plus limité et d'une prise de risque plus faible[1]. Pour que les entreprises qui se lancent sur ce marché réussissent, il faut aussi qu'elles soient en mesure d'offrir des prestations financièrement attrayantes à la clientèle, ce qui sera facile si l'offre traditionnelle, dans le même secteur, se révèle insuffisante ou défaillante.

138 Le premier pays dans lequel une libéralisation totale, s'agissant de la propriété des capitaux des cabinets d'avocats est intervenue est l'Australie. Plusieurs firmes australiennes sont même cotées en bourse : Slater and Gordon a été rejointe par Shine Corporation Ltd et ILH Group Ltd. Pour autant les formes traditionnelles d'exercice de la profession n'ont nullement disparu et restent très majoritaires. Le mouvement s'est ensuite propagé au Royaume-Uni, à la suite du Legal Services Act de 2007. D'après le registre de la Solicitors Regulation Authority (SRA) il existerait au Royaume-Uni plus de 300 ABS[2]. Il serait intéressant (pour ne pas écrire qu'il s'agit même d'une absolue nécessité) de se livrer à une analyse systématique et exhaustive de ces ABS, pour en dresser la typologie exacte.

Une telle étude permettrait en effet de vérifier si les stratégies décrites plus haut (ou d'autres encore) sont effectivement mises en œuvre. Même si ce travail n'a pour le moment pas été accompli (en tout cas, si la Law Society l'a effectué, elle n'en a pas livré les résultats et il n'a pas été réalisé non plus sur le continent) la consultation du registre du SRA permet de confirmer certaines des hypothèses avancées. L'étude qu'a fait réaliser The Law Society of Upper Canada, qui envisage sérieusement de recourir aux ABS, permet de compléter cet

1. CES cabinets d'avocats auront tendance à recruter des avocats salariés, dont la responsabilité personnelle n'est donc pas illimitée.

2. Chiffre du mois d'août 2014; Liste tenue à jour sur : http://www.sra.org.uk/solicitors/firm-based-authorisation/abs/abs-search.page/

exercice.[1] Il est également possible de se référer aux développements consacrés à ce sujet par Frank H. Stephen[2].

139 Un nombre non négligeable de ces ABS se révèlent être des cabinets de taille petite ou moyenne, dans lesquels les non-avocats présents au capital se révèlent être des employés des cabinets, ou des membres de la famille des avocats en exercice. La possibilité de se constituer en ABS a donc finalement répondu aux besoins de certains cabinets « traditionnels », dont le fonctionnement n'a probablement pas été fondamentalement bouleversé. Au cours des débats qui ont pu avoir lieu en France sur les capitaux extérieurs, toutes ces possibilités ont évidemment été évoquées. Comme cela a déjà été observé, la loi française autorise d'ailleurs sous certaines conditions la détention d'une part du capital par des membres de la famille. Il est donc possible que sur le plan de la détention du capital, certaines de ces ABS soient dans des situations identiques à certains cabinets français.

140 On retrouve aussi sur la liste des ABS Slater and Gordon, qui après avoir fait acquisition de nombreux cabinets australiens, a profité du Legal Services Act pour s'implanter au Royaume-Uni. La création de Coopérative Legal Services a été très remarquée, puisqu'il s'agit là d'une filiale du groupe « Cooperative Group », par ailleurs propriétaire d'une chaîne de supermarchés, de banques et d'assurances, dont l'ambition initiale était d'ouvrir environ 300 bureaux et d'employer 3 000 avocats d'ici à 2017. Un certain nombre d'ABS illustrent la stratégie de « l'offre globale » : le cabinet d'avocats est destiné à répondre aux besoins de la clientèle d'une société d'assurance, d'une société de protection juridique, d'un groupe de transports, d'un groupe de relations humaines, d'une société propriétaire de supermarchés (COOP).

141 Relève de la même logique le fait que British Telecom (BT) ait décidé de transformer le service juridique de sa filiale spécialisée (BT Claims) dans la gestion des flottes de véhicules d'entreprise en cabinet d'avocats (BT Law Ltd) intervenant dans ce domaine particulier :

1. Edward M. Iacobucci and Michael J. Trebilcock, *An Economic Analysis of Alternative Business Structures for the Practice of Law,* University of Toronto Faculty of Law, http://www.lsuc.on.ca/uploadedFiles/ABS-report-Iacobucci-Trebilcock-september-2014.pdf

2. Frank H. Stephen, *Lawyers, markets and regulation* Cheltenham, Edward Elgar Publishing Limited, 2013, p. 138-141.

l'idée étant de transformer un service juridique, qui représentait un coût pour l'entreprise en « centre de profits ». Des groupes bancaires, ou des groupes d'assurance, également dotés d'importants services juridiques s'interrogent sur l'opportunité de réaliser des opérations de ce type.

142 Cités également par Stephen, l'Automobile club (AA) et ses 16 millions d'adhérents auquel il fournit des services d'assistance automobile et d'assurance, ou Saga, une entreprise spécialisée dans les services (assurance et voyage) aux seniors. Enfin, PwC a annoncé son intention de créer une ABS, PwC Legal, ce qui annonce le retour de l'audit dans le champ du droit.

143 On ne peut qu'être frappé de la multiplication des ABS qui ont décidé de s'implanter sur les segments du marché (responsabilité médicale, accidents de la route) où la standardisation (v. s[s] n° 136) est possible, ce qui implique notamment le recours massif aux techniques du marketing, pour se faire connaître d'une clientèle qui ne réalisera pas des « achats » répétitifs. Ce ne sont donc pas les cabinets du « Magic Circle », les grandes firmes internationales basées à Londres, qui se sont transformées en ABS pour répondre aux besoins de la clientèle internationale, ou des grandes entreprises. La cible prioritaire des ABS est le contentieux du quotidien, celui qui est traité par les « petits » cabinets. Reste à savoir si la situation au Royaume-Uni est particulière, ou si, partout ailleurs, les avocats rencontrent des difficultés à remplir leur mission auprès des particuliers (v. s[s] n°s 198 s.).

§

QUELLE ACTIVITÉ À L'ÉTRANGER POUR LES ALTERNATIVE BUSINESS STRUCTURE (ABS)

144 En application de la directive 98/5/CE du 16 février 1998, et comme cela a déjà été signalé (v. s[s] n° 125) : « *L'État membre d'accueil, dans la mesure où il interdit aux avocats exerçant sous leur propre titre professionnel approprié, l'exercice de la profession d'avocat au sein d'un groupe comportant des personnes extérieures à la profession, peut refuser à un avocat inscrit sous son titre professionnel d'origine d'exercer sur son territoire en qualité de membre de son groupe.* » Les États ont donc conservé la possibilité de refuser l'implantation de structures qui ne respecteraient pas la réglementation nationale, notamment en ce qui concerne la structure du capital ou l'exercice du pouvoir de décision. La question s'est posée, à l'occasion notamment du processus d'évaluation des directives de l'étendue de la liberté dont dispose l'État d'accueil. Peut-il refuser l'inscription d'une structure qui dérogerait à ses règles nationales, sur la seule constatation de l'existence de cette différence ? Ou à l'inverse, doit-on considérer que le barreau d'accueil doit se livrer à un test de proportionnalité ?

Le texte de la directive peut laisser penser que la liberté de l'État d'accueil est totale. Toutefois, une telle interprétation serait contraire aux principes dégagés par la Cour de justice des Communautés européennes dans son arrêt du 30 novembre 1995[1], qui impose le test de proportionnalité en toutes matières. La position prise par le CCBE est d'interpréter la directive (et son article 11-5) comme imposant de réaliser un test de proportionnalité, en cas de demande d'inscription.

145 C'est ainsi par exemple que la France permet à un avocat de conserver après son départ à la retraite des parts dans le capital de la société. Confrontés à des demandes d'inscription de sociétés d'avocats dont une partie du capital serait ainsi détenu par des anciens associés, les pays dans lesquels cette possibilité n'existe pas devront s'interroger, au cas par cas, sur l'incidence effective de la situation et ne refuser l'inscription que s'ils estiment qu'il s'agit là d'une réponse proportionnée. De même, on pourrait parfaitement imaginer qu'une *Alternative Business Structure* ne regroupe, en fait, que des professionnels autorisés à s'associer selon la loi française, et que son capital soit également détenu dans des conditions compatibles avec la loi du 31 décembre 1990. Il n'est donc pas possible d'interdire l'exercice du libre établissement à une ABS simplement parce qu'elle est une ABS, il faudra appliquer le test de proportionnalité dans chaque cas particulier.

146 Dans un intéressant article disponible sur internet, "*English Alternative Business Structures and the European Single Market*"[2] Jakob Weber-

1. CJCE, 30 nov. 1995, aff. C-55/94, Reinhard Gebhard, *Rec. CJCE* I-04165; *AJDA* 1996. 273, chron. H. Chavrier, E. Honorat et G. de Bergues; *RTD eur.* 1996. 741, chron. J.-G. Huglo : l'arrêt concerne un avocat allemand, Me Gebhard, inscrit au barreau de Stuttgart mais dont les activités professionnelles s'effectuaient principalement en Italie. On fait en général référence au test de proportionnalité en le désignant sous le vocable de « test Gebhard ».

2. Jakob Weberstaedt, "English Alternative Business Structures and the European Single Market", Bucerius Center on the Legal Profession (Sept. 29, 2013); http://papers.ssrn.com/sol3/papers.cfm?abstract_id= 2333174

staedt, chercheur à la Bucerius Law School's Center on the Legal Profession à Hambourg, identifie ainsi un certain nombre de prestations juridiques qu'un cabinet constitué sous la forme d'une ABS pourrait facilement réaliser, en dépit des restrictions contenues dans la directive 98/5/CE du 16 février 1998.

147 Un premier cas significatif est celui des prestations fournies via les technologies de l'information. Il résulte en effet de la directive 2000/31/CE du 8 juin 2000[1] sur le commerce électronique et notamment de ses articles 4 et 5, que le professionnel qui fournit ses prestations via internet est soumis aux règles de son pays d'établissement. Il est donc impossible d'empêcher le développement de plateformes de services juridiques, adoptant la forme des ABS, recourant à des investisseurs étrangers à la profession et délivrant des prestations via internet. Au-delà de la problématique des ABS, les règles du commerce électronique ne fournissent peut-être pas aux consommateurs une protection suffisante, en prévoyant l'application de la loi du prestataire.

148 Le second cas significatif, c'est celui de la prestation de services occasionnelle. Lorsqu'un avocat réalise dans un pays autre que son pays d'origine une prestation de service occasionnelle (autre que judiciaire) il reste soumis, en principe aux règles professionnelles de son pays d'origine. Les règles du pays où la prestation est fournie n'ont normalement pas à s'appliquer, et *a priori* pas celles relatives aux structures d'exercice. Peut-être une ABS devra-t-elle, conformément à l'article 4 de la directive 77/249/CEE du 22 mars 1977[2] se conformer aux règles régissant la publicité dans le pays d'accueil, mais elle pourra y réaliser des prestations occasionnelles. Or, la notion de prestation occasionnelle est très large. On retrouve ici l'arrêt Gebhard (v. s[s] n° 144), puisqu'il a été jugé dans ce litige qu'une implantation permanente était parfaitement compatible avec le fait de réaliser des prestations occasionnelles. Une Alternative Business Structure pourrait donc ouvrir

1. Dir. 2000/31/CE, Parlement et Conseil, 8 juin 2000, relative à certains aspects juridiques des services de la société de l'information, et notamment du commerce électronique, dans le marché intérieur (« directive sur le commerce électronique »), *JOCE* L 178, 17 juill., p. 1.

2. Dir. 77/249/CEE, Conseil, 22 mars 1977, tendant à faciliter l'exercice effectif de la libre prestation de services par les avocats, *JOCE* L 78, 26 mars, p. 17.

un bureau en France, pour y réaliser des prestations juridiques, sans demander à bénéficier de la directive 98/5/CE du 16 février 1998.

149 Au-delà du débat juridique, la question désormais posée est celle de l'éventuel succès économique des ABS et de leur capacité, au Royaume-Uni, à concurrencer efficacement les « firmes traditionnelles ». Il est intéressant de relever que Co-operative Legal Services (CLS) [1], l'ABS filiale du groupe coopératif propriétaire notamment d'une chaîne de supermarchés, a annoncé une perte de 9,1 millions de livres sterling en 2013, pour un chiffre d'affaires stable de 33 millions de livres sterling, qui place la firme aux alentours de la 75e place en termes de chiffre d'affaires. Mais quoi qu'il advienne, la vérité est que la profession en France et partout ailleurs, a l'obligation de s'interroger sur son adaptation au marché et sa capacité à répondre aux besoins de celui-ci, de manière efficace.

1. http://www.co-operativelegalservices.co.uk/

CHAPITRE 3

La régulation, ou qui doit réguler les avocats ?

§

L'AUTORÉGULATION EN QUESTION ?

§§ *Les juridictions professionnelles peuvent-elles juger des tiers ?*

150 Les termes d'« autoréglementation » et d'« autorégulation » renvoient à deux revendications différentes de la profession juridique. L'autoréglementation est le droit, pour une profession, d'édicter les règles qui la concernent et de maîtriser ainsi tous les aspects de l'exercice professionnel. Ce pouvoir n'a jamais été entre les mains de la profession. Dans tous les cas, la question est définitivement réglée par les évolutions qui viennent d'être décrites. Elles sont en effet exclusives de tout pouvoir laissé à la profession pour se réglementer elle-même, sauf pour ce qui relève de ses usages professionnels et dans le respect des normes d'origine étatique.

L'autorégulation est le droit pour une profession de maîtriser la discipline professionnelle à travers le jugement des pairs. C'est une revendication d'autant plus forte chez les avocats que cette autorégulation est un élément important pour garantir l'indépendance de la collectivité. L'autorégulation peut d'ailleurs s'étendre au-delà des seules questions disciplinaires, et couvrir les domaines de la responsabilité professionnelle, ou du contentieux des honoraires.

151 Certes les règles européennes que l'on vient d'étudier, ne s'intéressent pas directement à l'autorégulation de la profession. Le modèle français a même été conforté par des décisions rendues en 2011 et 2012 par la CJUE (principe de l'inscription obligatoire[1]) ou par Cour européenne des droits de l'homme (CEDH), en matière de blanchiment[2]. Cela ne signifie pas pour autant que les ordres ne soient pas concernés par les règles communautaires. En effet, depuis l'arrêt Wouters[3], l'ordre professionnel des avocats est considéré comme une association d'entreprises au sens du droit de la concurrence[4].

En outre, les décisions prises sur des sujets comme la multidisciplinarité ou la présence au sein des structures d'exercice d'associés extérieurs peuvent avoir des incidences directes sur les pouvoirs des barreaux.

152 Par définition, l'autoréglementation a pour objet d'édicter des règles s'appliquant aux avocats. L'autorégulation est également d'abord centrée sur les professionnels. Il devient difficile de l'invoquer pour régler des problèmes survenant dans des structures qui comportent des professionnels soumis à une autre déontologie ou des actionnaires étrangers à la profession. Ces tiers peuvent se montrer réticents à l'idée d'être jugés par des juridictions professionnelles. Pourtant, s'agissant de l'autorégulation, il est admis qu'elle peut s'exercer dans des relations avec les tiers, comme c'est le cas, souvent dans le domaine disciplinaire et toujours dans celui de l'arbitrage des honoraires. Est-ce bien suffisant pour affirmer la compétence des juridictions professionnelles ?

1. CJUE, 3 févr. 2011, aff. C-359/09, Donat Cornelius Ebert c/Budapesti Ügyvédi Kamara, *Rec. CJUE* I-00269; *RMCUE* 2013. 45, chron. Ekaterini Sabatakakis.

2. CEDH, 6 déc. 2012, n° 12323/11, Michaud c/France; *AJDA* 2013. 165, chron. L. Burgorgue-Larsen; *D.* 2013. 284, note F. Defferrard; *D.* 2013. 1647, obs. C. Mascala; *D.* 2014. 169, obs. T. Wickers; *JCP* 2012, act. 1419, obs. C. Picheral; *JCP* 2013, note 188, C. Picheral; *JCP* 2013, n° 7, H. Robert; *AJ pénal* 2013. 160, obs. J. Lasserre Capdeville; *D. avocats* 2013. 8, obs. L. Dargent; *D. avocats* 2013. 96, note W. Feugère; *RFDA* 2013. 576, chron. H. Labayle, F. Sudre, X. Dupré de Boulois et L. Milano; *RSC* 2013. 160, obs. J.-P. Marguénaud; *RTD eur.* 2013. 664, obs. F. Benoît-Rohmer.

3. CJUE, 19 févr. 2002, aff. C-309/99, C.J. Wouters, J.W. Savelbergh, Price Waterhouse Belastingadviseurs BV c/Algemene Raad van de Nederlandse Orde van Advocaten, *Rec. CJUE* I-01577 (v. s^s n° 99).

4. POUR une étude complète : Roland Gras, Michel Bénichou (dir.), *Les ordres et l'Europe*, rapport pour la Conférence des bâtonniers, 2013; publié dans *Avocats et ordres du XXIe siècle*, « Thèmes et commentaires », Dalloz, 2014.

153 Les décisions rendues dans les affaires Torresi[1] apportent une réponse utile à cette interrogation. L'avocat général[2] a ainsi relevé dans ses conclusions que : « *Bien que le CNF*[3] *soit composé d'avocats qui statuent sur des demandes d'inscription au tableau, il peut être considéré comme suffisamment indépendant et impartial dans la mesure où certaines garanties procédurales existent. En conséquence, le CNF remplit les mêmes critères que les juridictions nationales et les tribunaux et peut donc soumettre à la Cour des demandes de décision préjudicielle sur des questions relatives au droit de l'Union.* » La Cour a suivi son avocat général et a considéré notamment que le « Consiglio Nazionale Forense » (CNF) était soumis aux garanties prévues par la Constitution italienne en matière d'indépendance et d'impartialité de la juridiction (exercice des fonctions en toute autonomie et sans lien de subordination à l'égard de quiconque, application des règles ordinaires en matière d'abstention et de récusation). Elle a également observé que le « Consiglio Nazionale Forense » ne peut pas être une partie à la procédure introduite devant la « Corte suprema di cassazione » contre la décision par laquelle il a statué sur le recours dirigé contre le conseil de l'ordre concerné, de sorte que : « *Le Consiglio Nazionale Forense a donc, ainsi que l'exige la jurisprudence de la Cour (voir arrêt Wilson, EU:C:2006:587, point 49), la qualité de tiers par rapport à l'autorité qui a adopté la décision frappée d'un recours.* » Enfin, « *Le conseiller national relevant du ressort du conseil de l'ordre des avocats concerné par la demande d'inscription ne fait pas partie de la formation de jugement du Consiglio Nazionale Forense.* »[4]

154 Cet important arrêt permet donc d'affirmer que les juridictions ordinales, pour peu qu'elles respectent les conditions énumérées plus haut, peuvent être considérées comme impartiales et indépendantes, ce qui les qualifie, y compris pour juger des litiges dans lesquels sont impliqués des tiers.

1. CJUE 17 juill. 2014, aff. C-58/13, Angelo Alberto Torresi c/Consiglio dell'Ordine degli Avvocati di Macerata, *Rec. CJUE* [à paraître] - CJUE 17 juill. 2014, aff. C-59/13, Pierfrancesco Torresi c/Consiglio dell'Ordine degli Avvocati di Macerata, *Rec. CJUE* [à paraître].
2. Conclusions de l'avocat général Nils Wahl.
3. Consiglio Nationale Forense, le Conseil national des avocats italiens.
4. CJUE 17 juill. 2014, aff. C-58/13, cons. 22 s.

§§
La qualité de l'autorégulation

155 Étant ainsi admis que les juridictions professionnelles peuvent trancher des litiges concernant des tiers, il faut encore que leur intervention se révèle plus efficace que celle des juridictions de droit commun. Bien souvent la tendance à la dérégulation accompagne le mouvement de déréglementation. Les évolutions sont souvent parallèles, et il arrive que la remise en cause des règles économiques régissant la profession ne soit finalement qu'une réponse au constat de la défaillance de ses organes de surveillance.

156 Deux pays anglo-saxons ont décidé de mettre fin à l'autorégulation de la profession. Il s'agit du Royaume-Uni, avec le Legal Services Act de 2007 et de l'Australie, qui l'avait précédée, d'abord au Queensland[1]. Le pouvoir disciplinaire y a ainsi été transféré du barreau à un organisme indépendant (Legal Services Commissioner) dont la direction n'est pas nécessairement confiée à un avocat[2], par le Legal Profession Act de 2004. Deux pays anglo-saxons, l'Australie et le Royaume-Uni ont décidé d'autoriser des non-avocats à devenir propriétaires de cabinets d'avocats[3]... Comme le remarque Jordan Furlong[4], ce n'est pas l'ouverture aux capitaux extérieurs qui a entraîné la disparition de l'autorégulation. C'est d'abord l'autorégulation qui a disparu, après que les pouvoirs publics ont constaté la carence de la profession à répondre de manière satisfaisante aux plaintes des clients des avocats.

Le rapport présenté par le gouvernement, après le dépôt du rapport Clementi (v. s^s^ n° 33), à l'occasion de la procédure qui débouchera sur l'adoption du LSA de 2007, soulignait les graves carences du système d'instruction des plaintes des clients[5]. Il expliquait que les plaintes s'étaient multipliées depuis le milieu des années 80, des clients se plaignant de

1. D'AUTRES États australiens ont également mené des réformes du même type.
2. Leslie C. Levin, "Building a Better Lawyer Discipline System: The Queensland Experience", 9 *Legal Ethics*, 187 (2006); http://www.lsc.qld.gov.au/__data/assets/pdf_file/0015/106341/building-a-better-lawyer-discipline-system.pdf
3. L'État de l'Ontario, au Canada, serait sur le point d'en faire autant...
4. J. Furlong, "Who should have the right to own a law firm?", *Law 21* (2012); http://www.law21.ca/2012/02/who-should-have-the-right-to-own-a-law-firm/
5. Department for Constitutional Affairs (DCA), *The Future of Legal Services: Putting Consumers First*, 2005; https://www.gov.uk/government/uploads/system/uploads/attachment_data/file/272192/6679.pdf/

la grande lenteur du processus. Il insistait sur le fait que les plaintes devaient être instruites « de manière indépendante, sans risque de conflit d'intérêts, efficacement, loyalement et avec rapidité » et qu'elles devaient aussi être utilisées pour rectifier les erreurs constatées.

157 La qualité d'un système d'autorégulation est probablement une condition essentielle de sa survie. Il n'est donc pas inutile de se poser la

RÉGULATION DES PROFESSIONS JURIDIQUES AU ROYAUME-UNI
AVANT LE LEGAL SERVICES ACT DE 2007

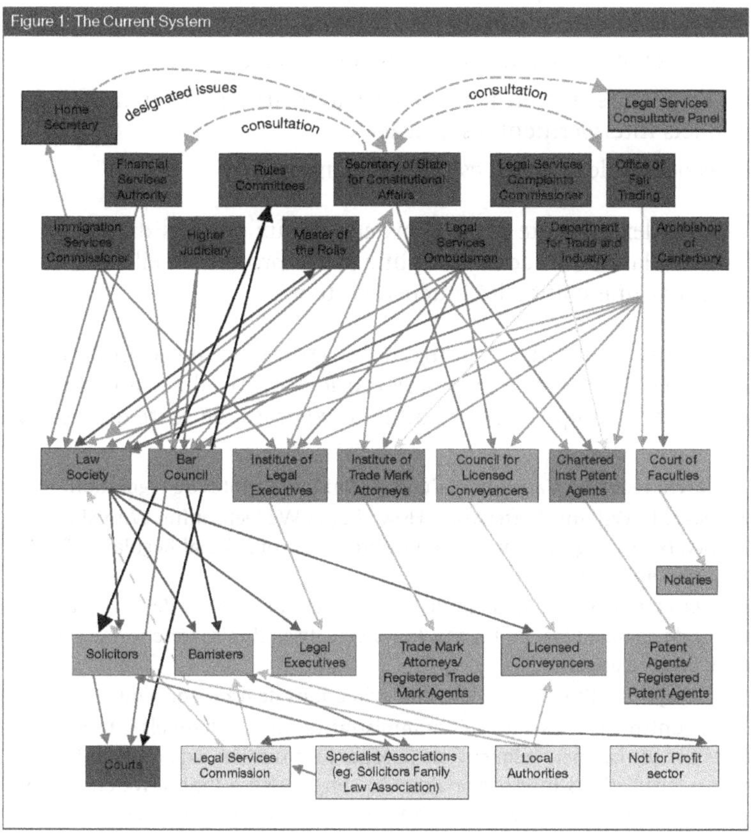

Source : Department for Constitutional Affairs (DCA), *The Future of Legal Services : Putting Consumers First*, p. 11.

question de la qualité du système d'autorégulation du barreau français. En ce qui concerne celui du Royaume-Uni, il présentait apparemment un certain nombre de défauts, dont le premier était apparemment le caractère parfaitement illisible, comme le confirme le tableau ci-avant[1].

158 Toutefois, avant de procéder à cette évaluation, il n'est pas inutile de s'interroger sur la détermination du système de régulation le plus efficace. David Wilkins, dans l'étude très complète qu'il a consacrée au sujet[2], distingue quatre modèles de régulation de l'activité des avocats :

- les procédures disciplinaires dans lesquelles les professionnels du monde judiciaire jouent un rôle[3];
- la mise en cause de la responsabilité professionnelle[4];
- les dispositifs mis en place par les autorités administratives devant lesquels interviennent les avocats[5];
- le recours à des « agences indépendantes ».

159 La réflexion porte sur le choix entre deux options diamétralement opposées : la gestion de la discipline par la profession elle-même, ou la gestion par une « autorité indépendante ».

160 De prime abord, on pourrait penser que la question de l'autorégulation est étrangère à la sphère économique et donc aux différentes théories économiques précédemment exposées, de sorte qu'il convien-

1. L'archevêque de Canturbery figure parmi les autorités de régulation.

2. David B. Wilkins, "Afterword: How Should We Determine Who Should Regulate Lawyers? Managing Conflict and Context in Professional Regulation", 65 *Fordham L. Rev.* 465 (1996).

3. Aux États-Unis, le système disciplinaire est placé sous l'autorité de la Cour suprême de chaque État. En France, le système disciplinaire fonctionne sous l'autorité des cours d'appel.

4. La responsabilité civile relève des juridictions de droit commun.

5. Le contrôle par les autorités administratives devant lesquels interviennent les avocats est un cas peu fréquent en Europe. La situation existe cependant devant certaines juridictions internationales. On songe aussi à l'initiative européenne en matière de *lobbying* (la question étant de savoir si un avocat peut-être radié du registre en vertu d'une décision qui n'émanerait pas de son ordre), ou aux difficultés rencontrées avec les fédérations sportives, lorsque l'avocat exerce une activité de mandataire sportif.

drait de s'en tenir aux leçons de l'analyse sociologique du concept de profession (v. s[s] n° 53). Mais ce sont les tenants de l'autorégulation eux-mêmes qui réintroduisent l'économie dans le débat. Ils mettent d'abord en avant le fait que les professionnels sont les mieux placés pour juger des comportements de leurs pairs. Ils soutiennent ensuite qu'un système disciplinaire confié aux professionnels est le seul rationnel économiquement[1], car toute autorité extérieure sera confrontée à la nécessité d'acquérir la connaissance de la profession dont elle doit juger les membres. L'acquisition de cette connaissance correspond à un coût qui n'a pas à être engagé lorsque les professionnels jugent les professionnels. De leur côté, les partisans d'une autorité indépendante soulignent le caractère inefficace des systèmes disciplinaires professionnels, peu enclins à prendre en compte les intérêts des clients, protecteurs des professionnels et finalement beaucoup plus sollicités pour régler les conflits les opposant entre eux que pour répondre aux plaintes du public.

161 Le caractère « paternel » ou « familial » du contentieux disciplinaire a souvent été mis en avant pour justifier qu'il soit confié aux professionnels eux-mêmes. Il n'est pas certain que cet argument, centré sur la profession et sa défense soit suffisant. En revanche il faut souligner le lien direct entre l'indépendance de la collectivité et la façon dont la discipline est exercée. L'un des meilleurs moyens d'assurer l'indépendance de la profession est de lui permettre d'exercer le pouvoir disciplinaire.

162 Il n'existe en réalité pas de solution parfaite, qui ne présenterait que des avantages et aucun inconvénient. L'étude du professeur David Wilkins (v. s[s] n° 158) souligne la difficulté de répondre par un modèle unique à des besoins qui se révèlent très différents. L'avocat est à la fois au service de ses clients et soumis à des obligations vis-à-vis des juridictions[2]. Les besoins des clients individuels, placés en situation d'asymétrie, et des clients institutionnels, mieux armés pour juger des prestations fournies, ne sont pas les mêmes. Ce que résume la matrice reproduite ci-après.

1. Revoilà l'économie.

2. L'avocat en France est également un auxiliaire de Justice, soumis à certaines obligations liées à ce statut.

BESOINS DES CLIENTS INDIVIDUELS ET DES CLIENTS INSTITUTIONNELS ET LES DIFFÉRENTES OBLIGATIONS DES AVOCATS

Client	vis-à-vis du client	comme auxiliaire de justice
Entreprise	Entreprise/ vis-à-vis du client	Entreprise/ comme auxiliaire de justice
Particulier	Particulier/ vis-à-vis du client	Particulier/ comme auxiliaire de justice

Obligation

Source : David B. Wilkins, "Afterword : How Should We Determine Who Should Regulate Lawyers ? Managing Conflict and Context in Professional Regulation", *Fordham L. Rev.* 465 (1996) 65.

163 Au Royaume-Uni, le LSA de 2007 a prévu que les plaintes seraient instruites par un organisme indépendant. Un ombudsman répond désormais aux plaintes des clients. Les services du « legal Ombudsman » sont accessibles depuis internet[1]. Il dispose de la possibilité d'accorder des compensations pécuniaires, lorsqu'il constate la commission d'une faute professionnelle. Sur son site figurent toutes les explications utiles pour l'instruction des plaintes, mais aussi de multiples documents dont l'objet est de rendre plus simple la gestion par le client de sa relation avec son conseil. Les décisions rendues sont publiées. Elles sont alors anonymisées.

En revanche, dans le recueil répertoriant le sens des décisions rendues, figure le nom des firmes concernées. Quoique l'on puisse penser, par ailleurs, du parti pris de priver la profession de la plus grande part de son pouvoir d'autorégulation, on doit dans tous les cas prendre conscience du défi que la mise en œuvre du LSA de 2007 lance aux autorités d'autorégulation. Pèse désormais sur la profession l'obligation nouvelle de démontrer que son mode de régulation aboutit à des résultats au moins aussi bons.

1. http://www.legalombudsman.org.uk/

§
LA SOLUTION FRANÇAISE

164 Le système qui prévaut en France dispose que les avocats sont jugés, sur le plan disciplinaire par leurs pairs, au moins en première instance. Il constitue un élément parmi d'autres d'un ensemble plus vaste de contrôles. L'avocat est susceptible, au titre de son activité professionnelle d'enfreindre la loi pénale, il sera alors justiciable, dans les conditions ordinaires[1], des juridictions pénales de droit commun. Quant à la responsabilité civile de l'avocat, elle relève également des juridictions de droit commun.

165 Les avantages théoriques de l'autorégulation sont connus : les professionnels sont les mieux placés pour détecter et juger les comportements contraires à la déontologie. Les coûts de la procédure disciplinaire sont supportés par la collectivité des avocats. Le caractère professionnel de la juridiction est une garantie de l'indépendance de la profession. En revanche, un certain nombre de mesures ont été prises pour limiter les inconvénients liés à ce choix. L'instauration des conseils de discipline de cour d'appel (conseils régionaux de discipline) a d'abord permis de distinguer les fonctions de représentation et les fonctions disciplinaires. Le risque d'une trop grande proximité de la juridiction ordinale avec les avocats qui en relèvent a par ailleurs été circonscrit[2], tandis qu'une stricte séparation entre les autorités de poursuite, d'instruction et de jugement assure la compatibilité de la procédure disciplinaire avec les principes du procès équitable.

L'existence de deux autorités de poursuite, le bâtonnier, mais aussi le procureur général[3], garantit aux clients de ne pas se heurter à un refus de mise en œuvre de la procédure disciplinaire qui serait dicté par la volonté de la profession de protéger un de ses membres. Cette garantie est encore renforcée par le fait qu'en appel, la procédure disciplinaire relève d'une juridiction de droit commun, la cour d'appel. Confier à la profession, en faisant par exemple du Conseil national des barreaux un juge d'appel, l'intégralité de la procédure disciplinaire pourrait donc

1. NONOBSTANT, pendant la phase d'enquête ou d'instruction, quelques aménagements liés à la protection du secret professionnel ou à l'activité professionnelle.

2. SAUF à Paris, toutefois.

3. QUI dispose également d'un droit d'information à plusieurs moments de la procédure, même s'il ne l'a pas engagée.

être analysé comme constituant une diminution de ces garanties. Une telle réforme ne pourrait être envisagée avec des chances de succès qu'à condition que soit apportée la preuve de la parfaite efficience de la justice ordinale.

166 Il est malheureusement très difficile de juger de la qualité réelle de celle-ci. À la différence de nombreuses professions, à commencer par les magistrats, il n'existe aucune statistique nationale, ni aucun moyen de suivi de l'activité disciplinaire. Or, pour reprendre une formule attribuée au prix Nobel et physicien danois Niels Bohr : « *Ce qui ne se mesure pas n'existe pas.* » L'étude *La justice disciplinaire en pratique : enquête sur l'activité des conseils de discipline*, qui figure dans le rapport pour le GIP Mission de Recherche Droit et Justice déjà citée à plusieurs reprises [1], est donc probablement une première, mais elle ne porte que sur un unique conseil régional de discipline (CRD) et sur l'activité disciplinaire du conseil de discipline du barreau de Paris [2]. D'après ses auteurs, les chiffres relevés semblent néanmoins soutenir « *l'idée d'une faible effectivité de la justice disciplinaire de la profession d'avocat* », si on les rapproche des chiffres disponibles pour les magistrats ou pour des professions comme les médecins.

167 L'hypothèse que les avocats seraient moins susceptibles que les magistrats, les médecins ou les membres des autres professions évoquées par cette étude de commettre des fautes déontologiques pouvant difficilement être privilégiée sans démonstration, il faut plutôt penser que l'origine du phénomène se trouve dans le degré de vigilance différent des instances professionnelles. Cette explication est d'autant plus crédible que les chiffres révèlent que l'activité disciplinaire paraît plus soutenue à Paris [3], où la juridiction dispose de plus de moyens et est réputée plus efficace. Voilà qui serait donc révélateur d'un double phénomène : la profession ferait preuve d'un certain laxisme dans

1. EconomiX - Sophie Harnay (dir.), *Régulations professionnelles et pluralisme juridique : une analyse économique de la profession d'avocat*, Rapport pour le GIP Mission de recherche Droit et Justice, 2013.

2. EN RAISON des dimensions du barreau, la discipline continue d'être exercée dans le cadre du barreau, et non de la cour d'appel. Par hypothèse, la connaissance des chiffres parisiens permet d'appréhender plus de 40 % de l'activité disciplinaire de la profession.

3. TOUT en restant inférieure à celle constatée pour les autres cas étudiés (à l'exception de celui des agents de la ville de Paris).

l'exercice de ses pouvoirs disciplinaires, en comparaison d'autres corps professionnels. Ce laxisme serait encore plus grand en province, de sorte qu'il existerait une inégalité de traitement entre Paris et la province; les plaintes des clients ayant, en province, moins de chances d'aboutir. Sur le plan théorique, à l'inverse, c'est le modèle parisien, où le conseil de l'ordre continue d'exercer la discipline, qui est le moins satisfaisant, puisque la même instance est chargée de représenter les avocats, d'élaborer les règles déontologiques applicables (localement) et de veiller à la discipline.

168 Le tableau que laisse entrevoir cette première étude empirique est loin d'être enthousiasmant Les chercheurs soulignent la très grande difficulté à avoir accès aux données et rappellent cette évidence qu'une « *justice disciplinaire patente et visible est essentielle pour éviter une assimilation trop directe entre autorégulation de la profession et droit d'intérêts purement privés, l'accroissement de la transparence de la procédure disciplinaire tant auprès des confrères qu'à l'égard du public, ne peut être que bénéfique à la réputation de la profession* ». Il est manifeste que la profession ne prend pas suffisamment en compte le fait que le service dû au public intègre une information et une communication complète sur la façon dont elle utilise les pouvoirs qui lui sont délégués. À moins qu'il ne s'agisse de l'expression d'un phénomène que l'on retrouvera lorsqu'on s'intéressera à la gouvernance : le refus de sacrifier une parcelle de l'indépendance des barreaux à la construction nationale (v. s^s^ n°s 300 s.).

169 Il conviendrait en conséquence de prendre des mesures drastiques pour améliorer la situation et dissiper l'image d'une profession « avant tout soucieuse de ne pas entacher sa réputation collective par la révélation de pratiques susceptibles de réduire la demande de services juridiques de la part des consommateurs »[1]. La première de ces mesures consiste à assurer le suivi de l'activité disciplinaire et à en faire régulièrement rapport, comme le fait, par exemple le Conseil supérieur de la magistrature (CSM), en publiant chaque année le compte rendu de ses actions. Il est également indispensable d'établir une nomenclature complète permettant de connaître les auteurs des plaintes, les comportements en cause, les peines prononcées, etc.

1. EconomiX - Sophie Harnay (dir.), *Régulations professionnelles et pluralisme juridique : une analyse économique de la profession d'avocat*, Rapport pour le GIP Mission de recherche Droit et Justice, 2013.

Les données recueillies doivent également être assez fines pour mettre en évidence le fait que la procédure disciplinaire est bien utilisée pour l'usage auquel elle est destinée. En l'occurrence, la protection du client et non le règlement des conflits internes à la profession. C'est un des reproches que le rapport de Sir David Clementi (v. s[s] n° 33), à l'origine des évolutions survenues au Royaume-Uni, formulait à l'égard de la Law Society...

170 Tous ces éléments ont vocation à être intégrés à une publication nationale et annuelle. Le recueil de ces éléments permettra également de mettre en place une politique de suivi des actions menées par les conseils régionaux de discipline (CRD), de façon à assurer une égalité de traitement aux clients (et aux avocats). Il s'agit de faire apparaître et ensuite de comprendre les raisons d'éventuelles différences de taux d'activité qui pourraient exister entre les différents CRD. Ces différences ont certainement des explications plus crédibles que la propension plus ou moins grande des avocats à trahir leur serment en fonction des régions où ils exercent. Autant que possible elles doivent donc progressivement s'effacer, de façon à ce que les justiciables puissent avoir l'assurance que la réponse disciplinaire sera identique, quel que soit l'ordre auquel appartiennent les avocats.

Seulement, on comprend bien que ces actions supposent l'intervention d'une autorité nationale, à laquelle il faudra communiquer les données, dont il faudra accepter les contrôles et même les éventuelles injonctions.

171 Nous voilà revenus à la gouvernance. Il n'est plus possible de se contenter d'affirmer, à l'aveugle, en l'absence de tout instrument de mesure pour étayer le propos, que la discipline est exercée dans des conditions satisfaisantes. Il n'est pas non plus possible de soutenir que l'absence de protestations en provenance du public à propos de la réponse disciplinaire serait une circonstance suffisante pour éviter toute interrogation. En effet, la raison pour laquelle l'autorégulation existe (l'asymétrie d'information qui empêche le client de juger de la qualité de la prestation de l'avocat) est aussi celle pour laquelle il n'est pas possible de tirer de conséquence de ce silence. Silence d'ailleurs très relatif, car sur les réseaux sociaux, les internautes n'hésitent pas à exprimer leur mécontentement.

172 L'autre aspect sur lequel la procédure disciplinaire doit évoluer est celui de la place du plaignant. Il existe encore une forte réticence au sein de la profession, à donner toute sa place au plaignant dans la procédure. Sont en général mis en avant le caractère « familial » de la procédure disciplinaire et l'irréductible différence de nature entre la procédure disciplinaire et la procédure pénale. La procédure disciplinaire est une procédure intentée entre pairs : « *Ce n'est ni une action pénale ni une action civile. Son caractère familial doit être souligné. La juridiction ordinale et la cour d'appel doivent redresser les erreurs commises par les avocats. Elles le font avec l'esprit paternel de la juridiction ordinale. Toute erreur que peut commettre un Avocat n'est pas susceptible de constituer par là même une faute disciplinaire.* »[1]

Pour les tenants de cette ligne, il existe toujours de bonnes raisons de maintenir le plaignant en lisière et de limiter ses droits. « *Ainsi, la transparence ne signifie pas présence, mais de rendre compréhensibles, quitte à vulgariser, et accessibles les règles et les procédures. Pour répondre aux exigences de transparence, la seule obligation est celle d'expliquer les enjeux et la teneur de la procédure disciplinaire au plaignant en l'y associant, sans l'en rendre partie prenante.* »[2]

173 Les arguments cités plus haut, au ton un peu paternaliste, n'ont aucun caractère explicatif des raisons pour lesquelles il serait interdit à la profession de demander une modification de la procédure de façon à considérer le plaignant comme une partie et lui consentir les droits correspondants, si elle le pense nécessaire. Faire état de la différence qui peut exister entre la procédure pénale et la procédure disciplinaire relève seulement du constat. La balance des intérêts et des avantages, au regard des évolutions déjà étudiées, penche très largement en faveur d'un accroissement des droits du plaignant et ce pour une raison simple : la discipline n'est déléguée à une profession que parce qu'elle est présumée capable de rendre au public un meilleur service qu'une autorité extérieure. Le minimum est de faire en sorte qu'il ne puisse pas y avoir de doute sur la volonté de la profession d'accomplir cette mission, pour écarter le soupçon constant d'une confiscation de la procédure au profit des professionnels.

1. Henri Ader, André Damien, *Règles de la profession d'avocat*, 14e éd., « Dalloz action », 2013, ss no 81.06.

2. Pierre Chatel, *La réforme de la procédure disciplinaire*, Rapport pour la Conférence des bâtonniers, 2012; http://www.conferencedesbatonniers.com/images/Prochains_rendez-vous/Rformes_en_cours/Reforme_de_la_procedure_disciplinaire-rapport_Pierre_CHATEL_du_21_septembre_2012_30112012.pdf

À l'occasion d'une réflexion qu'avait entamée le Conseil national des barreaux sur une réforme éventuelle de la procédure disciplinaire, son président s'était même déclaré personnellement favorable à cette évolution[1]. Le chantier n'a cependant pas ensuite été mené à son terme.

174 L'élément essentiel mis en évidence par le professeur David Wilkins est ce qu'il qualifie de « paradoxe des problèmes d'agence ». Le principal objectif recherché par un système de régulation est normalement de répondre aux plaintes des clients. Les mieux placés pour détecter les comportements contraires à la déontologie sont certainement les avocats eux-mêmes. Il s'avère cependant quc, de manière générale, les avocats répugnent à déclencher des procédures disciplinaires contre leurs confrères, lorsqu'ils constatent ces comportements[2]. L'initiative des plaintes est donc le plus souvent laissée aux clients eux-mêmes.

Toutefois, les clients qui sont les plus à même de juger de la qualité ou de détecter les conduites répréhensibles des professionnels (comme les entreprises disposant elles-mêmes de services dont les compétences leur permettent de porter un jugement sur la façon dont la prestation a été fournie) sont précisément ceux qui ont le moins recours aux systèmes de contrôle. En effet, en cas de défaillance du professionnel, ils ont d'autres moyens à leur disposition que le recours à la discipline. Confrontés à des honoraires trop élevés, ils peuvent décider d'internaliser la réalisation de la prestation, ou de mettre les professionnels en concurrence pour faire baisser les prix. Confrontés à des questions plus délicates, notamment dans le domaine des conflits d'intérêts, ils choisiront le plus souvent de changer de prestataire, plutôt que de déposer une plainte...

Les clients individuels n'ont pas les mêmes possibilités et l'asymétrie d'information les empêche de prendre conscience de tous les cas dans lesquels une plainte serait justifiée. Il y a donc peu de chances pour qu'ils exercent leurs droits de manière fréquente.

1. SE REPORTER à l'interview de Christian Charrière-Bournazel par Eve Boccara, 2013; http://www.charriere-bournazel.com/interview-eve-boccara/. L'idée que la profession puisse exercer également la discipline en appel paraît-elle moins pertinente, et difficilement réalisable.

2. DE multiples raisons peuvent expliquer cette attitude. Le professeur David B. Wilkins cite par exemple : la confraternité, la crainte de « représailles » à l'occasion d'autres dossiers, ou le fait que les avocats disposent d'autres moyens pour réagir.

175 Tout système d'autorégulation se heurte donc à un double problème d'efficacité. Il doit répondre à des besoins divergents (exprimés par les quatre quadrants de la matrice), et il est peu probable qu'il puisse être optimal dans tous les cas de figure. En outre, s'il se contente d'une attitude consistant à répondre aux plaintes des clients, il se condamne à ignorer l'essentiel des conduites sanctionnables, défaut auquel il ne peut être obvié qu'en consacrant des ressources aux enquêtes et à la prévention. Une justice disciplinaire dont la mise en branle dépend uniquement des plaintes des plaignants se condamne à l'inefficacité. C'est en effet parce que seul un professionnel est à même de juger du comportement d'un autre professionnel et de détecter ce qui pour un client passera inaperçu que la discipline doit être confiée à une autorité ordinale. Mais puisque le client n'est pas en mesure de s'apercevoir qu'il a été la victime d'un comportement déviant, il ne risque pas de porter plainte bien souvent.

La difficulté de l'asymétrie d'information n'est pas résolue, elle est seulement déplacée. Le client a l'assurance que la justice ordinale saura juger les fautes du professionnel, mais comme la charge de détecter ces fautes repose sur le client, la justice ordinale est condamnée à rester dans l'ignorance d'une grande partie des comportements déviants.

176 Pour briser le cercle vicieux, il faut nécessairement que le système disciplinaire professionnel soit complété par la mise en place d'enquêtes et de vérifications effectuées de sa propre initiative, sans attendre les plaintes. Une analyse plus fine et plus complète des contentieux disciplinaires permettrait de mieux cerner les situations à risque sur lesquelles des contrôles préventifs pourraient porter[1] (en sus de contrôles aléatoires certainement). Il convient également d'encourager les cabinets à se doter de procédures internes pour assurer le traitement des réclamations des clients ou le règlement des difficultés de nature déontologiques[2]. À ces conditions, le fait de confier la discipline à des professionnels se justifie parfaitement : c'est bien la connaissance spé-

1. POUR une typologie des situations à risque : Lynn Mather, "How and Why Do Lawyers Misbehave? Lawyers, Discipline, and Collegial Control", in Scott L. Cummings (eds.), *The Paradox of Professionalism: Lawyers and the Possibility of Justice*, Cambridge; New York : Cambridge University press, 2011, p. 109.

2. La désignation d'un avocat responsable de l'instruction des plaintes et chargé d'examiner les questions d'ordre déontologique s'impose dans les cabinets structurés.

cifique de leur métier, qui leur permet de détecter les situations à risque, de réaliser ces enquêtes préventives, ou de concevoir ces procédures internes qu'aucune « autorité indépendante » ne serait à même de mener ou d'dans les mêmes conditions d'efficacité, sauf à engendrer des coûts exorbitants.

177 L'activité précontentieuse des bâtonniers ne doit pas non plus être négligée. Elle apporte en effet, dans nombre de cas, une réponse immédiate aux demandes ou aux contestations des clients. Il serait dommage de la laisser de côté car le volume des cas réglés par les bâtonniers est sans commune mesure avec celui de l'activité disciplinaire. Il s'agit malheureusement d'un continent ignoré, dont l'exploration pourrait contribuer à apporter la démonstration de la réalité des efforts réalisés par la profession pour assurer le respect par ses membres des valeurs qu'elle affiche. Là encore, il convient de s'assurer que ce service est mis à la disposition du public de manière équivalente sur tout le territoire, sans que cela dépende de la taille du barreau, de son degré d'organisation ou de l'intérêt plus ou moins grand manifesté par tel ou tel bâtonnier.

Il s'agit, là encore, de mettre en place les outils permettant le suivi et la rationalisation du dispositif. Il appartient à la profession de démontrer qu'elle fait mieux que ne ferait une autorité indépendante qui lui serait extérieure par définition. Ce qui ne se mesure pas ne peut pas non plus être amélioré.

178 En dehors de la procédure disciplinaire, le pouvoir d'autorégulation s'étend en France au contentieux de l'honoraire. Il semble possible de porter un jugement positif sur le dispositif : il permet aux clients de bénéficier d'une procédure rapide et entièrement gratuite[1]. Les juridictions de droit commun seraient assurément dans l'incapacité d'intervenir dans de telles conditions. L'impossibilité pour le bâtonnier de donner force exécutoire à sa décision et le fait qu'en appel, la cour, composée de magistrats professionnels, soit là encore compétente, évite le risque d'une confiscation de la procédure au profit des avocats.

179 L'autorégulation a toujours été considérée par les avocats, en France, comme une prérogative qui ne pouvait se discuter, tant elle paraît indispensable à l'indépendance de la profession. Il n'existe pro-

1. Au moins en première instance, là où le bâtonnier intervient.

bablement pas pour le moment de volonté politique des pouvoirs publics de remettre en cause le droit de la profession à l'autorégulation.

Cela ne doit pas empêcher pour autant une véritable réflexion sur la qualité des dispositifs existant, la mise en œuvre d'actions de nature à conforter cette situation et à rendre indiscutable son maintien. Il est notamment indispensable que des efforts sérieux soient faits pour assurer à tous les justiciables l'égalité de traitement à laquelle ils ont droit, nonobstant le barreau de rattachement de l'avocat auquel ils s'adressent.

CHAPITRE 4

Répondre aux besoins du public

§

UNE AFFAIRE EMBLÉMATIQUE

180 Une meilleure compréhension des règles du marché éviterait probablement à la profession de se placer toute seule dans des positions insoutenables. Certains débats donnent le sentiment d'une rigidité dogmatique absolue, au détriment même des intérêts de ceux que la profession affirme vouloir servir. Du coup ce comportement permet à certains, comme Frank Stephen de dresser ce constat sévère : « *Les organes représentatifs de la profession et les groupes de pression donnent souvent l'impression qu'ils préfèrent laisser un problème d'accès au droit non résolu, s'il ne peut être réglé autrement que d'une manière parfaite.* »[1] Pour illustrer le propos, il n'est pas inutile de revenir à l'affaire *Bates v. State Bar of Arizona*[2].

181 John Bates et Van O'Steen, tous deux diplômés de l'Arizona State University College of Law en 1972 et membres du barreau décidèrent en 1974 d'ouvrir une clinique juridique à Phénix, afin de « *fournir des services juridiques à des tarifs réduits à des personnes à revenus modestes mais n'étant pas éligibles à l'aide juridique gouvernementale* ». Pour cela ils se spécialisèrent dans le « *petit contentieux du quotidien des personnes, divorces consensuels, adoptions incontestées, faillites personnelles simples, changements de nom* ».

182 Leur idée était de jouer la standardisation et de se concentrer sur des affaires sans difficulté, de façon à produire des prestations à des

1. Frank H. Stephen, *Lawyers, Markets and Regulation*, Edward Elgar, Cheltenham, 2013, p. 120.
2. *Bates v. State Bar of Arizona*, 433 US 350 (1977).

coûts réduits grâce « *à un usage intensif des paralegals, de la bureautique, des formulaires normalisés et des procédures internes* ». Ce modèle, qui amène à produire des prestations standards, à prix réduits et à faible marge, ne pouvait fonctionner qu'en jouant sur les effets de volume. Bates et O'Steen parvinrent rapidement à la conclusion qu'il leur fallait recourir à la publicité, pour faire connaître leurs services et leurs

ENCART PUBLICITAIRE PARU LE 22 FÉVRIER 1976 DANS L'*ARIZONA RÉPUBLIC*

BATES *v.* STATE BAR OF ARIZONA

Appendix to opinion of the Court

APPENDIX TO OPINION OF THE COURT

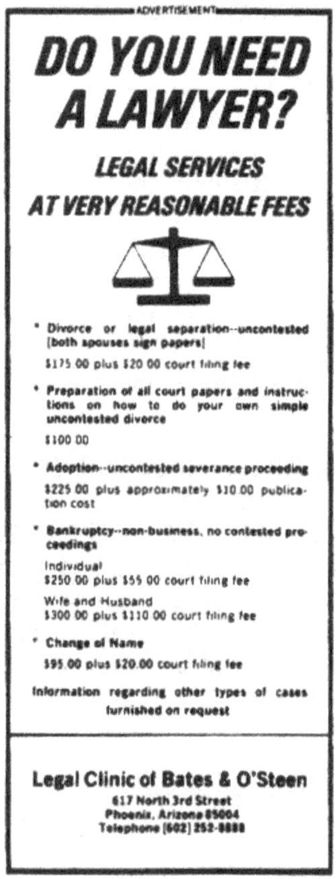

Source : République de l'Arizona 22 févr. 1976.

tarifs à la clientèle potentielle. Le 22 février 1976, ils firent paraître un placard publicitaire, dans la *République de l'Arizona* en violation manifeste des règles du barreau de l'Arizona prohibant le recours à la publicité. Menacés d'une sanction disciplinaire (six mois de suspension) les deux avocats invoquèrent vainement le Sherman Act et le 1er amendement[1]. Même si les sanctions prononcées en appel furent finalement sérieusement réduites, Bates et O'Steen décidèrent de saisir la Cour suprême des États-Unis.

183 L'argumentation développée par le barreau, il y a maintenant quarante ans, a conservé sa fraîcheur, au point qu'elle ressemble à s'y méprendre à ce qui s'écrit (encore) aujourd'hui en France à propos du recours par la profession à la publicité. « *L'intimé met particulièrement l'accent sur les effets négatifs que la publicité aura d'après lui sur la profession d'avocat. La profession, fait-il valoir, est fondée sur le sentiment de fierté généré par la soumission à une éthique professionnelle exigeante. Il soutient que le recours à la publicité va entraîner une "marchandisation" qui fragilisera le sens de la dignité et de l'estime de soi chez l'avocat. La soumission aux règles ordinaires du marché nuira à l'orientation de la profession au service du public, et compromettra de manière irrémédiable l'équilibre fragile entre le besoin pour l'avocat de gagner sa vie et son obligation de faire preuve de désintéressement.* » Continuant dans la même veine le *state Bar of Arizona* a ensuite soutenu que le fait de recourir à la publicité était de nature à ruiner la confiance du client dans son avocat : « *Dès lors que le client s'imagine que la motivation de l'avocat est le profit, il ne peut plus s'en remettre à lui en pensant que l'avocat fera passer son intérêt - l'intérêt de son client - avant le sien propre.* »

La conclusion est exprimée dans des termes qui nous sont parfaitement familiers : « *Le recours à la publicité portera atteinte à la dignité de la profession et ternira dans l'esprit du public son image.* »

184 À cela la cour va répondre que : « *Des études révèlent que de nombreuses personnes n'ont pas accès au conseil juridique, même quand elles en ressentent le besoin, car elles ont peur d'être confrontées à des services trop coûteux, ou en raison de leur incapacité à trouver un avocat compétent.* » Elle analyse dès lors l'interdiction de la publicité comme révélatrice d'une incapacité de la profession à assurer efficacement la mission dont

1. Que la Cour Suprême venait pourtant de mobiliser dans des conditions similaires, au profit de pharmaciens dans *Virginia State Pharmacy Board v. Virginia Citizens Consumer Council*, 425 US 748 (1976).

elle est chargée : permettre à tous les membres de la « communauté » de bénéficier de l'accès au droit. « *L'absence de publicité peut être considérée comme révélant l'incapacité de la profession à atteindre et à servir la communauté.* »

185 Ce n'est pas que les arguments avancés pour interdire la publicité soient erronés mais la priorité est ailleurs. Dès lors que la publicité permet d'assurer à cette partie importante de la population qui en est privée, l'accès au droit, elle doit être autorisée, car c'est la meilleure solution (ou en tout cas la moins mauvaise). « *Bien que le recours à la publicité aura probablement pour effet d'augmenter le recours au judiciaire, nous ne pouvons admettre l'idée qu'il serait préférable qu'une personne puisse souffrir en silence d'une injustice, plutôt que d'avoir la possibilité de demander justice.* »

La publicité est le meilleur moyen de résoudre le problème de l'accès au droit de la partie de la population qui ne peut faire valoir ses droits : « *Dans une économie libre, la publicité est le moyen habituel pour un producteur d'informer les clients potentiels de l'existence de son offre, et des termes de celle-ci.* »

La règle déontologique interdisant le recours à la publicité a vraisemblablement eu pour conséquence de rendre plus difficile l'accès au droit, tout spécialement pour les classes moyennes. Des règles encadrant la publicité[1] suffiraient à atteindre l'objectif donnée à cette prohibition de « *faciliter le processus de choix de l'avocat, et de favoriser l'accès aux services d'un avocat* ».

1. *Advertising that is false, deceptive, or misleading, of course, is subject to restraint. See Virginia Pharmacy Board v. Virginia Consumer Council, 425 US at 771-772, and n. 24. Since the advertiser knows his product and has a commercial interest in its dissemination, we have little worry that regulation to assure truthfulness will discourage protected speech... And any concern that strict requirements for truthfulness will undesirably inhibit spontaneity seems inapplicable, because commercial speech generally is calculated. Indeed, the public and private benefits from commercial speech derive from confidence in its accuracy and reliability. Thus, the leeway for untruthful or misleading expression that has been allowed in other contexts has little force in the commercial arena. Compare Gertz v. Robert Welch, Inc., 418 US 323, 339-341 (1974), and Cantwell v. Connecticut, 310 US at 310, with NLRB v. Gissel Packing Co., 395 US at 618. In fact, because the public lacks sophistication concerning legal services, misstatements that might be overlooked or deemed unimportant in other advertising may be found quite inappropriate in legal advertising. For example, advertising claims as to the quality of services - a matter we do not address today - are not susceptible of measurement or* ▶

186 Le dilemme dépasse la seule question de la publicité. Les raisons qui sont avancées par la profession pour justifier l'interdiction sont probablement exactes. L'immense majorité des avocats considère d'ailleurs certainement que le recours à la publicité est contraire à la dignité de la profession, ou qu'à tout le moins il convient d'y recourir avec mesure et modération. Tous les textes adoptés pour libéraliser progressivement la publicité en France sont imprégnés de cette philosophie. Il en est de même des décisions rendues dans cette matière par les conseils de l'ordre, qui se focalisent souvent sur ces différents concepts. Un ancien président de la Conférence des bâtonniers[1] relevait à juste titre l'importance donnée par ces décisions à la qualité du support : le même texte publicitaire, pouvant, en fonction du journal choisi, être jugé compatible avec les règles déontologiques, ou contraire à la dignité de la profession. Sur un marché sur lequel, sans qu'il soit besoin de recourir à la publicité personnelle, les consommateurs bénéficieraient d'une information parfaite sur l'offre de droit, les raisons mises généralement en avant pourraient peut-être justifier une prohibition de la publicité.

Toutefois, comme le faisait déjà remarquer la Cour suprême des États-Unis il y a près de quarante ans, ce n'est pas là l'état du marché. Celui-ci se caractérise au contraire par les difficultés rencontrées pour choisir un avocat, faute d'informations facilement accessibles, notamment sur les compétences des avocats, les caractéristiques principales et le coût de leurs prestations.

187 La publicité devient donc nécessaire, car sans le recours à celle-ci, une partie considérable de la population se heurtera à des difficultés telles qu'elle renoncera à faire appel à un avocat et même tout simplement à exercer ses droits. Du coup, en considération des buts à attein-

► *verification; accordingly, such claims may be so likely to be misleading as to warrant restriction. Similar objections might justify restraints on in-person solicitation. We do not foreclose the possibility that some limited supplementation, by way of warning or disclaimer or the like, might be required of even an advertisement of the kind ruled upon today so as to assure that the consumer is not misled. In sum, we recognize that many of the problems in defining the boundary between deceptive and nondeceptive advertising remain to be resolved, and we expect that the bar will have a special role to play in assuring that advertising by attorneys flows both freely and cleanly.*

1. Gérard Christol, bâtonnier du barreau de Montpellier (1993 et 1994), président de la Conférence des bâtonniers (1998 et 1999) et vice-président du Conseil national des barreaux (2000 et 2002).

dre, la publicité ne peut plus être considérée seulement comme un phénomène négatif. Plus exactement, le fait d'autoriser la publicité apparaît comme la moins mauvaise solution disponible.

Encore faut-il accepter de centrer la réflexion sur les « consommateurs de droit » et admettre que les avantages que peut représenter pour eux la publicité doivent passer devant les inconvénients qu'elle présente pour la profession et sa dignité. L'intérêt des consommateurs, c'est d'abord et avant tout de pouvoir accéder facilement aux conseils d'un avocat et tant pis si la dignité de la profession n'en sort pas indemne.

188 Qui peut affirmer que cette solution est scandaleuse ? Vous sacrifiez l'éthique à l'étiquette, lancera la Cour suprême au barreau de l'Arizona, au nom d'une conception dépassée de la profession remontant à une époque où, les premiers avocats, en Grande-Bretagne, se représentaient l'exercice professionnel comme une forme de service public, plutôt que comme un moyen de gagner sa vie et regardaient les activités commerciales avec condescendance : « *It appears that the ban on advertising originated as a rule of etiquette, and not as a rule of ethics. Early lawyers in Great Britain viewed the law as a form of public service, rather than as a means of earning a living, and they looked down on "trade".* »

§

L'AUTORÉGULATION AU SERVICE DU PUBLIC

189 Il existe d'autres exemples de cette forme de cécité, qui conduit à adopter des positions dont il est difficile de saisir l'intérêt pour le public, ou qui place la profession en contradiction avec les principes qu'elle défend.

190 Un de ces exemples concerne la réforme de la procédure disciplinaire. L'idée de doter le Conseil national des barreaux de compétences disciplinaires, pour le transformer en instance d'appel des conseils régionaux de discipline (CRD), ce qui revient à lui faire cumuler les fonctions de représentation de la profession, d'édiction de la norme et de contrôle des professionnels est totalement incompatible avec la conception habituellement défendue du conflit d'intérêts. La référence au caractère « familial » de la procédure disciplinaire ne peut servir de justification à l'absence de modernisation et le paternalisme qui accompagne le refus de toute réforme en profondeur de la procédure disciplinaire, pour la rendre plus transparente et plus « accueillante » pour le plaignant est absolument contreproductif. Au Royaume-Uni, la gamme des sanctions est également plus étendue et l'Ombudsman britannique peut même accorder des compensations financières.

191 Un autre exemple est relatif aux conventions d'honoraires. L'asymétrie d'information entre client et professionnel est le fondement même de toute la théorie de l'autorégulation. On pourrait donc s'attendre à ce que les décisions de la Cour de cassation, qui considère qu'une convention d'honoraires (v. s[s] n° 47) signée entre l'avocat et son client ne lie pas nécessairement le juge, soient massivement approuvées. La Cour de cassation a complété cette jurisprudence en refusant au juge le droit de réduire le montant de l'honoraire, dès lors que celui-ci a été accepté par le client après service rendu. À ce moment-là en effet, le client n'a plus besoin d'être protégé, puisqu'il est à même de porter un jugement au moins sur la valeur du service qui lui a été rendu [1].

Or, c'est l'inverse qui se produit et il est reproché à la haute juridiction de bafouer, dans le seul cas des avocats, le principe que le contrat fait la loi des parties. Pourtant cette jurisprudence peut être considérée comme une consécration de l'asymétrie d'information. La prise en considération du caractère asymétrique de la relation entre l'avocat et son client implique nécessairement qu'aucune convention n'est plus asymétrique que la convention passée entre l'avocat et le client. Il est dès lors parfaitement naturel que le juge de l'honoraire puisse, s'il s'aperçoit que sa situation ne permettait pas au client de disposer des éléments lui permettant de porter une appréciation éclairée sur la valeur de la prestation, remettre en cause l'honoraire convenu. Loin de critiquer cette jurisprudence, qui conforte les fondements de l'autorégulation, les bâtonniers, juges de l'honoraire, devrait donc s'attacher à l'appliquer, au moins par souci de cohérence.

La profession donne donc dans ce domaine un pénible spectacle. Elle revendique pour elle le droit à l'autorégulation sur la base de l'asymétrie d'information, mais elle refuse d'en tirer les conséquences lorsqu'elles sont susceptibles de tourner au détriment de l'un de ses membres, dans des cas où il apparaît qu'il a pu en abuser. Au cas d'espèce, se trouvent ainsi parfaitement confirmées les prévisions de ce qui soutien-

1. Civ. 2e, 6 mars 2014, n° 13-14.922, *Bull. civ.* II [à paraître].

nent que le pouvoir d'autorégulation est détourné au profit de ceux qui l'exercent.

192 Les demandes en faveur de l'établissement d'un *numerus clausus* ne manquent pas (v. s[s] n° 90). Mais a-t-on déjà vu des consommateurs réclamer la réduction du nombre des producteurs ? En quoi la réduction de l'offre de droit pourrait-elle se révéler bénéfique pour le public ? S'il n'est pas répondu à ces questions, les appels de la profession à une « régulation à l'entrée de la profession » ne peuvent être interprétés que comme une volonté de se protéger des effets de la concurrence. D'après Mario Pagliero d'ailleurs, les professionnels en place ne cessent de formuler de nouvelles exigences, au nom de la qualité, tout en veillant soigneusement à ne les imposer qu'aux nouveaux entrants (v. s[s] n° 52). De cette façon, les mesures prises pour renforcer la qualité des services rendus aux consommateurs se transforment en dispositifs de protection contre la concurrence des nouveaux venus dans la profession.

193 La façon dont a été instauré et a fonctionné le régime des spécialités avant d'être réformé paraît bien s'inscrire dans cette logique. Les avocats en exercice ont pu revendiquer des certificats de spécialisation sans passer d'examen, sur la base de l'expérience et de la production d'un dossier. En revanche, les nouveaux entrants ont été soumis à un contrôle des connaissances rigoureux. De plus, comme les certificats étaient délivrés sur place, par des jurys d'examen dans lesquels siégeaient (notamment) des titulaires de la spécialité amenés à juger leurs futurs concurrents, leur attribution s'est révélée à ce point restrictive qu'il est apparu au fil du temps que le corps des avocats spécialistes était menacé d'extinction, faute de renouvellement. À l'occasion de la réforme, il a donc fallu rapprocher le régime de contrôle des connaissances de celui utilisé pendant la période transitoire au profit des avocats en place et autoriser la délocalisation de l'examen. Le pire est peut-être que la profession est certainement de bonne foi.

Le système des spécialisations a été conçu dès l'origine pour être un outil collectif de promotion permettant à ses membres, pour le profit de tous, de mettre leurs compétences en avant et éviter que le public ne se tourne vers des offres extérieures à la profession. L'échec du dispositif a été suivi avec inquiétude et il a finalement été décidé de le réformer. Il est donc vraisemblable que l'épisode s'explique plutôt par une incapacité à appréhender les conséquences prévisibles des décisions, faute d'une connaissance suffisante des mécanismes comportementaux en jeu.

194 Le contentieux autour du site Demanderjustice.com ramène aux questions soulevées par l'affaire Bates (v. s^s n° 180). Le site Demanderjustice.com[1] se propose de fournir aux internautes une assistance, dans le domaine des petits litiges du quotidien, dont l'enjeu est en général trop faible pour que les avocats puissent proposer leurs services à des prix compétitifs. Les prestations vont de l'élaboration de courriers en ligne, à la rédaction de requêtes permettant de saisir une juridiction devant lesquelles la représentation n'est pas obligatoire. Une procédure pénale a été engagée à l'encontre des responsables du site et le Conseil national des barreaux, comme le barreau de Paris, se sont constitués parties civiles. On ne sait toujours pas si les prestations du site relèvent d'une activité réglementée. En effet, le jugement du 13 mars 2014 du tribunal correctionnel de Paris relaxant le directeur du site a été frappé d'appel.

Le plus préoccupant reste encore que, si l'on en croit les chiffres avancés par les propriétaires du site, 60 000 ou 80 000 internautes en deux ans auraient eu recours à leurs services. ZD NET, interviewant les inventeurs de Demanderjustice.com rapporte : « *Les entrepreneurs ont traité depuis le lancement du site 40 000 dossiers (1 500 procédures par mois). "Fin 2013, 10 % à 20 % des saisies de juges de proximité passeront par notre plateforme." Ceux-ci ont satisfait une demande qui dans le passé ne s'exprimait pas : "Nous nous adressons à une cible qui n'avait pas du tout l'habitude d'utiliser la justice. 90 % de nos clients n'avaient jamais engagé de procédure auparavant." Et cette initiative semble gagnante, puisqu'ils ont déjà atteint leur point mort et même dégagé des bénéfices l'année dernière.* »[2]

195 Il est fort probable que les services rendus sont sommaires et (espérons-le) d'une qualité inférieure à ceux que pourraient rendre des avocats. Néanmoins, l'ouverture du site correspond à une amélioration pour des couches de la population qui, sans lui, ne solliciteraient probablement pas un avocat et renonceraient purement et simplement à faire valoir leurs droits. Pour les clients concernés, mieux vaut probablement cette assistance juridique limitée, que pas d'assistance du

1. http://www.demanderjustice.com/
2. Clara Leonard, « Demanderjustice.com, le big data pour résoudre les litiges du quotidien en ligne », 25 juin 2013, *ZDNet*, http://www.zdnet.fr/actualites/demanderjusticecom-le-big-data-pour-resoudre-les-litiges-du-quotidien-en-ligne-39791767.htm/

tout. Il y a donc quelque chose de paradoxal à réclamer la fermeture du site, en invoquant des règles législatives qui sont destinées à assurer aux particuliers l'accès au droit et à la justice.

C'est de cette même nécessité de faciliter l'accès à la justice à des populations qui hésitaient à faire valoir leurs droits que se prévaut le site Justice-express [1] : « *Le projet Justice-Express est né de la volonté d'un groupe de personnes issues de la société civile (juristes, écrivains, ingénieurs etc.) de rendre l'accès à la justice plus simple et plus rapide. L'accès au droit reste encadré par un formalisme lourd qui bien souvent décourage le justiciable qui préfère se résigner plutôt que d'entreprendre des démarches longues et compliquées. De ce constat est née l'idée d'utiliser les technologies actuellement disponibles pour fournir un service intégré de gestion des litiges qui assure rapidité et efficacité de traitement des demandes, qui soit centré sur l'utilisateur et facilite ainsi considérablement ses démarches. Il nous apparaît que l'accès au droit est essentiel pour faire vivre notre démocratie et nous avons conçu ce service pour permettre à tous d'y accéder simplement, rapidement et pour un coût abordable.* »

196 Il n'existe pas d'autre solution pour un organe d'autorégulation que de (re)mettre le consommateur au centre de ses préoccupations, pour constamment s'assurer de ce que ses actions se justifient, au regard des intérêts de ce dernier. Adam Smith observait déjà, le premier : « *La consommation est l'unique but, l'unique terme de toute production, et l'on ne devrait jamais s'occuper de l'intérêt du producteur, d'autant qu'il le faut seulement pour favoriser l'intérêt du consommateur. Cette maxime est si évidente par elle-même, qu'il y aurait de l'absurdité à vouloir la démontrer. Mais dans le système que je combats, l'intérêt du consommateur est à peu près constamment sacrifié à celui du producteur, et ce système semble envisager la production et non la consommation, comme le seul but, comme le dernier terme de toute industrie et de tout commerce.* » [2] Simplement, à l'époque où Adam Smith écrivait, il n'était pas encore acquis que le marché, après avoir été libéré, était susceptible d'aliéner.

Le consommateur dont les avocats doivent défendre les intérêts est tout à la fois un client, un citoyen, une personne dont les droits doivent être appréhendés dans leur globalité. Mais moyennant cette précision, l'injonction d'Adam Smith à privilégier en toutes circonstances

1. http://www.justice-express.com/fr/public/accueil/
2. Adam Smith, *Recherches sur la nature et les causes de la richesse des nations*, Guillaumin, réédition de 1843, p. 307.

l'intérêt du « consommateur » est parfaitement conforme à ce que les avocats professent et à ce que leur déontologie leur impose : faire passer l'intérêt de leurs clients avant le leur.

197 Il ne s'agit pas là d'un simple exercice rhétorique. Pour se mettre en mesure de réaliser un programme aussi ambitieux, alors que la tendance constante d'une autorité d'autorégulation est d'agir au profit des professionnels, il faut veiller à mieux comprendre les règles de fonctionnement de ce marché si particulier des prestations juridiques et judiciaires. Cette connaissance est aujourd'hui insuffisante et fragmentaire (v. s[s] n° 55), ce qui rend possible les contradictions entre théories économiques. Cela implique la reprise des efforts pour la réalisation d'études empiriques qui permettent de vérifier quels sont les comportements réels des professionnels, la façon dont la déontologie et les principes éthiques guident (ou pas) leurs actions. Cela suppose également de s'attacher à l'identification des besoins des consommateurs, de les mesurer, d'évaluer les effets des actions menées, de prendre enfin les mesures nécessaires pour leur assurer une parfaite égalité de traitement.

On mesure la difficulté de la tâche, et l'inadéquation des moyens dont disposent les ordres pour la réaliser. Pourtant ceux-ci ne manquent pas. Mais leur dissémination parmi 161 ordres de tailles si disparates constitue un obstacle évident à son accomplissement dans de bonnes conditions. Entrent également en ligne de compte les difficultés rencontrées par la profession pour se doter d'une représentation nationale forte, capable, par exemple, de mettre en ligne des services aussi performants que ceux de Demanderjustice ou Justice-express.

§

LE DÉFI DE L'ACCÈS AU DROIT

198 Le plus grand défi posé à la profession reste donc d'assurer l'accès au droit et à la justice des particuliers; puisque son organisation et sa réglementation ont été conçues dans ce but. En juin 1989 eut lieu sous l'égide de l'ABA une conférence à la Nouvelle-Orléans, qui avait pour objet de tirer les conclusions d'une étude particulièrement alarmante qui révélait que 80 % des problèmes juridiques rencontrés par les personnes appartenant à des milieux défavorisés ne trouvaient pas de réponse. Dès cette époque, certains des participants à la conférence n'hésitèrent pas à s'interroger sur l'efficacité d'une offre de droit reposant pour l'essentiel sur des cabinets individuels, ou sur le « monopole » des avocats en matière de prestations juridiques[1].

Pour autant, aucune mesure ne fût mise en œuvre pour changer cet état de choses. Reste que la question est désormais posée : les règles relatives aux activités réservées et aux structures d'exercice tournent-elles bien au profit de ceux qu'elles sont supposées défendre ?

199 S'agissant des États-Unis, la réponse ne semble guère faire de doute. Si les entreprises ont pu s'adapter à la montée des prix des prestations juridiques, cela n'a pas été le cas pour les individus. Une enquête réalisée par l'ABA en 1994 montre que 61 % des personnes de revenus moyens ayant rencontré des difficultés de nature juridique ont dû les régler sans recourir au système judiciaire[2]. Plus récemment, il a été constaté que devant les juridictions de New-York, dans 95 % des cas, les personnes confrontées à un contentieux portant sur le logement, les litiges familiaux, ou les dettes de consommation, faisaient défaut ou se présentaient sans avocat pour les assister[3]. Les chiffres donnés par le professeur Gillian Hadfield à l'occasion d'une étude publiée en 1999[4] sont éloquents : « *En 1990, aux États-Unis, 52 % des familles ont géré leur divorce sans avocat, et dans 88 % des litiges familiaux - le contentieux judiciaire le plus répandu - au moins une partie a fait défaut ou s'est présentée sans assistance.* » En 2009, son article "Higher Demand, Lower Supply"[5] est encore plus alarmant, puisqu'il conclut à la poursuite d'un phénomène d'érosion du pouvoir d'achat des ménages dans le domaine des services juridiques, qui se traduit par un recul constant

1. ABA, *Civil Justice: An agenda for the 1990's*, Report of the American Bar Association National Conference on Access to Justice in the 1990s, New Orleans, Louisiana, June 9-11, 1989; http://www.americanbar.org/content/dam/aba/migrated/legalservices/downloads/sclaid/accessconf.authcheckdam.pdf

2. R.W. Reese & C.A. Eledred, *Legal Needs Among Low-Income and Moderate-Income Households: Summary of Findings from the Comprehensive Legal Needs Study* Chicago : American Bar Association, 1994.

3. Task Force to Expand Access to Civil Legal Services in New York, 2010; http://www.nycourts.gov/ip/access-civil-legal-services/

4. Gillian K. Hadfield, "The Price of Law: How The Market for Lawyers Distorts the Justice System", 98 *Mich. L. Rev.* 4 (2000); http://papers.ssrn.com/sol3/papers.cfm?abstract_id=191908

5. Gillian K. Hadfield, "Higher Demand, Lower Supply: A Comparative Assessment of the Legal Resource Landscape for Ordinary Americans", 37, *Fordham Urban Law Journal*, 129-56, art. 6 (2010); http://ir.lawnet.fordham.edu/cgi/viewcontent.cgi?article=2325&context=ulj/

de la quantité de conseils juridiques que ces derniers peuvent s'offrir pour faire face à leurs difficultés.

Du coup un courant universitaire, de plus en plus critique vis-à-vis de la profession, suggère qu'elle trahit les intérêts de ceux qu'elle prétend défendre, en réclamant le maintien des règles actuelles, qui limitent la concurrence et empêchent l'apparition d'offres peut-être moins sophistiquées, mais plus abordables.

200 Le constat qui précède est-il spécifique aux États-Unis ? L'existence des grandes firmes américaines ne doit pas faire illusion. En 2007, 271 000 avocats exerçaient aux États-Unis en tant que « solo practicioners », 182 000 dans des cabinets groupés « traditionnels », et 113 000 étaient membres des grands ou très grands cabinets[1]. Ce sont les cabinets individuels ou les cabinets de petite taille qui sont chargés d'assurer l'accès au droit et à la justice des particuliers, comme en France. En France, aussi, la profession s'est à plusieurs reprises alarmée de constater que l'accès à la justice devenait de plus en plus difficile pour tous les particuliers qui ne disposaient ni de moyens conséquents, ni d'une assurance de protection juridique et qui ne relevaient pas de l'aide légale. Le phénomène se constate en réalité dans tous les pays, comme le montre le rapport *Towards Basic Justice Care for Everyone* (v. s[s] n° 200) publié par l'institut HiiL pour la justice[2], qui couvre de nombreux pays.

D'une manière générale, les personnes confrontées à une difficulté juridique voient rarement le recours aux conseils d'un avocat comme une option envisageable et cela même dans les pays où existe un réseau de professionnels suffisamment dense.

201 Du coup, le recours au système judiciaire reste peu fréquent, au regard du nombre des problèmes qui se posent : « *Le résultat le plus significatif des enquêtes sur les besoins juridiques est le très faible pourcentage des*

1. Le nombre des "lawyers" n'est pas si facile à établir. Il faut notamment (la liste n'est pas exhaustive) rajouter à ces chiffres ceux qui travaillent pour le gouvernement (120 000), dans les entreprises (65 000), dans le système éducatif (13 000); Statistiques 2007, Harvard Law School, Program on the Legal Profession; http://www.law.harvard.edu/programs/plp/pages/statistics.php/

2. Maurits Barendrecht, Martin Gramatikov, Jin Ho Verdonschot and Robert Porter, *Towards Basic Justice Care for Everyone: Challenges and Promising Approaches*, Hiil, 2012; http://www.hiil.org/data/sitemanagement/media/TrendReport_Part1_020412_DEF%20(2).pdf

questions juridiques qui donnent lieu à des contentieux judiciaires. Ce constat s'applique dans tous les pays, quel que soit leur niveau de développement. Toutes les études confirment que moins de 10 % des difficultés se règlent devant les tribunaux ou toute autre instance officielle. » Le point important révélé par le rapport est donc la généralité du phénomène, qui ne concerne pas que les pays les moins développés.

À l'inverse, plusieurs des pays étudiés sont dotés d'un système juridique performant, mais : « Même dans les systèmes juridiques les plus avancés, comme celui du Royaume-Uni (Angleterre et Pays de Galles) il n'y a guère que 5 % des personnes qui sont parvenues à régler leur problème juridique pour l'avoir fait via le système judiciaire. Près de deux tiers des personnes interrogées répondent que la difficulté a été résolue à travers un accord entre les parties. Dans les autres pays, c'est la même chose : la voie normale au règlement d'un conflit, c'est l'accord entre les parties, le jugement c'est l'exception. On peut estimer le nombre des litiges de nature civile survenant chaque année en Europe à 15 000 pour 1 million de personnes de plus de 18 ans, à comparer aux 200 000 à 400 000 problèmes dont on peut penser qu'ils se posent en réalité. »

VARIATION DU TAUX DE RÉSOLUTION DES PROBLÈMES JURIDIQUES EN FONCTION DU PAYS

Country	*% Justiciable Problems Solved*	*% Problems Not solved*
Bulgaria	27.7	42.3
Ukraine	51	48.3
Canada (2010)	54	35.2
England an Wales (1999/2004)	48/64	36
The Netherlands (2009)	59.5	40.5
Australia (New South Wales) (2007)	61	39
Russia	66	33.4

Source : Maurits Barendrecht, Martin Gramatikov, Jin Ho Verdonschot and Robert Porter, *Towards Basic Justice Care for Everyone: Challenges and Promising Approaches, Hiil*, 2012, p. 48; http://www.hiil.org/data/sitemanagement/media/TrendReport_Part1_020412_DEF%20(2).pdf.

202 Le pourcentage de la population qui n'est pas en mesure d'accéder à un système organisé de résolution des conflits, limité dans certains pays (6 % aux Pays-Bas), peut donc atteindre ou dépasser 20 %

ou 30 % de la population. Surtout le rapport met en évidence le fait que dans un nombre considérable de cas, les individus (le rapport ne s'intéresse pas aux personnes morales) sont conduits à renoncer purement et simplement à résoudre le problème juridique auquel ils sont confrontés.

TAUX D'INACTION FACE AUX PROBLÈMES JURIDIQUES EN FONCTION DU CLASSEMENT DU PAYS DANS LE RULE OF LAW INDEX

Country	*Inaction Rate reported in Legal Needs Study*	*WJP 2011 Rule of Law Index Ranking on Access to Justice, Normalized Score*
Netherlands	6%	3rd place out of 66 countries, 0.82
UK	5%, 19%	10/66, 0.71
United States	25%	21/66, 0.63
Bulgaria	28% (14%)	38/66, 0.55
Russia	15%	40/66, 0.54
China	33%	44/66, 0.52
Ukraine	41%	63/66, 0.40

Source : Maurits Barendrecht, Martin Gramatikov, Jin Ho Verdonschot and Robert Porter, *Towards Basic Justice Care for Everyone: Challenges and Promising Approaches, Hiil*, 2012, p. 47; http://www.hiil.org/data/sitemanagement/media/TrendReport_Part1_020412_DEF%20(2).pdf.

203 La France n'est nullement immunisée contre ce phénomène. Louis Assier-Andrieu[1] mentionne un sondage attestant que 59 % des Français n'ont jamais eu affaire à un avocat, ce qui est proprement sidérant au regard de ce que l'on sait sur la fréquence à laquelle les individus sont confrontés à des questions juridiques méritant l'intervention d'un professionnel. Il relève avec étonnement que le barreau s'est pour le moment désintéressé de ce « considérable gisement de clientèle », simplement parce qu'il est encore « pour l'instant majoritairement inconcevable qu'il fasse du social ».

204 Le « non-recours », c'est-à-dire le non-usage par ses bénéficiaires d'un droit ou d'une prestation sociale, est en France un phénomène massif. Il atteindrait 75 % pour le revenu de solidarité active (RSA) et un peu moins pour la couverture maladie universelle (CMU). En moyenne

1. Louis Assier-Andrieu, *Les avocats : Identité, culture et devenir*, Gazette du Palais - Lextenso, 2011, p. 91.

il est de 40 %[1]. Ce « non-recours » peut s'expliquer par de multiples facteurs, mais il relève pour partie d'une méconnaissance par un grand nombre de bénéficiaires de leurs droits et donc d'une défaillance dans l'accès au droit. Le rapport de l'Inspection générale des services judiciaires, *Évaluation de la gestion de l'aide juridictionnelle*[2], relève que : « *Prestation juridique et sociale soumise à condition de ressources, l'AJ donne lieu à tout un éventail d'approches, dont les extrêmes sont l'abus du recours au procès à cause de la "gratuité" de l'avocat (abus parfois signalé, mais non quantifié) et, au contraire, le "non-recours", parfois lié à la crainte de principe du procès et des "gens du droit" en général, voire à la crainte que l'AJ ne suscite une défense "au rabais".* » En 2012, les admissions à l'aide juridictionnelle se sont établies à 915 563, chiffre en progression annuelle de + 3,7 %; à titre de comparaison, en 2000, elles étaient au nombre de 606 929. Les prévisions sont de 910 000 (- 0,7 %) pour 2013 et de 889 000 (- 2,3 %) pour 2014. La prise en charge à 100 % (AJ totale) la plus répandue s'effectue pour les personnes ayant un revenu mensuel égal ou inférieur à 936 euros. Ce montant est proche, mais néanmoins inférieur au seuil de pauvreté défini par l'Insee ou l'Union européenne qui est de 977 euros. Entre 936 euros et 1 404 euros de revenus mensuels, l'admissibilité est partielle et varie de 85 % à 15 %. En 2011, année de la dernière statistique disponible selon l'Insee, 8,7 millions de personnes avaient des revenus inférieurs à ce seuil. Si l'on reprend les estimations de l'institut HiiL pour la justice (v. s[s] n° 200), cela correspondrait à un nombre de litiges potentiels annuels compris entre 1,8 million et 3,6 millions, à rapprocher de celui des 915 563 admissions, qui inclut pourtant litiges civils et contentieux pénal[3].

205 Enfin, il est vraisemblable que les besoins de droit restent sous-évalués pour la simple raison que de nombreux individus ne sont pas en mesure de qualifier les difficultés rencontrées de « juridiques ». C'est ainsi que des personnes ayant répondu « non » à 94 % à la question générale « l'année dernière avez-vous été confronté à un pro-

1. Olivier Wickers, Laurent Habib, « Refonder les politiques publiques de gauche. De l'individu statistique à la personne réelle », *Les Temps Modernes*, n° 678, avril-mai-juin 2014/2.

2. Hélène Marsault, *Modernisation de l'action publique (MAP) : Évaluation de la gestion de l'aide juridictionnelle : Rapport de diagnostic*, Inspection générale des services judiciaires, n° 46-13, ministère de la Justice, 2013; http://www.justice.gouv.fr/publication/rapport_igsj_map_2013/rap_map_aj2013-rapport.pdf

3. Le rapport Hiil ne tient pas compte du contentieux pénal.

blème[1] juridique ? » auxquelles furent ensuite présentée une liste de difficultés potentielles dans des domaines comme le contentieux locatif, l'endettement, etc. admirent à 47 % avoir rencontré au moins l'une d'entre elles[2]. Une grande partie d'entre eux n'étaient pas en mesure d'en appréhender la véritable nature.

§

LA PROFESSION AU SERVICE DES ENTREPRISES

206 Le nombre des avocats a explosé, dans certains pays dès la fin des années 60, dans d'autres, un peu plus tard, mais on a bien assisté partout dans le monde à la multiplication des juristes « the global multiplication of legal professionals » comme l'écrit Marc Galanter[3], sans que, dans le même temps, ni le nombre de juges, ni le volume du contentieux judiciaire ne paraissent avoir crû dans les mêmes proportions. Mieux, dans un certain nombre de pays, comme les États-Unis ou le Royaume-Uni, le nombre de procès a reculé. Pour répondre aux besoins croissants des « artificial persons », entreprises, gouvernements, etc., sont apparues des structures nouvelles, de plus en plus importantes, jusqu'à compter plusieurs milliers d'avocats. Sur le plan chronologique, les choses sont allées très vite, puisque jusqu'aux années 60, il n'existait qu'une cinquantaine de firmes de plus de 50 avocats. Entre 1975 et 1987, le nombre de cabinets de plus de 100 avocats a été multiplié par 5, pendant que le nombre d'avocats membres de ces cabinets était multiplié par 8[4].

1. Domaine pénal exclu.

2. D'APRÈS une étude menée en août 2010 par Lake Research Partners auprès de foyers new-yorkais [*Civil Legal Needs Among Low-income New York State Residents: Findings from a statewide - Survey of Low-income New York residents*, Commissioned by the Fund for Modern Courts, oct. 2010], cité dans : Task Force to Expand Access to Civil Legal Services in New York, *Report to the Chief Judge of the State of New York*, 2010, p. 27; *Appendices*, Appendix 17, 2010; http://www.nycourts.gov/ip/access-civil-legal-services/PDF/CLS-TaskForceREPORT.pdf

3. Marc Galanter, "More Lawyers than People: The Global Multiplication of Legal Professionals", in Scott L. Cummings (eds), *The paradox of professionalism: Lawyers and the possibility of justice*, Cambridge; New York : Cambridge University press, 2011, p. 69.

4. Thomas D. Morgan, *The Vanishing American Lawyer*, Oxford University Press, 2010, p. 99-101.

Pour faire face au mouvement de mondialisation et aux besoins nouveaux des entreprises, la profession a donc su adapter ses formes d'exercice. Sur le plan du chiffre d'affaires, les résultats ont été impressionnants (v. s[s] n° 24). Le développement des firmes géantes n'est toutefois que le signe le plus visible d'une tendance plus profonde. L'essor démographique constaté s'explique avant tout par le basculement de l'activité de la profession, du judiciaire au juridique, du service des particuliers aux services aux entreprises.

207 Ce basculement se lit par exemple dans les statistiques américaines, où, en 1967, les achats de services juridiques étaient réalisés à 55 % par des individus, alors que cette part avait chuté à 41,4 % en 2002. John Heinz & Edward Laumann ont mené à vingt ans d'intervalle (1975 et 1995) une étude approfondie sur le barreau de Chicago qui a mis en lumière l'augmentation notable de la proportion d'avocats « d'affaires » au cours de cette période[1]. Comme le remarque Thomas D. Morgan[2], la conclusion la plus importante est que désormais près des deux tiers du « talent juridique » des États-Unis est mis au service des entreprises. Une tendance qui ne peut aller qu'en s'accentuant. Dans la compétition pour accéder au système judiciaire entre les particuliers et les entreprises, les prix sont en définitive fixés en fonction de la demande des entreprises dont les cabinets recherchent la clientèle solvable.

L'évidente inégalité de moyens entre particuliers et entreprises est encore accentuée par le régime fiscal qui, entre l'incidence de la TVA et de la déductibilité (ou non déductibilité) des dépenses engagées, renchérit le coût de la prestation pour les particuliers et l'allège pour les entreprises. C'est ainsi que les entreprises vont pouvoir en général bénéficier de conseils juridiques *ex ante,* en dehors de tout litige, lors de la formation d'un contrat. En revanche, aucun de ces services, qui permettent de maîtriser les risques juridiques en amont, sauf rares exceptions, ne sera disponible pour les particuliers[3]. Pour eux, l'avocat est de plus en plus un luxe qu'ils ne peuvent plus s'offrir.

1. John P. Heinz and Edward O. Laumann, *Chicago Lawyers: The Social Structure of The Bar,* New York Russell Sage Foundation and American Bar Foundation, 1982.
2. Thomas D. Morgan, *The Vanishing American Lawyer,* Oxford University Press, 2010, p. 111-112.
3. Gillian K. Hadfiled (v. s[s] n° 199) se référant à la crise des sub-primes fait ainsi observer que les contrats soumis aux particuliers étaient particulièrement complexes, de sorte que ces derniers avaient beaucoup de mal à appréhender les ▶

208 Le reproche qui est adressé, pour l'essentiel à la pratique individuelle[1], est en effet d'aboutir à la mise sur le marché d'une offre beaucoup trop coûteuse[2]. De nombreux facteurs se conjuguent pour rendre les cabinets d'avocats peu aptes à développer des pratiques innovantes. Si les firmes importantes ont su s'inspirer des techniques existant chez leurs clients pour mettre en place des organisations plus performantes, c'est comme on l'a vu, pour répondre aux exigences des entreprises. Au contraire, fondamentalement, l'offre de droit des cabinets de petite taille a peu évolué. Le modèle dominant reste celui du généraliste produisant des prestations « sur mesure » et les proposant au prix du « sur-mesure ». Pourtant, la spécialisation est probablement le moyen le plus simple pour réduire les coûts de production : la réitération de la prestation permet de renforcer la compétence, de mettre en place des procédures normées et de recourir à la standardisation. Il n'est cependant possible d'y recourir que dans des structures d'une dimension suffisante.

209 La spécialisation se comprend aussi comme la possibilité de se cantonner aux activités que l'on maîtrise et pour lesquelles le professionnel a été formé. Dans les cabinets individuels ou de petite taille où beaucoup de fonctions support ne sont pas déléguées à des salariés, l'avocat devra consacrer une part non négligeable de son temps à des tâches de gestion, pour lesquelles sa compétence est faible ou inexistante. Même si, par extraordinaire, un avocat en apprend suffisamment sur les règles du management pour être à même de gérer convenablement un cabinet, il y a peu de chances pour qu'il se transforme en expert en marketing, qu'il devienne capable d'élaborer un site internet attractif, d'écrire des programmes informatiques, d'imaginer des services web... Cela serait-il possible que son « *temps serait mieux employé à produire des prestations juridiques, plutôt qu'à vouloir remplacer des programmeurs, des commerciaux, ou des designers graphiques* »[3].

► coûts prévisibles ou les conséquences de leurs engagements. Pour la plupart, ils ne bénéficiaient d'aucun accompagnement juridique. La défaillance systémique du marché des services juridiques aux particuliers a précipité des millions d'américains dans des situations dramatiques.

1. PUISQUE les cabinets les plus modernes et les plus organisés sont précisément ceux qui s'intéressent le moins aux particuliers.

2. Les cabinets les plus importants se tournant vers la clientèle des entreprises ce sont en définitive les seuls sur ce segment du marché (v. s[s] n° 224).

3. Gillian K. Hadfield, "The Cost of Law: Promoting Access to Justice through the (Un)Corporate Practice of Law", *International Review of Law and Economics, Forthcoming* (2013); http://papers.ssrn.com/sol3/papers.cfm?abstract_id=2333990##/

Pour des auteurs comme Gillian Hadfield ou Deborah Rhode[1], les particuliers auraient tout à gagner à une ouverture du marché permettant à de nouveaux acteurs de fournir, à des coûts réduits, des prestations adaptées à leurs besoins, même si elles n'atteignent pas le niveau de qualité de celles des avocats.

210 D'ailleurs, la question de la qualité peut probablement être résolue sans nécessairement recourir aux solutions proposées par les avocats, qui imposent de contrôler de très nombreux professionnels fournissant chacun de leur côté des prestations juridiques « à l'unité ». Des opérateurs spécialisés, peu nombreux, mais produisant de grands volumes de prestations, sont plus faciles à contrôler, ce qui doit permettre la délivrance des prestations dans des conditions acceptables : « *Un business model basé sur la fourniture de prestations juridiques par des organismes opérant sur une grande échelle assure dans une large mesure la qualité au travers de la standardisation et des protocoles organisationnels. Plutôt que des milliers d'avocats disséminés dans leurs bureaux individuels et décidant au cas par cas de la réponse à apporter à un problème individuel, ou à une série de difficultés juridiques; une organisation qui demande à des experts de mettre en place un protocole capable de répondre aux questions les plus fréquentes. L'échelle, la technologie, l'analyse des données lui permettent d'étendre son protocole à des cas moins habituels (mais suffisamment fréquents). L'organisation pilote ces protocoles, collecte des données en interne et auprès de ses clients pour s'assurer de la fiabilité du protocole et de sa mise en œuvre* [...]. *Elle utilise les données pour l'améliorer constamment. Elle met en place des procédures d'audit et de contrôle pour s'assurer qu'il est respecté. Elle identifie les cas qui ne peuvent être traités automatiquement, et elle leur réserve des traitements plus pointus (et plus coûteux) ou les fait traiter par d'autres prestataires.* »[2]

211 De son côté, Deborah Rhode[3] cite plusieurs études concordantes, réalisées au Royaume-Uni (peu de temps avant le dépôt du rapport Cle-

1. Deborah L. Rhode, "Reforming American Legal Education and Legal Practice: Rethinking Licensing Structures and the Role of Nonlawyers in Delivering and Financing Legal Services", *Legal Ethics*, vol. 16, part. 2, p. 243 (2013); https://www.law.stanford.edu/sites/default/files/publication/547071/doc/slspublic/Deborah-L-Rhode-%282013%29-Reforming-American-Legal-Education-and-Legal-Practice.pdf

2. Gillian K. Hadfield, "Innovating to Improve Access: Changing the Way Courts Regulate Legal Markets", *Daedalus*, vol. 143, n° 3, p. 83-95 (2014); http://law.bepress.com/cgi/viewcontent.cgi?article=1252&context=usclwps-lss

3. Deborah L. Rhode, préc.

menti) (v. s^s n° 33), en Ontario, ou aux États-Unis qui mettent en évidence le fait (difficilement contestable) que la compétence s'acquiert davantage par l'exercice quotidien et répété que lors d'une formation initiale théorique. En pratique : « *c'est la spécialisation, pas le statut professionnel, qui semble être le meilleur moyen de garantir la qualité* ».

212 Les avocats ne sont pas les seuls à être confrontés à ce type de difficultés. Les ophtalmologistes ont eu à résoudre les problèmes suscités par la combinaison d'une raréfaction de l'offre (de nombreux médecins partant à la retraite et n'étant pas remplacés) et un accroissement des besoins (lié au vieillissement de la population). C'est ainsi que les délais pour accéder aux soins (plusieurs mois) devenaient totalement incompatibles avec les impératifs de santé publique. Plusieurs solutions ont été proposées pour décharger le médecin de toutes les activités ne nécessitant pas son expertise et lui faire gagner du temps. Une analyse poussée des prestations réalisées a été menée de façon à déterminer avec précision celles qui pouvaient échoir à des personnes moins qualifiées, sans risque pour les patients. Les techniciens aides-soignants en ophtalmologie (TASO) sont ainsi capables d'accomplir un certain nombre d'actes simples qui ne justifient pas le recours à un médecin qualifié : « *il faut arrêter de dire qu'il est nécessaire d'avoir fait plusieurs années d'études pour remettre une fiche à un patient, ou mesurer des verres de lunettes avec un frontofocomètre ou instiller des collyres dans le cadre d'un cabinet médical* ».

Il s'agit donc de réduire le périmètre d'intervention du médecin et de lui imposer le travail en équipe. Mais quelle est la meilleure solution pour le patient ? Passer entre les mains d'un TASO, ou d'un orthoptiste, ou attendre un an et plus pour disposer d'une paire de lunettes adaptée à sa vue ?

213 Comme le relevait le professeur Louis Assier-Andrieu : « *Entre le secteur aisé et le secteur aidé, c'est une masse considérable d'activités de conseil que la classe moyenne attendrait qu'on lui prodigue.* »[1] L'investissement des avocats pour répondre à ces besoins relève à la fois de l'accomplissement de la mission qu'elle revendique auprès des citoyens et de l'occupation de « nouveaux terrains dans un marché très concurrentiel ». On peut finalement reprendre, dans le domaine du droit et dans des termes presque identiques, le questionnement des ophtalmo-

1. Louis Assier-Andrieu, *Les avocats : Identité, culture et devenir*, Gazette du Palais - Lextenso, 2011, p. 91.

logistes à propos de leurs patients : « *L'intérêt du public sera-t-il mieux servi, par l'apparition sur le marché de services juridiques abordables mais d'une qualité limitée, ou par une offre ne comportant que des services juridiques de haut niveau, mais qu'il ne peut s'offrir ?* »[1]

Si la profession veut éviter d'avoir à donner à cette question une réponse qui pourrait être cruelle, il va probablement lui falloir réinventer le métier d'avocat, comme les ophtalmologistes sont en train de le faire. Mais finalement, n'est-ce pas le bon moment, puisque les technologies de l'information permettent (imposent ?) tous les changements.

1. "Is the public better off with inexpensive low quality legal advice or high quality legal advice it cannot afford?", Gillian K. Hadfield, "The Price of Law: How The Market for Lawyers Distorts the Justice System", 98 *Mich. L. Rev.* 4 (2000); http://papers.ssrn.com/sol3/papers.cfm?abstract_id=191908

LIVRE DEUX

L'INNOVATION

> Ainsi, devenus pauvres sans avoir rien perdu, simplement parce que tout changeait autour d'eux et qu'eux n'avaient point changé.
>
> Jean-Jacques Rousseau, *Discours sur l'inégalité : Œuvres complètes,* Seuil, p. 228.

§

L'INNOVATION DANS LE DOMAINE JURIDIQUE

214 D'une manière générale, le système judiciaire passe pour être assez largement à l'abri de tout ce qui pourrait le pousser à innover. Il bénéficie d'une clientèle captive, puisque, dans les sociétés démocratiques, il constitue la seule source de coercition légitime. Ceux qui s'adressent au système judiciaire savent qu'il n'existe pas d'autre manière de « faire justice », c'est-à-dire d'obtenir le prononcé d'une décision qui pourra être mise effectivement à exécution au besoin par le recours aux mesures de contrainte dont l'État a le monopole. Ceux qui sont mis en cause dans un processus judiciaire n'ont guère de choix non plus : ils sont dans l'obligation de se défendre s'ils veulent éviter une condamnation. Le système judiciaire, qui n'a aucun concurrent[1], tend donc à fonctionner selon sa logique et ses règles, dans une assez grande indifférence pour les besoins et les coûts subis par ses usagers. Sa priorité n'est pas d'imaginer le moyen de les réduire.

1. Les systèmes alternatifs ne sont pas de véritables concurrents. Dès que le problème de la coercition se pose, ils ne peuvent fonctionner que par délégation du système judiciaire, car ils ne disposent pas du droit de contraindre.

D'un autre côté, l'obligation d'en intégrer les règles et les codes finit par générer un mode unique de raisonnement ou de comportement, commun à tous ses acteurs, auquel il est absolument impossible de déroger. Une trop grande originalité ou un trop grand décalage avec l'existant est plutôt un inconvénient. Celui qui adopte un comportement par trop en marge court le risque de rompre avec les autres acteurs du système et de ne pas atteindre ses objectifs. L'assez grande uniformité de pensée qui découle de ces données ne crée pas un terrain propice à l'innovation. Du coup, les avocats, qui font partie de cet ensemble, sont suspectés de n'être pas très aptes à l'innovation.

215 Il y a donc lieu de se pencher (chapitre 5) sur le comportement adopté vis-à-vis de l'innovation (v. s[s] n°s 218 s.). Il convient d'identifier d'abord les nouveautés techniques qu'apportent les technologies de l'information. Mais la capacité à innover c'est également la capacité de se saisir des nouveautés pour inventer une nouvelle manière de pratiquer un métier, de façon à répondre le mieux possible aux besoins des clients. La révolution de l'information amène aujourd'hui de nouveaux acteurs, désireux de s'imposer sur le « marché du droit », en proposant de nouveaux services. On doit s'interroger sur la meilleure façon de réagir à cette intrusion déstabilisante. D'un autre côté, un secteur comme l'aide juridictionnelle pourrait peut-être profiter de certaines des innovations qui surgissent au sein de la profession. Plus généralement, il est utile de vérifier comment elles peuvent être diffusées efficacement, au bénéfice de tous.

216 Il reste que l'on doit aussi s'attendre à une tendance forte à la standardisation sur certains segments du marché, en raison de l'utilisation des technologies de l'information. De nombreuses offres en ligne jouent sur cette possibilité, de traiter certaines prestations comme des « produits » (chapitre 6), ce qui constitue une source supplémentaire de déstabilisation (v. s[s] n°s 268 s.).

217 La palette des réactions possibles, va de l'abandon de certains domaines d'activité à l'invention de nouvelles formes d'exercice de la profession, en passant par la montée en gamme. La théorie de l'innovation nous apprend que certains de ces choix, qui paraissent par certains côtés attractifs et conformes aux valeurs de la profession, peuvent se révéler mortifères. À l'heure du choix, cet éclairage (chapitre 7) est donc nécessaire (v. s[s] n°s 276 s.).

CHAPITRE 5

La confrontation avec l'innovation

§

L'INNOVATION ET LA STRUCTURE DES CABINETS

218 Il ne fait pas de doute que la plupart des cabinets sont capables de s'adapter aux évolutions et notamment d'adopter plus ou moins rapidement les outils et les techniques qui permettent d'améliorer l'exercice professionnel. Successivement, photocopieurs, fax, ordinateurs ont trouvé leur place dans les cabinets, comme ensuite l'ensemble des outils liés à l'usage de l'internet. Mais si l'on va au-delà de ces apparences, il faut bien admettre que la forme de l'offre de droit proposée par les avocats n'a jamais évolué. Elle reste majoritairement ce qu'elle a (toujours) été : une offre individuelle, mettant face à face le client et son avocat. Même l'essor des technologies de l'information, qui est en train de transformer profondément non seulement les circuits de distribution de la plupart des produits manufacturés, mais aussi ceux de nombreux services[1], semble ne pas encore avoir eu d'incidence.

219 Ceux qui pensent que les membres des professions juridiques sont incapables d'innover mettent aussi en avant les freins à la concurrence que constituent les barrières à l'entrée du marché (nécessité de détenir un diplôme et d'appartenir à une profession ou une entreprise autorisée à fournir des prestations juridiques) ou les restrictions relatives aux structures d'exercice (limites au recours aux capitaux extérieurs et obligation de confier le management des cabinets aux avocats). Les droits exclusifs (plus ou moins importants selon les pays) dont bénéficient les juristes ne les incitent pas particulièrement à concevoir

1. On peut penser au secteur des voyages mais aussi à certaines professions libérales comme les médecins.

des systèmes simplifiant la production des prestations juridiques et en réduisant le coût. Plus généralement, il est admis que la capacité d'innover suppose la réunion de deux facteurs : une pensée créatrice et la volonté d'investir du temps et de l'argent pour mettre en œuvre des idées nouvelles risquées.

220 Or, le milieu juridique n'est pas le plus prolifique en termes d'émergence d'idées nouvelles. On peut être un « juriste imaginatif », c'est-à-dire être capable d'imaginer au profit de ses clients des stratégies gagnantes, ou des outils d'ingénierie juridique performants, mais ce n'est pas de ce genre d'imagination dont il est question. Il est fait allusion ici à la capacité à réinventer la façon dont s'exercent les métiers du droit, pour répondre du mieux possible aux exigences nouvelles que font surgir les évolutions sociales et celles du marché. Bien plus, dans ce domaine, tout se conjugue pour limiter les innovations. Tous les juristes reçoivent une formation identique et ensuite travaillent en vase clos, essentiellement au contact d'autres juristes. Les études juridiques sont exclusives de l'apprentissage de tout autre savoir (v. ss nos 365 s.). Le parcours « normal » d'un étudiant le mettra donc à l'abri de tout contact avec l'extérieur dès la fin de ses études secondaires. L'Université lui apprendra le droit et rien d'autre.

Tout ce qu'il connaîtra de la façon d'exercer son métier, il risque de ne l'apprendre que par reproduction des pratiques auxquelles il sera confronté dans les cabinets où il exercera, comme stagiaire ou collaborateur. L'apprentissage du métier se fait par mimétisme. L'absence en France de statut d'avocat en entreprise réduit encore les possibilités de contact avec d'autres environnements. Certes, d'autres voies d'accès à la profession sont possibles, mais ce ne sont, comme on a coutume de les appeler, que de simples « passerelles » étroites et fragiles, qui ne sont pas utilisées par un nombre suffisant de personnes pour avoir une véritable influence sur la culture du groupe.

221 Collectivement, les avocats restent attachés à leurs traditions. Le respect pour celles-ci et la volonté de les maintenir comptent au nombre des valeurs communes. La tradition, la dictature des morts sur les vivants, ou la « démocratie des pierres tombales », pour reprendre la tirade de Gilbert Chesterton[1], est un élément structurant du corps

1. Gilbert K. Chesterton : « *La tradition signifie donner des votes à la plus obscure de toutes les classes, à nos ancêtres. C'est la démocratie des morts. La tradition refuse de se soumettre à la petite et arrogante oligarchie de ceux qui n'ont fait que de naître. Tous* ►

professionnel. Elle n'est jamais mieux incarnée que par l'attachement profond des avocats à leur costume professionnel : contemplons le tableau d'une rentrée judiciaire du début du XIXe siècle, à laquelle participaient tous les corps constitués, clergé, professeurs, militaires, etc. Certaines des professions représentées ont disparu, ou au moins changé d'apparence. Seuls les juristes subsistent, inchangés, deux siècles plus tard. Ils en sont (nous en sommes) fiers.

Comme le fait remarquer ironiquement Gillian Hadfield[1], il est aussi peu réaliste de croire qu'il peut surgir une innovation d'une assemblée de juristes, que de penser qu'un congrès de libraires (puisqu'après tout leur métier est de fournir la meilleure façon de mettre l'information à disposition de leurs clients) aurait pu imaginer Google.

222 Dans un article plein d'humour, consacré aux particularités du management des cabinets d'avocats, David Maister[2] souligne au passage la curieuse relation des avocats avec l'innovation. Il fait observer que, dans tous les autres secteurs d'activité, l'innovation est considérée comme essentielle, de sorte que les entreprises sont perpétuellement à la recherche d'idées nouvelles, qui n'auraient pas encore été mises en œuvre par la concurrence : « *Les avocats sont en général différents. Lorsqu'on leur propose une nouvelle idée pour leur entreprise, ils commencent par demander "Quels sont les autres cabinets qui ont essayé cela ?" Sauf s'il peut leur être démontré que l'idée a été mise en œuvre par d'autres cabinets d'avocats, ils se révèlent sceptiques sur la possibilité qu'elle puisse s'appliquer à leur domaine. Si tout le monde rencontre ces difficultés, pensent-ils, c'est que ce n'est pas si grave. Tant que nous ne sommes pas dans une situation pire que les autres, nous n'avons pas de raison de changer ! Voilà qui n'est pas une garantie pour la prise d'un avantage stratégique...* »[3]

▶ *les démocrates s'opposent à ce que des hommes soient disqualifiés par l'accident de leur naissance; la tradition s'oppose à les voir disqualifiés par l'accident de la mort [...]. Nous voulons avoir les morts dans nos conseils. Les anciens Grecs votaient avec des cailloux; ceux-ci voteront avec des pierres tombales.* »

1. Gillian K. Hadfield, "Higher Demand, Lower Supply: A Comparative Assessment of the Legal Resource Landscape for Ordinary Americans", *Fordham Urban Law Journal*, vol. 37, 1 (2009).

2. David Maister, "Are law firms manageable", *The American Lawyer*, (april 2006), http://davidmaister.com/articles/are-law-firms-manageable/

3. Au passage l'auteur fait remarquer que la grande chance des avocats est à la vérité de ne pas se retrouver en concurrence avec d'autres que des avocats.

223 La prédominance de l'exercice individuel fait par ailleurs obstacle à la mobilisation des capitaux nécessaires à la concrétisation des inventions. Du point de vue de la théorie de la firme, il y a un avantage formidable à l'exercice individuel : le propriétaire de la firme détient 100 % du capital et son intérêt personnel coïncide à tout moment avec son intérêt en tant qu'investisseur. Par hypothèse, dans cette structure d'exercice, comme le management et la propriété se confondent, aucun coût n'est à supporter pour contrôler le management et vérifier qu'il ne trahit pas l'intérêt du propriétaire. À côté de cela, les désavantages sont multiples. Le fait d'être le seul propriétaire et de détenir la totalité du capital, signifie que le professionnel supporte seul tous les risques liés à l'investissement dans la firme. La mise au point d'un système intelligent - conçu par le professionnel en dépit des freins qui viennent d'être identifiés (v. s[s] n° 155) - peut constituer une opportunité pour le cabinet. Mais elle suppose une prise de risque, car l'investissement est coûteux et peut être perdu si le succès n'est pas au rendez-vous.

C'est ainsi que beaucoup des exemples de services innovants donnés par Gillian Hadfield (v. s[s] n° 210) ont soit très rapidement disparu, soit dû évoluer pour s'adapter au marché. Or, les agents économiques individuels ont une forte aversion au risque. Il y a donc peu de chances pour que l'investissement soit réalisé, ou s'il l'est, il le sera *a minima*, au prix de grandes difficultés et dans des conditions peu propices au succès.

224 Si l'on se tourne maintenant du côté des grandes firmes internationales, il est difficile de contester que leur émergence a joué un rôle dans la modernisation de la profession. Toutefois, leur insolente croissante semble derrière nous car elles ont provoqué une forte réaction du marché, au point que ce modèle de développement paraît désormais compromis (v. s[s] n°s 226 s.). Au demeurant, sous l'angle étudié ici, leur influence est nécessairement limitée du fait de leur positionnement sur le marché. Il y a en effet peu de chances pour que des solutions innovantes susceptibles de rendre plus facile l'accès au droit puissent provenir d'elles, puisqu'elles se sont naturellement tournées vers les services aux entreprises (v. s[s] n° 206) et négligent le marché des particuliers. Tout au plus, dans le meilleur des cas, constatera-t-on le recours à la pratique du *pro bono*, qui n'a évidemment rien d'une nouveauté, au contraire. Elle est d'ailleurs fort limitée et soigneusement encadrée, les firmes ne souhaitant évidemment pas qu'elle puisse les mettre en porte à faux avec leur clientèle habituelle. Ne connaissant pas les mêmes contraintes ou la même exposition à la concurrence, elles ont, paradoxalement, conservé dans certains domaines, comme celui de l'informatisation, des comportements artisanaux, comme le remarque Bernard Lamon[1]. C'est elles que David Maister (v. s[s] n° 222) juge peu innovantes et incapables d'affronter une concurrence véritable.

225 La transformation des grands cabinets américains en firmes internationales géantes « big law » est un phénomène récent qui s'est produit en peu de temps. Thomas Morgan[2] rappelle que jusqu'en 1960, moins de quarante cabinets comptaient plus de 50 avocats. Entre 1975 et 1987, le nombre de cabinets d'au moins 100 avocats a été multiplié par cinq. En 1988, la firme mondiale Baker & McKenzie était la seule à avoir franchi la barre des 1 000 avocats. En 2006, à la veille de la crise, vingt firmes avaient dépassé ce seuil tandis que Baker & McKenzie comptait plus de 3 500 avocats, plus que n'importe quel barreau français de province... Ce développement, qui accompagne la globalisation de l'économie s'explique notamment par la « supériorité technique » des firmes américaines sur celles des pays dans lesquels elles se sont implantées.

La prise de conscience des évolutions de la profession et de la nécessité de mettre au service des cabinets les moyens du management moderne, pour leur permettre de répondre aux besoins des entreprises a en effet été précoce aux États-Unis.

226 Le rapport "... *in the spirit of public service*" (v. s[s] n° 22) prenait acte des transformations en cours et de leur incidence sur l'exercice professionnel : « *Peut-être était-il possible, il y a de nombreuses années, aux avocats de gérer leurs cabinets d'une manière économiquement inefficace et pourtant avec succès. Ce n'est plus vrai aujourd'hui. Ordinateurs et systèmes de gestion sophistiqués, ainsi que l'utilisation accrue des paralégaux, ont fait de l'efficacité un objectif plus facilement accessible et de manière compréhensible, les clients l'exigent.* »[3] Les grands cabinets ont popula-

1. Bernard Lamon, *Services juridiques : Innover pour survivre au « nouveau » maintenant*, Extrait du livre blanc, 2014; http://www.blog-lamon-associes.com/wp-content/uploads/2013/09/livre_blanc_nouveau_maintenant.pdf

2. Thomas D. Morgan, *The Vanishing American Lawyer*, Oxford University Press, 2010, p. 99 s.

3. "*Perhaps many years ago it might have been expected that lawyers could run their offices inefficiently, but still successfully. That is no longer true. Computers and sophisticated management systems, together with the increased use of paralegals, make efficiency more easily attainable and clients understandably demand it.*"

risé la facturation à l'heure, théorisée par l'ABA à partir de 1958 dans son étude *The 1958 lawyer and his 1938 dollar*[1] qu'ils sont parvenus à imposer à leurs clients, à l'époque plutôt satisfaits que soit donnée une base « objective » au calcul des honoraires. Progressivement, leur avantage concurrentiel s'est cependant réduit. Les cabinets locaux ont su évoluer et s'inspirer des méthodes des firmes internationales avec lesquelles ils étaient désormais en contact. Les juristes des pays dans lesquels elles se sont implantées ont aussi été incités à découvrir le droit de *common law* et les méthodes d'enseignement des universités américaines. Certains pays n'ont d'ailleurs pas hésité à faire évoluer leur cursus de formation initiale pour favoriser ce mouvement. Du coup, ce sont aujourd'hui souvent les avocats « locaux » qui présentent l'avantage de cumuler la maîtrise du droit[2] américain et de leur droit national.

227 Le succès de la facturation horaire expliquerait en partie la rapide croissance des firmes. Les grands cabinets auraient construit leur modèle économique sur l'effet de levier : la possibilité de refacturer le travail réalisé, non par des associés mais par des collaborateurs, avec un important coefficient multiplicateur. Il existe donc pour eux un intérêt évident à la croissance, car, tant que la demande reste forte, l'augmentation du nombre de collaborateurs, celle du nombre des heures travaillées et celle du tarif horaire se conjuguent pour assurer une hausse massive des revenus de ceux qui se hissent au sommet de la pyramide. Bien entendu, les rémunérations versées aux collaborateurs sont elles-mêmes élevées, car il est demandé de facturer un nombre d'heures important; en outre il faut attirer les meilleurs. Toutes les enquêtes confirment que la croissance des grandes firmes s'est accompagnée à la fois d'une hausse considérable des rémunérations des associés, d'une augmentation forte des tarifs des cabinets et d'une explosion du nombre des heures facturables. Alors que l'ABA évaluait en 1958 (v. s[s] n° 225) à environ 1 300 heures par an le nombre des heures facturables[3], une étude américaine de 2004 de la National Associa-

1. L'étude dressait le constat que les revenus des avocats avaient augmenté beaucoup moins vite que ceux d'autres professions comme les médecins pendant la même période, et suggérait de mettre fin à cet état de choses, attribué au fait que les avocats étaient beaucoup trop indifférents à leur situation économique, en se tournant vers des pratiques inspirées du monde de l'entreprise et en adoptant la facturation horaire.

2. Et de la langue.

3. En France, en 2001, le rapport Bouchet retenait le chiffre de 1 200 heures comme base de raisonnement.

tion for Law Placement. (NALP) révélait que la plupart des grandes firmes exigeaient de leurs collaborateurs un minimum de 1930 heures facturées et que le chiffre moyen réel était de 2059.

Des auteurs, comme les professeurs Marc Galanter et Thomas Palay, ont ainsi développé la théorie du « tournoi » (tournament), allant jusqu'à comparer la grande firme à une pyramide de Ponzi [1] condamnée à la croissance perpétuelle, ou à l'effondrement. Ils expliquent que ces firmes ont créé un modèle qui, loin de pousser à l'innovation, incite seulement les nouveaux collaborateurs à réaliser de très grands sacrifices en acceptant des charges de travail très lourdes. Il leur est demandé de se mettre entièrement au service de la firme, dans l'espoir, de nombreuses années plus tard, de remporter le prix du tournoi, c'est-à-dire de grimper les degrés de la pyramide pour devenir associé. Il n'est pas certain que le « prix du tournoi » ait conservé la même attractivité aux yeux des nouvelles générations qui entrent dans la profession, plus féminisées et aussi moins convaincues qu'il faille tout sacrifier à la réussite professionnelle.

§

L'INNOVATION ET LES TECHNOLOGIES DE L'INFORMATION

228 La pression pour l'innovation s'est désormais fortement accentuée avec le développement des technologies de l'information. En 2013, la société de conseil McKinsey & Company a publié un rapport intitulé *Disruptive technologies : Advances that will transform life, business, and the global economy* (v. s^{s} n° 6), dans lequel elle tentait d'identifier les évolutions techniques de rupture ayant le potentiel de « transformer la vie, le monde des affaires, et l'économie globale. » Six ou sept des douze technologies retenues appartiennent à la sphère des technologies de l'information [2]. Pour les auteurs du rapport, elles seraient susceptibles d'apporter, dans le domaine de l'emploi intellectuel qui concerne aujourd'hui plus de 230 millions de personnes, à un horizon de dix ans, des changements d'une aussi grande ampleur que ceux qu'a pu

1. Marc Galanter, Thomas Palay, *Tournament of Lawyers: The Transformation of the Big Law Firm*, University of Chicago press, Chicago, 1991.

2. http://www.mckinsey.com/insights/business_technology/disruptive_technologies/

produire, pour les travailleurs manuels, la révolution industrielle. À l'initiative du président Jean-Louis Forget[1], une commission[2] mise en place par la Conférence des bâtonniers, chargée d'un rapport sur « l'impact de la dématérialisation et des nouvelles technologies sur la profession d'avocat », avait proposé de raisonner à partir de cinq grandes tendances :

- l'augmentation à l'infini de la puissance de calcul des ordinateurs du réseau (v. s[s] n° 229);
- l'augmentation à l'infini du nombre de personnes connectées au réseau (v. s[s] n° 231);
- l'augmentation à l'infini de la masse des données collectées, stockées et accessibles sur le réseau (v. s[s] n° 232);
- l'augmentation à l'infini des prestations réalisées à travers le réseau (v. s[s] n° 233);
- l'augmentation à l'infini du nombre des objets intelligents connectés au réseau (v. s[s] n° 235).

§§
Une puissance de calcul sans limites

229 La fameuse « loi de Moore » est une simple conjecture[3] reposant néanmoins sur la constatation empirique que, depuis les débuts de l'informatique, la puissance des ordinateurs n'a cessé d'augmenter, tandis que leur coût diminuait. Le rapport McKinsey (v. s[s] n° 6) souligne qu'il fallait 5 millions de dollars[4] pour s'offrir en 1975 le plus puissant ordinateur du monde. Aujourd'hui n'importe quel détenteur d'iPhone, payé 400 dollars[5], dispose de la même puissance. Les scientifiques assurent que la puissance de calcul à la disposition de chacun d'entre nous va continuer de croître de manière vertigineuse : « *Du côté des machines, le plus puissant ordinateur du monde aujourd'hui, est un ordinateur IBM destiné à la simulation d'essais atomiques au Lawrence Liver-*

1. Jean-Louis Forget a présidé la Conférence des bâtonniers en 2012 et 2013.
2. Certains des développements qui suivent sont largement inspirés de ce travail, auquel l'auteur a participé. Le rapport de cette commission, présidée par le bâtonnier J.-L. Medina a été publié dans l'ouvrage *Avocats et ordres du XXIe siècle*, « Thèmes & Commentaires », Dalloz, 2014.
3. La puissance des ordinateurs double tous les deux ans, à prix constants.
4. Dollars de 1975.
5. Dollars de 2013.

more Laboratory en Californie, aux États-Unis. Il dispose d'une puissance d'environ 1 013 instructions par seconde. La plus puissante machine, avec ses 1 013 instructions par seconde, en est donc précisément arrivée aux estimations basses de puissance du cerveau humain. Si le rythme du progrès se maintient, en 2015, l'ordinateur le plus puissant du monde atteindra 1 016 instructions par seconde et, en 2030, 1 019 instructions par seconde correspondant à l'estimation la plus haute proposée pour la puissance du cerveau humain qui serait ainsi, selon toute vraisemblance, largement dépassée à cette date. » D'après eux, il ne faudra pas très longtemps pour que les ordinateurs personnels, puis les téléphones portables atteignent la puissance de calcul d'un cerveau humain : « *Ray Kurzweil de son côté évalue avec plus de précision (mais en prenant sans doute plus de risques) qu'un ordinateur de 1 000 dollars atteindra la puissance du cerveau humain en 2030 (et atteindra la puissance de tous les cerveaux humains réunis en 2060). Tout semble assez cohérent, et c'est là une grande nouvelle : pour ce qui est de la puissance de calcul, l'espèce humaine est entrée dans l'ère où elle construit des machines égalant ses propres capacités.* »[1]

230 Une créature artificielle aurait réussi le test de Turing, selon l'hebdomadaire *Le Point*[2]. Elle serait parvenue à se faire passer pour un adolescent de treize ans au cours d'une conversation : « *Les géants du hight-tech mettent au point le robot qui pourra se passer de l'homme.* » Le lancement du projet « human brain » a été annoncé au cours de l'année 2013, son coût total est de plus de 1 milliard d'euros et il bénéficie de crédits de l'Union européenne qui l'a sélectionné comme un de ses Future and emergent technologies (FET) flagships[3] : « *Le Human Brain Project (HBP) a pour but de réunir toutes les connaissances actuelles sur le cerveau humain afin de le reconstituer, pièce par pièce, dans des modèles et des simulations informatiques. Ces modèles ouvriront de nouvelles perspectives dans le but de mieux comprendre le cerveau et les maladies neurologiques. Il s'agira également de développer des technologies novatrices dans les domaines informatiques et robotiques.* »[4] Compte tenu des développements pré-

1. Jean-Paul Delahaye, « Jusqu'où l'ordinateur calculera-t-il ? », *Pour la Science*, n° 283, mai 2001; http://www2.lifl.fr/~delahaye/dnalor/ordinateur.pdf/

2. Guillaume Grallet, « L'intelligence artificielle c'est maintenant », *Le point* 19 juin 2014.

3. http://cordis.europa.eu/fp7/ict/programme/fet/flagship/

4. Actualités Médiacom, « Le Human Brain Project consacré par la Commission européenne », École polytechnique fédérale de Lausanne (EPFL), 28 janv. 2013; http://actu.epfl.ch/news/le-human-brain-project-consacre-par-la-commission-/

visibles de l'intelligence artificielle, le rapport McKinsey (v. s[s] n° 6) fait figurer l'automatisation du travail intellectuel parmi les douze technologies de rupture de nature à bouleverser la planète d'ici à 2025.

§§
Une humanité connectée

231 L'Union internationale des télécommunications (UIT)[1] est l'agence spécialisée des Nations unies pour les technologies de l'information et de la communication. Elle publie tous les ans son rapport annuel *Mesurer la société de l'information.* D'après son rapport 2013[2], 40 % des humains sont connectés à l'internet (2,7 milliards pour la fin de l'année 2013). Il reste cependant (seulement ?) 1,1 milliard de ménages dans le monde, issus à 90 % de pays en développement, qui n'ont toujours pas accès au web. La quasi-totalité de la planète est desservie par les réseaux cellulaires qui comptent 6,8 milliards d'abonnés. La société se rapproche toujours plus de la perspective d'une humanité entièrement connectée, dans laquelle chacun peut dialoguer avec tous. L'internet mobile, dont le développement est tout aussi impressionnant, permet également de rester connecté de manière permanente.

Le réseau est devenu le vecteur idéal où peut se forger cette « *confiance presque illimitée dans le jugement du public* » dont Tocqueville avait pressenti que dans les sociétés démocratiques et égalitaires, il constituerait la référence ultime. Le professionnel est désormais virtuellement en contact avec un nombre illimité de clients, s'il bénéficie d'un référencement satisfaisant et le réseau devient le lieu où se fait la réputation, comme aussi à travers les réseaux sociaux, de plus en plus présents.

§§
Le phénomène Big Data

232 Le nombre croissant des personnes et des objets connectés (v. s[s] n° 235) se traduit par une production de plus en plus impor-

1. Union internationale des télécommunications (UIT); http://www.itu.int/fr/Pages/default.aspx/

2. Union internationale des télécommunications (UIT), *Mesurer la Société de l'Information,* Rapport 2013, Résumé analytique, 2013; http://www.itu.int/en/ITU-D/Statistics/Documents/publications/mis2013/MIS2013-exec-sum_F.pdf

tante de données. Mais le stockage des données lui-même est de plus en plus souvent réalisé sur le réseau, en raison du développement du « cloud computing ». Les données étant désormais stockées en ligne et non plus sur les disques durs des ordinateurs des utilisateurs, restent toujours accessibles, y compris en situation de mobilité. Les plates-formes sur lesquelles il est possible de déposer ou de stocker des données se multiplient. La production de données n'est donc plus entre les mains de quelques intervenants ou des seuls acteurs professionnels. Tout internaute peut devenir producteur de données et les rendre accessibles.

Depuis peu, cette masse immense de données fait l'objet d'une exploitation, dans des buts scientifiques, commerciaux mais aussi de surveillance et de contrôle. Dans le domaine juridique, toute l'information disponible a donc vocation progressivement à devenir accessible, à tous, sur internet. Il en est de même pour l'ensemble des décisions en provenance du système judiciaire, mais aussi probablement pour toute la production intellectuelle des cabinets : contrats, conclusions, consultations... Le consommateur dispose désormais d'une information brute identique à celle du professionnel. Même des questions juridiques complexes trouvent leur réponse, gratuitement, en ligne, sur internet. L'asymétrie d'information, dont les règles professionnelles ont pour objet de contrebalancer les effets négatifs, s'estompe nécessairement. Des outils informatiques adaptés permettent déjà de réaliser des prédictions à partir de l'analyse des données. C'est ainsi que dans le domaine médical, Google serait déjà capable de prédire une épidémie avant les réseaux d'alerte des professionnels de santé[1].

À partir de l'exploitation systématique de données judiciaires, comme le montant des pensions alimentaires, ou les chiffres d'indemnisation du préjudice corporel, des systèmes dotés d'une puissance de calcul adéquate vont être capables, sur la base des données personnelles fournies par les internautes, de déterminer avec une précision suffisante les résultats d'un contentieux. On peut déjà procéder à une évaluation de son préjudice corporel sur le site de l'association d'aide aux victimes de France (AVF)[2], ce qui permet d'apprécier plus précisément la « valeur ajoutée » du recours à un avocat. À l'inverse, des

1. « Évolution de la grippe – France », http://www.google.org/flutrends/intl/fr/fr/#FR/

2. http://www.association-aide-victimes.fr/calcul-prejudice-corporel-AAF.htm

innovateurs sauront probablement de la même façon détecter les problèmes juridiques émergents et les contentieux naissant, ce qui mettra les cabinets d'avocats en mesure d'orienter leur stratégie et de concevoir des offres nouvelles.

§§
Des prestations fournies sur le réseau

233 Le commerce électronique s'est développé à une très grande vitesse – en France, son chiffre d'affaires a triplé en cinq ans – en dépit des considérables difficultés de logistique que doivent résoudre les entreprises du secteur. Le géant Amazon a ainsi annoncé à la fin de l'année 2013[1] qu'il travaillait à la mise en place d'un système de livraison par drones. S'agissant des services et surtout des services immatériels, ils peuvent être à la fois commandés, produits et délivrés sans quitter le réseau. C'est notamment le cas de l'essentiel des prestations juridiques. S'agissant des prestations judiciaires, elles suivent le même chemin, les juridictions étant devenues accessibles à distance et les procédures étant progressivement dématérialisées devant toutes les juridictions. Le site Demanderjustice.com (v. s^s n° 194) permet à des internautes de préparer en ligne la saisine d'une juridiction de proximité. La plaidoirie est susceptible de connaître la même évolution, dès lors que des dispositifs sophistiqués de réalité virtuelle remplaceront les dispositifs actuels de vidéoconférence. En dépit de leur caractère primitif, ces derniers ont d'ailleurs commencé d'être utilisés.

Le centre d'arbitrage et de médiation de l'Organisation mondiale de la propriété intellectuelle (Ompi) a ainsi annoncé son intention de tenir des audiences en ligne : « *Les parties, les arbitres et le centre communiqueront par voie électronique (tout en gardant la possibilité d'utiliser les moyens de communication audio et vidéo existants), ce qui permettra de réduire le recours à d'autres moyens de communication et la tenue de conférences et audiences nécessitant la présence physique des parties, qui économiseront ainsi du temps et de l'argent.* »[2]

1. *Le Monde*, « Amazon dévoile "Prime Air", un futur système de livraison par drones », Le Monde.fr avec AFP et Reuters 2 déc. 2013; http://www.lemonde.fr/technologies/article/2013/12/02/des-paquets-livres-par-drones-d-ici-cinq-ans_3523489_651865.html

2. Centre d'arbitrage et de médiation de l'Organisation mondiale de la propriété intellectuelle (Ompi), « Arbitrage en ligne »; http://www.wipo.int/amc/fr/arbitration/online/

234 S'agissant des juridictions, l'emploi de ces techniques soulève un certain nombre de réserves, exprimées notamment par le Conseil national des barreaux dans sa résolution « juger et défendre à distance » du 22 octobre 2011[1]. Mais sur Sky News[2] on peut déjà suivre en live les audiences de la Cour suprême du Royaume-Uni, tandis que le Conseil constitutionnel est engagé dans une démarche[3] du même type. Le développement de systèmes de justice en ligne est déjà entamé et il faut s'attendre à l'apparition d'une cyberjustice[4]. Money claim on line[5] est un système développé par le ministère de la justice au Royaume-Uni. Cette juridiction en ligne pratique des tarifs inférieurs[6] à ceux des autres cours du royaume et les étapes principales de la procédure peuvent être réalisées à distance. Cybersettle[7] est le leader (américain) incontesté de la résolution en ligne des litiges. Il revendique le règlement de 200 000 litiges depuis son lancement (1998) et fonctionne selon le système de la « double enchère aveugle », pour le chiffrage des réparations de préjudice. Modria[8] se vante d'être capable de régler n'importe quel litige et permet de recourir à tous les modes alternatifs de règlement. Le projet e-justice a pour objet la mise en place d'un guichet européen de la justice, qui permettra à terme de saisir en ligne n'importe quelle juridiction de l'Union européenne[9].

§§
L'internet des objets

235 Les objets aussi ont vocation à être connectés au réseau. Les objets intelligents sont capables d'enregistrer les données de toutes

1. CNB, 22 act. 2011; « Juger et défendre à distance : loin d'être neutre le recours à la visioconférence modifie profondément le déroulement des procès »; http://cnb.avocat.fr/Juger-et-defendre-a-distance-loin-d-etre-neutre-le-recours-a-la-visioconference-modifie-profondement-le-deroulement-des_a1162.html
2. "Supreme Court Live"; http://news.sky.com/info/supreme-court
3. « Toutes les vidéos »; http://www.conseil-constitutionnel.fr/conseil-constitutionnel/francais/videos/toutes-les-videos.48281.html
4. Laboratoire sur la cyberjustice; http://www.laboratoiredecyberjustice.org/fr/Home/Home/
5. https://www.moneyclaim.gov.uk/web/mcol/welcome/
6. PUISQUE la justice est payante et que toutes ses interventions sont tarifées.
7. http://www.cybersettle.com/
8. http://www.modria.com/
9. https://e-justice.europa.eu/home.do?plang=fr&action=home/

sortes, de dialoguer entre eux et d'interagir avec l'homme, ou les autres objets. Ils peuvent aussi, naturellement, se connecter sur internet. Ils se sont imposés à une vitesse stupéfiante et on prévoit 80 milliards d'objets connectés pour 2020. Ce n'est pas seulement comme utilisateurs que les professionnels du droit sont concernés. Les objets intelligents peuvent facilement aider au respect de la norme, y compris de la norme de droit dès lors qu'elle se trouve « embarquée » dans l'objet. Ils peuvent aussi servir à enregistrer les comportements et détecter les comportements illicites. Pas seulement dans le cas des bracelets électroniques, mais aussi dans celui de ces boîtes noires qu'il est envisagé de placer à l'intérieur des véhicules pour enregistrer le comportement des conducteurs. Non seulement ce type de dispositif permet de reconstituer, sans la moindre difficulté, en cas d'accident, le comportement des personnes impliquées, mais il apparaît que leur présence à bord a un effet bénéfique sur les modes de conduite. En attendant que circulent des véhicules intelligents et que disparaissent les accidents, et aussi les procès qu'ils provoquent.

§§§

Essai de cartographie des outils qui vont faire bouger la profession d'avocat (2015-2020)

Bernard Lamon,
avocat au barreau de Rennes

L'exercice du futurologue est toujours difficile. Néanmoins, en s'appuyant sur les tendances déjà observées ailleurs ou dans d'autres secteurs d'activité, voire dans certains micro-marchés du droit, on peut parier sur les innovations technologiques qui vont le plus bouleverser la façon pour les cabinets d'avocats de :

Produire : La reconnaissance vocale permet de produire certains contenus beaucoup plus vite et avec une orthographe plus précise. La numérisation et la reconnaissance de caractères ne permettent pas seulement de gagner de la place, mais de gagner en réactivité, en disponibilité, et en mobilité. Le plus révolutionnaire est sûrement dans la mise en place d'une forme d'industrialisation avec la production automatisée d'actes basés sur des arbres de décision, la mise en place de *vade-mecum* pratiques et de check-list. La profession n'y perdra pas son âme et encore moins la qualité de service –

pour une explication éclairante de l'efficacité des check-list voir le livre *The checklist manifesto* de Atul Gawande[1].

Gérer : Tant que les cabinets d'avocats sont gérés comme des groupements d'artisans - même dans des réseaux nationaux, il s'agit bien souvent d'un agrégat de petites équipes organisées sur le modèle du compagnonnage -, les besoins de gestion ne sont pas importants. On peut donc se contenter d'indicateurs extrêmement robustes - le plus commun dans les cabinets internationaux étant le profit per partner (PPP). Le manager du premier cabinet d'avocats du monde a ainsi résumé son modèle économique : chaque mois, il faut que nos charges constituées principalement de nos loyers et de nos salaires soient couvertes par les heures facturées au taux horaire en vigueur. Avec la mise en place des méthodes en vigueur dans le monde des industries du service, les prix plus bas et plus adaptés sont possibles.

Se former : Les méthodes de formation en ligne - déjà en vigueur en formation initiale avec des modules de déontologie pour la France entière - ont amené une modification essentielle du modèle classique du colloque annuel des spécialistes de telle ou telle matière. Ce type de contenu permettra à des avocats d'acquérir de nouvelles compétences beaucoup plus vite et de manière beaucoup plus efficace, ce qui rendra plus facile des changements d'orientation professionnelle.

Savoir : Une seule illustration pour cette révolution. Les stagiaires d'aujourd'hui ont le réflexe pour la première étape de recherche de *googliser* la question, plutôt que d'ouvrir un code. Les textes et les jurisprudences essentielles sont immédiatement disponibles sur Légifrance - ce qui met aussi en cause le modèle économique des éditeurs juridiques.

Travailler : En interne, la mise en place d'outils de partage des connaissances (dans un répertoire Windows pour la méthode la plus simple) peut être révolutionnaire. Mais la barrière n'est pas technique ni technologique. Elle est culturelle. Le juriste est réticent à l'innovation, il est aussi extrêmement individualiste. Pourtant, en externe, de plus en plus d'avocats acceptent de partager y compris leur savoir-faire précieux sur des plates-formes de réseaux sociaux comparables à Facebook ou LinkedIn : comme les réseaux

1. Atul Gawande, *The checklist manifesto: How to Get Things Right*, Picador; Reprint, 2011.

Jurihub ou Voxavocats. Les réunions vont être remplacées par des visio-conférences. Enfin, la postulation va disparaître grâce au RPVA.

Vendre : Les bouleversements viendront de la volonté des clients (y compris des grandes entreprises) d'obtenir des prix forfaitisés, radicalement plus bas, avec des modalités participatives qui dépassent largement la pratique habituelle de l'honoraire de résultat. L'honoraire de résultat pouvait se comparer jusqu'à récemment à une cerise sur le gâteau et une rémunération complémentaire constituant un outil de motivation de l'avocat. Il constitue aujourd'hui parfois 70 % de la rémunération totale du travail de l'avocat. Et on verra émerger des packages; comprenant par exemple un projet de contrat, une check-list, et deux heures de conseil par Skype.

§

LES NOUVEAUX ACTEURS ET LES NOUVEAUX MODES DE DISTRIBUTION

236 Sans même qu'il soit besoin de se livrer à l'exercice consistant à tenter de tirer les conséquences de ces tendances dans cinq, dix ans, ou plus, il est d'ores et déjà possible de constater les bouleversements apportés par les technologies de l'information. L'information juridique est désormais disponible, le plus souvent gratuitement, en ligne. À travers l'usage de l'internet l'innovation est en train de gagner le secteur des prestations juridiques. Il ne fait aucun doute que ce mouvement va se poursuivre.

Le signe le plus visible en est la multiplication des sites internet qui ont décidé de s'implanter dans le domaine de la fourniture de renseignements juridiques. LegalZoom[1] est peut-être le plus connu d'entre eux. Il revendique un portefeuille de deux millions de clients[2]. Toujours aux États-Unis, on peut aussi citer We The People[3], LawGuru[4], Nolo[5], LawDepot[6], etc. Compte tenu de la réglementation applicable dans la plupart des États des États-Unis, ces sites prétendent ne pas

1. http://www.legalzoom.com/
2. En douze ans d'activité.
3. http://www.wethepeopleusa.com/
4. http://www.lawguru.com/
5. http://www.nolo.com/
6. http://www.lawdepot.com/

réaliser de prestations juridiques [1], même si certains des logiciels utilisés sont probablement déjà capables de personnaliser les documents fournis, ce qui pourrait bien correspondre à la définition de la consultation juridique (v. s[s] n° 107).

De vifs contentieux opposent donc certains de ces sites à la profession, sans qu'aucun, jusqu'à présent, n'ait été tranché par la Cour suprême des États-Unis. C'est ainsi que LegalZoom a fait l'objet d'une action collective dans l'état du Missouri [2], à l'initiative, non pas du barreau, mais d'un groupe d'avocats qui demandaient réparation pour le préjudice subi [3]. De la même façon, We The People a dû affronter une vague d'actions collectives [4]. Ces actions collectives semblent en général être menées par des avocats individuels ou des membres de petits cabinets, dont la clientèle est constituée d'individus et de très petites entreprises.

Les auteurs, qui ont étudié le phénomène, observent que les consommateurs, quant à eux, paraissent plutôt satisfaits des services rendus par ces nouveaux opérateurs, qui leur permettent d'obtenir des services juridiques de base à des prix raisonnables. Ces contentieux seraient alors significatifs de la tendance des membres d'une profession à détourner à leur profit la réglementation existante pour protéger leur activité plutôt que les intérêts de leurs clients [5]. La décision

1. DANS de nombreux états américains, la pratique illégale du droit (unauthorized practice of law - UPL) est sanctionnée. Mais il n'y a pas de pratique illégale du droit, lorsque les documents vendus en ligne font l'objet d'une révision (clerical review) par une personne habilitée. L'embauche d'un « in-house lawyer » permettant de contourner l'interdiction.

2. Contentieux réglé finalement à l'amiable. Le site aurait versé des dommages et intérêts et modifié ses pratiques dans le Missouri; Nathan Koppel, "Seller of Online Legal Forms Settles Unauthorized Practice of Law Suit", 23 août 2011; http://blogs.wsj.com/law/2011/08/23/seller-of-online-legal-forms-settles-unauthorized-practiced-of-law-suit/

3. DANS les trois États de Californie, Missouri et Washington, les litiges ont été transigés. En Ohio et en Alabama, les procédures ont été interrompues. En Caroline du Sud Legal Zoom n'a pas été condamné. Reste un litige pendant en Caroline du Nord.

4. Richard Acello, "We the Pauper", *Aba Journal* (may 2010); http://www.abajournal.com/magazine/article/we_the_pauper/

5. Ray Worthy Campbell, "Rethinking Regulation and Innovation in the US Legal Services Market", *NY University Journal of Law & Business,* vol. 9, Fall (2012); http://www.nyujlb.org/wp-content/uploads/nyb_9-1-1_scissored. 7-76.pdf

rendue par la Cour suprême dans l'affaire *AT&T Mobility v. Concepcion*[1], même si elle ne concerne pas directement la pratique illégale du droit « unauthorized practice of law » (UPL), pourrait néanmoins fournir à ces sociétés les outils juridiques leur permettant de se mettre à l'abri de la plupart des poursuites[2]...

237 Quel que soit le caractère fondé ou non de ces actions, elles confirment que ces sites ont provoqué une forte déstabilisation des cabinets dont l'activité consistait à fournir, moyennant rémunération, ce type de documents. Force est de constater que ce ne sont pas des cabinets qui ont développé ces plateformes, alors qu'un certain nombre d'entre elles offrent la possibilité pour leurs clients d'entrer en contacts avec des avocats[3].

238 Les restrictions à l'accès aux capitaux ont empêché les avocats de s'implanter directement de manière efficace sur ce marché émergent. RocketLawyer[4] a levé un total de 43 millions de dollars, et réalise un chiffre d'affaires annuel de 20 millions de dollars et revendique 70 000 visiteurs quotidiens. En janvier 2013, cette société a fait acquisition de LawPivot.com[5] qui fournit des consultations juridiques en ligne par le biais d'un réseau de 2 000 avocats, pour un prix qui n'a pas été communiqué (le capital de la société est de 1,6 million de dollars).

239 Ces sites ont leur équivalent en France. Un site comme Legalife[6] permet de rédiger un contrat en ligne, en répondant à une série de questions et en ayant à tout moment la possibilité de se rapprocher d'un des avocats proposés par le site.

On trouve des modèles d'actes gratuits ou payants sur LégalActe[7] et des « packs » qui doivent permettre de mener une opération de bout en bout. Les auteurs des modèles mis en ligne sont pour la plupart des

1. *AT&T Mobility LLC v. Concepcion*, 131 S. Ct. 1740 (2011).
2. Elle admet la validité de clauses contractuelles par laquelle une partie (le consommateur en l'espèce) renonce à l'avance à son droit de se joindre à une action collective.
3. Le site Pearl (https://www.pearl.com/) propose l'accès à différents professionnels, dont les avocats.
4. https://www.rocketlawyer.com/; société créée par Charley Moore, un juriste.
5. La société avait été fondée par des avocats et des ingénieurs.
6. http://www.legalife.fr/
7. http://www.legalacte.fr/

avocats. La consultation du site ne permet toutefois pas de déterminer s'ils sont aussi impliqués dans la société qui en assure la gestion. Certains sites commerciaux proposent des listes d'avocats, dans plusieurs domaines du droit, ou dans une matière particulière, comme le droit de la famille (elledivorce.com [1]). Il peut s'agir de simples annuaires en ligne [2] dont l'accès est gratuit pour les internautes, alors que les avocats référencés doivent s'acquitter d'une cotisation pour figurer sur le site; sans que l'on puisse identifier d'autres critères de sélection... Le site « le bon avocat » [3] propose de guider l'internaute dans la recherche d'un avocat : « *Notre site va vous aider à trouver le bon avocat, c'est-à-dire celui qui vous convient le mieux en termes de compétence, disponibilité, prix pratiqué, mode de fonctionnement en général. Celui qui sera pour vous le bon avocat ne sera pas le même qu'une autre personne placée dans une situation différente ou placée dans la même situation, mais qui a des critères de recherche différents.* »

240 On peut *a priori* faire le même constat que précédemment en ce qui concerne le rôle joué par les avocats dans le développement de ces services : il reste relativement mineur. Ce sont essentiellement des acteurs étrangers [4] à la profession qui se sont positionnés sur ce marché. Il demande en effet des mises de fonds importantes pour disposer des outils informatiques et logiciels nécessaires et pour assurer une visibilité suffisante sur internet. Wengo [5], dont la plateforme prétend répondre aux besoins dans de nombreux domaines et comporte un système de notation des professionnels par les internautes, est, par exemple, une filiale de Vivendi.

241 Dans les pays (comme au Royaume-Uni ou aux États-Unis) où la représentation par avocat n'est pas obligatoire en matière de divorce, les propositions de « divorce en ligne » se sont multipliées [6], en met-

1. http://www.elledivorce.com/; particularité notable du site, il cherche à traiter de tous les aspects du divorce. Les services d'un avocat sont proposés comme le sont ceux d'un psychologue, ou d'un médiateur.
2. http://www.choisir-son-avocat.com/
3. « Choisir son avocat »; http://www.lebonavocat.com/le-bon-avocat-choisir-son-avocat.html
4. PARFOIS ce sont des avocats qui ont dû quitter la profession pour exploiter leur idée librement.
5. http://www.wengo.fr/
6. http://www.completecase.com/; http://www.quickie-divorce.com/; http://www.divorce-online.co.uk/

tant en avant l'argument du coût de la prestation. Le cas du Royaume-Uni est particulièrement intéressant, puisque la réglementation permet même aux prestataires de se substituer totalement aux avocats. Le site DivorceOnline propose en option un « service complet » comprenant la rédaction des actes et la saisine de la juridiction, qui est présenté comme similaire à celui d'un avocat. Pendant la durée de la procédure, le client peut consulter sur internet (évidemment à tout moment) l'état précis de sa procédure. En France, le site *Divorce Discount*[1] proposait un « prix unique » pour divorcer par consentement mutuel en automatisant au maximum le traitement[2] et en limitant au maximum le rôle dévolu à l'avocat. Avant qu'une ordonnance de référé[3] rendue à la requête du Conseil national des barreaux et l'ordre des avocats d'Aix-en-Provence ne le contraigne à revoir ses pratiques[4]; la société Divorce Discount se chargeait elle-même de constituer le dossier, en ligne ou par téléphone. Elle le transmettait ensuite à un avocat dont le rôle était pratiquement limité à la présence à l'audience.

242 En France, des avocats ont développé des offres assez proches, comme permet de le constater la consultation d'un site comme « Uxorys »[5] où un avocat propose des procédures de divorce par consentement mutuel « en ligne », pour un prix fixe, dans toute la France. Sa notoriété n'est cependant pas comparable[6] à celle des sites commerciaux. Le cas du site Demanderjustice.com[7] a déjà été évoqué (v. s^s^ n° 194), ses inventeurs ont annoncé, sans attendre l'issue de la procédure pénale en cours, une levée de fonds à hauteur de 1,5 million d'euros[8].

1. http://www.divorce-discount.com/
2. Que ce soit ou non le cas n'est pas ici l'objet du débat. Les observations qui suivent ont seulement pour but de tenter de retracer le raisonnement tenu par les concepteurs de ces systèmes.
3. Frappée d'appel.
4. TGI Aix-en-Provence, ord. référé, 24 déc. 2013, RG n° 13/1182; « Le CNB et l'Ordre des avocats d'Aix-en-Provence obtiennent la condamnation du site "divorce-discount.com" », 15 janv. 2014; http://cnb.avocat.fr/Le-CNB-et-l-Ordre-des-avocats-d-Aix-en-Provence-obtiennent-la-condamnation-du-site-divorce-discount-com_a1873.html
5. http://www.uxorys.com/; le dossier est rempli en ligne, et le client ne rencontrera son avocat que le jour de l'audience.
6. Au cas particulier, cela ne signifie pas qu'il faille s'en plaindre.
7. http://www.demanderjustice.com/
8. Village de la justice, « Demander Justice, site de résolution des litiges en ligne, annonce une importante levée de fonds », 13 juin 2014; http://www.village-justice.com/articles/Demander-Justice-site-resolution,17139.html

Là encore, les services rendus ne sont pas entièrement originaux, puisque des expériences du même type avaient été tentées par des avocats[1]; mais elles n'ont pas acquis la même visibilité. S'agissant de tirer parti des possibilités offertes par les technologies de l'information, les avocats ne paraissent donc pas manquer tant que cela d'imagination.

En revanche, il est clair que lorsqu'il s'agit de passer de l'idée à sa mise en application, ils semblent incapables de mobiliser les compétences ou les capitaux nécessaires à la réussite sur le marché. Chaque fois que la protection des activités réservées se relâche et que d'autres que les avocats peuvent entrer sur le marché pour leur faire concurrence, ils parviennent à les en évincer plus ou moins complètement à l'aide de nouveaux « business models » et grâce à leur puissance financière.

243 Voilà qui paraît confirmer la conclusion de Gillian Hadfield : « *Il ne faut pas s'attendre à ce que de nouveaux modèles de services juridiques, capables de faciliter l'accès des individus au système judiciaire à des coûts réduits soient mis au point avec de petits budgets. Mais la réglementation professionnelle empêche les innovateurs dans le domaine du droit d'accéder à d'autres investisseurs que d'autres avocats comme eux. Cela coupe l'innovation juridique des sources habituelles de capitaux - fonds spécialisés, amis ou membres de la famille, capitaux-risqueurs, associés, épargne publique - qui nourrissent l'innovation dans tous les autres secteurs de l'économie.* »[2] L'innovation, indispensable pour rendre abordable les prestations juridiques au plus grand nombre, ne peut se développer sans cet accès aux capitaux que la réglementation interdit... au nom de l'intérêt du public.

244 En 2005, avait été créée par une société commerciale regroupant une dizaine d'avocats et d'informaticiens, un site susceptible de permettre à des cabinets d'avocats de gérer, à l'aide des outils juridiques existant alors, des actions de masse : classaction.fr. La tentative s'était soldée par un échec. Dans un premier temps, le barreau de Paris avait formulé un certain nombre de réserves, avant que finalement et à la demande de différentes associations de consommateurs (précisément celles auxquelles la loi n° 2014-344 du 17 mars 2014[3], dite loi Hamon,

1. TEL le site du « coaching judiciaire »; http://www.coachingjudiciaire.com/
2. Gillian K. Hadfield, "Innovating to Improve Access: Changing the Way Courts Regulate Legal Markets", *USC Class Research Papers Series* n° Class 14-18 (2014).
3. L. n° 2014-344, 17 mars 2014 relative à la consommation, *JO* 18 mars, p. 5400.

a réservé les actions de groupe), le site ne soit condamné pour démarchage illicite[1]. Depuis cette date, l'action de groupe est devenue une réalité. Malheureusement, par l'effet de la loi Hamon, les avocats en ont été évincés, au profit exclusif des mêmes associations... Le site ActionCivile.com[2] est un avatar de DemanderJustice.com qui prétend reprendre le concept développé par classaction.fr. Les données de la question ont en effet spectaculairement évolué, puisqu'il est maintenant jugé que c'est la prohibition du démarchage qui est illicite (v. s[s] n° 77), de sorte que la collecte des mandats n'est certainement plus prohibée.

Du coup, dans un étrange combat à fronts renversés, l'assouplissement de la réglementation professionnelle rend possible le développement de « class actions » dans des domaines et dans des conditions que la loi Hamon n'avait absolument pas prévus. Le site précise que : « *L'inscription est gratuite. En cas de succès de l'action collective, ActionCivile.com prélève 15 % des indemnités récupérées par les inscrits. En cas d'échec de l'action collective, ActionCivile.com ne perçoit aucune rémunération.* » L'innovation s'étend donc au mode de fixation des honoraires : c'est le « no-win, no-fees » que pratiquent les Anglo-Américains. Mais le site Actioncivile.com est la propriété d'une société capitalistique[3] Action Civile SAS. qui paraît s'adosser au succès et peut-être aux capacités de financement de DemanderJustice.com.

Le retour des avocats dans la course se fait donc par la petite porte. Pour prendre le leadership, il aurait fallu être autorisé à réunir des capitaux (ou compter sur l'action de l'ordre[4]).

245 Novus Law[5] ne fait pas du droit. Mais elle réalise pourtant des prestations que les avocats (et surtout les grands cabinets) avaient l'habitude d'effectuer, et de facturer[6]. La procédure de « discovery » imposait en effet le recours à des armées d'avocats, facturant la réali-

1. Christophe Guillemin, « Condamnation du site Classaction.fr pour démarchage juridique illicite », *ZDNet* 6 déc. 2005; http://www.zdnet.fr/actualites/condamnation-du-site-classactionfr-pour-demarchage-juridique-illicite-39293101.htm/

2. http://www.actioncivile.com/

3. À l'actionnariat de laquelle on retrouvera probablement un ou des avocats.

4. EST-CE à l'ordre de se lancer dans de telles initiatives ? Ce n'est pas impossible, mais le temps qu'il se décide et qu'il réagisse, le marché est déjà occupé par d'autres.

5. www.novuslaw.com/

6. Markus Hartung, "Who's eating Law Firms' Lunch" *ABA Journal* (oct. 2013); http://www.abajournal.com/magazine/article/whos_eating_law_firms_lunch/

sation de prestations qui ne nécessitaient en réalité que des compétences juridiques très faibles. Ce sont désormais des programmes informatiques comme ceux de Novus Law qui les remplacent[1]. Axiomlaw[2] emploie plus de mille « attorneys » et leur propose des carrières en dehors de la pression des heures facturables; mais se vante de ne pas être un cabinet d'avocats et de n'être soumise à aucune des règles qui brident l'innovation chez les avocats. Le site n'hésite même pas à décrire avec ironie tout ce qui le distingue des avocats et de leurs pratiques.

Ce sont maintenant des industriels qui imaginent des solutions de tous ordres pour permettre aux entreprises de traiter leur documentation contractuelle en ligne, ou de signer leurs contrats[3]. Depuis mars 2011, une solution permettant de rendre les mêmes services à partir de l'acte d'avocat est attendue avec impatience.

246 Dans les domaines dans lesquels le consommateur a des raisons de croire que la qualité de l'avocat est un élément essentiel, c'est la manière de trouver le « bon » avocat que viennent renouveler les technologies de l'information. Internet fait peser une grave menace sur les intermédiaires, puisqu'il offre la possibilité au producteur de proposer ses produits directement, sans s'adresser à de complexes réseaux de distribution. L'intermédiaire tend donc à disparaître, chaque fois que le produit proposé est un produit absolument standard, dont les qualités sont connues ou facilement appréhendables. Les produits de consommation courante sont tout particulièrement sensibles à ce phénomène. Dans tous les autres cas, c'est le phénomène inverse que l'on constate.

Internet favorise l'apparition de nouveaux médiateurs, de nouveaux dispositifs de jugement, qui, plutôt que de prendre la forme traditionnelle (guide, palmarès...), vont s'appuyer sur la « sagesse de la foule » pour conseiller les internautes. Le site Wengo (v. s^{s} n° 239) se présente clairement comme un dispositif de jugement dont « *l'objectif est de faciliter la recherche de professionnels compétents proches de chez soi* », comme l'explique David Bitton, directeur général de Wengo.

1. Une alternative proposée par le marché est le recours à l'outsourcing : legal process outsourcing (LPO).
2. http://www.axiomlaw.com/
3. « 3 start-ups françaises pour en finir avec les contrats papiers », *Frenchweb.fr* 19 mai 2014; http://frenchweb.fr/3-start-ups-francaises-pour-en-finir-avec-les-contrats-papiers/152488/

Avec Devipresto, Wengo s'intéresse aux artisans : désormais, affirme le site[1] : « *Vous ne choisirez plus un professionnel au hasard* » : tous les artisans présents sur le site ont notamment accepté de faire l'objet d'une évaluation sur la base de leurs prestations. Le modèle est décliné dans le domaine juridique, où les mêmes principes d'évaluation des avocats par leurs clients sont appliqués : « *Tout le monde ne connaît pas un bon avocat ou n'a pas nécessairement envie de demander de l'aide à ses proches* », relève David Bitton[2].

247 Le mot « googliser » est entré dans le petit Larousse en 2014. Ce néologisme désigne l'action de réaliser une recherche sur un individu, sur internet, à l'aide du moteur de recherche Google, pour récolter des informations et se faire une opinion. Internet est devenu, chaque fois que les réseaux personnels ne peuvent être actionnés, la première source de renseignements dans le processus de choix. Le concept d'e-reputation est apparu en 2000 sous la plume de deux auteurs américains, Cynthia McDonald et Carlos Slawson[3] qui, à l'occasion de l'étude du fonctionnement du site e-Bay[4], ont démontré que la réputation numérique d'un vendeur a une influence directe sur les prix qu'il peut pratiquer. Cette réputation est construite à partir des jugements (positifs) formulés par les internautes.

Dans la plus pure logique d'Akerlof (v. s[s] n° 47), c'est le signal de qualité délivré par les autres internautes qui vient contrebalancer les insuffisances d'un marché opaque et amène l'internaute à traiter avec un parfait inconnu. Sans ce dispositif de notation, le site e-Bay n'aurait jamais pu connaître le succès.

248 Aujourd'hui, à côté de sites qui proposent des annuaires plus ou moins pertinents, sont apparus des sites introduisant la possibilité d'une notation des avocats y figurant par leurs clients. En France, à la suite de la délibération 2009-329 du 4 juin 2009[5] de la Commission

1. http://www.wengo.fr/
2. Valérie Leboucq, « Wengo veut devenir le Google du service aux particuliers », *Les Échos* 7 févr. 2013, http://m.lesechos.fr/redirect_article.php?id=0202538298357&fw=1/
3. Cynthia G. McDonald, V. Carlos Jr. Slawson, "Reputation in an Internet Auction Market", *Economic inquiry*, vol. 40, p. 633-650 (issues 4, oct. 2002).
4. http://www.ebay.fr/
5. Cnil, délibération 2009-329 du 4 juin 2009; http://www.cnil.fr/fileadmin/documents/La_CNIL/actualite/Deliberation_Servtel_3000.pdf

nationale de l'informatique et des libertés (Cnil), un coup d'arrêt a cependant été donné aux sites qui proposaient aux internautes de noter des professionnels (dont les avocats) sans leur consentement, dans des conditions ne respectant pas la loi n° 78-17 du 6 janvier 1978[1]. La Cnil avait en effet relevé à l'égard des animateurs du site des manquements : à l'obligation d'accomplir correctement les formalités préalables à la mise en œuvre du traitement, à l'obligation d'information des personnes, à l'obligation de collecte loyale des données, à l'obligation de définir une durée de conservation des données et à l'obligation de veiller au droit d'opposition.

Le site international Lawyers[2] qui offre la possibilité de noter les avocats, explique que noter son avocat apporte une aide aux autres consommateurs, mais aussi aux avocats concernés, qui peuvent prendre conscience des faiblesses de leurs prestations. Le site conseil-juridique.net[3] propose des critères de recherche relativement élaborés basés sur les compétences et met en avant les avocats les plus consultés, ou les mieux notés. Sur Wengo, le pourcentage des clients satisfaits apparaît en regard de la fiche de l'avocat concerné. Mieux, il est possible d'accéder aux commentaires, élogieux ou non, déposés par chaque internaute. Le site offre même la possibilité à l'avocat de répondre à son tour.

Ces différents dispositifs respectent la loi du 6 janvier 1978 : ne sont notés que des avocats qui se sont préalablement inscrits et ont donc volontairement communiqué les données personnelles figurant en ligne. Les consommateurs bénéficient donc du retour d'expérience des autres internautes et peuvent ainsi plus facilement orienter leur choix. Suivant la même logique, c'est parfois l'avocat qui décide de faire figurer sur son site les commentaires et les recommandations de ses clients.

249 De son côté, les ordres se contentent la plupart du temps de mettre à la disposition du public la liste des avocats en veillant à ne privilégier personne. La capacité de l'ordre professionnel de porter un jugement sur la qualité et les compétences des avocats n'est donc pas mise à la disposition du public. Sauf dans des cas particuliers (désignation d'office,

1. L. n° 78-17, 6 janv. 1978 relative à l'informatique, aux fichiers et aux libertés, *JO* 7 janv., p. 227.
2. http://www.lawyers.com/
3. http://www.conseil-juridique.net/

désignation dans le cadre de l'aide juridictionnelle), l'ordre ne dirigera pas le client vers un avocat particulier, laissant cette responsabilité au client lui-même. Tant que sur le marché, aucun dispositif de jugement n'existait susceptible d'aider le consommateur dans sa recherche, le fait que l'ordre autolimite son intervention n'avait aucune conséquence apparente. Désormais l'écart se creuse entre les services rendus par l'ordre dans ce domaine, et ceux donnés par ces sites commerciaux.

Cette évolution met donc en péril, pour partie, la capacité de l'ordre à créer de la confiance (v. s[s] n° 270). Les conditions dans lesquelles le pouvoir disciplinaire est exercé (v. s[s] n° 166) permettent de penser que ce n'est pas non plus par ce biais que l'ordre parviendra à la produire. L'ordre professionnel ne paraît pas encore avoir pris toute la mesure des incidences des changements en cours sur son rôle dans ce domaine.

§§
Les réactions possibles

Les ruptures technologiques sont en train de faire
ce que les gouvernements n'ont pas voulu faire.

Bruno Lasserre
président de l'Autorité de la concurrence

250 À rebours de la solution prônée par certains à l'occasion de l'affaire DemanderJustice.com[1], la profession n'est pourtant pas condamnée à se recentrer sur le « haut de gamme » et à abandonner les services de proximité. Cette réaction serait d'ailleurs probablement suicidaire. Elle ne tient en effet absolument pas compte des théories expliquant la façon dont les entreprises innovantes apparaissent sur le marché et finissent par en chasser les entreprises qui s'y trouvaient, dont la réaction ordinaire se trouve précisément être de se réfugier, face aux nouveaux entrants, vers les secteurs les plus rentables du marché qui exigent les prestations les plus sophistiquées[2]. Les innova-

1. François Mazon, « Taxis et avocats, même (mauvais) combat », *Les Échos* 7 mars 2014; http://m.lesechos.fr/redirect_article.php?id=0203354134876&fw=1/

2. Ray Worthy Campbell, "Rethinking Regulation and Innovation in the US Legal Services Market", *NY University Journal of Law & Business*, vol. 9 (Fall 2012); http://www.nyujlb.org/wp-content/uploads/nyb_9-1-1_scissored. 7-76.pdf

tions « de rupture » donnent au départ lieu à la mise sur le marché de produits d'une qualité assez inférieure à celle des entreprises en place, mais qui sont beaucoup moins coûteux. Leur prix plus bas permet cependant à une nouvelle classe de consommateurs d'accéder au marché et aussi d'attirer une partie des clients des entreprises en place, qui étaient prêts en réalité à se satisfaire de produits moins aboutis mais au prix plus attractif. S'étant fait une place sur le marché, les nouveaux entrants ont alors tout le loisir d'améliorer progressivement leur offre pour répondre aux demandes de ceux de leurs clients qui souhaitent une montée en gamme.

COMMENT LES ENTREPRISES INNOVANTES S'IMPOSENT SUR LE MARCHÉ

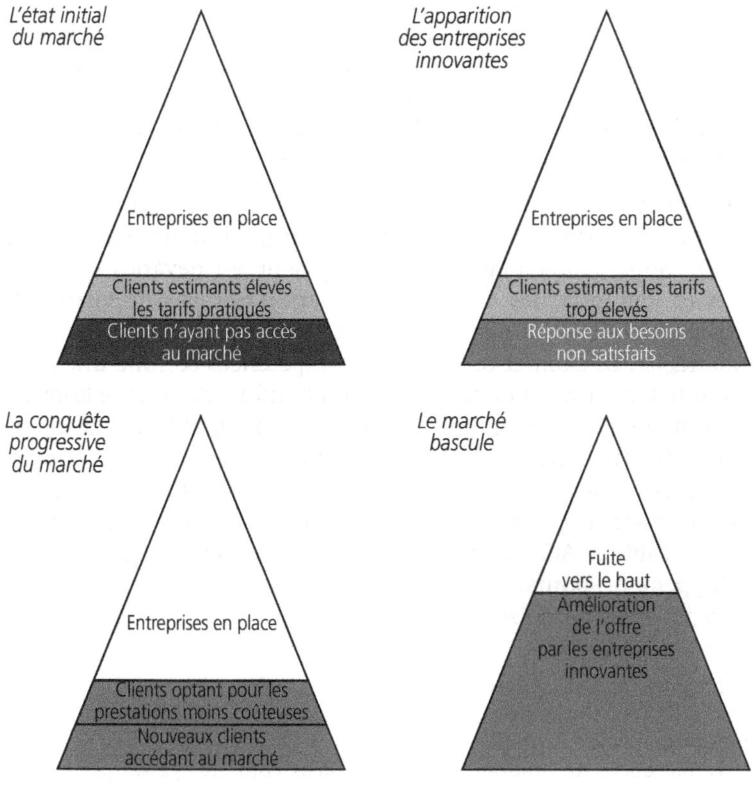

Source : L'auteur.

L'amélioration constante de la qualité de leur offre en renforce l'attractivité et leur part de marché s'accroît. Pendant ce temps-là, les entreprises en place continuent leur fuite vers le haut, perdant progressivement leurs clients, jusqu'à la chute finale... Les entreprises installées, si elles veulent survivre, doivent donc ne céder aucun terrain. Néanmoins, cela implique une capacité peu commune à s'adapter aux nouvelles circonstances.

251 La démarche de la société Agence des nouveaux avocats[1] correspond à cette volonté de faire évoluer l'offre de services des avocats pour répondre à des besoins de droit auxquels les cabinets traditionnels ne parviennent pas à répondre. Une grande partie de leur clientèle est constituée de personnes qui n'avaient pas l'habitude de s'adresser à des avocats. Pour leur rendre plus facile d'initier la démarche de s'adresser à un avocat, l'apparence du cabinet a été totalement revue. Rien ne distingue fondamentalement le cabinet, dont la vitrine s'ouvre sur la rue, d'une agence bancaire ou immobilière. La vitrine est utilisée comme un espace d'information et tout est fait pour rendre plus facile et plus naturelle la démarche de demander un conseil juridique. En soi, il s'agit déjà d'une révolution.

À l'occasion de la table ronde organisée par l'OCDE sur la réglementation des professions juridiques, les organisateurs relevaient que « contrairement aux magasins qui exposent en devanture des vêtements et leur prix, les cabinets d'avocats n'ont pas de vitrine dans laquelle seraient présentées leurs prestations et les honoraires correspondants »[2]. Le cabinet présente ses compétences comme une gamme de produits, il a investi dans les systèmes d'information et le knowledge management. Du coup, une partie non négligeable de la clientèle serait constituée par des personnes qui n'avaient jusqu'à présent jamais mis les pieds dans un cabinet d'avocat. L'initiative est d'autant plus intéressante que Philippe Charles et Frédéric Moréas[3], cofondateurs du cabinet AGN Avocats, semblent désireux de poursuivre leur développement, poursuivant une démarche qui s'apparente peut-être à une logique de franchise.

1. http://www.agn-avocats.fr/
2. OECD, *Policy Roundtables: Competitive Restrictions in Legal Professions*, "Competition Law and Policiy", OECD, 2007, p. 369.
3. Le fait que cette innovation vienne de deux confrères passés par HEC n'est certainement pas un hasard.

§§§

AGN Avocats : une innovation d'avocats pour les clients

Frédéric MORÉAS et Philippe CHARLES,
fondateurs AGN Avocats
avocats au barreau de Paris

• *Combler un vide dans le marché du droit.* Les avocats sont, en principe, les meilleurs experts sur le marché du droit, un marché qui pèse près de 16 milliards d'euros en France. C'est donc vers eux que l'immense majorité du marché devrait se tourner. Pourtant ce n'est qu'en droit des affaires - principalement en droit des affaires haut de gamme - que les clients se tournent vers l'avocat. Pourquoi ce déficit sur les autres marchés ? Trois observations saisissantes expliquent en partie cette situation :

- entre l'offre de droit des affaires très structurée et l'aide juridictionnelle finalement assez bien organisée, il existe une offre de droit intermédiaire atomisée et difficilement lisible pour le client. C'est sur ce marché que le besoin de droit est le plus fort dans la population française et pourtant c'est sur ce marché que l'avocat est le moins accessible;
- les clients ont peur de l'avocat, ne savent pas à qui s'adresser et surtout ignorent ce que cela va leur coûter;
- la déontologie, et notamment la déontologie des structures, est perçue comme un frein au développement des avocats. Plusieurs raisons expliquent cet état de fait. D'une part, la globalité de la déontologie des avocats reste relativement difficile à appréhender - le premier code de l'avocat comportant des compilations de jurisprudences date de 2010. D'autre part, la déontologie comporte certaines règles anachroniques dont la justification n'est pas évidente (par exemple : il est interdit d'ouvrir les capitaux des cabinets d'avocats, il est interdit de contrôler plusieurs filiales exerçant la profession d'avocat, le développement territorial est très difficile). Par ailleurs la Commission européenne exhorte la France à moderniser la réglementation des avocats. La déontologie a pour but de protéger le client et l'avocat mais il est inutile d'ériger un mur entre les deux parties.

De ces trois observations - marché non structuré, demande des clients non satisfaite, déficit structurel des règles professionnelles - on comprend mieux pourquoi l'avocat n'est pas l'acteur n° 1 sur son marché et cela invite à s'interroger sur les améliorations à apporter. Faut-il que les innovations à venir soient portées par des avocats soucieux de participer à une évolution inéluctable de leur métier ou par d'autres prestataires non-avocats : experts-comptables, notaires, agents immobiliers ou prestataires issus du secteur libre ?

Nous pensons que la déontologie a un sens pour les clients : il est important qu'un client sache que nos échanges sont couverts par le secret, que nous n'allons pas défendre son adversaire, ou encore que nous sommes couverts par une assurance. C'est pourquoi l'innovation doit être portée par les avocats qui doivent rester les référents sur le marché du droit : d'où la nécessité d'entreprendre en tant qu'avocats et d'où AGN Avocats.

• *Développement de l'offre AGN Avocats.* AGN Avocats : qu'est que c'est ? C'est d'abord la première agence du droit en France ouverte en septembre 2012 en pleine conformité avec la déontologie actuellement en vigueur. Cette première nous a permis de mesurer la réalité du besoin de droit dans la population : de nombreux citoyens ont des questions juridiques en latence, ils aimeraient avoir accès à un avocat, leurs dossiers sont souvent déjà bien structurés, ils sont prêts à y consacrer un budget car ils ont conscience des limites d'internet mais ils n'osent pas toujours aller vers un avocat alors que l'avocat reste, pour eux, un expert sur le marché du droit. Le modèle d'Agence nous a permis de valider ces hypothèses et aussi de confirmer qu'il existait des marges inexploitées dans la déontologie de l'avocat.

La phase de test étant passée, il nous paraissait important de dupliquer dans un autre barreau que le barreau parisien. Nous avons alors ouvert une deuxième agence à Levallois un an après l'ouverture de la première, ce qui nous a permis d'observer les mêmes phénomènes : élargissement du marché du droit, des questions juridiques en latence, des dossiers déjà structurés et des personnes désireuses de se faire conseiller ou assister par un avocat.

Une des convictions AGN Avocats est que nos clients attendent de la transparence, une qualité de service avec la mise en place de procédures uniformes et une communication de marque. C'est même naturel pour des clients habitués à recevoir des services structurés de la part d'autres professionnels. Pour se rapprocher au maximum de nos clients, nous avons donc emprunté au *retail* ce qu'il a de plus pertinent et rassurant, à savoir l'agence ou la boutique en repensant tout un cabinet traditionnellement en étage dans une configuration de rez-de-chaussée avec vitrine, enseigne, information claire et transparente sur les prix et les services, normalisation des méthodes de vente appliquées au droit. L'objectif est de simplifier l'accès au droit et de rapprocher les clients des avocats.

Après avoir démontré sur deux agences notre savoir-faire en vue de rapprocher les clients des avocats, nous avons lancé le réseau AGN pour accompagner des confrères dynamiques souhaitant se rapprocher des clients (soit en développant des agences ou en augmentant la croissance de leurs cabinets actuels). Rapprocher les clients des avocats et les avocats des clients alors qu'ils se cherchent et même se recherchent, c'est le but de la démarche AGN Avocats.

• *AGN Avocats : pour aller plus loin, il faut rénover notre déontologie.* Pour AGN Avocats, rénover notre déontologie signifie deux choses : d'une part, il est primordial de conserver une déontologie protectrice du client et de l'avocat, et d'autre part, il est tout aussi primordial de réfléchir aux règles déontologiques qui, aujourd'hui, n'ont plus de justification ou sont disproportionnées. La déontologie ne doit pas être perçue comme un corps de règles figé qui interdit, bien au contraire, ce corps de règle a vocation à encadrer nos initiatives dans le respect des principes essentiels qui nous protègent autant que nos clients. Ce corps de règle ne figure pas que dans le RIN mais aussi dans les directives, la jurisprudence : conseils de l'ordre, CJUE, Autorité de la concurrence et Conseil d'État.

Notre innovation a logiquement entraîné des discussions avec les ordres respectifs et c'est parfaitement légitime. Nous avons toujours accepté les débats et toutes les discussions fondées sur nos textes et leur interprétation jurisprudentielle.

Nous sommes en revanche plus circonspects lorsque les discussions ne reposent sur aucun fondement textuel tangible, le seul but étant d'empêcher ou de freiner l'innovation. Il faut bien comprendre que l'innovation des avocats n'est pas une possibilité mais une nécessité. Nous voyons autour de nous que les autres professions réglementées (taxis, pharmaciens, opticiens) ont de la peine à résister aux nouveaux entrants sur leur marché. Pourquoi ? Parce qu'ils ont réagi trop tard. Il est vrai que la technologie a permis de faire tomber certaines barrières pour ces professions. Aujourd'hui le débat est le même pour notre profession, souhaite-t-on réagir alors que des nouveaux entrants essaient de pénétrer le marché ou souhaite-t-on regarder une nouvelle fois le marché nous échapper ? Nous avons une chance incroyable, c'est notre marque « avocat » qui reste dans l'esprit de nos clients un gage de sérieux et d'expertise mais il ne faut pas nous enfermer dans notre tour d'ivoire déontologique. L'objectif en modernisant notre déontologie est aussi de pouvoir soutenir la concurrence des autres intervenants sur le marché du droit, qu'ils soient professionnels réglementés ou simples prestataires de services. Ce n'est qu'à armes égales que la compétition pourra s'opérer.

Les propositions d'AGN Avocats pour permettre à l'avocat de reprendre la place qui est la sienne dans le marché du droit sont les suivantes :

- faciliter le financement des cabinets d'avocats : d'une part en permettant de faire entrer à notre capital des non-avocats à hauteur de 49 %, d'autre part en autorisant les associés avocats à mettre en compte-courant plus de trois fois du montant de leur apport initial;

- faciliter le développement territorial de nos cabinets en supprimant purement et simplement la procédure (anticoncurrentielle ?) d'autorisation préalable à l'implantation dans un autre barreau, en supprimant aussi les règles anachroniques qui empêchent la filialisation des cabinets d'avocats;

- nous laisser aller plus loin en matière de communication commerciale comme nous y autorise la directive Services;

- libéraliser les règles concernant les services rendus sur internet par les avocats;

- mettre fin à certaines incompatibilités avec l'exercice de la profession d'avocat;

- nous permettre de recourir aux structures d'exercice de droit commun afin que notre responsabilité soit réellement limitée aux apports comme cela est le cas pour nos amis experts-comptables qui sont nos concurrents directs sur le marché du droit.

En synthèse, il s'agit de permettre à l'entreprise d'avocats de devenir... une vraie entreprise, qui bénéficie de surcroît des principes essentiels de notre profession qui sont le fondement de notre relation avec les clients et le gage d'une prestation de qualité. Il faut permettre à l'entreprise d'avocats d'avoir un cadre de confiance pour les associés exerçant, mais aussi permettre un réel rapprochement de l'avocat et du client.

252 Le développement de réseaux de franchise pourrait en effet constituer une voie prometteuse. Le système de la franchise permet de répandre rapidement les bonnes pratiques et l'innovation. Il favorise également le maintien d'un fort maillage de cabinets individuels ou de petite taille. À l'occasion d'une franchise peuvent être conçus et mutualisés des kits permettant aux franchisés d'accéder à des services d'une qualité élevée dans les domaines du marketing, de la publicité ou de la gestion de la relation client. De même, les franchiseurs peuvent mettre au point et fournir aux franchisés des systèmes de suivi de la qualité et les aider à améliorer leur productivité. En fait, ce sont toutes les fonctions support qui peuvent être mutualisées, apportant un confort dans l'exercice professionnel dont les avocats exerçant individuellement se plaignent de ne pas disposer. Dans le même temps des gains importants de productivité peuvent être réalisés, le franchisé pouvant consacrer plus de temps aux activités productives. La mise en commun des connaissances et des savoir-faire, ainsi que la mutualisation des fonctions administratives peuvent permettre à des structures de petite ou moyenne taille, ou à des cabinets individuels, de réaliser des gains de productivité considérables, tout en rendant l'exercice professionnel plus facile.

253 Des tentatives ont eu lieu aux États-Unis au cours des années 70 et 80 pour créer des réseaux de cabinets sous une marque commune, installés dans des « malls » ou dans des quartiers commerçants, délivrant une gamme de prestations identiques et standardisées. D'après Gillian Hadfield[1], ces tentatives n'ont pas fait l'objet d'études systématiques à l'époque. Elle fait cependant état des constatations de Jerry Van Hoy[2] qui a relevé l'usage de différentes méthodes destinées à réduire les coûts : marque nationale, standardisation, usage des technologies, choix des implantations et accent mis sur le service rendu au client : prix fixes et volonté de fournir des réponses rapides. Van Hoy souligne également la mise en œuvre de processus de standardisation permettant de déléguer une grande partie des tâches à des personnels non-avocats. Les deux grands réseaux américains (Jacoby & Meyers et Hyatt Legal Services) ont finalement décliné au cours des années 90.

Si ce déclin ne peut être rattaché à une cause unique, il semble bien que l'hostilité des barreaux (dont certains ont jugé que l'exercice sous une marque unique violait les règles relatives à la dénomination des cabinets) ait joué un rôle important, comme aussi la faible motivation des avocats concernés qui considéraient le travail qui leur était confié comme peu gratifiant[3]. Si les franchises doivent se développer à nouveau, elles devront surmonter ces difficultés.

1. Gillian K. Hadfield, "The Cost of Law : Promoting Access to Justice through the (Un)Corporate Practice of Law", *International Review of Law and Economics, Forthcoming* (2013).

2. Jerry Van Hoy, *Franchise Law Firms and the Transformation of Personal Legal Services*, Wesport, Quorum, C.T, Greenwood Press, 1997.

3. À l'inverse, les personnels administratifs dont les responsabilités étaient augmentées manifestaient une grande satisfaction.

254 Apparemment la profession est restée hermétique en France à la notion de franchise, en dehors peut-être de l'expérience des Nouveaux avocats (v. s^{s} n° 251). Il est tout à fait significatif de relever que des efforts pour créer des réseaux de franchise ont eu lieu au Royaume-Uni, en réaction à l'apparition sur le marché de nouveaux acteurs qui viennent concurrencer les cabinets d'avocats. La tentative de Face2face solicitors a rapidement avorté. En revanche, le réseau Quality solicitors[1] est parvenu à réunir plus de 200 cabinets de petite taille sous une marque commune qui a rapidement pu acquérir une grande notoriété grâce à une présence forte sur internet et un recours important à la publicité et au marketing. Même si l'initiative de Quality solicitors de s'implanter dans les 500 points de vente du libraire WH Smith ne semble pas avoir été un succès, il reste qu'il s'agissait bien de riposter à la stratégie de Coop (v. s^{s} n° 140), qui s'appuie sur son réseau de supermarchés.

255 Ce regain d'intérêt pour les franchises est évidemment facilité par l'usage des technologies de l'information qui peut donner une nouvelle jeunesse à ce genre d'expérience. Il est dorénavant possible, via l'implantation de logiciels, de transférer plus facilement au sein des cabinets le « know-how » du réseau. Au-delà de l'accès aux bases de données et à la documentation juridique, il est facile d'imaginer la constitution de bases de connaissances partagées et la mise en commun de l'expérience acquise.

Il est devenu possible d'aller assez loin aujourd'hui dans la mise en réseau des cabinets. Toutefois, et cela illustre la difficulté de changer de modèle, les « réseaux » d'avocats existant (dont certains depuis plusieurs dizaines d'années), conçus à l'origine comme des réseaux de « postulation », n'ont pas encore été capables de changer de nature pour exploiter au mieux la force collective de leurs adhérents.

§§
L'innovation et l'aide juridictionnelle

256 C'est évidemment dans le domaine de l'aide juridictionnelle que les limites du mode de distribution traditionnel des prestations juridiques/judiciaires sont les plus visibles, puisque l'hypothèse de départ

1. http://www.qualitysolicitors.com/

est précisément celle d'une impossibilité totale (sur le plan économique) de la demande à rencontrer l'offre. Cette inadéquation conduit l'État à se substituer aux consommateurs dont les moyens ne permettent pas de se procurer les prestations qui leur sont absolument nécessaires. Le droit au droit est en effet considéré, dans les sociétés démocratiques, comme un droit fondamental, qui doit être garanti à tous les membres du corps social.

Le budget consacré au financement de ce service est d'une insuffisance criante et n'a à aucun moment permis de sortir, s'agissant de la « rétribution »[1] versée aux avocats, d'une logique de simple indemnisation partielle. D'ailleurs, la situation de cette « prestation sociale » ne constitue en rien un cas particulier : le budget de toutes les prestations sociales sans exception est toujours jugé insuffisant[2].

257 Les difficultés rencontrées habituellement pour le financement des aides publiques sont encore accentuées par le fait que l'État est ici contraint d'acheter des prestations à des tiers qui sont par ailleurs des agents économiques, soumis aux forces du marché. Imposant son prix, il le fixe en fonction de ses capacités financières ou de sa bonne volonté. Celles-ci sont nécessairement limitées, et ce d'autant plus qu'il doit ici, non pas financer un service rendu par ses propres agents, mais rémunérer des avocats, qui ne dépendent pas de lui et dont il craint qu'ils ne tentent de lui arracher une « rente ».

258 Sauf changement majeur dans la façon de concevoir la distribution des prestations sociales[3], il y a peu d'espoir que cette situation évolue favorablement. Comme il n'existe en outre aucune raison de penser que l'aide juridictionnelle échappe à la règle générale du « non-recours » (v. s[s] n° 204), qui concerne toutes les prestations sociales, il est vraisemblable qu'en dépit de l'intervention de ce « tiers payeur »[4] ce dispositif ne répond en réalité que médiocrement aux besoins. Si l'on repart des données contenues dans le rapport *Towards Basic Justice: Care for Everyone* (v. s[s] n° 200) de l'institut HiiL et de l'hypothèse qu'un individu rencontre tous les cinq ans en moyenne une difficulté

1. POUR reprendre le terme figurant dans la loi.

2. Olivier Wickers, Laurent Habib, « Refonder les politiques publiques de gauche. De l'individu statistique à la personne réelle », *Temps modernes*, n° 678, avril-mai-juin 2014/2.

3. *Ibidem*.

4. DONT on connaît par ailleurs les limites.

d'ordre juridique méritant d'être réglée (éventuellement) par la voie judiciaire, on constate que le nombre des admissions pour les contentieux civils et administratifs (540 943[1] pour l'année 2012), rapporté à la population éligible à l'aide juridictionnelle[2], soit 8,7 millions de personnes est très éloigné du résultat que donne un calcul théorique (1,74 million). Une évaluation des besoins de droit minimaux à une heure de temps d'avocat par an, ce qui paraît bien peu, aboutit néanmoins à la nécessité de fournir annuellement 8,7 millions d'heures[3], hors contentieux...

259 Ces quelques chiffres permettent de mesurer l'ampleur des efforts financiers qui seraient nécessaires pour mettre en place un dispositif répondant véritablement aux besoins dans le contexte actuel de distribution des prestations juridiques/judiciaires. Ils donnent également l'assurance que le problème ne peut en aucun cas être résolu de cette façon, puisque de telles dépenses de l'État sont tout simplement au-delà de l'imaginable[4]. La baisse des budgets de l'aide juridictionnelle est d'ailleurs une tendance générale, nourrie par la crise de la dette publique. C'est ainsi que le Royaume-Uni, qui était systématiquement donné en exemple[5], n'a cessé ces dernières années de réduire le budget de l'aide légale[6]. Il devrait encore subir des coupes à hauteur

1. http://www.justice.gouv.fr/budget-et-statistiques-10054/chiffres-cles-de-la-justice-10303/#aj/

2. Plus de 13 % de la population concernée potentiellement par l'AJ, si l'on se réfère à la grille 2014 d'éligibilité à l'AJ précisant les ressources mensuelles correspondant à la prise en charge de l'État. La prise en charge à 100 % (AJ totale) la plus répandue s'effectue pour les personnes ayant un revenu mensuel égal ou inférieur à 936 euros. Ce montant est proche, mais néanmoins inférieur, au montant du seuil de pauvreté défini par l'Insee ou l'Union européenne qui est de 977 euros. Entre 936 euros et 1 404 euros de revenus mensuels, l'admissibilité est partielle et varie de 85 % à 15 %. En 2011, chiffre le plus récent disponible selon l'Insee, 8,7 millions de personnes avaient des revenus inférieurs à ce seuil.

3. Soit 1 305 000 000 euros...

4. D'après le rapport de l'IGF, le budget de l'AJ a plus que doublé en euros constants entre 1992 et 2011. Mais comme le nombre des missions a connu la même évolution, la rémunération par dossier en euros constant a chuté de 522 euros à 406 euros.

5. Le budget de l'aide légale y reste sans commune mesure avec celui de la France, de l'ordre de deux milliards de livres sterling.

6. "Legal Aid Cuts: where are we now?"; http://justiceallianceuk.wordpress.com/527-2/

de 220 millions de livres sterling en 2014 ce qui provoque de très vives (et très nouvelles) protestations du barreau[1] et le recours à la grève[2].

260 Du côté des avocats[3] les propositions concernent pour l'essentiel la question des moyens. Elles se sont donc limitées, jusqu'à présent, à réclamer une augmentation des budgets, rechercher des sources de financement supplémentaires, ou proposer un mécanisme de consultation juridique généralisée[4]. Autant de solutions que l'État s'est révélé incapable de mettre en œuvre, dans un contexte de parfaite impuissance qui le conduit, en désespoir de cause, à imaginer de financer la rémunération des auxiliaires de justice par une taxe sur ces mêmes auxiliaires de justice. Une solution qui mériterait d'être examinée par des économistes, pour connaître les effets qu'elle peut avoir sur l'offre[5]... Pour le moment, rares sont les voix qui se sont élevées pour proposer, du côté des avocats, une évolution du modèle de l'offre, c'est-à-dire une remise en cause de la distribution via un réseau de cabinets individuels ou de petites structures. L'idée de recourir à des structures dédiées, à l'instar de ce qui se pratique par exemple au Québec, a été émise depuis plusieurs années pourtant (voir notamment le rapport de la commission accès au droit du Conseil national des barreaux de 2008[6]). Elle figure dans de multiples rapports et également dans une résolution prise le 23 mars 2013. Elle a généralement soulevé de vives protestations[7] au

1. Owen Bowcott, "Fraud trial restarts after being halted by barristers'protests at legal aid cuts", *The Guardian* 20 june 2014; http://www.theguardian.com/law/2014/jun/20/barrister-protests-legal-aid-cuts-trial-restarts/

2. Martin Bentham, Mark blunden, Paul Cheston, "Lawyers go on strike in protest at legal aid cuts", *London Evening Standard* 7 march 2014; http://www.standard.co.uk/news/politics/lawyers-go-on-strike-in-protest-at-legal-aid-cuts-9176313.html

3. Des avocats en général, qu'il s'agisse, des avocats français, ou des avocats anglais ou encore américains, par exemple. Les propositions sont en général à peu près identiques. Puisqu'elles n'envisagent pas la remise en cause du mode de distribution, elles ne peuvent concerner que le financement.

4. On vient de voir quel budget il faudrait mobiliser pour y parvenir.

5. La plus grande confusion règne sur la question et l'intervention de la ministre le 27 juin 2014 à la Conférence des bâtonniers n'a pas permis de comprendre quel était le montant et l'assiette envisagés pour cette taxe.

6. Rapport de la commission accès au droit du Conseil national des barreaux des 8 et 9 février 2008; http://cnb.avocat.fr/downloads/CNB-Rapports-Acces-Avocats_t9334.html

7. Marie-Christine Winhoefer, Brigitte Marsigny, « Aux armes avocats, formez vos bataillons », *D. actualité* 29 avr. 2013; http:// www.cna-avocats.fr/file/dallozactualite-auxarmesavocatsformezvosbataillons-2013-04-29.pdf/

nom de l'indépendance ou du risque de fonctionnarisation[1] et tarde à se concrétiser, même sur une base volontaire.

261 Pourtant au cours du conflit du printemps 2014, des voix se sont élevées pour inviter les avocats à « reprendre leur liberté » et à assumer « les modes d'exercice qu'une telle innovation nous imposerait »[2]. À côté de structures dédiées fonctionnant sous le contrôle des barreaux, on pourrait parfaitement imaginer de développer, de concert avec l'Université des « cliniques du droit » (v. ss nos 387 s.). Celles-ci pourraient s'insérer dans le réseau de l'accès au droit tout en jouant un rôle dans l'éducation des juristes dont elles deviendraient des laboratoires. Elles pourraient aussi se transformer en lieux de collaboration entre professionnels et universitaires. Les innovations que l'on vient d'évoquer (v. ss no 252) constituent également une piste à explorer. Il existe un espace pour la modernisation de l'offre « traditionnelle ». Cette modernisation, qui devrait être pilotée par l'instance représentative, consisterait à mettre à la disposition des cabinets s'engageant dans le domaine de l'aide juridictionnelle, des moyens mutualisés disponibles en réseau augmentant leur productivité et leur assurant une meilleure rentabilité.

262 D'après les chiffres (2013) de l'Union nationale des Carpa (Unca), 41,7 % des avocats en exercice se sont impliqués dans l'aide juridictionnelle, soit 25 668 avocats qui ont été indemnisés pour au moins une mission d'aide juridictionnelle. Parmi les avocats pratiquant l'aide juridictionnelle, en 2013, un quart des avocats ont réalisé en moyenne moins de 2 missions par mois; un peu moins de 10 % de deux à moins de 5 missions; environ 5 % de 5 à moins de 10 missions; 1,5 % des avocats entre 10 et moins de 20 missions et 0,2 % plus de 20 missions. Ce « saupoudrage » et les phénomènes qui l'accompagnent, exposés dans un article audacieux du bâtonnier Lecomte[3], permettent d'expliquer en bonne partie comment le système a pu se maintenir jusqu'à présent, en dépit de l'absence de rentabilité de cette activité dans le contexte d'un cabinet organisé de manière classique.

1. Anaïs Cognac, « L'aide juridictionnelle rationalisée par les avocats », *D. avocats* 2013. 460.
2. Pascal Eydoux, « Aide juridictionnelle. Un nouveau souffle ? », *Gaz. Pal.* 21 juin 2014, p. 7.
3. Didier Lecomte, « Une façon de voir le système de l'aide juridictionnelle ou comment ne jamais résoudre la question », *Gaz. Pal.* 13 juin 2014, p. 11.

263 Cependant, il semble également empiriquement établi que, dans certains cabinets, le poids de l'aide juridictionnelle est tel qu'il ne peut pas ne pas avoir une incidence financière considérable sur la structure et son fonctionnement. Sont ainsi donnés en exemple les barreaux situés dans des territoires dans lesquels la population éligible à l'aide juridictionnelle constitue la majorité de la clientèle, ce qui conduit certains cabinets à réaliser jusqu'à 80 % de leur chiffre d'affaires dans le secteur aidé[1]. Intervenant le 27 juin 2014 devant la Conférence des bâtonniers, le garde des Sceaux, Christiane Taubira, a ainsi relevé que 7 % des cabinets assuraient 57 % des missions d'aide juridictionnelle. Il existerait donc deux types de cabinets concernés par l'aide juridictionnelle. Pour une première catégorie, il s'agirait d'une activité tellement secondaire qu'elle ne serait pas de nature à mettre en péril leur situation économique, quand bien même ils interviendraient à perte. Pour une seconde catégorie, au contraire, elle correspondrait à une part si importante de leur activité, qu'ils seraient dans l'obligation de se structurer différemment, pour répondre à la contrainte économique qui pèserait sur eux. L'étude de ces derniers cabinets et de leur mode de fonctionnement pourrait faciliter la conception des solutions évoquées plus haut.

264 Ces initiatives ne sauraient évidemment dispenser l'État des engagements nécessaires pour rendre effectif l'accès au droit et à la justice de tous. Elles sont cependant susceptibles d'apporter, tant en ce qui concerne la qualité et la pertinence de l'offre de droit, qu'en ce qui concerne la situation financière des avocats qui acceptent d'intervenir dans le secteur aidé, des progrès considérables. En outre, leur mise en œuvre mettrait également fin à toute discussion sur les efforts réalisés par la profession pour faire face à ses devoirs. Le rapport de l'IGF ne manque pas de relever la contradiction dans laquelle est enfermée la profession : alors que la rémunération des missions ne cesse de diminuer (ce qui entraîne de vigoureuses protestations), le nombre des avocats acceptant des missions augmente.

265 S'étant astreinte à mettre sur pied la meilleure offre de droit possible, la profession serait davantage en mesure d'exiger de l'État qu'il respecte enfin sa part du marché. Se refuser à cette démarche, présente, à l'inverse, de graves inconvénients. Au Royaume-Uni, le trans-

1. Anaïs Cognac, « L'aide juridictionnelle rationalisée par les avocats », *D. avocats* 2013. 460.

porteur Eddie Stobart, a annoncé en 2013 son intention, après avoir pris le contrôle d'une ABS, de concourir pour l'octroi de marchés d'aide légale (en matière pénale) attribués aux enchères. Il a affirmé être capable, grâce à sa capacité managériale, de faire réaliser des économies aux pouvoirs publics; qualifiant au passage les avocats travaillant dans ce domaine, qu'il se propose d'évincer du « marché », « d'animaux blessés attendant de mourir »[1]...

§§
La diffusion de l'innovation

266 S'il fallait une preuve de ce que le thème de l'innovation dans le domaine juridique est désormais traité avec le sérieux qu'il mérite, on la trouverait dans la multiplication des initiatives qui s'y intéressent. Cela fait dix ans que le « College of law practice management »[2] délivre des InnovAction Awards pour récompenser les innovations les plus marquantes dans le domaine juridique. Des universités ont ouvert des laboratoires pour encourager l'innovation[3], d'autres y consacrent des séminaires[4].

En France, le « Village de la Justice »[5] vient de créer un prix de l'innovation juridique : le « *prix de l'innovation en relation client des cabinets d'avocats* récompense un cabinet pour une innovation ayant permis de créer de la valeur ajoutée pour ses clients (nouvelle prestation, modes de facturation, outils de suivi de la relation...) ». L'initiative s'accompagne de l'ouverture d'un site web[6] et de la création d'une newsletter consacrée à l'innovation juridique. Des réseaux d'avocats, comme le réseau Gesica[7], mettent également en place des dispositifs de ce type, pour encourager et diffuser les pratiques innovantes. Gesica, Alta-Juris ou Eurojuris traitent du sujet au cours de leurs congrès respectifs. Le barreau de Paris a annoncé au mois d'avril 2014 le lancement

1. Owen Bowcott, "Eddie Stobart drives into legal aid row", *The Guardian* 8 may 2013; http://www.theguardian.com/law/2013/may/08/eddie-stobart-legal-aid/
2. College of law practice management; http://collegeoflpm.org/
3. http://www.reinventlaw.com/
4. EX. : « La pratique du droit face à la société de l'innovation » les 10 et 11 avril 2014 à Bordeaux; http://www.fmdj2014.org/progf.htm
5. http://www.village-justice.com/articles/
6. http://www.innovation-juridique.eu/
7. http://www.gesica.org/fr/

de l'« Incubateur »[1] dont l'objectif est de favoriser et de promouvoir l'innovation juridique. Il s'agit d'un « think tank » dont la mission est d'identifier les tendances et les changements qui affecteront la profession et son environnement dans les années à venir, afin de permettre à l'ordre d'accompagner les avocats dans les adaptations nécessaires. Il est également prévu de décerner un prix de l'innovation, de façon à encourager les initiatives des cabinets d'avocats[2]. L'Incubateur lance également une étude portant sur l'innovation juridique en France qui devrait être publiée en juin 2015[3]. La course à l'innovation ne concerne pas que les avocats. On trouve sur internet mention d'un « comité pour l'innovation notariale et la recherche juridique »[4]...

§§§

Incubateur

Frédéric PELOUZE,
directeur d'Alter litigation funding
Alexandra UHEL et Lise DAMELET,
avocats au barreau de Paris

L'Incubateur du barreau de Paris est né d'une initiative lancée en 2012 par Frédéric Pelouze, Alexandra Uhel et Lise Damelet. Le projet, baptisé à l'origine « Caravane », avait pour objectif de mobiliser le plus grand nombre de jeunes avocats sur les réformes indispensables à mener à l'aube d'une révolution sans précédent de l'industrie des services juridiques. Véritable *think-thank* itinérant et participatif, la Caravane a réussi le pari de mobiliser la jeunesse du barreau de Paris. Dans le prolongement de cette initiative, les

1. Laurence Neuer, « Avocats : vers une révolution dans l'industrie du droit », *Le Point* 19 juill. 2014; http://www.lepoint.fr/chroniqueurs-du-point/laurence-neuer/avocats-vers-une-revolution-dans-l-industrie-du-droit-19-07-2014-1847407_56.php

2. http://incubateur-barreaudeparis.com/; Conférence inaugurale le 9 oct. 2014.

3. L'étude est intitulée « L'innovation juridique en France aujourd'hui : panorama, enjeux et perspectives (cabinets d'avocats, universités, directions juridiques et autres acteurs intervenant dans le champ juridique) », et elle a vocation à être publiée en juin 2015 avec un pré-rapport qui sera dévoilé lors de la soirée du prix de l'innovation en décembre 2014. Elle est effectuée sous la supervision de Paul Lignières, managing partner du bureau parisien de Linklaters, Christophe Jamin, directeur de l'École de droit de Sciences Po et de l'Incubateur du barreau de Paris.

4. http://www.centre-francais-fondations.org/annuaire-des-fondations/2953/

nouveaux bâtonniers Pierre-Olivier Sur et Laurent Martinet confient en 2014 à Frédéric Pelouze, Alexandra Uhel, Lise Damelet et Adrien Perrot le soin de piloter un programme inédit en Europe dédié à l'innovation juridique[1].

Conscient qu'Internet va entraîner une disruption sans précédent et que la réglementation est parfois un frein à l'innovation, l'Incubateur s'est donné pour mission d'identifier ce qui doit changer afin que l'avocat devienne davantage acteur que spectateur de cette révolution en marche.

Afin d'y parvenir, deux structures ont été mises en place au sein de l'Incubateur :

- Un Lab dont l'objectif principal est de réfléchir aux aménagements et réformes qui doivent être amorcés dans le but de rendre la profession plus compétitive, de produire des services juridiques de meilleure qualité et d'améliorer l'accès au droit dans l'intérêt premier des justiciables. Dans un environnement de plus en plus global, bousculé par l'innovation technologique et animé par une concurrence plus intense chaque année, le Lab a pour mission de créer les conditions d'un débat libre et participatif sur les réformes qu'il convient d'entreprendre. Le Lab a été pensé comme un véritable « do tank » avec comme objectif de proposer au Conseil de l'Ordre du barreau de Paris des réformes opérationnelles nées des débats publics et scientifiques qu'il organisera; et,

- Un Incubateur de Projets qui récompense lors de la remise annuelle du Prix de l'Innovation Juridique les initiatives et les projets les plus innovants (un premier Prix destiné aux projets portés par des avocats et un second Prix destiné aux projets portés par des acteurs économiques évoluant sur le marché du droit). L'idée de ce double prix réside dans le souhait de créer une plus grande porosité entre le monde du droit et l'entreprenariat afin de favoriser l'éclosion d'un écosystème où tous les acteurs - avocats et non avocats - peuvent librement innover et proposer leurs services sur une base réglementaire plus homogène et harmonisée.

267 Ce sont désormais les expériences de tous les innovateurs qu'il convient de décrypter, pour identifier les difficultés qu'ils ont rencontrées et tenter de les faire disparaître, de façon à accentuer ce mouvement. Leur action fournit en effet la preuve que les avocats sont

1. L'incubateur est une structure *ad hoc* rattachée au Conseil de l'Ordre des avocats du barreau de Paris.

capables de répondre aux nouveaux besoins du marché, sans pour autant renoncer à leur identité. Leurs initiatives doivent être suivies avec attention et encouragées autant que possible.

§§§

L'exemple du Québec

Alexandre DÉSY,
avocat au développement de la profession
du Service du développement
et du soutien à la profession
du barreau du Québec

Il n'existe rien de constant, si ce n'est que le changement. Cependant, depuis quelques années, même le changement n'est pas constant, son rythme ne cesse de s'accélérer ! Il existe une raison toute simple à cette accélération : l'innovation se fait à l'échelle de la planète. Au Québec comme ailleurs, la pratique du droit se métamorphose au rythme des bouleversements sociaux, démographiques, technologiques et économiques. Le coût dissuasif des services juridiques jumelé à de nouvelles technologiques fait lentement basculer le pouvoir économique de l'avocat vers le client. Ce que nous pourrions appeler la révolution client crée un la révolution client crée un environnement où l'adaptation est nécessaire pour l'avocat. En ces temps tumultueux, le manque de connaissance et le degré de préparation sont ce qui différencie l'opportunité de la menace. Précurseur, le barreau du Québec s'attaquait dès 2008 à ces enjeux. Depuis, il s'entoure d'économistes et de chercheurs pour surveiller le futur du droit. De nombreuses innovations sont maintenant étudiées telles que : les nouvelles structures d'affaires, la sous-traitance de services juridiques, les produits offerts en ligne ou l'utilisation de MARC. Une conclusion ressort de la veille effectuée au Québec : l'avocat du futur est celui qui maîtrisera ces innovations et saura en faire bénéficier ses clients.

CHAPITRE 6

La tendance à la standardisation

268 Lucien Karpik a développé, dans son ouvrage *L'économie des singularités*[1], la nécessaire distinction entre le marché-prix et le marché-jugement. Sur le premier, la concurrence se fait sur les prix, sur le second, elle se fait sur les qualités. On ne choisit pas le film que l'on va voir sur le seul critère du prix du billet. Jusqu'à ce que s'imposent en force les technologies de l'information, il ne faisait aucun doute que les consommateurs des prestations juridiques n'étaient pas davantage guidés par le critère du prix que ne le sont les acquéreurs de produits comme les livres ou les spectacles. Le prix ne peut devenir le critère dominant du choix que si les prestations juridiques se transforment en produits, aisément comparables et interchangeables. Les acheteurs de prestations juridiques ou judiciaires sont des personnes confrontées à une question de droit, auxquels elles cherchent une solution. Souvent, ces mêmes personnes n'ont du problème qu'une idée assez imprécise. Quant à la meilleure solution possible, elle est loin d'être toujours évidente. En dehors du domaine des produits standards, le critère principal du consommateur sera nécessairement la qualité.

Dans le domaine du droit celle-ci est d'autant plus importante que (notamment dans le domaine judiciaire, mais pas seulement) le « vainqueur rafle la mise »[2]. Une différence de qualité relative entre deux avocats peut donc avoir une forte incidence sur l'issue d'un litige ou d'une négociation. Le client est donc fortement incité à s'offrir le meilleur avocat possible : c'est la démarche de tout client rationnel.

1. Lucien Karpik, *L'économie des singularités*, Gallimard, 2007, p. 260.

2. Un exemple classique d'un marché soumis à la règle du "winner-take all" peut être trouvé dans la compétition sportive. Il peut y avoir une toute petite différence entre les compétiteurs, pourtant l'athlète qui remporte la médaille d'or bénéficiera de retombées de toutes sortes, sans commune mesure avec celles qui échoiront à son dauphin.

Cependant, le jugement du client reste une idiosyncrasie, puisque les critères qualitatifs retenus sont susceptibles de se particulariser à l'infini, en fonction de celui qui le porte.

269 Les prestations des avocats s'analysent comme des biens de confiance, délivrés en situation d'asymétrie d'information (v. s^s n° 47) et c'est cette situation qui justifie la réglementation professionnelle. Le client est à la recherche de signaux qui lui permettront de faire son choix. S'il n'y parvient pas, parce que le marché est trop opaque, il est susceptible de renoncer purement et simplement à son projet. Un marché opaque ne fonctionne pas[1]. C'est bien parce que la publicité permet au consommateur de réaliser son choix qu'elle se révèle finalement favorable au client, mais aussi au professionnel. Lucien Karpik distingue les dispositifs impersonnels qui fournissent une même connaissance à tous (le *Guide Michelin*, le hit-parade) et des dispositifs personnels, produit de relations entre personnes singulières. Les prestations des avocats relèvent du « marché réseau » qui fonctionne à partir de dispositifs de jugement personnels (réseau personnel, réseau marchand, réseau corporatif).

L'ordre professionnel peut jouer le rôle d'un dispositif de jugement impersonnel, en apportant sa garantie. Grâce à lui, le client est assuré de ce que le professionnel, comme sa déontologie le lui impose, se mettra totalement à son service et fera passer ses intérêts avant le sien. Sans cette assurance, il pourrait légitimement craindre que le professionnel ne profite de l'asymétrie d'information pour le tromper. Un système disciplinaire crédible vient donc renforcer la confiance dans la profession. C'est sur cet ensemble d'éléments que repose la confiance nécessaire au fonctionnement du marché.

270 S'appuyant sur les résultats d'une enquête effectuée sous sa direction des années auparavant, Lucien Karpik propose, dans son ouvrage, de répartir les clients[2] en fonction du rôle joué par la confiance dans l'établissement de la relation professionnelle.

À l'époque[3], il était apparu qu'en majorité (58 %) les clients appartenaient à la *variante classique*, caractérisée par le cumul de la

1. George Akerlof, "The Market for 'Lemons' : Quality Uncertainty and the Market Mechanism", *Quarterly Journal of Economics*, vol. 84, n° 3 (aug. 1970), p. 488-500.
2. Enquête portant sur les activités judiciaires uniquement.
3. Lucien Karpik, *L'économie des singularités*, Gallimard, 2007, p. 258.

RÉPARTITION DES CLIENTS EN FONCTION DU RÔLE JOUÉ PAR LA CONFIANCE DANS L'ÉTABLISSEMENT DE LA RELATION PROFESSIONNELLE D'APRÈS KARPIK

	Confiance impersonnelle	*Pas de confiance impersonnelle*
Confiance personnelle	• Un bon avocat est important pour le résultat • Le prix est moins important que les qualités • Il existe une asymétrie des savoirs donc les qualités humaines (loyauté) sont importantes • Le réseau cognitif est mis à contribution • La croyance dans la compétence et le dévouement de l'avocat est le produit de la confiance impersonnelle.	• Le choix repose sur la compétence juridique • Le client souhaite être tenu au courant (coproduction) • Le réseau cognitif est utilisé • Seule compte la confiance personnelle établie à l'aide des réseaux marchands • Secteur des avocats d'affaires. Pas de confiance dans l'institution chez les clients.
	VARIANTE CLASSIQUE	*VARIANTE PRIVÉE*
Pas de confiance personnelle	• Tous les avocats se valent • Pas besoin de rechercher des compétences particulières • Discrimination par les prix	• Un bon avocat n'est pas important • Les avocats sont autoritaires, pas loyaux ni dévoués, opportunistes
	MARCHÉ PRIX	*VARIANTE AUTORITAIRE*

Source : Lucien Karpik, *L'économie des singularités*, Gallimard, 2007, p. 258.

REPRÉSENTATION DU MARCHÉ DES AVOCATS EN FONCTION DU RÔLE JOUE PAR LA CONFIANCE PERSONNELLE ET IMPERSONNELLE

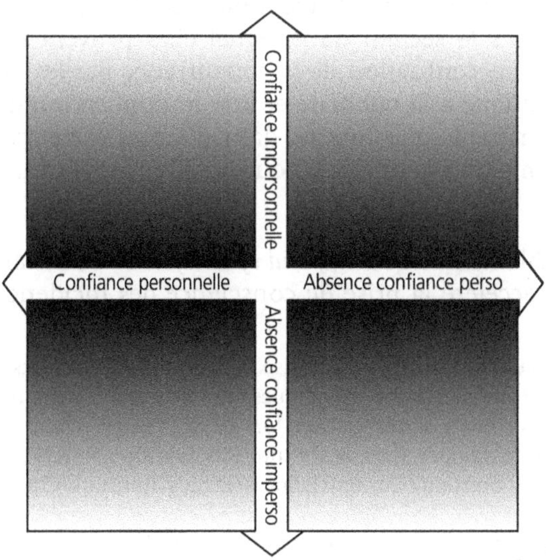

Source : L'auteur.

confiance personnelle envers leur avocat et impersonnelle envers la profession. La matrice de Lucien Karpik laisse cependant déjà une place à des domaines dans lesquels la confiance impersonnelle est absente, ou dans lesquels le choix ne se fait plus qu'à partir du prix. Elle montre également à quelles conditions l'importance du critère de la qualité peut reculer au profit de celui du prix.

271 L'absence de confiance impersonnelle peut s'expliquer par une absence de confiance dans la profession (certaines personnes se méfient des avocats en général), mais aussi par l'absence de besoin de la garantie apportée par l'ordre : certains clients (les entreprises) sont capables de trouver le bon avocat par leurs propres moyens et ne s'en remettent pas à l'ordre, si la relation se déroule mal. Les clients les mieux à même de détecter les manquements professionnels disposent (v. s[s] n° 174) d'autres moyens lorsqu'ils se trouvent face à ce type de difficultés que le recours aux instances disciplinaires. L'absence de confiance personnelle s'explique par le caractère routinier ou standardisé de la prestation : si tout avocat d'une compétence moyenne fait l'affaire, il n'y a plus grand besoin de se préoccuper de la qualité et le prix prend le dessus. C'est dans ce secteur que la concurrence par les prix sera la plus vive.

Conséquence logique de ces constatations, les capacités de standardisation apportées par les technologies de l'information doivent entraîner, dans le secteur dans lequel elles peuvent être déployées à cette fin, une accentuation de la concurrence par les prix, un recours plus systématique à la publicité et une multiplication des prestataires. Il est vraisemblable que comme dans d'autres secteurs, se développeront des comparateurs de prix, ou des sites proposant des offres discounts[1].

272 En publiant en 2008 *The End of Lawyers ?*[2] le Britannique Richard Susskind a accéléré la prise de conscience des incidences que pouvait

1. Le barreau de New York a autorisé la présence des cabinets d'avocats sur des sites proposant des prestations juridiques comme étant « l'affaire du jour » ou sur le site groupon.com, à condition que lors de la mise en relation soient respectées les règles déontologiques (conflits d'intérêts) Opinion 897, 13/12/2011; http://www.nysba.org/Content/ContentFolders/EthicsOpinions/Opinions825present/EO_897.pdf

2. Richard Susskind, *The End Of Lawyers? Rethinking the Nature of Legal Services*, Oxford University Press, 2008; revised edition, 2010.

avoir le développement des technologies de l'information sur l'exercice du droit (même si, évidemment, c'est d'abord aux avocats anglais ou américains qu'il s'est plus directement intéressé). Le Britannique met d'abord l'accent sur le fait que les prestations juridiques n'ont pas vocation à être délivrées uniquement selon la formule du « sur-mesure ». Au contraire, le passage du généraliste au spécialiste permet de faire bénéficier le client de l'expérience acquise au travers de la répétition de prestations identiques, qui peuvent dès lors être standardisées. Mais les technologies de l'information permettent d'aller plus loin et d'intégrer à des systèmes informatiques les check-lists et les modes d'emploi conçus par le cabinet.

Pour Susskind, ce savoir-faire est susceptible d'être embarqué dans des produits « packagés » mis à la disposition des clients (pour être utilisés dans leurs propres systèmes ou en ligne). Mais lorsque ces services se répandent et se démocratisent, ils se banalisent et leur valeur disparaît. Ces cinq stades correspondent en effet à des « valeurs » différentes de la prestation fournie. Avec le temps, le prix de toutes les prestations juridiques auraient donc tendance à se réduire fortement.

LES ÉTATS SUCCESSIFS DE LA PRESTATION JURIDIQUE D'APRÈS SUSSKIND

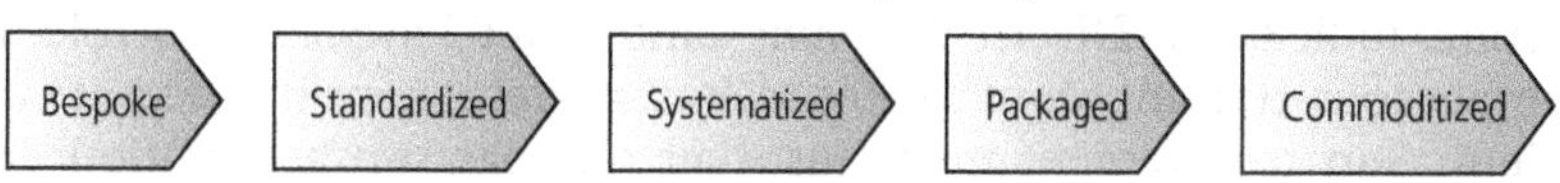

Source : Richard Susskind, *The End Of Lawyers? Rethinking the Nature of Legal Services*, Oxford University Press, 2008; revised edition, 2010, p. 39.

Le raisonnement de Susskind est probablement trop systématique et toutes les prestations n'ont pas nécessairement vocation à perdre toute valeur du fait de leur banalisation ou « commoditzation », mais la tendance à la standardisation est dès maintenant parfaitement vérifiable.

273 L'apparition de plateformes proposant l'adjudication en ligne de marchés de prestations juridiques ou judiciaires, comme on en a vu se développer, par exemple, dans le domaine des transports routiers, se conçoit facilement. Des sites pourraient se proposer comme intermédiaires, pour mettre en ligne les demandes de prestations juridiques; tandis que les avocats proposeraient leurs conditions d'intervention. L'État, dans le domaine de l'aide juridictionnelle, applique déjà le principe que tous les avocats se valent. Chaque fois que le bénéficiaire de l'aide ne fait pas usage de sa liberté de choix, il s'en remet à la désignation effectuée par l'ordre professionnel, lequel se soucie uniquement, le plus souvent, d'organiser une répartition équitable des dossiers. Puisque l'État fixe par ailleurs le prix maximum, la répartition de l'aide juridictionnelle pourrait se faire, via une plateforme organisant des enchères, pour adjuger (par le biais d'enchères descendantes) les dossiers d'aide juridictionnelle.

Le risque serait nul pour l'État (il fixe les plafonds) qui s'en remettrait entièrement au marché pour obtenir les prix les plus bas[1]. Ce modèle est celui de Shpoonkle[2], une plateforme sur laquelle les clients soumettent en ligne leur problème juridique; des enchères sont ensuite organisées entre les avocats utilisateurs du site, pour permettre aux clients d'obtenir le meilleur prix.

274 Dans le domaine des produits « standard », l'identité du prestataire est réputée n'avoir que peu d'influence sur le résultat final. Du coup s'explique le fait que dans les secteurs où se développent des offres standardisées, on assiste à une marginalisation ou à une quasi-disparition du professionnel et de son identité. C'est le cas des divorces (par consentement mutuel) en ligne (v. s[s] n° 241). Avant ses ennuis judiciaires, *Divorce Discount* cantonnait l'avocat à un rôle de simple sous-traitant, dont l'identité était parfaitement indifférente au client. Son recrutement ne se justifiait que par son acceptation des conditions financières de son intervention. Sur DivorceOnline, comme la loi anglaise permet de se passer totalement de l'avocat, des formules sans avocat sont proposées pour les divorces non contentieux. On peut aussi, pour un prix plus élevé, disposer d'un avocat choisi par le site, si l'on pense que des difficultés vont se produire.

275 Conséquence positive, la standardisation permet à de nouveaux consommateurs, qui jusqu'à présent n'avaient pas accès au marché, en raison des prix trop élevés ou encore de la difficulté à trouver un

1. Il court toutefois le risque, s'il pratique effectivement, comme cela lui est souvent reproché, des prix inférieurs au prix de revient des cabinets, que les prestations ne trouvent pas preneur. Il est alors obligé d'augmenter ses prix, de lui-même. En revanche tant que les prestations sont adjugées, cela signifie qu'il existe des cabinets qui les considèrent comme rentables. Le marché n'est plus régi que par le jeu de l'offre et de la demande et il n'y a plus de place pour les conflits.
2. http://www.shpoonkle.com/en/

avocat, de se procurer des prestations juridiques. Le défi de l'accès au droit (v. s[s] n°s 198 s.), dont les implications sont considérables pour la profession, lui est donc également lancé par les évolutions technologiques. Il faut garder à l'esprit qu'une profession qui revendique, dans l'intérêt du public, l'établissement d'une réglementation lui réservant les activités judiciaires et juridiques, doit être capable, en contrepartie, de répondre à la totalité des besoins du marché. Si les barrières qui limitent l'entrée de nouveaux prestataires non-avocats devaient disparaître, les conséquences seraient certainement particulièrement douloureuses pour la profession. Le propre des innovations de rupture (disruptive innovations) est de déséquilibrer profondément le marché et de conduire à l'éviction des entreprises en place (v. s[s] n° 250).

En outre, dans un marché dominé par l'asymétrie d'information, le risque des effets de contagion n'est pas négligeable, puisque le client n'est pas en mesure d'apprécier le niveau de prestation dont il a besoin. La logique de la standardisation est donc susceptible de s'étendre à toutes les prestations dont le consommateur pense qu'elles devraient être standardisées, même si ce n'est pas effectivement le cas[1].

1. Ni le divorce, déjà évoqué, ni le processus de constitution d'une société ne sont des actes anodins.

CHAPITRE 7

Les innovations de rupture

276 Il a déjà été question (v. s^s n° 250) de la théorie de l'innovation développée à partir, notamment, des travaux de Clayton Christensen[1] et de leur application au domaine du droit tentée par Ray Worthy Campbell. Christensen est arrivé à la conclusion que bien plus que la technologie, c'est finalement la structure du marché qui détermine si une innovation aura ou non des effets de rupture et bouleversera en conséquence l'organisation existant du marché. Pour ce qui est de la nature de ce bouleversement, il prend normalement la forme du remplacement des entreprises en place par d'autres, organisées différemment, qui se substituent à elles.

À l'origine, les seuls domaines étudiés par la théorie étaient ceux de l'industrie ou encore de la distribution dans lesquels les entreprises sont organisées en fonction de la « chaîne de valeur[2] » qui transforme des matières premières en produits finis. À chaque étape de ce processus de transformation, de la valeur est ajoutée au produit. L'étude de la chaîne permet de déterminer les étapes au cours desquelles la valeur ajoutée est la plus forte. Les implications de la théorie, s'agissant du positionnement ou de l'organisation des entreprises sont évidemment très grandes.

Richard Susskind (v. s^s n° 272) n'hésite pas à l'appliquer directement aux cabinets d'avocats, lorsqu'il insiste sur le fait que les prestations juridiques ne sont pas des « monolithes » et qu'elles peuvent facilement être décomposées en sous-produits qui ne doivent pas

1. Clayton M. Christensen, *The Innovator's Dilemma: The Revolutionary Book that Will Change the Way you Do Business*, Harvard Business Review Press, 1997; Harper-Collins Publishers, 2011.

2. Le concept d'origine se trouverait sous la plume de Michael Porter, *Competititve Advantage: Creating and Sustaining Superior Performance*, Free press, 1998.

nécessairement tous être réalisés de la même façon[1]. Effectivement, certains services peuvent parfaitement être délivrés en suivant la configuration de l'entreprise en chaîne de valeur et en poussant très loin l'automatisation. R. W. Campbell donne l'exemple du service de traduction en ligne de Google[2] : « *Les utilisateurs choisissent la langue à traduire, ensuite le logiciel fourni par Google permet de traduire le texte tapé par les utilisateurs dans une autre langue. Un service de transformation standardisé et automatisé.* »

277 Bernard Lamon[3] propose, en se référant à Susskind, une segmentation d'un dossier judiciaire en dix tâches, dont certaines ne relèvent pas nécessairement de la compétence d'un avocat. Il est donc tout à fait envisageable de s'inspirer de ces idées, qui peuvent permettre aux cabinets d'améliorer leur productivité. Il reste que les prestations juridiques/judiciaires sont souvent des « singularités » (v. s^{s} n° 268) et que la comparaison des cabinets d'avocats avec des usines où l'on transforme des matières premières risque d'avoir une pertinence limitée.

De fait, cette limite de la théorie est rapidement apparue. Elle a donc été complétée, pour donner une représentation plus exacte de la réalité. Trois « configurations de valeur » ont ainsi été identifiées : l'entreprise en chaîne de valeur (déjà évoquée, v. s^{s} n° 276), l'entreprise en réseau (v. s^{s} n° 278) et le magasin à solutions (solution shop, v. s^{s} n° 279). Sur le marché, des entreprises organisées selon l'une ou l'autre[4] de ces trois configurations de valeur coexistent[5].

278 L'entreprise en réseau (value network) tire de la valeur des connexions qu'elle crée entre les personnes, et non pas de la production directe de biens ou de services. Ce modèle n'est pas apparu avec l'internet, il est par exemple celui des entreprises postales ou de téléphonie. Mais il est vrai que plusieurs sociétés de l'âge de l'internet,

1. Richard Susskind, *Tomorrow's Lawyers: An Introduction to Your Future*, Oxford University Press, 2013, p. 29.
2. https://translate.google.fr/?hl=fr/
3. Bernard Lamon, « *Services juridiques : Innover pour survivre au "nouveau" maintenant* », Extrait du livre blanc, 2014; http://www.blog-lamon-associes.com/wp-content/uploads/2013/09/livre_blanc_nouveau_maintenant.pdf
4. MAIS certaines entreprises peuvent aussi cumuler les caractéristiques de plusieurs configurations de valeur, en fonction de leurs activités.
5. IL n'y a pas dans le temps de progression vers un type unique qui devrait s'imposer sur les autres.

comme E-bay, Facebook, Twitter l'ont depuis grandement popularisé. De même, sur la plate-forme I-Tunes, Apple commercialise des applications qui ne sont pas les siennes, tirant ses revenus de la création d'une place de marché où les concepteurs et les clients se rencontrent. Du coup, on comprend mieux pourquoi, sur internet, nombre d'entreprises nouvelles (v. s^s^ n° 246) ont adopté cette posture d'entremise, se contentant, pour créer de la valeur, de proposer aux internautes de les aider dans la recherche d'un avocat. Elles prennent progressivement la place de l'ordre professionnel qui, se refusant à choisir entre les avocats, se laisse marginaliser.

279 La « solution shop » correspond à la troisième configuration identifiée. Plutôt que des produits, certains professionnels comme les médecins, les ingénieurs, les consultants et aussi les avocats fabriquent et commercialisent des solutions aux problèmes de leurs clients. Cette configuration de création de valeur correspond aux entreprises qui fournissent des solutions. Les cabinets ont pour usage de recevoir individuellement leurs clients, sous la protection du secret professionnel, pour les entendre exposer leurs demandes. Leur traitement ordinaire (notamment dans le domaine judiciaire) s'accomplit ensuite à travers l'ouverture d'un « dossier »... Toutes ces pratiques confirment que dans leur immense majorité, les cabinets d'avocats relèvent de la « solution shop ». Les clients viennent y exposer leurs problèmes et la façon dont ils les perçoivent, c'est-à-dire parfois de manière confuse ou erronée. Le service rendu par les avocats s'étend donc à l'identification de ces problèmes, à leur formalisation et à la recherche de la meilleure solution possible. Il est délivré le plus souvent en situation d'asymétrie d'information par un professionnel qualifié. Même si les solutions déployées peuvent être standardisées, elles ne sont mises en œuvre qu'après une phase de diagnostic au cours de laquelle est nécessairement prise en compte une situation individuelle.

La configuration de valeur du magasin à solutions exige que la solution au problème identifié soit personnalisée : « *The solution shop value configuration demands that the solution be tailored to the problem identified.* »[1] Pour le client de la « solution shop », le coût compte moins que le fait d'obtenir la réponse à sa question. On retrouve donc

1. Ray Worthy Campbell, "Rethinking Regulation and Innovation in the US Legal Services Market", *NY University Journal of Law & Business*, vol. 9 (Fall 2012); http://www.nyujlb.org/wp-content/uploads/nyb_9-1-1_scissored. 7-76.pdf

ici les caractéristiques des singularités décrites par Lucien Karpik (v. s^s n° 268).

§

LE MARCHÉ DES PARTICULIERS

280 La théorie de l'innovation, appliquée au marché des particuliers, permet d'expliquer de manière pertinente les phénomènes en cours. Les cabinets d'avocats « traditionnels » sont bien des « solution shops » dans lesquels les difficultés des clients sont étudiées individuellement. Cette configuration correspond parfaitement aux valeurs fondamentales de la profession. Les problèmes des clients sont susceptibles de mettre en jeu leur honneur, leur fortune, leur liberté. Il n'est pas question de les traiter autrement que le mieux possible, avec dévouement, compétence et sans compter son temps et ses efforts. Les ressources auxquelles peuvent faire appel les cabinets sont en adéquation avec cette vision du rôle de l'avocat, dont l'indépendance est la première vertu et la première garantie offerte au client. Recourir à des capitaux extérieurs est donc nécessairement exclu. Enfin, la présence au plus près des justiciables, la formation uniquement juridique, le goût de l'indépendance, le traitement individualisé conduisent à l'utilisation de procédés de traitement, de « process », relevant de l'artisanat, du sur-mesure et certainement pas de la production en série ou du prêt à porter; ce qui se traduit par des coûts de production élevés, contreparties du service hautement qualifié et personnalisé que les avocats se font un devoir de rendre.

Conformément à la théorie de Christensen, ce sont bien les valeurs, les ressources et les process des entreprises installées sur le marché qui les empêchent de réagir à l'apparition des entreprises porteuses des innovations de rupture (v. s^s n° 250). Pour résister, il leur faudrait en effet changer leur configuration en profondeur. Il est toujours très difficile à une entreprise de se remettre complètement en question et il existe en général d'excellentes raisons pour elles de refuser le changement. Il est même impossible, lorsque ce changement de configuration implique la remise en cause de toutes les valeurs, des façons d'être et des façons de faire, des entreprises concernées.

281 Du coup, en suivant les analyses des théoriciens de l'innovation de rupture, on peut faire la prédiction que les nouveaux entrants sur le marché des services juridiques aux particuliers, organisés selon des configurations de valeur très différentes de celles des cabinets d'avocats, vont en chasser les cabinets d'avocats. Des entreprises extérieures à la profession, organisées selon la configuration du réseau de valeur vont capter le marché des actions de groupe (au sens le plus large), en offrant aux justiciables des possibilités de se réunir et de mutualiser les coûts dans des conditions que les cabinets ne leur proposent pas. Les financements extérieurs dont elles disposeront leur permettront de se faire connaître et d'acquérir une visibilité et une notoriété sans comparaison avec celle des « solution shops ». Le « marché des victimes » de toute sorte sera ainsi capté par d'autres que les avocats. Certains de ces entrepreneurs remplaceront les ordres en permettant aux internautes de choisir plus facilement la « solution shop » à laquelle elles peuvent s'adresser, transformant au passage les cabinets d'avocats en clientèle captive, contrainte de payer des redevances pour pouvoir figurer sur leurs pages. Des entreprises suivant le modèle de la chaîne de valeur parviendront à proposer des services en ligne entièrement automatisés capables de régler ou totalement, ou en très grande partie, l'essentiel des problèmes juridiques simples ou répétitifs des individus, dans des conditions financières bien plus avantageuses que les avocats. Dans le meilleur des cas, il ne sera plus demandé à ces derniers que de compléter et d'adapter un modèle ou une solution qui aura été produite à bas coût et en série. C'est ainsi que différents sites offrent déjà des possibilités d'assemblage automatique de documents en ligne. On se bouscule pour proposer la création d'une entreprise en ligne et la rédaction de ses statuts sur Istatut[1], Création entreprise gratuit[2] ou Yrytys[3]; on établit un contrat de travail sur easycdd[4] ou un bail sur Dispofi.fr[5]...

Ces sites, qui vendent des produits suivant la configuration en chaîne de valeur, captent la clientèle de consommateurs satisfaits de trouver des produits bon marché, même s'ils sont de qualité médiocre, pour répondre à leurs besoins. Il est facile d'imaginer la suite : les ordinateurs devenant plus puissants, les arbres de décision plus pertinents et les fournisseurs emmagasinant de l'expérience, l'offre devient

1. http://www.istatut.com/
2. http://www.creation-entreprise-gratuit.com/
3. http://www.yrytys.com/
4. https://www.easycdd.com/
5. http://bail.dispofi.fr/

plus attractive et constitue une concurrence de plus en plus menaçante pour les avocats...

L'OPTION DE LA MONTÉE EN GAMME ET SES EFFETS POSSIBLES SUR LE MARCHÉ DU DROIT

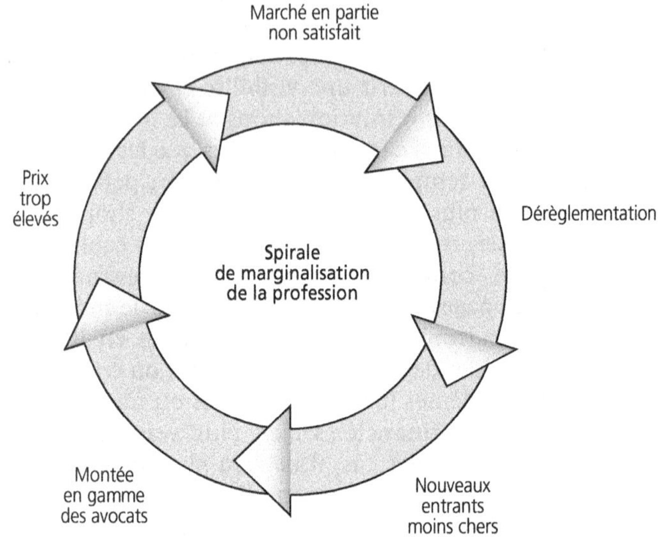

Source : L'auteur.

282 Un seul obstacle s'oppose à la réalisation de ce scénario, qui serait très douloureux pour la profession : la réglementation relative aux activités réservées. Les actions engagées en France (v. s^{s} n° 194) ou aux États-Unis (v. s^{s} n° 236) contre les entreprises qui tentent, en utilisant ces stratégies, de venir concurrencer les avocats sont en effet susceptibles de leur interdire de s'implanter sur un marché qui est « réservé » aux professionnels du droit. En même temps, la solidité de cette barrière ne s'impose plus désormais comme une évidence (v. s^{s} n° 106).

Par le chemin de la théorie de l'innovation de rupture, on en revient à la nécessité d'encourager toutes les solutions innovantes (v. s^{s} n°s 250 s.) qui sont de nature à faire évoluer l'offre de la profession et qui montrent que sans abandonner totalement le modèle de la « solution shop » et surtout les valeurs qui le justifient, les avocats sont capables de mettre en place des configurations de valeur différentes pour servir au mieux le public.

283 Ressurgit donc la question du financement par les cabinets des actions nécessaires à ces développements nouveaux. Ce que souhaitent majoritairement les avocats, c'est certainement le maintien des formes d'exercice actuelles qu'ils jugent pertinentes, de la prohibition des capitaux extérieurs qui menacent leur indépendance et d'un domaine réservé qui assure au public une haute qualité de service. Toutefois, à partir du moment où les avocats ne parviennent plus, dans la configuration actuelle, à satisfaire la demande de droit, on peut s'interroger sur la pertinence de la notion d'activités réservées. Or, c'est bien à ce phénomène d'inadéquation de son offre que la profession est confrontée (v. ss nos 198 s.), d'où la pression des autorités (européennes notamment) pour remettre en cause les activités réservées et permettre à de nouveaux acteurs de fournir certains services juridiques aux particuliers. Si cette ouverture du marché se produisait, elle exposerait sûrement les avocats à la concurrence d'entreprises recourant à des capitaux extérieurs, porteuses d'innovations de rupture et donc susceptibles d'en évincer les avocats (v. ss no 250).

De très bonnes et sérieuses raisons justifient les restrictions posées au recours aux capitaux extérieurs (v. ss nos 130 s.); mais leur pertinence disparaît aussi bien dans l'hypothèse où les avocats sont confrontés à la concurrence d'entités qui peuvent y recourir, que dans celle où cette prohibition les empêche de répondre de manière efficace à la demande de droit... et suscite finalement cette concurrence. La question est donc de savoir s'il ne faut pas désormais s'interroger, selon la logique du « second best choice », sur une évolution qui pourrait induire des assouplissements réfléchis, s'agissant des modes de financement des cabinets d'avocats, précisément pour permettre à la profession de remplir les objectifs ambitieux qu'elle s'assigne et peut-être aussi tout simplement de survivre.

§

LE MARCHÉ DES ENTREPRISES

284 Dans le domaine du service aux entreprises, le paysage est très différent. Avant même la crise de 2008, certains procédés (v. ss no 227) des grandes firmes avaient provoqué la réaction du marché. Au fur et à mesure de l'augmentation des coûts juridiques supportés par les entreprises, celles-ci ont été conduites à recourir à des services juridiques internes, au moins pour les tâches les plus faciles à maîtriser. Ce mouvement a commencé dès qu'elles se sont aperçues qu'elles pouvaient s'offrir des juristes suffisamment compétents, pour un prix moindre que celui réclamé par les grands cabinets pour des prestations courantes. Elles ont pu ainsi mesurer les avantages du recours à des juristes internes, connaissant parfaitement l'activité de l'entreprise ou ses besoins juridiques et finalement mieux à même de l'aider dans la prise des décisions la concernant. Les entreprises ne sont pas à la recherche de réponses à des questions purement juridiques, le « droit dans les livres » ne les intéresse pas en tant que tel. Comme l'observe Olivier Chaduteau[1], les besoins ont considérablement évolué. Les solutions à fournir « sont de plus en plus imbriquées avec les opérations, doivent être trouvées de plus en plus vite, être pragmatiques et opérationnelles, et enfin être pérennes ».

Les juristes sont devenus des « gestionnaires de projets »[2], dont la formation a considérablement évolué. Si le droit y conserve toute sa place, il leur est de plus en plus demandé de maîtriser d'autres savoirs[3]. Du coup, « *Le pouvoir a changé de main, il est passé des avocats qui avaient la primeur et l'écoute des dirigeants, aux directeurs juridiques, qui comptent, ou doivent compter, parmi les plus proches collaborateurs des présidents et avec lesquels la confiance est primordiale.* »[4]

285 L'usage des technologies de l'information a également permis aux services internes de porter une appréciation plus fine sur les prestations fournies, surtout lorsqu'elles étaient facturées au tarif horaire « l'outil le plus inefficace pour démontrer la valeur et l'expérience d'un avocat »[5] (v. s^s n° 288) d'effectuer des comparaisons et de susciter plus de concurrence. Elles se sont évidemment montrées de plus en plus réticentes à accepter de subir les conséquences de l'effet de levier utilisé par les cabinets et à payer pour des prestations seulement révisées par des associés. La disparition de l'asymétrie d'information se traduit toujours par des exigences nouvelles chez le client.

1. Olivier Chaduteau, *La direction juridique de demain*, LGDJ - Lextenso, 2014, p. 153.
2. *Ibidem*, p. 97.
3. Sur la formation des avocats se reporter au chapitre 9 (v. s^s n°s 365 s.).
4. *Ibidem*, p. 21.
5. *Ibidem*, p. 184.

286 Du coup, les entreprises n'hésitent pas non plus à tirer parti de la diversification de l'offre juridique. Le « legal process outsourcing » (LPO) est une pratique qui consiste à utiliser les technologies de l'information pour faire réaliser dans des pays à faible coût de main-d'œuvre des tâches juridiques... L'Inde[1] est le premier fournisseur de ces ressources juridiques « alternatives » et les entreprises anglo-américaines sont les principales utilisatrices de ces services. Toutefois, des solutions du même type peuvent aussi être mises à la disposition des sociétés françaises. Techno Lexis[2] propose aux cabinets d'avocats et aux entreprises de recourir au LPO, Lex Info[3] offre à ses clients l'« externalisation de leur service juridique ». Les grands cabinets d'avocats se trouvent alors confrontés à des entreprises extérieures à la profession dont la configuration de valeur peut être différente et qui peuvent être porteuses d'innovation de rupture.

Ces entreprises proposent de réaliser, à des prix très compétitifs, des prestations (le plus souvent répétitives ou à faible valeur ajoutée) que les grandes firmes d'avocats avaient pour habitude de confier à des collaborateurs débutants, de façon à maximiser l'effet de levier lié à la pratique de la tarification horaire (v. s^s n°s 227 s.). Conformément à la théorie de l'innovation de rupture, on peut maintenant observer une tendance à la montée en gamme des fournisseurs de services de LPO.[4]

287 Certains de ces nouveaux entrants, proposent une autre forme d'outsourcing. Plutôt que de recourir à des solutions à l'étranger, elles investissent dans des systèmes informatiques performants, financés par le recours à des capitaux extérieurs. À l'instar de Novus Law ou Axiomlaw (v. s^s n° 245), ces nouveaux entrants proposent d'accomplir automatiquement des tâches qui étaient jusqu'à présent vendues par les cabinets d'avocats, même si elles n'étaient pas nécessairement juridiques. Elles effectuent pour cela un processus de dissociation[5] poussé au sein des prestations fournies. Les nouveaux entrants maîtrisent mieux les technologies et les *process* industriels que leurs concur-

1. DONT le marché juridique est l'un des plus fermés du monde (v. s^s n° 26).
2. http://techno-lexis.fr/consulting-lpo/
3. http://www.lex-info.net/fr/
4. Olivier Chaduteau, *La direction juridique de demain*, LGDJ - Lextenso, 2014, p. 202.
5. Richard Susskind, *Tomorrow's Lawyers: An Introduction to Your Future*, Oxford University Press, 2013, p. 29.

rents avocats. Ils sont mieux armés que ceux-ci pour continuer d'investir dans ces secteurs.

Le caractère « disruptif » de ces pratiques sur les cabinets d'avocats se fait déjà sentir. Selon la théorie de l'innovation de rupture, leurs performances devraient continuer de progresser, ce qui est rendu d'autant plus vraisemblable que les possibilités d'amélioration des systèmes informatiques sont infinies (v. s^{s} n°s 228 s.). Les auteurs qui avaient souligné les bases incertaines sur lesquelles la croissance des grandes firmes internationales d'avocats était construite (v. s^{s} n° 227), prédisent même parfois leur disparition[1].

288 Il en est ainsi aussi de l'effet de levier lié à la pratique de la tarification à l'heure. Les multiples défauts de ce mode de fixation des honoraires ont été analysés dans le rapport d'une commission *ad hoc* de l'ABA qui recommandait le recours à d'autres méthodes[2] de facturation. On peut notamment lui reprocher d'accentuer le risque des effets d'agence : le cabinet d'avocats payé à l'heure n'est évidemment incité, ni à la rapidité, ni à l'économie de moyens. Lorsque les prestations facturées sont celles d'un collaborateur en formation, sa mise en œuvre conduit à faire supporter au client le coût de cette formation. Le plus étrange de ses effets est finalement de permettre à un avocat incompétent (à condition qu'il trouve des clients pour payer ses factures) de réaliser un chiffre d'affaires plus élevé qu'un avocat compétent ou spécialisé.

289 La saisie des temps passés reste bien entendu un outil indispensable de gestion des cabinets, puisque précisément il permet de déterminer le potentiel de production d'un cabinet, de contrôler la rentabilité des dossiers, ou de suivre l'activité des avocats. En revanche, le succès de la facturation à l'heure ne pouvait perdurer indéfiniment. Il est difficilement imaginable que le coût d'un service soit fixé exclusivement en fonction de la volonté du prestataire et de ses coûts de production, sans aucun lien avec le prix que le client attache au service rendu. Sous la pression de leur clientèle, les cabinets doivent donc inventer de nouveaux modes de facturation, prenant davantage en compte les sou-

1. Larry E. Ribstein, "The Death Of Big Law", *Wis. L Rev.* 749 (2010); http://wisconsinlawreview.org/wp-content/files/1-Ribstein.pdf

2. *ABA commission on billable hours report*; http://ilta.ebiz.uapps.net/productfiles/productfiles/914311/FMPG4_ABABillableHours2002.pdf

haits de leur client et la valeur que représentent pour eux leurs prestations.

290 Fondamentalement, les avocats peuvent difficilement faire autre chose que de continuer à vendre du temps et du conseil : « *A lawyer's time and advice are his stock in trade* »[1] (Abraham Lincoln). Il s'agit donc d'une évolution complexe, qui est loin d'être achevée. S'agissant des avocats français, leur liberté et leur imagination en la matière se trouvent sérieusement limitées par l'article 10 de la loi du 31 décembre 1971[2]. C'est ainsi par exemple que la prohibition du pacte de *quota litis* subsiste, à peine atténuée par la possibilité de prévoir un « honoraire complémentaire en fonction du résultat obtenu ou du service rendu »[3].

291 Toutes ces évolutions en cours laissent donc penser que les mouvements décrits par la théorie de l'innovation ont commencé à toucher le secteur des services juridiques. Plutôt que de changer de configuration, les grands cabinets, privés d'une partie de l'effet de levier, préfèrent recourir à la montée en gamme, en se concentrant sur des secteurs dans lesquels le mouvement de banalisation de leurs prestations ne se fait pas encore sentir. Néanmoins, dans leur domaine d'intervention, c'est probablement moins la question de la régulation que le rôle joué par les grandes directions juridiques qui sera fondamental.

292 La notion d'activité réservée n'a pas beaucoup de sens pour les grandes entreprises qui, hors le domaine judiciaire, peuvent se procurer des prestations juridiques auprès de n'importe quel type de fournisseur. Les directions juridiques sont elles-mêmes des « solution shops » intégrées au sein des entreprises. Elles sont habituées à travailler avec les cabinets d'avocats dont elles partagent beaucoup des valeurs, surtout dans les pays où les avocats exercent en entreprise. Même en France, une certaine porosité entre les cabinets et les directions juridiques renforce les liens entre les deux communautés. En tant que « solution shops » destinées à répondre aux besoins des clients internes, elles sont également menacées d'être déséquilibrées par les phénomènes d'externalisation et de recours à des prestataires exté-

1. Son temps et ses conseils sont à l'avocat ce que le stock est au commerçant.
2. L. n° 71-1130, 31 déc. 1971, *JO* 5 janv. 1972, p. 131.
3. L. n° 71-1130, 31 déc. 1971, art. 10.

rieurs; ce qui peut avoir une incidence sur les décisions qu'elles prendront.

On peut imaginer que tout en n'hésitant pas à recourir à des services « alternatifs » pour certaines prestations, elles continueront de s'adresser aux cabinets d'avocats pour des prestations plus spécialisées. Sous la pression de ses clients, plus attachés à des compétences spécifiques qu'à une marque générique, la grande firme d'avocats devrait évoluer vers la spécialisation… ce qui ne fait que renforcer le mouvement de montée en gamme. Il sera difficile à « big law » de sortir de cette nasse.

DEUXIÈME PARTIE

MAÎTRISER LA TRANSFORMATION

LIVRE TROIS

LES CONDITIONS DE LA MAÎTRISE

> Le rapport moyen-fin combiné avec la dualité de la tactique et de la stratégie [...] aboutit à la vision de la guerre comme d'un ensemble structuré par la hiérarchie des moyens et des fins, par la recherche, à chaque niveau, de la rationalité finale, celle-ci toujours subordonnée à la finalité du niveau supérieur [...] celle de la tactique à celle de la stratégie, celle des fins dans la guerre à celle des fins de la guerre.
>
> Raymond ARON,
> *Penser la guerre : Clausewitz,* t. I. *L'âge européen,*
> « Bibliothèque des sciences humaines »,
> Gallimard, 1976, p. 165.

293 À quoi sert de se doter d'une stratégie ou d'une politique (termes qui sont pratiquement synonymes dans la pensée de Clausewitz) professionnelle ?

Choisir une politique professionnelle, c'est se fixer des objectifs généraux « les fins de la guerre », écrit Raymond Aron. Pour une profession, c'est donc faire le choix de la direction qu'elle veut prendre en fonction de la conception qu'elle se fait de son rôle et de sa place dans la société. C'est ensuite, en bonne logique instrumentale, ordonner les moyens en fonction des fins que l'on vient de se fixer.

Avoir une politique professionnelle permet donc aussi bien de donner une cohérence aux mouvements stratégiques, que de garantir la rationalité des actions tactiques.

Disposer de cette vision générale facilite considérablement la prise de décision. Elle fournit le cadre dans lequel va s'inscrire l'action menée et elle permet plus facilement de vérifier si l'action envisagée est bien conforme aux buts généraux poursuivis. En effet, pour assurer la cohérence de l'ensemble, toute décision prise à un niveau d'importance inférieur doit respecter « la finalité du niveau supérieur ».

Ainsi pourra-t-on, par exemple, éviter de mettre à mal une alliance stratégique, pour le plaisir de remporter une escarmouche, car il apparaîtra immédiatement que le maintien des bonnes relations avec un partenaire prime sur un éventuel succès tactique.

294 Évidemment, cette vision générale facilite aussi la tenue d'un discours non contradictoire. La création au profit des avocats d'un acte spécifique qui leur est réservé est un enjeu placé à un niveau élevé dans la hiérarchie des fins. Dès lors que l'on aura constaté que son attribution peut se justifier par la double compétence juridique et judiciaire de l'avocat, on profitera de toutes les occasions pour mettre en valeur les deux versants de l'activité de l'avocat. Du coup on se gardera bien de présenter ensuite, dans un autre contexte, l'un de ces versants comme superfétatoire, inutile ou encore déceptif.

Est-il besoin de le souligner, il n'y a pas de politique professionnelle, sans un organe politique pour l'élaborer. Voilà donc venu le moment de se pencher sur l'un des sujets professionnels les plus rebattus : la gouvernance de la profession (chapitre 8, v. s[s] n° 295). Mais il y a une bonne raison à cette forme d'obsession : cette gouvernance n'est manifestement pas encore à la hauteur de ce que les avocats peuvent légitimement exposer.

De ce premier thème, a été rapproché ici celui de la formation des avocats (chapitre 9, v. s[s] n° 365). Il n'y a pas lieu de s'en étonner, car le but de cette partie de la recherche est d'identifier les « prérequis » de la détermination d'une politique. Les difficultés de la profession d'avocat à maîtriser son destin ne s'expliquent pas seulement par une organisation déficiente. Les capacités et les compétences plus ou moins grandes des avocats jouent également un rôle. Le savoir acquis par un avocat ne peut plus se résumer aux seules disciplines juridiques et il doit être capable d'appréhender les difficultés qui lui sont soumises ou qu'il rencontrera, autrement que sous le seul angle du droit. Ce qui est vrai des avocats individuellement est également exact de la profession collectivement. Aucune politique professionnelle efficace ne peut plus être conçue ou mise en œuvre en comptant seulement sur les ressources de l'esprit des légistes.

CHAPITRE 8

La gouvernance de la profession

Le ciel se rit des prières qu'on lui fait pour écarter de soi les maux dont on persiste à vouloir la cause.

BOSSUET

295 « Les associations qui représentent les professions juridiques sont des groupes de pression puissants. Elles sont de petite taille (par rapport à l'importance de la clientèle), axées sur un domaine particulier et bien organisées, ce qui peut leur permettre d'obtenir des avantages substantiels sans que cela soit contrebalancé par des effets positifs pour la société dans son ensemble. Elles peuvent « s'approprier » les autorités publiques ou acquérir le droit d'édicter elles-mêmes leur réglementation ». Tel est le jugement général porté par le secrétariat de l"Organisation de coopération et de développement économiques (OCDE)[1] sur la capacité de lobbying de la profession d'avocat.

Il est vrai (v. s[s] n° 51) que par rapport à d'autres groupes professionnels les avocats bénéficient d'avantages que les sociologues ont depuis longtemps identifiés comme permettant à une collectivité de s'organiser et d'avoir de l'influence : des institutions reposant sur un fondement légal, des règles d'affiliation obligatoire, des pouvoirs d'autorégulation et d'autoréglementation.

296 Pourtant, le jugement porté par l'OCDE n'est pas partagé par les avocats français, qui considèrent au contraire que leur organisation professionnelle est peu efficace. Le sondage organisé auprès des avocats parisiens par le bâtonnier Jean Castelain[2] au cours de l'année

1. OECD, *Policy Roundtables: Competitive Restrictions in Legal Professions*, "Competition Law and Policiy", OECD, 2007, p. 13.

2. Jean Castelain a été bâtonnier de Paris pour les années 2010 et 2011.

2011[1] montrait qu'une très large majorité des avocats (entre 68 % et 75 %) portait un avis négatif sur la capacité d'influence de la profession, regrettant, par exemple, son incapacité à se faire entendre des pouvoirs publics (73 %). Répondant la même année à la concertation lancée par le Conseil national des barreaux (CNB) sur le sujet de la « gouvernance », de nombreux barreaux ont profité de l'occasion pour faire la critique de l'institution, de sa légitimité, de sa crédibilité et de sa représentativité[2].

Après trois années de crise marquées par l'inédite « politique de la chaise vide » adoptée par le barreau de Paris, la démission d'un président du Conseil national des barreaux en cours de mandat, puis le refus du bâtonnier de Paris de jouer en personne son rôle de vice-président de droit, on peut tenir pour acquis que ces sentiments ne se sont pas dissipés.

297 Le fossé existant entre les analyses de l'OCDE et la situation constatée en France conduit certains à avancer l'hypothèse qu'il existerait, dans le domaine de la « gouvernance », une « exception française », qui empêcherait les avocats français d'accéder au même degré d'organisation et donc d'influence, que dans la plupart des autres grands pays démocratiques. Les explications données pour expliquer l'existence de cette exception tournent en général assez courts. On fait souvent valoir que les caractéristiques des avocats (et notamment leur goût pour l'indépendance) les rendraient particulièrement rétifs à toute forme d'organisation. Le bâtonnier Charrière-Bournazel[3], alors président du Conseil national des barreaux avait donné du crédit à cette idée en marquant son peu d'appétence pour le mot « gouvernance » et en soulignant que l'on ne gouvernait pas les avocats.

On ne peut nier que la formation juridique ou même les qualités requises pour être un bon avocat puissent induire chez eux des comportements les rendant moins aptes que d'autres à l'action collective. Même si dans son article déjà cité (v. s^s^ n° 222), David Maister[4]

1. http://dl.avocatparis.org/pdf/AnalyseGouvernanceWeb.pdf/
2. François Faugère (dir.), *Rapport du groupe de travail gouvernance*, pour le Conseil national des barreaux, pour l'assemblée générale des 16 et 17 décembre 2011.
3. Christian Charrière-Bournazel a été bâtonnier de Paris en 2008 et 2009. Il a présidé le Conseil national des barreaux de janvier 2012 à sa démission au cours de l'été 2013.
4. David Maister, "Are law firms manageable", *The American Lawyer*, apr. 2006; http://davidmaister.com/articles/are-law-firms-manageable/

s'intéresse avant tout au fonctionnement des cabinets d'avocats, certaines des caractéristiques qu'il met en avant peuvent effectivement expliquer les difficultés rencontrées par les avocats pour être efficaces collectivement. Il relève ainsi :

- la difficulté à faire confiance (les avocats sont des « sceptiques professionnels » payés pour être méfiants, pessimistes et imaginant toujours le pire...) ;
- des approches singulières du processus de prise de décision : « l'essence de la formation des avocats et de leur pratique quotidienne est l'affrontement avec d'autres avocats ». Du coup, même quand il s'agit de prendre des décisions en commun, les discussions entre avocats risquent assez facilement de tourner à la joute verbale ou au concours d'éloquence.

298 Nonobstant la pertinence de ces remarques, elles ne permettent pas de justifier une exception française. Issues de l'observation du comportement de nos confrères américains, elles décrivent un type universel dans lequel les avocats français se reconnaîtront sans difficulté. Pour autant, elles n'empêchent pas nos confrères de s'organiser efficacement, comme le rappelle l'OCDE. Le cas des Nord-américains mérite d'ailleurs que l'on s'y arrête. La très puissante American Bar Association (ABA) n'est en effet qu'une simple association, créée en 1878 et qui ne bénéficie pas, à la différence des ordres d'avocats (ou des State bars américains), de la clause de « closed shop ». N'est adhérent à l'ABA que celui qui le veut bien, alors que l'inscription à un ordre est obligatoire. Or, comme l'a montré le grand sociologue américain Mancur Olson, la règle de l'affiliation obligatoire constitue, pour un groupe professionnel, un avantage essentiel sur la voie de l'organisation[1].

299 Faut-il alors invoquer un goût « gaulois » pour le conflit qui empêcherait plus spécialement les avocats français de s'organiser ? L'explication n'en est pas une, car il resterait encore à appréhender la manière dont cette caractéristique se serait transmise depuis l'antiquité jusqu'à maintenant et pourquoi elle n'accablerait que les avocats et pas les notaires, les huissiers ou les experts-comptables. La référence à l'indépendance ne paraît pas plus pertinente, puisque l'enjeu est

1. Mancur Olson, *The Logic of Collective Action: Public Goods and the Theory of Groups*, "Harvard Economic Studies, 124", Harvard University Press, 1965; 1971; 20e éd., 2002, p. 137.

seulement de savoir si les avocats veulent se gouverner eux-mêmes, pour assurer leur indépendance collective.

La solution est en réalité à chercher du côté de l'organisation de la profession en barreaux nombreux, indépendants et de dimensions très différentes. C'est elle qui a toujours empêché l'émergence d'une représentation nationale forte. Les avocats ne sont donc pas le jouet de facteurs irrésistibles qu'il ne serait pas en leur pouvoir de maîtriser, de sorte qu'ils devraient renoncer à tout espoir d'amélioration. En revanche, si les avocats souhaitent vraiment se doter de cette représentation nationale forte, ils ne peuvent faire l'économie d'une analyse complète des causes de la situation actuelle. Il leur faudra ensuite faire des choix, car on ne peut vouloir tout, et son contraire.

§

COMMENT LES BARREAUX EMPÊCHENT L'ÉMERGENCE D'UNE REPRÉSENTATION NATIONALE FORTE

> En somme, la figure classique du gouvernement de l'Ordre est devenue l'obstacle central au développement de la profession.
>
> Lucien KARPIK, *Les avocats : Entre l'État, le public, le marché XIIIe-XXe siècle,* Gallimard, 1995, p. 210.

300 La volonté de la très grande majorité des avocats français de voir la profession se doter d'une représentation nationale unifiée et forte ne fait aucun doute. Le sondage parisien de 2011 confirme que cette idée est plébiscitée (90 % de réponses positives) et qu'elle correspond à la volonté de voir la profession dotée d'un exécutif fort (80 %). Le rapport Faugère[1] cite quant à lui une enquête « TNS Sofres, menée auprès d'un échantillon représentatif des avocats, dont il ressort une attente très forte sur la réforme de la gouvernance et la volonté d'une seule institution représentant la profession au niveau national et

1. La commission dirigée par le bâtonnier François Faugère, chargée du sujet de la « gouvernance » a rédigé un rapport qui a été présenté à l'assemblée générale du Conseil national des barreaux des 17 et 18 juin 2011. Ce rapport a ensuite été adressé à l'ensemble des barreaux et organisations syndicales, dans le cadre de la procédure dite de « concertation ».

international »[1]. À titre d'exemple, 87 % des avocats âgés de moins de 30 ans plébiscitent l'institution nationale unique.

Ainsi vingt ans après la création du Conseil national des barreaux personne ne prétend qu'il faudrait revenir en arrière. Il est d'ailleurs parfaitement inutile de multiplier les sondages. Il n'est pas besoin d'un long et complexe raisonnement pour en venir à la conclusion que l'influence d'une profession dépend beaucoup de l'efficacité de son organisation collective. Dans le cas des avocats, ce sont précisément les caractéristiques de celle-ci qui empêchent que cette volonté se traduise dans la réalité.

301 Est-il besoin de rappeler que les avocats sont tous inscrits à un barreau de sorte que tout en étant tous membres d'une même collectivité nationale, ils appartiennent aussi à l'une des 161[2] petites républiques autonomes que constituent les barreaux locaux. Le souhait d'appartenir à une profession forte et unie, coexiste, chez la plupart des avocats, avec l'attachement à leur barreau d'origine. Dans la vie de tous les jours, c'est nécessairement la présence de l'ordre local qui prédomine. Les services qu'il rend sont certainement plus visibles et plus présents, au jour le jour, à l'avocat, dans son exercice professionnel, que ceux que pourrait lui rendre une instance nationale, plus lointaine et dont l'intervention est plutôt conçue comme liée à la prise en mains des « grands » problèmes de la profession. En outre, les dimensions (plus ou moins réduites) de l'ordre local, sa proximité, la possibilité de participer à son fonctionnement par le vote ou par l'engagement ordinal et de disposer de la faculté d'influencer directement le cours de ses décisions, sont des éléments auxquels les avocats sont justement attachés.

Or, la construction d'une institution nationale forte implique nécessairement la renonciation à une partie de ce qui rend l'ordre local si attractif pour ses membres, pour se fondre dans un ensemble plus vaste. Il faut ainsi être prêt à faire au profit de l'instance nationale sacrifice d'une partie de l'indépendance des ordres locaux. S'exprimer « d'une seule voix » implique nécessairement de renoncer aux

1. François Faugère (dir.), Rapport sur l'enquête TNS Sofrès intitulée « *Quels avocats, pour quels marchés, aujourd'hui, demain ?* » pour l'assemblée générale Conseil national des barreaux les 16-17 décembre 2011; résultats consultables en ligne; http://femmesetdroitparis.files.wordpress.com/2012/05/etude-avocats2011-ag-vdef.pdf

2. Trois barreaux sont en cours de reconstitution.

expressions individuelles, ou au moins de les contenir. Les avocats ont beau être désireux de davantage maîtriser leur destin collectif, il n'est donc pas certain qu'ils soient décidés à faire ensuite les efforts que ce projet pourrait impliquer.

302 S'il peut exister un doute à ce sujet, s'agissant des avocats, il n'en existe pas, s'agissant des ordres. Ceux-ci répugnent absolument à l'idée de consentir le moindre abandon de souveraineté. Les réponses recueillies lors des travaux de la commission Faugère ne laissent aucun doute sur cet état d'esprit. « *La restructuration locale est* [...], *en l'état, très largement refusée* [...]. *Cette position s'accompagne, logiquement, du refus de toucher aux pouvoirs des ordres définis par l'article 17 de la loi de 1971. L'ensemble des barreaux ayant répondu à la concertation, à l'exception de celui de Lyon, ne souhaite ni ajout ni retrait de compétences. Il n'y a donc pas non plus de réponse positive quant à la méthode selon laquelle un tel transfert de compétences, s'il avait été accepté, aurait pu être mis en œuvre.* »

303 Le décalage entre les opinions exprimées par les avocats et les positions adoptées par les ordres est donc considérable. On peut voir dans ce phénomène une application de « la loi d'airain de l'oligarchie » de Robert Michels[1], qui veut que les élus n'hésitent pas à s'affranchir des opinions de leurs électeurs. Mancur Olson a montré que lorsqu'un petit groupe organisé (les élus) cherche à imposer ses vues à un grand groupe inorganisé (les électeurs), il y a beaucoup de chances qu'il y parvienne sans rencontrer beaucoup de résistance. Chacun des membres du grand groupe inorganisé a tendance à adopter la position du « passager clandestin » (free-rider), c'est-à-dire à compter sur autrui pour agir à sa place, car il sait qu'il profitera du résultat, même s'il ne s'investit pas lui-même dans l'action : « *Ce mécanisme explique que l'appareil d'un parti puisse imposer à ses sympathisants une politique contraire à leurs vœux. Il explique aussi qu'un gouvernement puisse accorder davantage d'attention aux exigences des corporations et des groupes d'influence qu'aux demandes du public et à l'intérêt général.* »[2]

304 Toutefois, dans le cas des élus ordinaux, c'est plutôt dans le caractère imprécis du mandat reçu que réside la difficulté. La question

1. Robert Michels, *Les partis politiques : essai sur les tendances oligarchiques des démocraties*, Éd. de l'Université de Bruxelles, Bruxelles, 2009.

2. Raymond Boudon, Allocution prononcée le 9 février 2009 à l'Institut de France à l'occasion de la remise du prix Alexis de Tocqueville 2008.

des priorités n'étant jamais abordée de front, les membres des conseils de l'ordre et les bâtonniers sont finalement incités, nonobstant ce que pensent les avocats, à adopter une position critique, ou à entrer en opposition avec une instance nationale dont l'évolution souhaitée passe nécessairement par un accroissement de ses pouvoirs, au détriment des ordres. Même là où l'absence cruelle de moyens réduit l'indépendance de l'ordre à bien peu de choses et se traduit par une impuissance administrative et politique à peu près totale; bâtonnier et conseil de l'ordre sont loin d'être prêts à renoncer à la moindre prérogative, même dépourvue de tout contenu réel.

On comprend aisément qu'il est bien difficile à des bâtonniers ou à des conseils de l'ordre de se transformer en « fossoyeurs » de la collectivité qu'ils dirigent et à laquelle ils sont dévoués. À défaut d'autre programme, maintenir le *statu quo* et remettre à son successeur un ordre en (au moins) aussi bon état qu'en début de mandat, est une ligne de conduite qui suffira à remplir bien des bâtonnats. La situation n'est pas très différente dans les barreaux de plus grande taille, qui ne peuvent pour autant se bercer de l'illusion de pouvoir jouer un rôle politique. Mais même là où il ne s'agit que de faire le sacrifice d'une illusion, ce sacrifice n'est pas fait.

305 Finalement, il est également vraisemblable que les ordres adoptent eux-mêmes l'attitude du « passager clandestin » (v. s[s] n° 303). Tout le monde est en principe favorable à une gouvernance nationale unie et forte, mais en même temps, chacun espère que les autres feront le nécessaire et se garde bien, sur le plan local, de consentir le moindre sacrifice.

En France, un seul ordre dispose, en raison de sa taille, de sa richesse et de son prestige, des moyens matériels d'une action politique. Il s'agit de l'ordre de Paris, qui peut, par exemple, consacrer au lobbying un budget supérieur à celui dont dispose l'instance nationale. Par voie de conséquence, c'est donc en son sein qu'il y a le plus de chance de rencontrer une forte opposition à la création d'une organisation nationale forte, puisqu'il est le seul qui puisse avoir quelque chose à y perdre. Cette hypothèse semble se vérifier assez facilement car les conflits sont fréquents entre l'institution nationale et le premier barreau de France.

306 Du coup, en dépit de la prise de position claire de ses membres, il ne paraît toujours guère décidé à admettre que ce rôle politique puisse être exercé au nom de la profession par une instance au sein de laquelle, tout en pesant un poids correspondant à son importance, il pourrait se voir imposer des décisions par une majorité contraire. C'est ainsi qu'en définitive, en dépit de son caractère sans ambiguïté, le sondage réalisé au sein du barreau de Paris, n'a donné lieu à aucune initiative claire pour un transfert de pouvoirs et de compétences au profit de la représentation nationale.

À l'inverse, la mise en place d'une délégation « Affaires publiques », dotée de moyens conséquents, peut être analysée comme un retour à une situation que la profession n'avait pas connu depuis le début des années 2000 (v. s[s] n° 325). Ainsi, du plus petit au plus grand, les barreaux sont portés à n'effectuer aucun effort dont le résultat pourrait être une diminution de leur « indépendance ».

307 S'agissant de la piste d'une mutualisation des moyens matériels et humains, le rapport Faugère fait état de « résultats contrastés » les barreaux refusant « à une très large majorité la mise en commun des compétences touchant aux pouvoirs discrétionnaires ou politiques des ordres qui ont trait à la maîtrise du tableau, au règlement des conflits entre avocats et avec leurs clients, au respect des obligations déontologiques et professionnelles » et restant « dans une logique de préservation de leur indépendance et de leurs prérogatives locales ». En revanche, des réponses nettement plus positives ont été enregistrées s'agissant « des sujets plus neutres ou moins immédiatement sensibles qui peuvent se rattacher à un intérêt général ou commun débordant le cadre d'un seul barreau ». Cependant ces prises de position restent très théoriques, puisqu'elles ne se traduisent par aucune action concrète. La commission relève en effet que « toutefois, il ne semble pas qu'un quelconque barreau ait pris effectivement d'initiative en ce sens ». L'idée de regrouper les barreaux par cour d'appel, ou sur une base régionale n'a remporté quant à elle qu'un succès très réduit, alors qu'elle s'est imposée dans de nombreux autres pays[1], de sorte que faute de barreaux régionaux puissants, absolument rien ne vient contrebalancer l'hypertrophie du barreau de Paris.

Si les limites territoriales habituelles ont parfois pu être dépassées, avec le lent développement des Carpa inter-barreaux, c'est uniquement parce que les enjeux étaient strictement techniques (ou supposés

1. Louis Assier-Andrieu, *Les avocats : Identité, culture et devenir*, Gazette du Palais - Lextenso, 2011, p. 36 s.

tels). Au reste, pour assurer le succès de ce mouvement, il aura surtout fallu qu'une baisse historique et durable des taux d'intérêt impose des regroupements, comme une condition de survie.

§§§

La déraison : des ordres affaiblis [1]

François FAUGÈRE,
avocat au barreau du Lot,
ancien bâtonnier

Thierry Wickers, président du Conseil national des barreaux (CNB) mandature 2009-2011 m'avait confié[2], en ma qualité de membre du bureau, élu du collège ordinal, ancien vice-président de la Conférence des bâtonniers et ancien bâtonnier d'un petit barreau (barreau du Lot, moins de 50 avocats) la tâche exaltante de présider le groupe de travail sur « la gouvernance de la profession ». Ce groupe composé de membres assidus, travailleurs, riches d'idées et libres de pensées a beaucoup travaillé et produit, hélas sans lendemain[3]. Les lecteurs du présent ouvrage sont invités à se reporter aux rapports et à l'abondante documentation annexe, de ce groupe de travail, consultables sur le site du Conseil national. J'avais, en juillet 2000 présenté[4] un rapport devant l'assemblée générale de la Conférence des bâtonniers[5] sur le thème, *Réflexion sur l'inter-ordinalité*[6]. *Quatorze* ans après, deux fois l'âge de raison, l'état de nos ordres est-il bien raisonnable ?

À l'origine, les ordres ont été conçus comme des organes défenseurs et protecteurs des droits dans la garantie de l'indépendance

1. En référence au rapport *Gouvernance* à l'assemblée générale du Conseil national des barreaux du 17-18 juin 2011.

2. Élu du collège ordinal sous la présidence de Paul Albert Iweins (2006-2008) puis membre du bureau sous celle de Thierry Wickers (2009-2011).

3. Il est vrai qu'il ne s'agit pas du seul rapport établi par et pour le compte de la profession non suivi d'effets.

4. À la demande de Michel Bénichou alors président de la Conférence des bâtonniers.

5. *Gaz. Pal.* 10-12 sept. 2000.

6. J'ai eu la chance de travailler avec, Michel Bénichou, Bernard Chambel, Thierry Wickers au sein de la Conférence et Paul Albert Iweins et Thierry Wickers au sein du Conseil national.

de leurs membres. Le bâtonnier « Père parmi les pairs »[1] faisait face aux différents corps constitués, pour représenter la collectivité des avocats au niveau local. L'avocat était un notable invité « au bal de la Préfecture » qui devait, pouvait, par l'intermédiaire de son chef temporaire, le bâtonnier, faire face au président du tribunal et au procureur, notamment lors des audiences, en cas de tension. Là était la fonction première du bâtonnier représentant du barreau.

Puis, les ordres ont muté. L'accroissement du nombre d'avocats, les obligations qui pèsent sur la profession, les besoins de ses membres ont obligé les ordres à devenir des prestataires de services. Les ordres ont dû gérer[2] les droits de plaidoirie, l'aide juridictionnelle, les commissions d'office, la documentation (quelquefois mutualisée avec celle des juridictions, déjà en peine d'argent, trop heureuses de laisser cette charge aux ordres), la formation professionnelle… […].

La faiblesse des ordres est, hélas, un constat, faute de moyens matériels et humains, sans pouvoir raisonnablement les augmenter. […].

308 Cet « immobilisme » ordinal est aussi ancien que les ordres eux-mêmes. Il ne signifie pas que les ordres ne soient pas capables d'améliorer ou de moderniser leurs conditions de fonctionnement et les services qu'ils rendent à leurs membres. C'est même tout le contraire. Ils s'y efforcent tous, dans la mesure de leurs moyens respectifs. Christian Charrière-Bournazel crée une pépinière, Jean Castelain met en place la « chance-maternité », Christiane Feral-Schuhl imagine Praeferentia[3], Pierre-Olivier Sur lance l'Incubateur. La conférence des Cent, ce club informel qui réunit les bâtonniers des barreaux de province les plus importants numériquement, permet d'échanger sur les idées, les bonnes pratiques et les initiatives prises localement. Mais, l'action de l'ordre s'inscrit d'abord dans un territoire géographique

1. Intervention du rédacteur au séminaire des dauphins de la Conférence, mandats 2000-2005.

2. Sans même faire état de la gestion des fonds Carpa, qui relève d'une autre analyse.

3. La diffusion de ces initiatives peut dépasser ensuite le cadre du barreau de Paris. C'est ainsi, par exemple, que la Conférence des bâtonniers, sous la présidence de Jean-Luc Forget (2012-2013) a fait en sorte que l'accès à la centrale d'achats soit ouvert aux barreaux de province.

qu'il souhaite immuable et surtout, même lorsque le service est imité ou étendu, elle reste cantonnée à la gestion du quotidien. L'analyse réalisée au milieu des années 90 par Lucien Karpik, dans l'ouvrage majeur qu'il a consacré à la profession[1] n'a jamais été contredite.

Les bâtonniers qui ne se satisfont pas du seul prestige de leur fonction et qui souhaitent laisser une trace de leur passage, consacrent leur énergie à l'action pratique, multipliant organismes et services nouveaux[2]. Pour autant il ne pourra jamais en résulter une action politique suivie, puisque, lorsque cette voie est empruntée, c'est sur le mode habituel de la priorité fixée par tel ou tel bâtonnier, sans aucune garantie de pérennité.

309 Le mal est profond car le refus de l'action politique ne relève pas d'un comportement irrationnel. Il se fait au contraire au nom du respect de la valeur essentielle de la profession, l'indépendance. L'action politique ne peut être que collective et implique donc de faire, individuellement, peu ou prou, le sacrifice de cette indépendance. Mais les avocats ne chargent pas leur ordre de faire de la politique en leur nom. Puisque ce mandat n'est pas le leur, les ordres sont condamnés à n'exercer leur action que dans le domaine de la gestion du quotidien.

Ce que refuse l'ordre, c'est de se concevoir comme un élément d'un ensemble politique organisé qui pourrait prendre des décisions à force obligatoire, faisant en conséquence le choix du *moindre pouvoir*, pour reprendre l'expression de Lucien Karpik. Dix ans plus tard, cet auteur observe encore : « *Le gouvernement de l'Ordre refuse avec obstination de s'engager dans une fonction stratégique ou "politique". Cantonné dans l'exercice de la fonction gestionnaire, il refuse, de façon parfaitement cohérente, de mobiliser les ressources et les alliances qui le conduiraient à redéfinir la forme d'utilité du pouvoir professionnel.* »[3]

310 Lorsque la Cour de cassation, avant même que la réforme de la garde à vue n'entre en vigueur, est venue autoriser, du jour au lendemain, la présence de l'avocat dès la première heure de la garde à vue, le

1. Lucien Karpik, *Les avocats : Entre l'État, le public, le marché : XIIIe-XXe siècle*, « Bibliothèque des sciences humaines », Nrf - Gallimard, 1995.

2. Lucien Karpik, *Les avocats : Entre l'État, le public, le marché : XIIIe-XXe siècle*, « Bibliothèque des sciences humaines », Nrf - Gallimard, 1995, p. 349-350.

3. Lucien Karpik, « Les avocats entre le renouveau et le déclin », *Revue Hermès*, n° 35, 2003 p. 203; http://documents.irevues.inist.fr/bitstream/handle/2042/9335/HERMES_2003_35_203.pdf?sequence=1/

bâtonnier des Deux-Sèvres a refusé d'organiser l'assistance des avocats en garde à vue, prenant (au bénéfice d'une analyse pour le moins hasardeuse de la situation juridique) le contrepied de la décision du Conseil national des barreaux (pour l'occasion parfaitement soutenu par la Conférence des bâtonniers et le barreau de Paris). Il a ainsi attiré l'attention de tous les médias, l'espace d'un week-end, avant que son barreau ne le ramène à la raison. Après sa prise de position, le bâtonnier s'est exprimé ainsi, dans la presse : « *Mes propos n'engagent pas le barreau. Il s'agit des instructions que j'ai données, dans l'urgence, aux avocats qui assurent la permanence pénale ce week-end. Il n'était pas matériellement possible de rassembler les avocats du barreau avant. Nous en débattrons lundi et nous adopterons une décision.* »[1]

La réaction de certains des avocats du barreau des Deux-Sèvres confirme que le bâtonnier ne peut impunément, de sa propre autorité, transformer son mandat de gestion en mandat politique de représentation : « Je suis dans une colère sans nom, *on n'a pas eu d'assemblée générale pour voter le fait qu'on aille ou pas assister à ces gardes à vue*, le bâtonnier aurait pu prendre l'initiative d'une assemblée générale au cours de laquelle on aurait voté, mais dire, comme cela, qu'on y n'assistera pas est une aberration. »[2] Le comportement du bâtonnier est ainsi vécu comme une atteinte à la démocratie ordinale, un détournement du mandat donné.

Pour se cantonner à la seule question du mandat du bâtonnier, la leçon de l'épisode est facile à tirer. Le bâtonnier ne dispose que d'un mandat de gestion. Au-delà, il n'est plus qu'un simple porte-parole. Il doit s'assurer, avant d'intervenir publiquement, de ce qu'il existe un consensus sur les sujets sur lesquelles il veut prendre position. En cas de doute, il doit veiller à provoquer une décision de son barreau. Le bâtonnier ne dispose d'aucun mandat politique *a priori*.

311 Au-delà, que révèle l'aventure du bâtonnier des Deux-Sèvres ? Elle montre d'abord la difficulté des personnes extérieures à la profession à en appréhender le fonctionnement – s'ils le connaissaient, les

1. Claude Nasier, « Garde à vue : le couac de Niort fait l'événement », *la Nouvelle République.fr*, 18 avr. 2011; http://www.lanouvellerepublique.fr/France-Monde/n/Contenus/Articles/2011/04/18/Garde-a-vue-le-couac-de-Niort-fait-l-evenement/

2. Nouvelobs.com avec AFP, « Premier couac pour le nouveau régime de la garde à vue », 17 avr. 2011; http://tempsreel.nouvelobs.com/societe/20110417.OBS1430/premier-couac-pour-le-nouveau-regime-de-la-garde-a-vue.html/

journalistes n'auraient évidemment pas prêté plus attention à l'attitude du bâtonnier des Deux-Sèvres qu'elle n'en méritait - et renvoie l'image du désordre qui règne en son sein dans le domaine de la représentation. Si, l'espace d'un week-end, les déclarations du bâtonnier d'un barreau de moins de cent avocats peuvent couvrir la voix de la représentation légale de la profession, c'est que celle-ci n'est pas encore identifiée comme telle et que tout bâtonnier peut affirmer l'incarner, sans qu'une prétention aussi risible ne soit mise en doute. En second lieu, l'épisode illustre jusqu'à la caricature l'ambiguïté du mandat donné par ses pairs au bâtonnier. En même temps, toute prise de parole devient pour le bâtonnier une prise de risque, dès lors qu'il dépasse la frontière de ce qu'il lui est permis de dire, au nom d'une opinion commune dont il n'a pas toujours la possibilité de s'assurer au préalable. Si le bâtonnier des Deux-Sèvres peut imaginer de livrer ainsi à la France entière ses analyses juridiques et les conséquences qu'il en tire, c'est que d'autres bâtonniers le font aussi, de sorte que le comique de l'épisode ne doit pas cacher le fait qu'il est avant tout révélateur d'une situation qui se répète constamment.

312 Le premier bâtonnier de France, le bâtonnier de Paris, n'hésite pas, avec régularité, à « parler au nom de la profession », mandat que par hypothèse il n'a pas pu recevoir. Sous la rubrique « Missions du bâtonnier », le site du barreau de Paris explique, de manière un peu alambiquée que : « *Le bâtonnier est le porte-parole des avocats. Représentant le Barreau dans tous les actes de la vie civile, le bâtonnier est là pour exprimer l'avis d'une profession en prise directe avec l'actualité. Cette représentation est protocolaire. Interlocuteur privilégié des pouvoirs publics, le bâtonnier transmet également toutes les informations concernant la vie du barreau à ses membres, notamment par la voix du bulletin.* » Au fond, il n'est pas si étonnant que le pauvre bâtonnier des Deux-Sèvres ait eu du mal à s'y retrouver et qu'il ait pu imaginer qu'il pouvait en faire tout autant.

313 En fait, les avocats, alors qu'ils sont depuis l'origine organisés localement, se sont toujours révélés incapables de dépasser par eux-mêmes cette situation de départ. Ils sont restés obstinément attachés, pour les raisons exposées plus haut, à un pouvoir ordinal local éclaté, en vertu du principe « un tribunal de grande instance, un président, un procureur, un barreau et un bâtonnier » qui répond à une logique purement fonctionnelle d'adhérence à la carte judiciaire, mais qui fait litière de toute considération « politique ». Alors que le « mille-feuilles » territorial est en cours de simplification et qu'il est de plus en plus vraisemblable que le pouvoir des régions va se développer, aucun de ces vastes ensembles territoriaux ne trouvera face à lui un ordre d'avocats taillé à sa mesure.

Il y a cependant un prix à payer pour le choix de refuser de se comporter en groupe organisé : « Pour le dire en une phrase : un gouvernement collégial ordonné autour du moindre pouvoir est impuissant face aux problèmes et enjeux actuels. En somme, la figure classique du gouvernement de l'Ordre est devenue l'obstacle central au développement de la profession. Et du coup, la profession d'avocat a largement partagé le sort d'autres professions qui ne disposaient pas de cet atout fondamental. Elle a donné la préférence à l'impuissance sur la réforme. »[1]

§

LE CONSEIL NATIONAL DES BARREAUX, UNE CONSTRUCTION INACHEVÉE

314 Sans l'intervention de la fusion entre avocats et conseils juridiques, il est très vraisemblable que la profession d'avocat ne serait aujourd'hui encore dotée d'aucune représentation nationale, la seule constatation de l'évidente nécessité de celle-ci n'ayant pas suffi, en presque deux siècles d'histoire, pour que les ordres en décident par eux-mêmes. C'est en effet uniquement parce que les conseils juridiques disposaient d'une telle institution et n'imaginaient pas de s'en passer en raison de la fusion, que la loi n° 90-1259 du 31 décembre 1990[2] a institué le Conseil national des barreaux[3]. La gestation a été particulièrement difficile, tant cette innovation se révélait contraire aux « traditions » du barreau. Lors des débats parlementaires ayant conduit au vote de la loi du 31 décembre 1990, l'accord entre les deux assemblées ne s'était d'ailleurs fait qu'au moment de la commission mixte parlementaire. À cette occasion c'est la vision de l'Assemblée nationale qui a prévalu sur celle du Sénat qui penchait plutôt pour un Conseil

1. Lucien Karpik, *Les avocats : Entre l'État, le public, le marché : XIIIe-XXe siècle*, « Bibliothèque des sciences humaines », Nrf – Gallimard, 1995, p. 210.

2. L. n° 90-1259, 31 déc. 1990 portant réforme de certaines professions judiciaires et juridiques, *JO* 5 janv., p. 219.

3. Le reproche adressé à l'institution d'être dans l'incapacité de se réformer elle-même est peut-être fondé, mais le moins que l'on puisse dire est qu'il s'agit là d'un défaut assez largement partagé au sein de la profession.

supérieur des barreaux, conçu comme une émanation des barreaux et relayé auprès de chaque cour d'appel par des conseils régionaux.

315 La loi du 31 décembre 1990 n'a donc pas opté pour une instance ordinale qui aurait constitué, comme le souhaitait le Sénat, le sommet d'une pyramide dont les autres degrés auraient été les ordres locaux et les conseils régionaux de cours d'appel, instaurés pour l'occasion, selon un modèle se rapprochant de très près de celui existant, par exemple, chez les notaires. Le Conseil national des barreaux est en effet composé de deux collèges comportant le même nombre de membres (v. s^s n° 40) ; un collège général dont les membres sont élus au scrutin de liste par l'ensemble des avocats et un collège ordinal dont les membres sont élus par les membres des conseils de l'ordre. Leur mandat est d'une durée de trois ans (renouvelable une fois). Assez rapidement, la loi a été modifiée pour instaurer deux circonscriptions territoriales (Paris et la province), le nombre d'élus dans chacune de ces circonscriptions étant fixé en fonction de la démographie : lors de la mandature 2011-2014, 24 élus pour la province et 16 élus pour Paris dans chacun des collèges. Enfin, depuis la loi n° 2009-256 du 12 mai 2009[1], le président de la Conférence des bâtonniers et le bâtonnier de Paris sont devenus membres de droit de l'assemblée qui compte désormais 82 membres. Ce sont eux qui élisent leur président, pour un mandat de un an seulement mais renouvelable deux fois.

Beaucoup de critiques ont été formulées à l'encontre de ce mode électoral, en raison de sa complexité et de son manque de visibilité. En exposer ou en comprendre les grandes lignes ne demande toutefois pas, comme on vient de le voir, des efforts démesurés[2]. En réalité ces

1. L. n° 2009-526, 12 mai 2009 de simplification et de clarification du droit et d'allègement des procédures, *JO* 13 mai, p. 7920.

2. Chacun des 161 barreaux est doté d'un conseil de l'ordre dont les membres sont élus au suffrage universel des membres du barreau, pour un mandat de trois ans, renouvelable une fois. Le conseil de l'ordre est renouvelé chaque année par tiers. Le nombre de ses membres dépend de la taille du barreau. Le conseil de l'ordre est présidé par un bâtonnier. Le bâtonnier est élu pour deux ans au suffrage universel des membres du barreau et son mandat n'est pas renouvelable immédiatement. Il préside le conseil mais n'en fait pas partie de sorte qu'il ne prend en principe pas part aux votes. Encore aujourd'hui, l'élection du bâtonnier désigné doit faire l'objet d'une élection de confirmation, quelques semaines avant son entrée en fonction. Les barreaux sont également autorisés à prévoir dans leur règlement intérieur l'élection d'un vice-bâtonnier dont le statut est calqué sur celui du bâtonnier.

critiques sont à mettre en relation avec la conviction, fort répandue chez les avocats, que la solution aux problèmes rencontrés est simple comme un changement de mode électoral. Une croyance en la force des solutions juridiques les plus strictement formalistes qui n'est évidemment pas totalement anormale chez des juristes habitués au formalisme, même s'ils sont pourtant les mieux placés pour en connaître les limites.

316 N'ayant pas retenu l'idée d'une « pyramide », le législateur n'a tout simplement pas « pensé » la relation entre l'échelon local et l'organisme national. Il n'existe aucun lien organique entre le Conseil national des barreaux et les barreaux. À l'occasion du vote de la loi du 31 décembre 1990, les pouvoirs des barreaux n'ont pas été modifiés, de sorte que les conseils de l'ordre restent compétents, conformément à l'article 21 de la loi n° 71-1130 du 31 décembre 1971[1] pour traiter toute question intéressant l'exercice de la profession[2], mission qui n'est pas réservée à la seule instance nationale.

Le Conseil supérieur du notariat (CSN) est le « *seul organe de la profession habilité à s'exprimer au nom de tous les notaires de France* » rappelle le site du CSN[3]. L'ordonnance du 2 novembre 1945[4] prévoit que les chambres des notaires et les conseils régionaux sont chargés d'assurer l'exécution des décisions prises par le CSN. Rien de tel chez les avocats. Le Conseil national des barreaux ne dispose sur eux ni d'une quelconque autorité hiérarchique, ni d'un droit de regard sur leurs décisions, dont il n'a même pas à être informé. Quant à ses propres décisions, leur caractère contraignant à l'égard des ordres est très limité. Finalement, le législateur s'est contenté de rajouter à une organisation ordinale locale inchangée un élément qui lui était étranger, sans préciser la façon dont s'organiserait la collaboration.

Or, cette collaboration ne peut pas être facile, pour cette raison même. La première caractéristique significative du Conseil national des barreaux est donc de ne pas être un « conseil national des barreaux », puisqu'il n'en est pas l'émanation et que la moitié de ses

1. L. n° 71-1130, 31 déc. 1971 portant réforme de certaines professions judiciaires et juridiques, *JO* 5 janv. 1972, p. 131.

2. Dans la liste hétéroclite des attributions des conseils de l'ordre figure donc celle de donner son avis sur tout ce qui concerne la profession en général, immédiatement après celle de veiller à ce que les avocats soient ponctuels à l'audience...

3. http://www.notaires.fr/notaires/jsp/site/Portal.jsp/

4. Ord. n° 45-2590, 2 nov. 1945 relative au statut du notariat, *JO* 3 nov., p. 7160.

membres ne sont pas des élus ordinaux. La plupart des membres du collège général sont élus sur des listes présentées par les syndicats les plus importants de la profession[1] : Avocats conseils d'entreprises (ACE), Syndicat des avocats de France (SAF), Fédération nationale des Unions des jeunes avocats (FNUJA). Aux yeux des ordres locaux, ils ne représentent rien et sont toujours soupçonnés de mener une politique « anti-ordre ».

Le résultat obtenu est assez singulier. Le Conseil national des barreaux est vécu par les ordres comme un « étranger à la famille » avec lequel la relation est très loin d'être de la même nature que celle qu'ils peuvent entretenir avec la Conférence des bâtonniers. Elle s'organise plutôt sur le mode « nous et lui », chaque fois qu'un ordre ne partage pas les priorités ou l'opinion de l'institution nationale.

317 Un barreau[2], qui compte moins de membres que le Conseil national des barreaux ne compte d'élus, n'hésite pas à prendre une

1. Dans l'ordre alphabétique. Le scrutin de liste permet également à des organisations dont l'activité se ramène à la présence au sein du Conseil national des barreaux d'obtenir des élus. Certaines d'entre elles sont même constituées dans le but unique de faire élire leur tête de liste...

2. Le Conseil de l'Ordre,

Informé du projet de vote du CNB le 5 juillet 2014 sur le statut d'avocat salarié d'entreprise,

Rappelle que l'article 1er de la loi du 31 décembre 1971, modifiée par la loi du 1er décembre 1990 et l'article 1er du décret nº 2005-790 du 12 juillet 2005 définissent la fonction d'avocat, comme une activité « libérale et indépendante » et que celle-ci est dès lors incompatible avec un exercice salarié dans une entreprise.

Qu'en 2006 les avocats de France ont par référendum refusé toute fusion avec les juristes d'entreprise et l'exercice de leur profession en qualité de salarié d'une entreprise.

Que le 30 avril 2010, exprimant la volonté de leurs confrères, les bâtonniers de France et d'Outre-mer réunis à la Conférence des bâtonniers ont refusé par 85,38 % des suffrages la création d'un statut d'avocat salarié d'entreprise.

Que les membres de ce barreau aujourd'hui consultés s'opposent encore à la création d'un tel statut et ne sauraient admettre que le CNB en décide autrement sans avoir préalablement recueilli l'opinion de tous les avocats de France et d'Outre-mer.

Qu'en conséquence le Conseil de l'Ordre dénie toute validité à une décision du CNB qui ne serait pas précédée d'une consultation par référendum national, et s'oppose à toute démarche du CNB visant à la mise en place d'un statut d'avocat salarié d'entreprise en l'absence d'une telle consultation.

Qu'il en tirera toutes conséquences quant à la loyauté des élus du CNB et la représentativité de celui-ci s'il était passé outre. ▶

motion pour lui défendre de délibérer sur un sujet, il est vrai fort peu consensuel[1]. Il lui fait savoir qu'il déniera « toute validité à une décision qui ne serait pas précédée d'une consultation par référendum national ». La motion ajoute que s'il devait être passé outre « il en tirera toutes conséquences quant à la loyauté des élus du CNB et la représentativité de celui-ci ». En somme, pour ce barreau[2], l'instance nationale n'a aucune représentativité et ne peut pas prendre des décisions qui seraient contraires à ses opinions. Cette possibilité ne lui est pas ouverte et il lui est seulement loisible d'organiser une consultation directe. On pourrait multiplier les exemples; ils révéleraient tous un incompréhensible refus de la démocratie représentative et de ses sujétions. Il est nécessaire d'en déterminer les raisons, si on veut dépasser les habituelles explications *ad hoc* (v. s[s] n° 297).

318 Ce qui frappe aussi, c'est évidemment la violence de l'interpellation; comme si le Conseil national des barreaux n'était pas composé d'avocats, élus par leurs pairs et comme si la moitié d'entre eux n'étaient pas choisis par les ordres... Cependant, dans la profession, l'essentiel de la légitimité s'incarne dans la figure du bâtonnier en exercice. Tout avocat qui a exercé cette fonction a pu constater qu'il bénéficiait, dès le premier jour de son mandat, de la confiance des membres de son barreau. Sauf (grave) accident de parcours, cette confiance accordée a priori, lui sera maintenue pour toute la durée de ce mandat. En revanche, elle lui est retirée au profit de son successeur, à l'instant même où il s'achève. La légitimité ordinale s'incarne dans les bâtonniers en exercice, pas dans les anciens bâtonniers. Du coup, l'existence d'un collège ordinal, essentiellement composé d'anciens bâtonniers[3] ne suffit pas, comme on vient de le voir, à assurer la « légitimité ordinale » de l'institution aux yeux des ordres.

► Il appelle enfin la Conférence des bâtonniers et son président, la Conférence des bâtonniers du Grand Sud-Ouest et sa présidente, ainsi que tous les avocats inscrits à protester officiellement auprès du Conseil national des barreaux de la procédure engagée en son sein, sans consultation des barreaux ni information de ceux-ci, visant à imposer par la force une réforme plusieurs fois rejetée par les avocats.

1. L'avocat en entreprise. Motion de l'assemblée générale extraordinaire et du conseil de l'ordre du barreau de Mont de Marsan des 30 juin et 1er juillet 2014.

2. MAIS il aurait pu s'agir de n'importe quel autre et aussi de n'importe quel sujet. L'intéressant est ici d'examiner le fonctionnement de la relation entre l'institution nationale et les barreaux.

3. AU MOINS dans sa composante provinciale.

Le Conseil national des barreaux n'a cependant pas d'autres interlocuteurs, dans la profession, que les ordres. Même si les avocats peuvent être directement destinataires d'informations, notamment par voie de courriel, en provenance de l'institution nationale, c'est uniquement par l'intermédiaire des ordres qu'il peut espérer informer complètement les avocats, les mobiliser ou les faire participer au processus de prise de décision. Comme les mouvements de 2014 sur l'aide juridictionnelle l'ont montré une fois de plus, les ordres sont les relais nécessaires de toute action nationale. Sans eux elle n'a aucune chance d'aboutir. Sans le relais des barreaux, le Conseil national des barreaux est à la fois sourd et muet. Il ne peut espérer ni entendre, ni se faire entendre des avocats.

319 C'est pourquoi aucune décision importante n'est prise par le Conseil national des barreaux sans qu'ait été mise en œuvre la procédure de concertation qui consiste, avant toute décision définitive, à consulter les barreaux[1] en leur transmettant les rapports et les projets soumis au vote de l'assemblée, pour recueillir leurs observations. Ces observations sont elles-mêmes intégrées au rapport final et portées à la connaissance de l'assemblée, avant son vote. Dans ce dispositif, les barreaux sont donc supposés diffuser l'information reçue du Conseil national, de façon à ce que celle-ci circule en direction des avocats, puis délibérer localement sur le sujet, de façon à ce que chacun ait la chance de faire connaître son opinion.

Toutefois, il faut le répéter, il n'existe aucune obligation pour les barreaux de relayer effectivement cette information ou de répondre au Conseil national des Barreaux, de sorte que cette procédure, même si elle est indispensable, donne souvent des résultats décevants. En plein travaux de la commission sur la répartition des contentieux, dite commission Guinchard[2] et face aux menaces de déjudiciarisation, le Conseil national des barreaux s'adresse à tous les bâtonniers. L'un d'entre eux explique, au cours d'une réunion régionale, qu'il n'a pris le soin, ni de lire ce courrier important, ni de le soumettre à quiconque. Il l'a trouvé trop long et le sujet trop compliqué. Il est à la tête d'un barreau d'une importance non négligeable...

1. ET également les organisations syndicales, mais elles sont déjà présentes au sein de l'assemblée.

2. Serge Guinchard (dir.), *L'ambition raisonnée d'une justice apaisée*, « Rapports officiels », La Documentation française, juill. 2008.

320 Si l'on prend précisément l'exemple de la gouvernance, sujet particulièrement sensible pour les ordres, on constate qu'après un délai de concertation commençant au mois de juin 2011 « à la date du 15 décembre 2011, le Conseil national des barreaux avait reçu les contributions de 68 barreaux représentant 42 348 avocats, soit 78,65 % du nombre total d'avocats inscrits à un barreau au 1er janvier 2011, deux conférences régionales, trois syndicats, un organisme technique national et deux Carpa ». Près d'une centaine de barreaux manquaient cependant à l'appel. Ce cas illustre les effarantes « pertes » que subit l'information transmise par l'institution nationale aux barreaux. Au cas d'espèce, au bout d'un délai de près de six mois plus de 90 barreaux n'avaient pas jugé utile de répondre au Conseil national des barreaux et n'avaient donc probablement organisé sur le sujet à traiter, ni conseil de l'ordre, ni assemblée générale; excluant de fait environ 30 % des avocats français d'un débat les concernant au plus haut point.

321 Des taux encore plus élevés d'absence de réponse peuvent assurément être constatés sur des sujets plus « froids » ou lorsque les délais de réponse sont réduits. Une très grande partie de la production de l'instance nationale se perd donc en route, n'atteignant jamais ses destinataires, ce qui empêche la création d'un lien entre eux et elles. Cependant, même lorsque le sujet est effectivement traité dans les ordres, le dispositif ne peut donner des résultats optimaux. Faire pour un conseil de l'ordre ou une assemblée générale le commentaire d'un rapport sans avoir participé aux travaux en commission qui ont conduit à l'élaboration de ce rapport, sans avoir nécessairement la vision globale des enjeux que peut donner la fréquentation de l'assemblée délibérative et sans avoir écouté ou pris part aux débats ayant précédé l'envoi à la concertation, laisse beaucoup de place pour les mauvaises interprétations et les incompréhensions.

Toujours sur le sujet de la gouvernance, le rapport Faugère (v. ss no 300) fait état de ce que plusieurs barreaux ont critiqué la méthode employée, exprimé un refus de principe de répondre à la concertation, rejeté en bloc le rapport, excipé d'un temps de réflexion trop court, mis en cause la formulation des questions. À la vérité une parfaite illustration d'un des travers mis en évidence par David Maister (v. ss no 297) : la tendance à la suspicion systématique.

322 Cherchons maintenant à suivre le cheminement du rapport adressé par le Conseil national des barreaux, imaginons qu'il soit arrivé dans un des barreaux qui acceptent d'en débattre et qu'il ait été inscrit à l'ordre de jour d'un conseil de l'ordre. Un rapporteur est donc désigné, doté probablement du faible niveau d'information que l'on vient de décrire (v. s^s n° 321). Comment concevra-t-il son rôle : une présentation neutre ou laudative ? Sa plus-value ne réside-t-elle pas plutôt dans sa capacité à souligner les insuffisances du travail d'autres avocats ? On peut tenir pour acquis que, dans la plupart des cas, ce rapport venu de nulle part, présenté par un avocat désigné d'office qui aura souvent tendance à se transformer en procureur, fera l'objet de l'accueil prédit par David Maister : « *Dans une pièce pleine d'avocats, n'importe quelle idée, aussi brillante soit-elle, sera immédiatement critiquée. Les avocats sont des experts dans la recherche des failles, entraînés à chercher des contre-exemples ou des exceptions à n'importe quelle proposition. En conséquence et assez rapidement, la plupart des idées, d'où qu'elles viennent, seront réduites à néant, écartées, ou remises à plus tard pour un nouvel examen...* »

Ceux des travaux du Conseil national des barreaux qui parviennent à leurs destinataires ont assurément plus de chances d'être critiqués que d'être approuvés. Le signal en provenance de l'institution nationale est un signal faible et terriblement déformé.

323 Les choses sont évidemment très différentes lorsque les travaux peuvent être présentés par un élu du Conseil national, soit parce que le barreau compte parmi ses membres un élu, soit à l'occasion d'une assemblée décentralisée ou d'un déplacement. Lorsque la relation directe, à laquelle les avocats sont habitués, s'instaure et que les décisions peuvent être exposées par ceux qui ont participé à leur élaboration, l'évidence s'impose assez vite : le Conseil national des barreaux est composé d'avocats, qui rencontrent les mêmes difficultés que leurs confrères et tentent de les résoudre du mieux qu'ils peuvent. Les décisions sont prises à l'issue de débats dominés par la rationalité. Elles ne sont en général pas le fruit de l'*hubris*[1] dont serait frappé tout élu de l'institution nationale[2], depuis l'apparition de cette dernière, invariablement, mandature après mandature.

1. On observera au passage que les critiques formulées à l'égard des élus au Conseil national des barreaux sont de la même nature que celles adressées aux autres élus comme les députés, ou les députés européens. La plupart du temps elles ne traduisent qu'un défaut d'information insuffisant pour connaître les raisons des décisions prises.

2. Il n'y aurait pas plus de sens à mettre en avant ce genre d'hypothèse à propos des membres du conseil de l'ordre de barreau de Mont de Marsan.

Mais cette communication directe, qui serait si nécessaire et si simple à organiser en présence d'un nombre limité de barreaux, n'est tout simplement pas praticable en face de 161 barreaux. Dans la gestion de ses ressources, le Conseil national doit perpétuellement arbitrer entre l'action et l'explication de l'action, qui ne peut totalement la remplacer.

324 N'a pas non plus été institutionnalisée la relation avec les deux autres puissances de la profession que sont le barreau de Paris et la Conférence des bâtonniers. Pour ce qui est du barreau de Paris, son existence ne pouvait évidemment pas être remise en cause du fait de l'apparition du Conseil national des barreaux, puisque celle-ci laissait parfaitement intacts les ordres locaux, dont il fait partie, par définition. Pour la Conférence des bâtonniers, les choses n'étaient pas aussi évidentes et certains avaient imaginé qu'elle disparaîtrait ou se fondrait dans le nouvel organisme. Il n'en a cependant rien été et sa présence dans la nouvelle institution a été assurée par le biais du collège ordinal province. Très rapidement, elle a fait en sorte que la plupart des 24 membres de ce groupe soient élus sous son patronage, pour représenter les ordres de province.

325 En dépit du fait que la loi ait confié à la nouvelle institution la tâche de représenter la profession auprès des pouvoirs publics, aucune des institutions existant n'a imaginé renoncer pour ce seul motif à toute influence ou leadership. Il a donc fallu imaginer des modes de collaboration, entre les trois institutions, l'apparition du Conseil national des barreaux ayant compliqué le jeu au lieu de le simplifier. En octobre 2003, Michel Bénichou, Bernard Chambel et Paul-Albert Iweins[1] décidèrent de la mise en place d'un GIE[2], dont la vocation était de regrouper les moyens d'influence des trois institutions, pour procéder à un lobbying commun et unique. Moyens et coûts (les trois institutions finançant le GIE) se trouvaient mutualisés. Dans ce cadre, des rencontres régulières étaient organisées entre le président du Conseil national des barreaux, le président de la Conférence des bâtonniers et le bâtonnier du barreau de Paris, de façon à harmoniser les positions et à décider des actions à mener de concert, tandis que des commissions de travail tripartites étaient constituées sur chaque sujet le méri-

1. Respectivement président du Conseil national des barreaux, président de la Conférence des bâtonniers et bâtonnier de Paris.

2. Une structure préexistante, qui avait été créée pour des opérations de communication en direction des entreprises, fût recyclée à cette occasion.

tant. Cette initiative n'a pas toujours été comprise au sein de la profession. Elle a été critiquée par tous ceux qui y voyaient une atteinte à la mission de représentation confiée par l'article 21-1 de la loi n° 71-1130 du 31 décembre 1971 au seul Conseil national des barreaux; de sorte que la suppression du GIE a régulièrement été demandée.

Une fois le président de la Conférence des bâtonniers et le bâtonnier de Paris devenus vice-présidents de droit du Conseil national des barreaux[1], le GIE n'avait en théorie plus de raison d'exister. Il y a donc été mis fin, la cellule de lobbying étant intégré au Conseil national des barreaux. Les autres institutions en ont immédiatement profité pour mettre fin à leur participation financière. Il ne fallut pas beaucoup de temps pour que le barreau de Paris décide ensuite de se doter à nouveau de son propre lobbyiste. Depuis le 1er janvier 2014, c'est un département « Affaires publiques » qui a été créé au sein du barreau de Paris, avec une mission très large. « *Cette innovation répond à une volonté de professionnaliser la contribution des avocats au débat public, sur les questions d'accès au droit comme sur les grands choix de société* [...]. *L'Ordre des avocats de Paris souhaite ainsi engager un dialogue ouvert, transparent et régulier avec les pouvoirs publics, les représentants des forces vives et les acteurs de la société civile.* »[2] En fait d'innovation, la profession en est donc revenue à peu près à la situation d'avant 2003.

326 Les exemples de ce genre peuvent facilement être multipliés. C'est ainsi que le barreau de Paris a joué un rôle pionnier dans la lutte contre les « braconniers du droit ». La Conférence des bâtonniers s'est efforcée de son côté, avec des résultats mitigés, de coordonner les efforts des barreaux de province[3], de façon à assurer une réponse efficace sur la totalité du territoire. Là encore, le choix de regrouper les forces a fini par s'imposer. La décision a donc été prise en commun de mener les actions (et notamment les actions d'importance nationale) sous l'égide du Conseil national des barreaux, qui a donc constitué une commission[4], aujourd'hui dénommée « exercice du droit », à cet effet.

1. L. n° 2009-526, 12 mai 2009 de simplification et de clarification du droit et d'allègement des procédures, *JO* 13 mai, p. 7920.

2. http://avocatparis.org/home/presentation-et-missions/affaires-publiques-lobbying.html/

3. Une tâche longtemps assurée par le bâtonnier Yves Delavallade, membre du bureau de la Conférence des bâtonniers.

4. La commission existe depuis mars 2006. Elle a été présidée successivement par Didier Fournis, Jean-Michel Casanova et Patrick Barret.

Dans un premier temps, le service mis en place au sein du Conseil national des barreaux a pu s'appuyer sur la cellule existant au sein du barreau de Paris, y compris sur le plan matériel. Le leadership ayant été cédé à l'instance nationale, le barreau de Paris a cependant d'abord fait observer qu'il n'avait pas de raison de financer deux fois (une première fois par les cotisations de ses membres et une deuxième fois par la mise à disposition de moyens matériels) et a donc mis fin à son assistance matérielle. Puis, le bâtonnier suivant[1] ayant fait, assurément à juste titre, des actions contre les « braconniers » une de ses priorités, la cellule parisienne a été reconstituée. Retour au point de départ et cela jusqu'au prochain cycle.

§

LE CONSEIL NATIONAL DES BARREAUX, UN BILAN NON NÉGLIGEABLE

> De réels progrès ont été enregistrés depuis la création du Conseil national des barreaux il y a vingt ans[2].
>
> Jean CASTELAIN

327 En dépit de ce contexte difficile et des freins à son développement, le Conseil national des barreaux a permis à la profession d'enregistrer de considérables progrès, au cours des vingt dernières années. La première des réussites à mettre à son actif est l'unification des règles déontologiques de la profession d'avocat. Ce chantier était ouvert, lors de la création du Conseil national des barreaux depuis plus d'un demi-siècle et il n'avait jamais abouti[3]. Il a occupé la jeune

1. Christiane Feral-Schuhl a été bâtonnier de Paris en 2012 et 2013.

2. Ordre des avocats de Paris, *Consultation sur la gouvernance de la profession d'avocat*; http://dl.avocatparis.org/pdf/AnalyseGouvernanceWeb.pdf

3. On mesure au passage combien la structure ordinale française est inadaptée au pilotage de la profession. Même sur un sujet dont les enjeux n'étaient pas fondamentaux (la terre ne s'est pas arrêtée de tourner depuis que le pouvoir normatif des ordres a été réduit pour permettre l'unification des règles professionnelles) les ordres n'étaient pas parvenus à s'accorder. Pourtant il n'existait aucune contrainte extérieure susceptible de contrecarrer leur action et le résultat ne pouvait qu'être bénéfique pour l'ensemble des avocats, nonobstant leur barreau d'appartenance.

FRÉQUENCE DES MODIFICATIONS APPORTÉES
À LA LOI N° 71-1130 DU 31 DÉCEMBRE 1971 ENTRE 1972 ET 2011

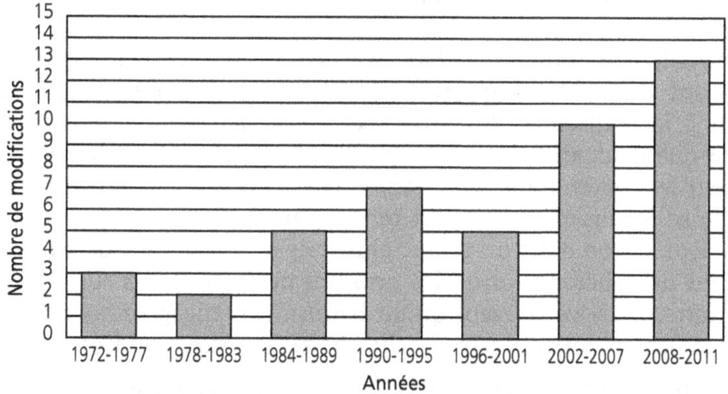

Source : L'AUTEUR.

institution jusqu'en 2005 et il a pu être clos, après de nombreux contentieux, une fois que le législateur a eu confié le soin au Conseil national des barreaux d'unifier par voie de dispositions générales les règles et usages de la profession d'avocat[1]. La loi lui attribuait des compétences précises en matière de formation. Les actions menées dans ce domaine auront été nombreuses : réforme de la formation initiale, mise en place de la formation continue, réforme des spécialités...

328 Il serait fastidieux d'énumérer les chantiers ouverts ou menés à bien par l'instance nationale. Un indicateur intéressant peut-être repéré dans le nombre des modifications apportées à la « loi fondamentale » des avocats, la loi n° 71-1130 du 31 décembre 1971. On constate en effet une augmentation importante de celles-ci, à partir du moment où le Conseil national des barreaux est sorti de l'enfance. Sauf à avancer l'hypothèse, difficilement vérifiable et au demeurant peu crédible, que l'intérêt des députés et sénateurs pour la profession d'avocat a brutalement augmenté au fil du temps, on est amené à en déduire qu'il s'agit là du résultat des efforts de l'instance nationale. On détient ainsi la preuve tangible qu'il suffit à la profession de progresser dans son organisation pour concevoir une politique professionnelle et enregistrer des succès.

1. L. 31 déc. 1971, art. 21-1, modifié par L. 11 févr. 2004.

329 Ce qui frappe également, lorsque l'on examine ce bilan, c'est la capacité, nouvelle dans la profession, à poursuivre l'objectif fixé, mandature après mandature, jusqu'à sa réalisation. Une façon de faire qui tranche avec le rythme chaotique du travail ordinal, tributaire du renouvellement rapide des bâtonniers. Ces derniers (au moins ceux qui sont désireux d'imprimer leur marque) s'attachent essentiellement à la réalisation des projets qui leur tiennent à cœur et qu'ils n'ont que deux ans pour réaliser, sans aucune certitude que leur successeur les reprendra à son compte. Du coup, leur tendance naturelle est de se focaliser sur le court terme, sans manifester le souci d'inscrire leur action dans un temps plus long et sans qu'il existe nécessairement de cohérence entre les priorités des bâtonniers successifs. Au contraire, il arrive souvent qu'un bâtonnier s'engage dans une direction radicalement contraire à celle choisie par son prédécesseur.

Comme l'écrit Lucien Karpik[1] à propos du barreau de Paris[2] : « *Chaque bâtonnier imprime une direction personnelle qui peut se trouver par la suite partiellement ou complètement transformée. Ainsi on reconnaît, au travers de la succession des organismes mis en place au cours de la dernière décennie les priorités des politiques qui se sont succédé [...]. Le processus se déploie donc à l'écart de tout plan d'ensemble [...] un mode de développement au coup par coup, au gré des jugements et des préférences de tel ou tel bâtonnier.* »

330 Comment expliquer la différence constatée avec l'action menée par le Conseil national des barreaux, d'autant plus singulière que n'ont été élus à sa tête que des élus ordinaux et notamment des bâtonniers de Paris. Faire valoir que le temps laissé à chaque mandature du Conseil national des barreaux (trois ans) est plus important que la durée d'un bâtonnat n'est pas suffisant, puisque, précisément, l'on constate que les sujets traités occuperont plusieurs mandatures successives.

En réalité, ce n'est pas la durée, mais la nature du mandat qui compte. C'est parce que le mandat du Conseil national des barreaux touche au politique (de manière encore trop imparfaite) que son président se comporte différemment d'un bâtonnier. Lorsque l'on définit une politique professionnelle, on est conduit à se fixer des objectifs à

1. Lucien Karpik, *Les avocats : Entre l'État, le public, le marché : XIIIe-XXe siècle*, « Bibliothèque des sciences humaines », Nrf – Gallimard, 1995, p. 350.

2. Étant par ailleurs précisé que la critique vaut pour n'importe quel barreau français. Les mêmes phénomènes s'y constatent. Seule l'échelle change.

long terme. Ces objectifs ne peuvent être poursuivis qu'après avoir recueilli l'adhésion d'une majorité de l'assemblée. Cette adhésion collective a tendance à se maintenir en dépit du renouvellement des mandatures[1], puisqu'elle correspond à la mise en œuvre d'un programme voté. Mieux, l'institution, dont la légitimité et la représentativité sont régulièrement contestées, n'en est que plus sensible à la nécessité de rendre lisible son action en évitant les volte-face brutales.

Joue évidemment un rôle important la présence au sein de l'institution de la composante syndicale : les programmes syndicaux correspondent à une vision plus pérenne et plus cohérente que le programme personnel d'action que se sera fixé un bâtonnier, ou même un président du Conseil national des barreaux. Ils n'ont pas les mêmes raisons de changer d'une mandature à l'autre.

331 Comme on pouvait s'y attendre les activités du Conseil national des barreaux ont rapidement dépassé le cadre restreint (et disputé) tracé par la loi, pour appréhender l'ensemble des questions intéressant la profession d'avocat.

C'est ainsi qu'il a été conduit à s'atteler au chantier de la communication électronique, après l'échec du réseau avocaweb[2]. Le RPVA a été conçu pendant la mandature de Michel Bénichou[3], le projet a été poursuivi et adapté pendant celle de Paul Albert Iweins, avant que le déploiement ne soit réalisé pendant les deux mandatures suivantes. Christian Charrière-Bournazel, qui, en tant que bâtonnier avait obtenu qu'un sort particulier soit réservé au barreau de Paris, s'est néanmoins abstenu, agissant comme président du Conseil national des barreaux, de remettre en cause, pendant son mandat, le travail effectué depuis 2004.

Les campagnes nationales de publicité fonctionnelle, qui ont lieu régulièrement depuis une dizaine d'années maintenant, ont permis d'améliorer l'image de la profession et de ne pas laisser le champ libre à ses concurrents. Elles ont pour origine la décision d'un bâtonnier

1. Renouvellements qui ne se traduisent pas par un renouvellement total des membres.

2. Une initiative conjointe du barreau de Paris et de la Conférence des bâtonniers, à laquelle il a été mis fin après le retrait du barreau de Paris, à un moment où le projet se trouvait dans une impasse technologique.

3. Michel Bénichou a succédé à Jean-Marie Farthouat. Il a présidé le Conseil national des barreaux au cours des années 2003, 2004 et 2005. Paul Albert Iweins a assuré la présidence de l'institution au cours des années 2006, 2007 et 2008.

(qui deviendra quelques années plus tard président du Conseil national des barreaux[1]) d'associer le Conseil national des barreaux à une campagne télévisuelle, décidée à l'origine par le barreau de Paris. Du coup son initiative, qui, si elle était restée « locale », aurait pu être sans lendemain, s'est transformée en un effort permanent, recommencé année après année.

L'acte d'avocat est une idée, conçue par un barreau (celui de Lyon[2]), portée longtemps seule par la Conférence des bâtonniers. Elle a finalement été reprise par le Conseil national des barreaux et elle a enfin abouti, avec le vote de la loi n° 2011-331 du 28 mars 2011[3], grâce aux efforts menés conjointement avec la Conférence des bâtonniers[4] et le barreau de Paris[5].

Il faut pour terminer citer la création, par Paul Albert Iweins du Centre de recherches et d'études des avocats (CREA). Cette décision est le type même de la décision stratégique impliquant un effort permanent dans la durée. Il s'agit, comme ont su le faire d'autres professions[6] (comme les notaires, qui mobilisent de multiples universitaires pour vanter à leur place le mérite de l'authenticité) d'être à l'origine de travaux scientifiques consacrés à la profession. Cette production peut constituer une aide dans le processus de prise de décision, mais pas seulement. Comme l'écrit le professeur Louis Assier-Andrieu[7] : « *L'objectif managérial de pilotage de la profession est un objectif secondaire d'une politique scientifique. Son objectif premier est de connaissance pure dont on ne peut ignorer les retombées symboliques, pour une profession aussi dépen-*

1. Jean-Marie Burguburu a été bâtonnier de Paris en 2004 et 2005. Il a succédé à Christian Charrière-Bournazel à la tête du Conseil national des barreaux en septembre 2013.

2. On citera le travail réalisé par le bâtonnier Philippe Génin. L'acte d'avocat figurait déjà parmi ses priorités, au début de son bâtonnat, en 2001.

3. L. n° 2011-331, 28 mars 2011 de modernisation des professions judiciaires ou juridiques et certaines professions réglementées, *JO* 29 mars, p. 5447.

4. Alain Pouchelon a présidé la Conférence des bâtonniers en 2010 et 2011.

5. Pendant le bâtonnat de Jean Castelain.

6. Chez les avocats, les initiatives de l'American Bar Association en font un formidable exemple. Ce n'est pas un hasard si la plupart des articles et ouvrages consacrés à la profession, abondamment utilisés dans cet ouvrage, sont dus à des auteurs américains.

7. Louis Assier-Andrieu, *Les avocats : Identité, culture et devenir*, Gazette du Palais - Lextenso, 2011, p. 91.

dante de son alliance avec le public, en termes de visibilité démocratique et, par conséquent, de légitimité. »

332 Certes, sur bien des points, la mandature 2011-2014[1] a paru en rupture avec les précédentes, revenant sur des choix qui paraissaient définitivement acquis. Les raisons de cette crise, qui a culminé avec la démission du président Charrière-Bournazel, sont multiples et elles ne sont pas le sujet de cette étude. Paradoxalement, le prix très lourd payé par la profession en termes d'influence, pour cette éclipse momentanée du Conseil national des barreaux, devrait achever de convaincre de la nécessité de reprendre la marche en avant et de parachever l'œuvre entreprise. Pendant cette période en effet, personne n'a pu remplacer le Conseil national des barreaux dans la relation avec les pouvoirs publics, pour lesquels il est désormais le seul interlocuteur qui compte (même s'ils veillent à ne pas froisser les autres institutions) et la profession a paru absente de débats qui la concernaient directement. L'épisode démontre aussi que si un ordre, même le plus grand et le prestigieux de tous, peut encore être dirigé selon les modes traditionnels centrés sur les priorités du bâtonnier, ce n'est pas le cas d'une institution représentant la totalité de la profession, dont la nature est différente.

Celle-ci ne peut désormais, parce qu'elle a un rôle politique à jouer et pour reprendre les mots de Louis Assier-Andrieu[2], se satisfaire d'un « mode de gouvernance traditionnel, c'est-à-dire à l'aveugle, fondé sur des préjugés ou des intuitions, parfois percutantes, de notables ». C'est pourquoi une des priorités de la prochaine mandature devrait être de redonner sa place au CREA. Est-il normal de devoir, lorsqu'on se penche sur la profession, s'en remettre presque exclusivement à des études réalisées partout, sauf en France ?

333 Avec le Conseil national des barreaux, construction inachevée, la profession s'est dotée d'un organe capable d'agir dans le champ politique. Il était plus que temps, mais ce n'est assurément pas suffisant. Comme les réactions des barreaux le confirment, la composition actuelle de l'institution ne permet pas de considérer la question de la représentativité comme tranchée.

1. Ou plus exactement la période correspondant à la présidence de Christian Charrière-Bournazel.

2. *Ibidem*, p. 138.

§
LES MODÈLES POSSIBLES
ET CE QUI NE SERT À RIEN

La représentativité des élus présuppose un mécanisme que le barreau ignore, puisque l'élection, sauf rares exceptions, interdit aussi bien le choix entre des programmes opposés que la sanction des réalisations passées.

Lucien KARPIK

334 En créant le Conseil national des barreaux, le législateur s'est refusé à choisir entre les deux solutions tranchées qui étaient à sa disposition (v. s[s] n° 314). Surtout, il a laissé entière la question de la représentativité de l'institution, ce qui explique dans une très large mesure les difficultés qu'elle a rencontrées et les rend compréhensibles (v. s[s] n° 335).

§§
L'Ordre national

335 La première option possible est celle de « l'ordre national ». Encore faut-il s'entendre sur le sens à donner à cette locution dont chacun s'empare désormais, sans l'avoir défini au préalable. L'expression « ordre national » devrait être réservée[1] à une organisation dont les caractéristiques essentielles sont les suivantes. Elle est composée exclusivement d'élus ordinaux. Il s'agit d'une structure pyramidale. À la base on trouve les ordres locaux. Il existe le plus souvent[2] un étage intermédiaire, au niveau des cours d'appel, ou des régions, qui peut jouer un rôle fonctionnel ou seulement électoral. Au sommet, les membres de l'assemblée sont normalement élus au suffrage indirect.

1. De nombreux débats dans la profession commencent sans que l'objet du débat fasse l'objet d'une définition préalable. Du coup il n'est guère facile de tirer des conclusions des opinions exprimées.

2. Dans le cas où cet étage n'existe pas, ce sont les élus locaux qui élisent les membres de l'institution nationale. C'est ainsi que sont aujourd'hui élus, par les membres des conseils de l'ordre, les membres du collège ordinal du Conseil national des barreaux.

Les élus locaux, élus au suffrage universel dans leur « circonscription » élisent ensuite à l'échelon régional des représentants chargés eux-mêmes d'élire les représentants nationaux. Ces derniers procèdent donc exclusivement des ordres. Leur légitimité et leur représentativité se mesurent à l'aune de celle accordée aux ordres eux-mêmes. C'est dans cette acception qu'on utilisera ici les termes « ordre national » et c'est par rapport à elle que sera vérifié comment ceux qui s'en réclament se situent.[1]

336 Si ce modèle peut séduire chez les avocats, c'est que les ordres sont en général considérés comme l'âme de la profession, de sorte que rien ne peut être construit ni contre, ni sans les ordres. Laissant volontairement de côté à ce stade la question de savoir s'il est opportun de faire disparaître le collège général, on se concentrera ici sur les effets prévisibles de ce choix, s'il était retenu. Il n'y a pas de raison particulière de penser qu'un ordre national, composé comme un ordre local, se comporterait différemment d'un ordre local et ne souffrirait pas des mêmes maux. L'ordre local refuse de faire de la politique (v. s^{s} n° 309), il n'est pas et ne peut pas être un organe politique, car il est construit sur le respect de l'indépendance de ses membres et l'exercice du « moindre pouvoir. » Les avocats accordent leur confiance à leur bâtonnier pour assurer leur défense - notamment dans la relation avec les magistrats - ou pour régler les différends entre confrères. Ce lien personnel très fort ne s'étend pas à la sphère politique, qui reste totalement étrangère à son établissement. Le bâtonnier n'est pas élu sur un programme politique. Il n'est donc pas chargé de le mettre en œuvre. S'il s'aventure seul sur ce terrain, il prend le risque de dépasser les limites de son mandat et donc de voir contester la légitimité de son intervention. Ce qui est vrai des bâtonniers l'est aussi des membres des conseils de l'ordre, élus également plutôt pour leurs qualités personnelles que pour leurs opinions.

Du coup, comme cela se vérifie empiriquement, la prise des décisions politiques est pour la profession un processus lent et complexe qui suppose la réunion de très larges consensus, qui ne sont faciles à atteindre que quand il s'agit de défendre des valeurs partagés par l'immense majorité de la profession, ou pour faire avancer des projets

1. Il s'agit d'un *a priori* simplement méthodologique, pour pouvoir comparer utilement des solutions concurrentes qui s'en réclament toutes, tout en étant différentes entre elles.

non controversés[1]. Rentrent évidemment dans cette catégorie les actions pour la défense du secret professionnel ou l'augmentation du budget de l'aide juridictionnelle, qui ne rencontrent en général aucune opposition, ce qui constitue une des explications à leur fréquence. En conséquence, le seul fait que des élus ordinaux deviennent membres d'un ordre national ne suffira pas à changer la nature de leur mandat ou à en étendre les limites.

337 Il est plus que probable que l'ordre national connaîtrait en conséquence les mêmes limitations politiques que les ordres actuellement. Du coup, il aurait vraisemblablement tendance à se comporter en « super ordre » et à se focaliser à son tour sur la gestion de la profession plutôt que sur son pilotage ou l'élaboration de sa stratégie. « Les ordres sont devenus des prestataires de services » fait remarquer Pascal Eydoux[2]. De fait, ils n'ont jamais été rien d'autre et c'est leur nature profonde. L'ordre national pourrait devenir une plate-forme de services nationale, comme les ordres locaux sont des plates-formes de services locales... L'enjeu serait alors de le faire fonctionner de manière performante. Paradoxalement, ce choix, privilégié parce qu'il faut « affirmer que l'ordre national ne peut se créer sans les ordres »[3], pourrait aussi se retourner contre eux.

L'ordre national serait nécessairement conduit à revendiquer, dans la « gestion » de la profession, un domaine d'intervention recoupant largement le leur. Comment pourrait-il assurer l'égalité de traitement qui implique une identité de services (au demeurant assurément souhaitable) sans les soumettre à son contrôle ? Comment pourrait-il rationaliser la gestion de la profession sans se substituer très largement à eux ? L'ordre national mettrait donc les ordres locaux sous tutelle, sans pour autant que la question politique soit en quoi que ce soit réglée.

1. Le plus simple est encore de se mobiliser contre les agressions extérieures. C'est dans ces hypothèses que l'union est la plus facile à réaliser. Du coup, il est souvent reproché aux avocats l'absence de toute attitude constructive et l'incapacité à agir comme force de proposition.

2. Pascal Eydoux, « La longue marche vers un Ordre national », *Gaz. Pal.* n°s 134 à 138, 14 à 18 mai 2010, p. 12. Pascal Eydoux a été président de la Conférence des bâtonniers pendant les années 2008 et 2009.

3. Michel Bénichou, « Quel ordre national pour les avocats », *Gaz. Pal.* 19-21 juin, 2011, p. 10.

338 Le Conseil supérieur du notariat (CSN) construit sur ce modèle, est parvenu à doter la profession de notaire d'une capacité d'influence tout à fait remarquable[1]. Plusieurs facteurs sont cependant susceptibles d'expliquer ce succès.

339 En premier lieu, la situation à laquelle les notaires sont confrontés est finalement d'une grande simplicité[2] et la stratégie adoptée s'impose à eux de manière assez évidente. Il s'agit d'une stratégie dont l'objectif est avant tout défensif, sur laquelle le consensus est relativement facile à obtenir[3]. Les notaires cherchent à maintenir à tout prix le statut protecteur dont ils bénéficient et à éviter d'être soumis aux règles du droit commun de la concurrence, car ce statut leur procure une véritable rente. Dans la relation avec les autorités nationales, la stratégie mise en œuvre est celle de la « capture » de la tutelle[4], inimaginable pour la profession d'avocat, puisqu'elle implique une déférence de tous les instants à son égard. La politique internationale du CSN est conçue à la fois pour conforter la position de la profession sur le plan national (plus les pays adoptant le notariat latin seront nombreux, plus il sera difficile de le remettre en cause) et pour renforcer ses liens avec le ministère de tutelle. Lui sont donc proposés des projets à mener en commun qui présentent le double avantage de valoriser celui-ci (dans la concurrence entre les ministères) et de le placer dans l'impossibilité de remettre en cause au-dedans, une profession dont il fait la promotion au dehors. Les pouvoirs publics nationaux deviennent ainsi le rempart et le bouclier du notariat face aux autorités européennes, les notaires ne cessant de les interpeller à cet effet, en se posant en victimes des agressions prétendues de Bruxelles...[5]

En interne, cette profession veille à la production, par elle-même et surtout par ses affidés, d'un « discours » abondant dont l'objet est de sacraliser l'acte authentique et d'en assurer la promotion. Elle a en effet su s'attacher, notamment au travers du Centre de recherches, d'information et de documentation notariales (Cridon), un nombre conséquent d'universitaires, souvent de grande qualité, qui sont prêts

1. Thierry Wickers, « La dernière corporation », *Gaz. Pal.* 25-26 avr. 2014, nº 115-116, p. 9 s.
2. Simple à appréhender en tout cas, car elle n'est pas nécessairement plus facile.
3. Au moins tant que la musique joue...
4. Ezra N. Suleiman, *Les notaires : Les pouvoirs d'une corporation*, « Sociologie », Seuil, 1987, p. 48 s.
5. La Commission exécute le programme qui a été fixé par les États eux-mêmes !

à donner une caution scientifique à cette apologie. Elle utilise enfin sa force de lobbying pour tenter d'étendre le domaine de ses activités réservées et pour obtenir des augmentations de son tarif. Cette stratégie permet en définitive de répondre à la plupart des difficultés rencontrées. Elle n'a à la vérité qu'un inconvénient, celle du « tout ou rien ». Si elle échoue, elle laisse le notariat désarmé.

340 En second lieu il n'existe rien chez les notaires qui puissent rappeler l'indépendance des ordres. Les instances locales ou régionales sont chargées d'exécuter les décisions du CSN et leur autonomie est faible. Les notaires sont eux-mêmes soumis à un contrôle strict de leur profession. Leur embrigadement au service de la cause commune est révélé par les plaisantes dispositions du règlement national[1], définissant les obligations des notaires « envers la profession notariale » et leur imposant un certain nombre d'obligations strictes. C'est ainsi que l'article 6.2 du règlement national fait aux notaires « l'obligation de respecter les circulaires, chartes, conventions et guides émanant du Conseil supérieur du notariat » ou que l'article 6.4 les contraint à « participer aux manifestations destinées à la promotion de la profession ». Quant à leur liberté d'expression, elle est limitée (article 6.5) au droit de formuler des « suggestions et critiques constructives pour améliorer l'exercice de la profession ». Pour finir les éventuels importuns sont d'avance découragés par une disposition (article 6.6) qui dénie aux notaires la possibilité de saisir directement le CSN.

Voilà un ensemble de règles qui mettent probablement le CSN à l'abri des motions ou libelles dont le Conseil national des barreaux est abreuvé. Il n'est pas certain que les avocats soient prêts, même au nom de l'efficacité collective, à en accepter de semblables, même si entre l'obligation de s'en tenir à des « critiques constructives » et le recours aux pamphlets virulents contre les « cratopathes de la rue de Londres »[2] (*sic*) il y a certainement la place pour un dialogue professionnel interne que l'on souhaiterait parfois, chez les avocats, plus serein et apaisé.

341 L'ordre national ne règle donc pas la question du politique. Penser en conséquence que la représentativité de l'institution serait acquise

1. Règlement national, Règlement inter-cours, approuvé par arrêté de la garde des Sceaux, ministre de la Justice le 22 juillet 2014, *JO* 1er août.

2. Lettre d'un barreau breton adressé au président Paul-Albert Iweins. Le Conseil national des barreaux siège rue de Londres. Les cratopathes sont atteints de la « maladie du pouvoir ».

du fait de l'élection de son président au suffrage universel direct relève du vœu pieu. « *Nous demandons le suffrage universel parce que nous croyons qu'il nous donnera du pain, du bœuf et de la bière. Le suffrage universel procurera le bonheur universel* », écrivait ainsi le chartiste Harney[1]. Mais c'était il y a deux siècles et tout le monde sait désormais qu'il n'en est rien.

On ne règle pas le problème (réel) de la représentativité en se concentrant sur le choix du mode électoral. Ce n'est pas parce qu'un « bâtonnier national » serait élu au suffrage universel direct que cela lui conférerait le droit de prendre des positions politiques. C'est le fait d'avoir été élu sur un programme qui le permet et non les modalités d'organisation de l'élection. Les avocats pensent en juristes ayant reçu une formation exclusivement juridique et formaliste.

§§
Une représentation nationale sans les ordres

342 En revanche, la solution inverse, la création d'un organe ne comportant aucune composante ordinale permet de régler facilement la question du politique. À la différence des membres du collège ordinal, ceux appartenant au collège général sont élus sur la base du programme qui a été établi à l'avance par les organisations auxquelles ils appartiennent. Le vote pour un candidat du collège général implique donc l'adhésion aux idées qu'il défend et au programme dont il soutient la mise en œuvre. Il ne s'agit plus de la simple reconnaissance des qualités personnelles et professionnelles d'un élu, mais bien du choix d'un représentant.

La représentativité implique en effet que l'élu puisse se reconnaître dans les objectifs que se fixe le candidat. Faire disparaître la composante ordinale ne peut donc que favoriser l'émergence de syndicats se comportant comme de véritables « partis » promouvant une certaine vision de la profession et faisant part aux électeurs des positions qui seront les leurs sur les sujets concernant la profession. Le mode électoral joue un rôle lorsqu'il s'agit de rendre plus facile (ou plus difficile) la constitution d'une majorité de gouvernement, chargée de l'application d'un programme. Il n'est, en outre, absolument pas nécessaire de recourir à une élection particulière pour le président de l'assemblée,

1. CITÉ par Edouard Dolleans, *Le chartisme 1830-1848*, 1912, p. 285.

poste qu'a vocation à occuper le chef du parti majoritaire. Ce modèle est celui défendu par Pascal Eydoux[1] pour lequel « le Conseil national sera celui des avocats qu'il représente et ne sera pas celui des barreaux qu'il ne représente pas ». Pour Jean Castelain également, il faut que les élus procèdent des avocats et non des ordres[2].

Le rôle d'une organisation nationale ainsi composée ne pourra pas être cantonné à la production de services (v. s^s n°s 337 s.) et elle pourra prétendre assurer la direction politique de la profession. Toutefois, cette architecture ne correspond pas à la définition (v. s^s n° 335) d'un ordre national. Il vaut donc mieux ne pas la désigner sous ce vocable.

343 Cette option retenue, encore faudrait-il se demander comment serait assuré le lien entre les avocats et leurs représentants en cours de mandature. Les difficultés auxquelles une mandature est confrontée ne sont pas toujours celles qu'elle s'était préparée à aborder, de sorte que le mandat d'origine n'est pas toujours suffisant et il faut pouvoir se rapprocher des électeurs, si l'on veut éviter que la loi d'airain de l'oligarchie (v. s^s n° 303) n'exerce ses effets. D'une manière plus générale, même si en fin de mandat les électeurs peuvent toujours exercer la sanction par le vote, un contact régulier en cours de mandat est de plus en plus considéré comme indispensable.

Quel que soit le rôle que peuvent aujourd'hui jouer les technologies de l'information, il n'y a pas d'exemple d'une structure nationale

1. Pascal Eydoux, « La longue marche vers un Ordre national », *Gaz. Pal.* 14-18 mai 2010, n°s 134 à 138, p. 12.

2. Texte du communiqué de presse paru à l'occasion de la création de l'association.

Naissance de l'Association pour un Ordre national des avocats.

Constatant que la profession d'avocat souffre depuis (trop) longtemps d'une représentation multiple, cacophonique et inefficace, renvoyant une image brouillée et négative, des avocats de toutes origines, provinciaux et parisiens, dont les parcours, les modes d'exercice et les spécialités sont le reflet de la diversité de la profession, ont créé une association dénommée « Association pour un Ordre national des avocats ».

Son objet est de promouvoir la création d'un Ordre national des avocats, dont les membres seront élus au suffrage universel direct par tous les avocats de France. Cet Ordre national, ainsi légitimé, sera le seul organisme représentatif de la profession d'avocat en France, le Conseil national des barreaux et la Conférence des bâtonniers n'ayant plus vocation à demeurer.

Les fondateurs de cette association appellent l'ensemble des avocats de France à les rejoindre pour qu'enfin les avocats prennent en main leur destinée et s'expriment d'une seule voix.

qui puisse se passer entièrement d'un réseau de relais, locaux ou régionaux. Les contacts réguliers entre la base et le sommet sont une nécessité pour n'importe quelle organisation.

344 Chez les avocats, qui ne partent pas d'une feuille blanche, ce réseau local existe : il est constitué par les ordres. Il serait absurde de ne pas l'employer et d'imaginer en constituer un autre, d'autant plus que l'attachement aux ordres est un sentiment puissant et très majoritaire. Toute organisation nationale d'avocats doit nécessairement s'appuyer sur et dialoguer avec les ordres. La composition actuelle du Conseil national des barreaux rend ce dialogue parfois difficile (v. s[s] n° 316). Placer à la tête de la profession une structure d'une nature radicalement contraire à celle des ordres risquerait de provoquer un rejet absolu et de conduire à des conflits épuisants entraînant une totale paralysie. Chez les avocats, aucune organisation nationale « ne peut se créer sans les ordres ». Au final, il ne serait tout simplement pas possible, en pratique, de s'affranchir de cet impératif, puisqu'il faudra bien réunir une majorité autour d'un projet de réforme.

Vouloir instaurer un Ordre national composé uniquement d'élus ordinaux relèverait donc d'une grave erreur d'analyse, puisque cela reviendrait à se méprendre sur le sens du mot représentativité. Une telle solution conduirait à dupliquer au niveau national la conception de l'ordre fournisseur de services dont Lucien Karpik soulignait déjà en 1995 qu'elle conduisait à l'impuissance collective et à la désaffection d'une partie croissante du barreau, lassée de cet abandon du politique. D'un autre côté, vouloir instaurer une instance nationale qui serait totalement coupée des ordres serait faire abstraction de la réalité et se priver de la seule institution *propre à l'état d'avocat*, pour reprendre l'expression de Jean Castelain.

§§
La solution actuelle

345 La formule actuelle, en ce qu'elle fait coexister la composante ordinale et la composante générale (ou syndicale) repose donc sur des raisons objectives solides. Michel Bénichou, qui ne s'est pas contenté de prendre position pour un ordre national[1] mais qui est allé très loin

1. Michel Bénichou, « Quel ordre national pour les avocats », *Gaz. Pal.* 19-21 juin 2011, p. 10.

dans la description de sa possible organisation, s'est en réalité rallié à l'idée du maintien des deux collèges[1]. Tout en reconnaissant l'apport des syndicats aux travaux du Conseil national des barreaux, il semble toutefois ne le faire qu'à reculons; simplement parce qu'il ne serait plus possible aujourd'hui de revenir en arrière : « *Jamais le ministère de la Justice n'acceptera un Ordre national sans l'existence d'un véritable consensus. Jamais nous ne parviendrons à un accord en excluant les syndicalistes.* »[2] En réalité, sans collège général (v. s^s^ n° 342), une structure nationale serait condamnée à reproduire l'impuissance politique des ordres (v. s^s^ n° 337). La présence syndicale est une absolue nécessité pour que la profession prenne enfin le virage du politique. À y regarder de près, c'est plutôt la présence ordinale qui ne s'impose qu'en raison de l'obligation de prendre en compte l'existant, le poids du passé et des traditions de la profession.

Quoi qu'il en soit, le maintien des deux collèges se révèle être la meilleure solution disponible et la plus adaptée aux caractéristiques de la profession. Elle se retrouve d'ailleurs chez d'autres professions. C'est ainsi que le Conseil supérieur de l'ordre des experts-comptables est composé à la fois de membres élus par la profession et des présidents des vingt-deux conseils régionaux.

S'il n'y a pas lieu de revenir sur le concept de double collège, cela ne signifie évidemment pas qu'une réforme ne soit pas nécessaire. Il faut le répéter, le Conseil national des barreaux est une construction inachevée. Cependant celle-ci doit se concentrer sur les éléments qui sont susceptibles de faire disparaître les défauts de l'organisation actuelle. Il ne faut donc pas se tromper de diagnostic.

§

LA REPRÉSENTATIVITÉ

346 Le premier sujet à aborder est donc celui de la représentativité entendue comme le droit reconnu à l'élu de prendre des positions politiques et d'engager ainsi ses électeurs sans qu'ils le désavouent.

1. Ce n'est donc pas un véritable ordre national au sens strict.
2. On ne peut toutefois pas exclure que cette présentation des choses ait surtout pour objet de rendre plus acceptable par les ordres la présence syndicale que certains voudraient voir disparaître.

Dans le collège général, cette représentativité est garantie à partir du moment où les élus sont choisis sur la base des programmes qu'ils défendent. Comme il ne peut y avoir autant de programmes que d'élus, cette composante s'organise tout naturellement en partis, ou, chez les avocats, en syndicats. Le scrutin de liste sur une base régionale ou nationale est certainement le plus adapté pour faire émerger des « partis de gouvernement », structurés pour l'action collective. Dans le collège général, des mesures pourraient être prises pour éviter la multiplication des listes ad hoc dont la création n'a pour objet que de faire élire un individu, ou d'assurer la présence de micro-partis dont l'activité se cantonne à l'enceinte du Conseil national des barreaux. Ces pratiques créent incontestablement un déficit de représentativité. Leur persistance est significative de la confusion qui existe encore dans l'esprit de nombreux avocats qui ne voient donc pas le Conseil national des barreaux comme une assemblée politique, mais comme une « sorte » d'ordre[1] : le vote n'étant pas conçu par l'électeur comme un mandat d'agir en son nom, il peut facilement le galvauder. Le relèvement du seuil au-dessus duquel une liste peut obtenir des sièges est une solution possible. Elle doit être combinée avec des dispositifs qui favorisent la liste arrivée en tête[2], pour faciliter l'émergence de majorités de gouvernement et éviter l'émiettement des suffrages.

Il faut aussi souhaiter que les syndicats s'investissent encore plus dans le collège général pour y être porteurs de visions claires et diverses de la profession et de son avenir. Les syndicats dont le président ne siège pas encore au sein de l'assemblée, ou dont la durée du mandat ne coïncide pas avec celle des membres de l'assemblée, devraient aussi s'interroger sur la pertinence de ces choix.

347 Les choses sont beaucoup plus complexes dans le collège ordinal. Un ancien bâtonnier, nonobstant ses qualités, ne représente que lui-même. Dès lors, au nom de quoi pourrait-il engager la profession, lorsqu'il s'agit de voter pour ou contre l'avocat en entreprise, pour ou contre le recours aux capitaux extérieurs, pour ou contre les avocats

1. Que le malentendu se dissipe, que l'instance nationale soit perçue comme en charge des destins de la profession et non pas seulement du développement de services et ses pratiques reculeront probablement d'elles-mêmes, mais il serait opportun de favoriser ce mouvement par la prise de dispositions *ad hoc*.

2. Les experts-comptables pratiquent une prime de 25 %.

salariés par les ordres dans des structures dédiées au service de l'aide juridictionnelle ? Il a été élu pour ses qualités personnelles et professionnelles, ou pour sa connaissance de la déontologie et certainement pas pour engager la profession de son seul chef. Qu'il décide de voter (dans un sens ou dans un autre) sur de tels sujets sans mandat spécial préalable et il sera facilement accusé de trahison.

Car c'est là tout le paradoxe des motions adressées par les ordres pour critiquer la représentativité du Conseil national des barreaux : cette critique n'a de sens qu'en raison de la présence des élus ordinaux en son sein. Il n'est pas certain que leurs auteurs en aient toujours bien conscience.

348 Quels dispositifs mettre en œuvre pour échapper à cet effet pervers ? Les élus ordinaux pourraient ne prendre part aux votes que sur les questions relevant des compétences attribuées aux ordres (qui devraient elles-mêmes certainement être réduites, seule l'instance nationale étant habilitée à prendre des positions au nom de la profession[1]). Il s'agirait de faire coïncider les pouvoirs des élus ordinaux avec les limites du mandat donné par leurs électeurs. Une autre solution (pas nécessairement exclusive) pourrait être de faire en sorte que le mandat des élus ordinaux soit précisé en cas de vote portant sur les questions politiques importantes. Ce résultat pourrait être obtenu en dotant l'instance nationale du droit de demander aux ordres de délibérer sur les sujets qu'elle leur soumettrait. Dans un tel cas les élus ordinaux devraient cependant voter en fonction des délibérations prises par les barreaux qu'ils représentent, ce qui transformerait leur mandat en mandat impératif. Michel Bénichou suggère quant à lui de recourir pour certains votes à des mécanismes de double majorité.

Enfin, on pourrait tout simplement décider que le nombre d'élus ordinaux serait plus faible que celui des élus issus du collège général[2]. Dans tous les cas, puisque (v. s^s^ n° 343) la présence d'élus ordinaux est indispensable, il convient d'éviter qu'elle ne conduise à la remise en cause de la représentativité de l'institution.

1. Le pouvoir donné aux ordres par l'article 17 de la loi n° 71-1130 du 31 décembre 1971 de « traiter toute question intéressant l'exercice de la profession, la défense des droits des avocats et la stricte observation de leurs devoirs » doit être limité au profit de l'instance nationale.

2. SUR ce point encore, le CSCOE peut servir de modèle.

§

LE LIEN AVEC LES ORDRES ET LES AVOCATS

349 Une meilleure répartition des rôles respectifs et la possibilité pour l'instance nationale de demander aux ordres de délibérer sur les sujets qu'elle soumettrait à leur examen[1] permettraient déjà d'améliorer la relation avec les ordres. Une autre mesure paraît s'imposer : seuls des bâtonniers en exercice devraient siéger au sein de l'instance nationale. Non seulement l'instance nationale y gagnerait un surcroît de légitimité (mais pas bien entendu de représentativité), puisque seuls les bâtonniers en exercice incarnent la légitimité ordinale, mais ils pourraient alors jouer un rôle fondamental de relais entre l'instance nationale et les ordres.

Personne n'est mieux placé qu'un bâtonnier en exercice pour expliquer les décisions prises et assurer leur mise en œuvre. En dehors du fait qu'ils ne bénéficient plus de la confiance accordée aux bâtonniers en exercice, les membres du collège ordinal (pour la plupart des anciens bâtonniers) sont particulièrement mal placés pour jouer ce rôle. Ils ne sont pas toujours membres de leur conseil de l'ordre et même s'ils le sont, leur rôle dans cette instance sera celui que leur bâtonnier voudra bien leur laisser jouer (probablement limité donc, car la présence d'un ancien bâtonnier devenu membre du Conseil national des barreaux sera souvent vécue plus comme une gêne que comme une opportunité[2]). Ils ne disposent évidemment ni de la possibilité de mettre un sujet à l'ordre du jour du conseil de l'ordre, ni d'organiser une consultation ou une réunion d'information pour l'ensemble des membres de leur barreau. Pour toutes ces raisons, la mobilisation des bâtonniers en exercice paraît plus pertinente.

350 Retenir cette option devrait conduire à rallonger la durée du mandat du bâtonnier[3] pour la faire coïncider avec celle des élus nationaux. Certains feront observer qu'il sera difficile de cumuler ces deux

1. Il existe déjà une procédure de concertation, qui consiste à envoyer aux barreaux et aux organisations syndicales les rapports examinés par l'assemblée, pour recueillir leur avis. Les réponses obtenues sont intégrées au rapport final et débattues en assemblée avant le vote.

2. La situation est poussée à son paroxysme lorsque le Conseil national des barreaux est présidé par un ancien bâtonnier de Paris, qui siège au conseil de l'ordre. L'expérience révèle que c'est dans ce cas de figure que les relations entre l'institution nationale et le barreau de Paris sont les plus difficiles.

3. POUR d'autres raisons, le barreau de Paris est favorable à cet allongement.

mandats et une activité professionnelle. Une telle réforme conduira effectivement à revoir le rôle du bâtonnier, à redéfinir ses priorités et à le faire renoncer à certaines tâches. Personne n'imagine aujourd'hui que le bâtonnier d'un barreau de plus de mille avocats rédige lui-même des arbitrages d'honoraires, même si cela a pu être le cas par le passé, quand le barreau était de plus petite taille. En somme, il ne s'agit là que d'une simple question d'organisation et de délégation et pas d'un obstacle insurmontable. L'institution du vice-bâtonnier peut aussi trouver dans cette évolution l'occasion de se développer davantage. Au demeurant, seuls seront élus ceux qui se seront présentés.

Pour finir, une fois les causes des faiblesses dans la composition de l'institution identifiées, il n'est pas possible, sauf à être décidé à ne tenir aucun compte de l'avertissement de Bossuet, de se contenter de la critiquer, tout en refusant de prendre aucune des mesures qui permettront d'y remédier.

351 L'institution nationale doit aussi pouvoir s'adresser aux avocats. Les technologies de l'information permettent aujourd'hui de faire circuler facilement l'information. La décision du Conseil national des barreaux d'adresser aux avocats, sous forme électronique, un compte rendu de ses assemblées, est donc tout à fait excellente. Encore faut-il que l'institution, pour pouvoir établir ce lien direct, dispose d'un annuaire complet et à jour de tous les avocats. Ce n'est pas le cas actuellement, la mise en place d'un annuaire national continue de se heurter à d'invraisemblables réticences. L'institution nationale doit pouvoir disposer de cet annuaire, qui lui permettra de communiquer en direction de la totalité des avocats. Cela lui ouvrirait également la possibilité, en cas de nécessité, d'interroger directement les avocats, pour recueillir leur point de vue sur une question ou un projet.

§

LA REPRÉSENTATION NATIONALE ET LES ORGANISMES TECHNIQUES

352 Pour des raisons contingentes[1] liées à la réglementation des maniements de fonds, se sont développés à côté des ordres, des organismes techniques, les Carpa. Constituées sous forme d'associations, les Carpa

1. Henri Ader, « Brève histoire de l'Union nationale des Carpa », dans *Historique des Carpa et de l'Unca : Mélanges*, févr. 2009, p. 4-19; http://www.unca.fr/images/►

sont chargées par les ordres dont ils dépendent de la mise en place de nombreux services collectifs. Au cours des dernières années et en raison de la baisse des taux, qui réduisait de plus en plus la marge de manœuvre des plus petits barreaux (de source de profits, la Carpa se transformait pour certains ordres en source de déficit) on a pu assister à des regroupements de Carpa. Dans ce domaine, la mutualisation a donc connu des succès importants, ce qui contraste avec l'immobilisme des ordres. Malgré cette tendance qui les éloigne de leur origine, les Carpa sont restées des associations qui procèdent des ordres, sous le contrôle desquels elles fonctionnent.

Les Carpa se sont regroupées, sur le plan national, au sein de l'Union nationale des Carpas (Unca) [1], organisme qui fonctionne dans une totale autonomie par rapport à l'institution nationale. L'Unca revendique un rôle purement technique, au service des Carpa. Elle se targue également d'assurer « un soutien logistique aux instances représentatives de la profession d'avocat » [2]. Mais le rôle joué par les Carpa dans la gestion des fonds de l'aide juridictionnelle a aussi permis à l'Unca de tisser des liens directs avec les pouvoirs publics.

353 Dans la pratique, la distinction entre le technique et le politique ne s'impose pas toujours de manière évidente. L'absence de lien organique entre l'institution nationale et l'institution technique, permet à celle-ci de définir librement ce qu'elle entend par question technique et donc de fixer elle-même les limites de sa compétence. Les inconvénients de cette situation anarchique ont pu être constatés à plusieurs reprises. C'est ainsi que l'Unca [3] a tenté de s'opposer, en 2011, à ce que

► stories/pdf/UNCA/Ouvrages_et_Documentations/Melanges_Breve_histoire_de_l_Union_Nationale_des_CARPA_Henri_Ader.pdf

1. www.unca.fr/

2. Unca, *L'Unca, sa vocation, les Carpa au service des Ordres et des avocats*, Nantes 2011 ; http://www.unca.fr/images/stories/pdf/UNCA/UNCA-CONVENTION-2011.pdf

3. Il s'agit bien des effets d'une logique d'institution – conséquence des imperfections de la gouvernance des avocats – et pas de conflits de personnes. En effet, dans leur immense majorité, les membres du conseil d'administration de l'Unca sont des bâtonniers ou des membres de conseils de l'ordre. Ils ont souvent siégé au Conseil national des barreaux (l'auteur de ses lignes a lui-même été vice-président de la Carpa de son ordre et a participé aux travaux de l'Unca, avant de devenir bâtonnier). Ils se contentent de défendre leur institution, exactement comme les bâtonniers défendent leurs ordres.

le Conseil national des barreaux soit chargé de recevoir le produit de la contribution de 35 euros (aujourd'hui disparue) pour l'aide juridique. Elle n'a pas hésité à cette occasion à mener des actions de lobbying auprès des pouvoirs publics, en dépit de l'existence d'un vote de l'assemblée générale du Conseil national des barreaux et du soutien de la Conférence des bâtonniers[1] et du barreau de Paris[2]. À l'occasion du déploiement du RPVA, l'Unca, en proposant son « expertise technique » au barreau de Marseille qui contestait les décisions prises par le Conseil national des barreaux, avait déjà montré combien il est difficile à une institution technique[3] de se tenir à sa place dès lors qu'elle ne fait l'objet d'aucun contrôle. Plus étonnant encore, dans les mêmes circonstances, le bâtonnier de Marseille[4] avait opposé la légitimité des élus du Conseil national des Barreaux à celle des membres du conseil d'administration du l'Unca. La comparaison est assez surprenante.

S'il est toujours possible de considérer que la « légitimité démocratique » des élus du Conseil national des barreaux est insuffisante; elle est néanmoins incomparablement meilleure que celle du conseil d'administration de l'Unca, dont la majorité est constituée de membres de droit[5]. Ce paradoxe est toutefois assez facilement expliqué par la théorie des « sous-produits », qui veut que les groupes de pression tirent leur influence, avant tout, des services rendus à leurs membres[6].

354 Une organisation purement politique, qui n'a pas d'autre justification que la défense de la collectivité, aura toujours beaucoup de mal à se développer. Conformément à la logique du « passager clandestin » (v. s^s^ n° 303), l'intérêt des membres de la collectivité est de ne pas participer à l'action collective. Ils espèrent profiter de ses résultats sans effort,

1. Sous la présidence du bâtonnier Alain Pouchelon.
2. Sous le bâtonnat de Jean Castelain.
3. À l'époque le bâtonnier de Marseille, qui souhaitait promouvoir un système concurrent en avait appelé à « notre organisme technique national »; lui conférant au passage une « légitimité » supérieure à celle du Conseil national des barreaux.
4. Dominique Mattei, bâtonnier de Marseille en 2009 et 2010.
5. Les administrateurs élus sont minoritaires au sein du conseil d'administration de l'Unca. Quant aux membres élus au niveau local, ils le sont en général par un nombre dérisoire d'avocats. Ces derniers se désintéressent en effet totalement (à tort assurément) du fonctionnement de leur Carpa.
6. Mancur Olson, *The Logic of Collective Action: Public Goods and the Theory of Groups*, "Harvard Economic Studies, 124", Harvard University Press, 1965; 20e éd., 2002, p. 132.

car ils comptent sur les autres pour adhérer et s'engager. C'est donc grâce aux incitations qu'elle met en œuvre, en développant d'autres activités, que l'organisation parvient à attirer suffisamment de membres. C'est seulement ensuite qu'elle se trouve en mesure de jouer un rôle politique : « *Seule l'organisation à même d'offrir des produits privés, non collectifs, ou des bénéfices de type social ou récréatif à l'usage exclusif de ses membres disposera d'une source d'incitations positives* [...]. *C'est pourquoi tant d'associations juxtaposent à leur fonction de lobby une fonction économique ou une fonction sociale, quand elles ne sont les trois à la fois.* »[1]

L'American Bar Association est une simple association, à laquelle les avocats sont libres d'adhérer ou non. Son pouvoir politique n'est qu'un « sous-produit » de l'activité qu'elle déploie au profit de ses membres, pour les inciter le faire. Ainsi s'explique par la logique de l'action collective, plutôt que par un trait culturel quelconque, le fait que la lecture d'une publication de l'American Bar Association puisse parfois donner l'impression qu'elle se préoccupe autant de procurer une automobile ou un téléphone dans de bonnes conditions économiques à ses membres, que du sort de la profession...

355 Le Conseil national des barreaux[2] dispose du pouvoir que lui confère le caractère obligatoire de l'adhésion, la clause de « closed shop ». Elle n'a pas l'obligation de se transformer en plate-forme de services pour attirer des membres. Elle aurait cependant tort de se désintéresser de la question des services. En effet, les services qu'il peut rendre aux avocats, même s'ils sont contraints de lui payer des cotisations, ne peuvent que renforcer sa légitimité à leurs yeux. Cela implique, pour cette raison encore, que cette institution puisse être dotée d'un pouvoir de contrôle sur tous les organismes techniques[3], qui ne doivent pas se développer à côté d'elle de manière totalement autonome.

356 Même si le rôle de l'institution nationale est avant tout un rôle politique, elle doit à la fois pouvoir exercer son contrôle sur les organismes techniques et être en mesure de jouer elle-même un rôle technique. Le bâtonnier Jean Castelain[4], accorde ainsi une place importante

1. *Ibidem*, p. 133.
2. Comme les ordres eux-mêmes.
3. Tous les organismes techniques ne relèvent pas du même statut. La CNBF, par exemple est un organisme de sécurité sociale.
4. Qui fait cependant à l'occasion un usage abusif de la notion d'ordre nationale, telle qu'elle a été définie ici (v. s[s] n° 335).

dans le programme de la future institution qu'il imagine à des chantiers relevant de la gestion ordinale. Pour lui : « *Seule une réforme mutualisant les moyens (une Carpa nationale ?) pour diminuer les coûts [...] permettra aux avocats de reconnaître et de s'approprier la seule institution qui est propre à leur état, leur ordre, mais un ordre national offrant partout des services permettant à chaque avocat d'en tirer, aux mêmes coûts, le même profit. Et un ordre garantissant partout le même respect de la même déontologie.* »[1]

Il ne s'agit pas de transformer l'institution nationale en un simple fournisseur de services, car ce n'est pas de cela dont a besoin la profession. En revanche, c'est à elle qu'il appartient de veiller à la mise en place de services aux avocats disponibles sur l'ensemble du territoire. Soit qu'elle considère qu'en dépit d'aspects techniques, une question relève néanmoins de son domaine, soit qu'elle juge nécessaire de s'assurer des conditions de la mise en œuvre technique d'une décision; elle doit pouvoir faire prévaloir son point de vue sans que surgisse une crise. Il convient également d'éviter qu'un organisme technique, bénéficiant d'une trop grande autonomie, ne s'érige en concurrent ou en « recours » contre l'instance représentative.

§

LES EFFETS PRÉVISIBLES

357 Quels pourraient être les effets de cette évolution du Conseil national des barreaux ? Sa présidence a jusqu'à présent toujours été assurée par d'anciens bâtonniers, alternativement de Paris et de province. Rapidement, ce sont d'anciens bâtonniers de Paris et d'anciens présidents de la Conférence des bâtonniers qui se sont succédé à sa tête. Ce schéma ne pourra probablement pas survivre à l'émergence d'une véritable institution politique, qu'une majorité désireuse de réaliser un programme dominera. La présidence d'une telle assemblée aura vocation à revenir au groupe majoritaire, l'alternance Paris/province n'ayant alors en effet plus de sens. Quant à une élection du président au suffrage universel direct, elle ne présente, dans ce contexte, plus aucun intérêt. C'est au chef du groupe ou de la coalition victo-

1. « Baromètre 2014 de la Gazette du Palais sur la profession d'avocat », *Gaz. Pal.*, n°s 185 et 186, 2014, p. 21.

rieuse que reviendra le poste, puisqu'il aura reçu un mandat pour gouverner, c'est-à-dire pour mettre en application un programme politique, préalablement soumis à l'approbation des électeurs.

358 Le mode électoral précis retenu, la taille des circonscriptions, les poids respectifs de l'ordinal et du syndical, tous ces facteurs peuvent avoir une incidence sur la vie syndicale. Ce qui paraît évident c'est que ce modèle est plus exigeant, car il suppose de la part de chaque syndicat s'engageant dans la compétition, la définition d'un projet pour la profession entière. Chaque syndicat devra clairement se déterminer sur tous les sujets clivants, face aux électeurs. Ceux d'entre eux qui ont pour vocation principale de défendre les intérêts d'une catégorie particulière devront probablement réfléchir à leur positionnement stratégique.

Dans ce nouveau paysage, faudra-t-il, par exemple, un « parti des jeunes avocats » (la FNUJA) ou les jeunes avocats rejoindront-ils les partis correspondant à leurs idées (ou la section « jeunes avocats » de ces partis) ? Le nombre, l'orientation, le fonctionnement des syndicats professionnels pourraient également sérieusement se transformer. C'est ainsi qu'un système qui comporte une prime importante au syndicat arrivant en tête de l'élection tend à contraindre aux regroupements et à une sorte de « bipartisme ». Mais il s'agit là de phénomènes connus et parfaitement maîtrisables, à condition de ne pas les appréhender seulement d'un point de vue juridique strictement formaliste.

359 Pour ce qui est de la Conférence des bâtonniers, l'enjeu pour elle sera de s'adapter à l'évolution d'un collège ordinal désormais composé de bâtonniers en exercice, alors que ce sont seulement d'anciens bâtonniers qui composent son bureau. Par ailleurs, si le mandat de ce collège ordinal se trouve précisé, au coup par coup, par des allers retours directs avec les barreaux, la Conférence pourrait s'en trouver marginalisée. C'est elle en effet qui se charge pour le moment de susciter les prises de position des ordres (ou au moins des bâtonniers). Dans tous les cas, il lui restera un vaste champ d'action, dans le domaine des sujets intéressant directement les ordres. Elle devrait également se centrer davantage sur son rôle d'assistance aux ordres et de formation des élus ordinaux.

360 Reste l'acteur majeur de la profession, par sa dimension, sa richesse, son prestige, sa proximité avec le pouvoir, le talent de ses membres et le réseau international : le barreau de Paris. Ces immenses avantages ne lui ont jamais, en raison des carences du gouvernement ordinal (qui sont inhérentes à sa nature et sont donc communes à tous les ordres d'avocats nonobstant leur taille), permis l'élaboration d'une action politique construite et efficace dans la durée, dépassant le domaine des sujets suffisamment consensuels (v. s[s] n° 336). Il serait malvenu de le lui reprocher, puisqu'il ne lui est pas demandé de s'exprimer « au nom de la profession ».

La tentation d'agir seul le taraude toujours, car il est le seul à pouvoir concevoir d'agir seul. Il répugne à l'action collective, car il ne veut, ni se faire imposer des décisions par les autres, ni supporter seul le poids de l'effort quand une décision est prise en commun. Dans ce dernier cas, il soupçonne (évidemment à juste titre) les autres barreaux de jouer le « passager clandestin » (v. s[s] n° 303) et de profiter de son action sans s'y investir.

361 Pourtant, s'en remettre à la gouvernance ordinale, c'est faire le choix de l'impuissance politique; le constat est sans appel (v. s[s] n° 328) et personne ne le conteste dans la profession. Personne ne demande plus aujourd'hui un retour en arrière et les avocats parisiens, lorsqu'ils ont été interrogés (v. s[s] n° 300) se sont massivement prononcés en faveur d'une instance nationale. Refuser d'en tenir compte serait donc les trahir (toujours la loi d'airain de l'oligarchie). Si la réforme évoquée est menée à son terme, le bâtonnier de Paris devra coexister avec un président national qui aura reçu un mandat de la profession pour mener une politique, ce qui n'est pas plus son cas que celui des autres bâtonniers de France.

Le bâtonnier est élu pour gérer l'ordre, le président de l'instance nationale est élu pour mettre en œuvre un programme politique. Il ne peut pas y avoir de conflit de représentativité[1]. Comme l'affirme le site du barreau de Paris, quand on touche au politique, le bâtonnier n'est rien d'autre qu'un représentant protocolaire.

362 Le plus frappant reste que les modifications à apporter à notre organisation professionnelle pour la rendre immédiatement beaucoup plus efficace ne sont en définitive pas si considérables que l'on pourrait le penser. Elles supposent un effort de clarification des concepts, pour cesser de confondre représentativité et légitimité, ou encore mandat

1. PEU importe ici que le président national soit élu au suffrage universel direct ou indirect.

ordinal et mandat politique. La réforme doit aussi être pensée, non pas seulement en termes de règles juridiques, mais en fonction des travaux des sociologues de l'action collective, qui permettent d'anticiper les comportements des acteurs.

363 Avec le Conseil national des barreaux, une partie du chemin a déjà été accomplie. Les succès enregistrés (v. ss nos 327 s.) l'ont, bien entendu, aussi été parce que la Conférence des bâtonniers et le barreau de Paris sont venus au soutien des initiatives du Conseil national des barreaux. C'est ainsi qu'a été obtenue la consécration de l'acte d'avocat ou l'instauration de la procédure participative.

Encore faut-il qu'une adhésion suffisante se manifeste pour rendre la réforme possible. À titre individuel, les avocats la souhaitent, toutes les enquêtes le démontrent. Il n'y a d'ailleurs rien d'étonnant à cela, puisque c'est manifestement le choix le plus raisonnable. Du côté des syndicats dont la place devrait être maintenue et même renforcée, elle paraît facile à obtenir. L'opposition ne peut donc venir que des ordres. Mais il y aurait quelque paradoxe à ce que les ordres empêchent l'établissement d'un pouvoir politique que les ordres n'exercent pas (v. ss no 309), car il ne leur a jamais été confié.

364 Le Conseil national des barreaux est encore à parfaire, mais c'est tout de même à lui et aux avocats qui en seront membres à partir du mois de janvier 2015 qu'il reviendra de réaliser cette réforme que tous les avocats attendent. Comme l'a écrit Lucien Karpik : « *Dans les situations de grande incertitude, devant des problèmes d'une grande complexité, qui ont au surplus changé d'échelle, le gouvernement de l'Ordre ne dispose tout simplement pas, et ne peut disposer, de la volonté, du pouvoir et des ressources nécessaires pour imaginer et conduire, autant que faire se peut, le changement. La profession d'avocat manifeste donc la tension croissante entre l'efficacité et l'hyper-démocratie.* »[1] Il a également prévu les conséquences d'un échec à réformer la gouvernance de la profession : « *Le refus de concevoir à temps une nouvelle figure de pouvoir pourrait bien lui faire perdre l'une et l'autre.* »[2]

1. Lucien Karpik, « Les avocats entre le renouveau et le déclin », *Revue Hermès*, no 35, 2003 p. 203, http://documents.irevues.inist.fr/bitstream/handle/2042/9335/HERMES_2003_35_203.pdf?sequence=1/
2. *Ibidem.*

CHAPITRE 9

La formation des avocats

§

UNE FORMATION INSATISFAISANTE

365 Comme le rappellent Henri Ader et André Damien : « *La formation des avocats pendant des siècles a été purement empirique, après des études en faculté, un stage chez le procureur puis chez son successeur, l'avoué; puis au cabinet d'un confrère.* »[1] Progressivement et finalement depuis longtemps déjà, l'enseignement universitaire a été jugé insuffisant à lui seul pour accéder à la profession. C'est d'abord un examen spécifique qui a été exigé, le Capa, qui existe depuis 1941[2]. Mais le pas décisif a été franchi en 1980[3], avec la création des centres régionaux de formation professionnelle (CRFP). Il était désormais jugé nécessaire de compléter la formation de la faculté par le passage dans une école professionnelle. L'effort demandé à la profession était pourtant considérable, car il impliquait de mettre en place un réseau d'écoles et d'en assurer le financement par les avocats eux-mêmes.[4] Depuis la réforme de 2004[5], l'élève

1. Henri Ader, André Damien, *Règles de la profession d'avocat*, 14e éd., « Dalloz action », no 11.05.

2. L. no 2691, 26 juin 1941 instituant le certificat d'aptitude a la profession d'avocat, *JO* 28 juill., p. 3162.

3. Décr. no 80-234, 2 avr. 1980 relatif à la formation des futurs avocats et au certificat d'aptitude à la profession d'avocat, *JO* 3 avr., p. 838.

4. La contribution de l'Etat, prévue par la loi no 71-575 du 16 juillet 1971, n'a cessé de se réduire.

5. L. no 2004-130, 11 févr. 2004 réformant le statut de certaines professions judiciaires ou juridiques, des experts judiciaires, des conseils en propriété industrielle et des experts en ventes aux enchères publiques, *JO* 12 févr., p. 2847 – Décr. no 2004-1386, 21 déc. 2004 relatif à la formation professionnelle des avocats, *JO* 23 déc., p. 21823.

qui a passé l'examen d'entrée au centre suit une formation théorique et pratique de 18 mois au terme de laquelle il passe le Capa[1]. Depuis que l'ancien stage obligatoire a disparu, le titulaire du Capa qui s'inscrit à un barreau est immédiatement avocat de plein exercice.

366 En dépit de cette prise en main de la professionnalisation par les avocats, une forte insatisfaction subsiste. Même si celle-ci n'est probablement pas la seule raison de ce choix, de plus en plus d'entrants dans la profession considèrent d'eux-mêmes comme indispensables de compléter la formation donnée par d'autres savoirs, de sorte que l'âge moyen à l'entrée dans la profession s'est considérablement élevé[2] : « *L'entrée dans la profession est de plus en plus tardive. Ce qui est dû à l'allongement de la durée des études, à l'image de ce que l'on constate dans les autres filières : davantage de profils ayant un master 2, d'avocats ayant un double cursus.* »[3]

367 Cette augmentation de l'âge moyen des élèves a elle-même une influence sur leur perception de l'école du barreau. Le rapport d'étape de la commission formation du Conseil national des barreaux pour l'assemblée des 14 et 15 juin 2013 décrit des élèves désireux de rentrer au plus vite dans la vie active et suggère en conséquence de réduire le temps de formation à un an, mais de faire renaître le stage : retour au point de départ donc.

368 Le *Rapport sur la réforme de l'accès initial à la profession d'avocat*[4] du barreau de Paris relève le « sentiment malheureusement répandu de malaise des élèves avocats à l'égard de leur formation à l'EFB ». Ce

1. Cet examen, dont le coût est supporté par la profession n'a plus beaucoup de sens car la sélection s'opère en réalité au moment de l'examen d'entrée au centre de sorte que l'immense majorité des candidats est admis au Capa qui pourrait facilement être remplacé par un simple contrôle continu.

2. L'âge d'entrée dans la profession s'établit désormais à près de 30 ans, alors que la disparition des obligations militaires l'a fait diminuer de un an pour la population mâle.

3. « Avocats : évolutions et tendances de la profession », Observatoire du Conseil national des barreaux année 2011, http://cnb.avocat.fr/docs/cahiers/AVOCATS_Evolutions-Tendances2011.pdf/

4. Kami Haeri, membre du conseil de l'ordre, *Rapport sur la réforme de l'accès initial à la profession d'avocat,* nov. 2013; http://www.actualite-de-la-formation.fr/IMG/pdf/1113_rapport-haeri.pdf

que confirme un sondage réalisé auprès des élèves de l'EFB[1] qui se plaignent de l'enseignement reçu ou des lacunes de leur formation[2].

369 Si la qualité de l'enseignement professionnel est ainsi mise en cause, il ne faut pas oublier qu'il ne s'agit que d'un simple complément et que les élèves avocats ont d'abord, dans leur quasi-totalité, suivi des études de droit, à la faculté de droit. Le rapport Darrois, même s'il ne traitait de la formation que sous l'angle de la formation commune, conçue comme un moyen d'inciter « les professions du droit à travailler ensemble », ne manquait pas de relever la nécessité d'améliorer la formation universitaire. Il suggérait que les programmes fassent une place plus importante aux matières non juridiques : « *À côté de la formation aux sciences économiques et de gestion devraient figurer également des enseignements d'histoire ou de philosophie.* » Il émettait également l'idée : « pour que les études correspondent véritablement au besoin du monde du droit et des professions », d'une participation du ministère de la Justice à l'établissement des programmes : « *À l'image des études médicales dont le régime est fixé conjointement par le ministre chargé de l'Enseignement supérieur et celui de la santé.* »

En outre, des modules à caractère pratique, des exercices favorisant le travail en groupe, ainsi que l'intervention de professionnels dans les universités sont des actions à encourager. Le rapport d'étape de la commission formation, signe de cette prise de conscience, suggère quant à lui l'ouverture de discussions avec l'Université, pour la création d'un « master professionnalisé », comme il en existe déjà un pour la profession de notaire.

370 Est-il possible de comparer cette crise larvée à celle qui secoue de nos jours l'enseignement du droit aux États-Unis ? Le parcours des futurs avocats y est très différent. Les trois années passées dans une « law school » se situent à la fin du parcours universitaire, à un moment où les choix professionnels sont définitivement arrêtés. La

1. L'école de formation professionnelle des barreaux de la Cour d'appel de Paris (http://www.efb.fr/) forme chaque année près de la moitié des futurs avocats.

2. Étude sur la formation des avocats [près de 3 000 élèves-avocats et jeunes avocat ont répondu à l'enquête réalisée du 3 février au 24 mars 2014 avec la Fédération nationale des élèves avocats (FNEA), l'Association des élèves avocats (AEA)]; http://www.carrieres-juridiques.com/infographie/rapport_FINAL_2.pdf?utm_medium=email&utm_campaign=R %C3 %A9sultats+de+l %27enqu %C3 %AAte+nationale+aupr %C3 %A8s+...&utm_source=YMLP&utm_term=ici/

crise des « law schools » présente des aspects économiques très spécifiques aux États-Unis. Les études sont payantes et très coûteuses, de sorte que les écoles sont incitées à recruter beaucoup d'étudiants, pour bénéficier de plus de ressources [1]. Comme leur attractivité est liée au rang qu'elles occupent dans les classements [2], elles investissent massivement dans les domaines qui sont privilégiés par les organismes de classement, même si cela n'a pas le plus d'effet sur la qualité de l'enseignement [3]. Les frais de scolarité ont augmenté, au cours des trente dernières années à un rythme trois fois supérieur à celui de la hausse des revenus. Du coup, les étudiants s'endettent lourdement pour payer leurs études [4].

Ce système a fonctionné tant que les étudiants avaient la certitude que leur diplôme leur procurerait un emploi juridique suffisamment rémunérateur pour leur permettre de rembourser les dettes contractées. Ce n'est plus le cas depuis la crise de 2008 et les difficultés des firmes « big law » (v. ss nos 227 s.). Du coup plusieurs « class actions » ont même été engagées à l'encontre d'écoles accusées d'avoir publié des statistiques trompeuses sur l'accès à l'emploi de leurs anciens élèves [5].

371 « *Les entreprises ne veulent plus être facturées pour le travail fait par des avocats juniors (0 à 2 ans), considérant qu'elles paient pour les former.* » [6] Ce phénomène-là est mondial. Les entreprises sont de plus en plus réticentes à accepter la tarification horaire et, dans tous les cas, elles

1. Il existe depuis longtemps un débat très vif autour du programme de la 3e année d'études : de nombreuses voix font observer que les « law schools » ne s'opposent à la réduction de la durée des études que pour continuer de percevoir des frais de scolarité.

2. Deborah L. Rhode, "Reforming American Legal Education and Legal Practice: Rethinking Licensing Structures and the Role of Nonlawyers in Delivering and Financing Legal Services", *Legal Ethics*, vol. 16, 243 (2013).

3. *Ibidem*.

4. D'APRÈS Thomas Morgan, qui écrit en 2010 que le coût d'une année de scolarité dépasse 45 000 dollars; Thomas D. Morgan, *The Vanishing American Lawyer*, Oxford University Press, 2010, p. 204.

5. Staci Zaretsky, "Twelve More Law Schools Slapped with Class Action Lawsuits Over Employment Data", *Above the law* (1 feb. 2012); http://abovethelaw.com/2012/02/twelve-more-law-schools-slapped-with-class-action-lawsuits-over-employment-data/

6. Olivier Chatudeau, *La direction juridique de demain; Vers un nouveau paradigme du droit dans l'entreprise*, « Forum », LGDJ – Lextenso, 2014, p. 160.

n'acceptent plus de faire les frais de « l'effet de levier », lorsque le travail est réalisé par des avocats débutants. Or, les réformes proposées (v. s^s^ n° 367) ne sont pas de nature à apporter une solution aux difficultés rencontrées par les cabinets : renouer avec l'idée du stage, c'est admettre que l'avocat qui débute reste encore entièrement à former[1].

Tant que le coût de cette formation pouvait être reporté sur le client, il n'était pas si grave de ne pas connaître les raisons pour lesquelles six à huit ans d'études n'avaient pas suffi à rendre un étudiant plus apte à appréhender la réalité des problèmes juridiques. Les choses ont évidemment changé maintenant que les clients ne veulent plus payer la formation des avocats.

372 S'il n'y aurait probablement pas grand sens à reprocher à l'Université de ne pas fournir des produits « prêts à l'emploi », il est néanmoins nécessaire, si les cabinets ne veulent pas en supporter l'intégralité du coût, d'améliorer la formation initiale. En suggérant un dialogue avec l'Université pour la mise en place d'un master professionnalisant, comme il en existe déjà un pour les notaires, la commission formation semble avoir identifié cette fois l'origine de la difficulté.

L'enseignement universitaire ne répond pas aux besoins de la pratique. Les avocats auront beau apporter toutes les modifications imaginables au parcours final des élèves avocats, ils ne pourront jamais résoudre leur problème s'ils ne s'intéressent pas aux années passées à la faculté. Mais pas seulement à la toute dernière.

§
LES PARTICULARITÉS DE L'ENSEIGNEMENT DU DROIT

373 Philippe Jestaz et Christophe Jamin expliquent[2] qu'il y a un peu plus d'un siècle maintenant, se sont affrontées en France deux conceptions universitaires du droit et de son enseignement. Cet affrontement eut comme point de départ une critique commune de qui il était

1. Dans tous les cas bien évidemment, une partie de la formation se fait par la pratique, il ne s'agit pas de le nier, naturellement.

2. Philippe Jestaz, Christophe Jamin, *La doctrine*, « Méthodes du droit », Dalloz, 2004, p. 147 s. – POSTÉRIEUREMENT : Frédéric Audren et Jean-Louis Halpérin, *La culture juridique française : Entre mythes et réalités XIXe-XXe siècles*, CNRS Éditions, 2013.

convenu d'appeler, à tort à ou à raison, « l'école de l'exégèse ». Les jeunes juristes universitaires de l'époque reprochaient à la génération précédente ses abus de déductions logiques, son trop grand formalisme et en définitive son éloignement d'une réalité sociale en plein changement, marquée par la révolution industrielle et l'avènement du suffrage universel. Ils n'eurent alors de cesse de disserter sur les questions méthodologiques qui touchaient à la fois la pratique du droit mais aussi son enseignement. Cependant, ces auteurs se divisèrent sur les conclusions qu'il fallait tirer de cet ensemble volumineux d'écrits et de propositions. Dans le sens le plus radical, un auteur tel que René Demogue soutînt, dans l'ouvrage qu'il publia en 1911, *Notions fondamentales de droit privé,* qu'il fallait « montrer sans chercher à en rien dissimuler les conflits et les contradictions qui sans doute agiteront toujours le droit civil »[1]. Il invitait ses contemporains à évoluer dans un monde où il n'y avait « nulle théorie qui vaille, nulle harmonie possible, nulle technique juridique certaine, tout au plus quelques équilibres instables et imparfaits »[2].

C'était somme toute se livrer à une description assez fidèle de l'univers fréquenté par des praticiens confrontés à la « teneur indécise du droit »[3]. C'était aussi préfigurer ce qu'allait être le « réalisme » nord-américain, qui devait s'inspirer de quelques auteurs français, dont Demogue, en mettant à bas le discours dogmatique et formaliste qui l'emportait précédemment.

374 Néanmoins, c'est une conception très différente du droit et de son enseignement que des auteurs comme Henri Capitant, François Gény ou Marcel Planiol allaient imposer. Les propositions de leurs contradicteurs étaient trop radicales ou trop inquiétantes : si le droit était d'une teneur indécise et s'il n'était fait que d'équilibres instables où nulle vérité ne devait s'imposer, alors qu'adviendrait-il en définitive du droit lui-même ? Comment pourrait-il alors être une source de sécurité et de contrainte propre à guider la société ? Pour supprimer la part d'indécision et d'instabilité dans le droit, ces juristes décidèrent

1. *Ibidem.*
2. *Ibidem.*
3. Paul Amselek, « La teneur indécise du droit », *RDP* 1991, 5, p. 12; texte d'un rapport présenté au Colloque sur « Le doute et le droit » organisé à la Cour d'appel de Paris le 12 avril 1991 par l'Institut de formation continue du barreau de Paris; http://paul-amselek.com/textes/teneur_indecise_droit.pdf

de donner la première place à la technique juridique, au point que « la culture technique [devînt] progressivement le lieu commun des juristes »[1].

Dans cet esprit, il s'est agi de placer au premier rang du droit et de son apprentissage une véritable « technologie juridique » faite de « théories générales », ou encore de constructions juridiques à vocation « scientifique ». D'où l'élaboration d'une « multitude de principes, de classifications et d'idées générales sur le droit [...] le tout pour donner à la masse des étudiants une vue d'ensemble - qui se doit d'être cohérente - sur le droit »[2].

Un droit au surplus autonome des autres savoirs, qu'il devient possible de comprendre par lui-même, qui porte en lui-même sa propre cohérence. Cette conception est encore dominante : « *Présenter le plus clairement un droit éclaté, touffu, compliqué, mal écrit, en extraire la logique, en rechercher la cohérence la plus forte, c'est l'une des activités essentielles de l'enseignant* », fait ainsi valoir le professeur Pierre-Yves Gautier[3].

375 « *L'enseignement magistral, alors que les méthodes seraient probablement à revoir, offre une construction du droit qui s'appuie sur des principes, pour en décliner des applications. Cette méthode ouvre à une analyse critique et d'ensemble du droit. Elle permet d'en comprendre les cohérences, d'en détecter les incohérences, d'en combler les vides* » argumente le professeur Bertrand Mathieu[4]. Mais préférera-t-on suivre en ligne un cours donné par le plus grand spécialiste d'une matière, ou se rendre physiquement dans un amphi pour écouter en « live » un exposé médiocre ?

L'essor rapide des Massive open online courses (Moocs) permet déjà de répondre à cette question. Richard Susskind[5] donne l'exemple

1. Frédéric Audren et Jean-Louis Halpérin, *op. cit.*, p. 186.
2. Christophe Jamin, *La cuisine du droit : L'École de Droit de Sciences Po : Une expérimentation française*, « Forum », Lextenso, 2012, p. 57.
3. Thierry Wickers, Pierre-Yves Gautier, « La formation d'un jeune juriste au XXIe siècle », *Gaz. Pal.* 20 à 22 janv. 2013, n°s 20 à 22.
4. Bertrand Mathieu, « Avocats - La formation universitaire des avocats : réforme ou révolution ? Réponse à Thierry Wickers », *JCP* 5 mai 2014; http://www.bertrandmathieu.fr/2014/05/formation-des-avocats-la-semaine-juridique-5-mai-2014.html
5. Richard Susskind, *Tomorrow's lawyers: An Introduction to Your Future*, Oxford University Press, 2013, p. 144 s.

des 400 « tutorials » disponibles en ligne pour faciliter l'apprentissage du droit. Il mentionne aussi la création par Paul Maharg à Stradthclyde d'une ville virtuelle, « Ardcalloch », dans laquelle les étudiants en droit pouvaient jouer le rôle d'avocats, membres de firmes virtuelles. Si vraiment il existe un lien, entre le cours magistral et ce que Christophe Jamin et Philippe Jestaz appellent la « manière française[1] », il y a lieu de penser qu'elle aura beaucoup de mal à survivre à la prise de pouvoir par les générations habituées aux technologies de l'information.

376 Tout se passe en somme comme s'il était absolument indispensable de présenter le droit comme un ensemble cohérent et donc de déformer l'objet de l'étude, pour accéder à sa compréhension, ce qui serait impossible sans ce détour. Il faudrait à tout prix construire un « contre-discours rassurant » pour les étudiants ou les praticiens. Tout cela alors que la place prise par le droit européen rend encore plus improbable la construction de pareilles cathédrales. En même temps, cette option permettrait de revendiquer une sorte de monopole de la rationalité.

En lui-même, ce monopole est cependant discutable. « Le droit est une des constructions les plus remarquables et les plus sophistiquées bâties par l'esprit humain, un système global de connaissances qui produit un cadre ordonné pour la conduite des hommes. [...] Des études de droit sont également particulièrement précieuses, pas simplement parce qu'elles auront donné à ceux qui les auront suivis la maîtrise de larges connaissances juridiques, mais aussi parce qu'elles les auront dotés de la rigueur intellectuelle, de la clarté d'analyse, de la précision de langage, de la disposition à l'esprit critique et de l'aptitude à la recherche, qu'implique leur poursuite. » Ces affirmations sont celles de l'auteur anglais Richard Susskind[2]. Ceux qui enseignent le droit autrement (ou un autre droit) ne paraissent pas avoir renoncé pour autant à la rationalité.

377 La « manière française » de penser le droit s'est à ce point installée qu'elle a fini par évincer toute concurrence et paraître consubstantielle, en France, au « droit continental ». C'est la raison pour laquelle

1. Philippe Jestaz, Christophe Jamin, *La doctrine*, « Méthodes du droit », Dalloz, 2004, p. 303.

2. Richard Susskind, *Tomorrow's Lawyers: An Introduction to Your Future*, Oxford University Press, 2013, p. 133 et 134.

il est important de souligner qu'il n'en est rien et qu'au contraire la même tentation d'un droit scientifique et autonome a triomphé un temps, mais un temps seulement, aux États-Unis. Elle apparaît après la guerre de Sécession, lorsque Christopher Columbus Langdell l'impose à Harvard. Lui aussi veut éloigner l'étude du droit de la pratique, pour privilégier l'étude des principes juridiques et de la façon dont ils peuvent s'insérer dans une construction générale, sans leur chercher une autre fin que celle-ci, au nom de l'autonomie du droit.

Du coup, là aussi c'est au professeur et non au praticien qu'il revient de se livrer à ce travail. Non seulement l'expérience pratique est pour lui inutile, mais elle aurait même tendance à nuire à l'objectivité qu'impose l'étude du droit comme une science. La différence vient de ce que cette conception a finalement été abandonnée aux États-Unis : « *Le droit était peut-être vu comme une science par Langdell, mais c'était une géologie sans roche, une astronomie sans astres...* »[1]

378 Comme le font observer Philippe Jestaz et Christophe Jamin, faire du droit une science rationnelle donne à la « doctrine », c'est-à-dire aux professeurs, une responsabilité particulière. Ainsi, pour l'association Henri Capitant : « *L'édiction de règles générales présuppose que soient dégagées et définies par la doctrine, des notions ou des concepts autour desquels s'ordonne ou par lesquels s'explique le droit écrit.* »[2] Les professeurs seront donc les constructeurs de ces vastes théories. Ils ont sur les praticiens l'avantage de pouvoir considérer le droit avec objectivité, en scientifiques : « *La science juridique n'admet ni les doctrines, ni les partisans. Elle étudie les faits sans passion, car elle les considère uniquement dans leurs rapports avec le droit. Elle porte un jugement sur les lois, mais ce jugement ne concerne guère que la technique des institutions et des règles.* »[3] La difficulté c'est que, lorsqu'ils sont utilisés en dehors du contexte universitaire, ces outils se révèlent assez décevants. Ils donnent une vision faussée d'une réalité chaotique dans laquelle les raisonnements purement juridiques tournent souvent à vide. Il était peut-être justifié, il y a un siècle, d'assurer l'autonomie du droit et de

1. Lawrence M. Friedman, *A history of American law*, 3rd ed, New York, Simon & Schuster, 2005.

2. Association Henri Capitant des Amis de la culture juridique française, *Les droits de tradition civiliste en question : À propos des rapports Doing Business de la Banque mondiale*, Société de législation comparée, 2006, p. 88, n° 82.

3. Georges Ripert, *Aspects juridiques du capitalisme moderne*, 2e éd., LGDJ, 1951, p. 2 à 7.

refuser de prendre en considération l'apport de sciences sociales balbutiantes, mais ce n'est plus le cas aujourd'hui.

379 Avec insistance, en 2002, la commission de réflexion sur les études de droit présidée par Antoine Lyon-Caen[1] soulignait la nécessité d'introduire dans la formation des juristes des enseignements pour leur permettre de mettre le droit à distance : « *Certaines disciplines ont ou peuvent avoir le droit et les institutions comme objet. Elles permettent, par la distance qu'elles entretiennent avec le droit et les institutions d'une société donnée à une époque donnée, distance historique ou spatiale par exemple, l'acquisition d'un regard critique sur le droit positif.* »

Philosophie morale, sociologie du jugement, économie des institutions et même biologie sont citées comme des matières susceptibles d'appréhender cette relativité du droit que la construction doctrinale cherche à cacher aux étudiants, pour leur donner la vision la plus rassurante possible du droit.

380 Le rapport critiquait la perspective beaucoup trop technicienne de l'enseignement : « *Le droit [...] est souvent présenté comme un ensemble de règles techniques et le cours se limite à une description ordonnée du droit positif. Ainsi, alors même que l'ambition affichée serait inverse, l'accent est mis sur l'acquisition d'un savoir technique beaucoup plus que sur la maîtrise d'outils de raisonnement.* » Les résultats de ce type d'enseignement étaient pointés du doigt : « *Le juriste formé de la sorte s'apparente trop souvent à un ingénieur technologue, doté d'une connaissance précise de règles régissant tel ou tel domaine (de relations) mais peu à même d'en relativiser le contenu, d'en saisir les enjeux, et de faire usage d'une véritable aptitude à la décision et à l'argumentation.* »

Le paradoxe, c'est que « cette technicisation des études » a notamment pour objet de permettre une meilleure insertion des étudiants « dans des professions soumises à une forte concurrence. ». Pourtant ces mêmes professions ne cessent de manifester leur insatisfaction, tous les professionnels du droit réclament : « *Une formation de base, générale, critique et ménageant l'apprentissage et l'usage des outils de raisonnement.* »[2]

1. Antoine Lyon-Caen (dir.), *Commission de Réflexion sur les Études de droit*, Rapport, Ministère de l'éducation nationale, 2002; http://www.ladocumentationfrancaise.fr/var/storage/rapports-publics/024000294/0000.pdf
2. *Ibidem*, p. 12 s.

381 Autre critique de la commission Lyon-Caen : la faible intelligibilité des études de droit, privilégie une forme d'empilement sans progressivité, dont on a du mal à comprendre où il mène : « *Il est aujourd'hui difficile, sinon même impossible, d'expliquer la logique qui sous-tend la formation de base des juristes. Les enseignements sont juxtaposés, sans articulation explicite entre eux. Pour nombreux d'entre eux, leur présence et leur inscription temporelle ne reposent pas sur un projet cohérent. Entre la perspective technicienne précédemment évoquée et la faible intelligibilité de l'agencement des enseignements, le lien est manifeste : le droit regroupe un ensemble de règles, et de connaissances, compartimentées, indépendantes les unes des autres.* »

382 Le travail du groupe animé par le professeur Didier Truchet[1] est peut-être plus sommaire, mais l'invitation à l'ouverture est parfaitement claire. Il ne faut plus se contenter d'entasser les connaissances juridiques année après année. Après avoir insisté sur la « nécessaire analyse économique du droit », le groupe de travail insiste sur la nécessité d'étudier « le droit qui se fait », à travers « la formation culturelle et l'apprentissage des méthodes du droit. » Une fois de plus, les facultés de droit sont invitées à s'ouvrir sur l'extérieur et sur les professions : « *Des facultés de droit plus fortes pour être plus ouvertes : tel pourrait être le leitmotiv des recommandations du groupe de travail.* » Il leur est vivement conseillé d'intégrer au cursus des étudiants d'autres disciplines : « *La pluridisciplinarité (comme d'ailleurs la pratique courante de langues étrangères) est indispensable aux juristes. Mais elle doit être conçue non comme un mélange des méthodes, mais comme le concours des méthodes de plusieurs disciplines sur un objet commun de recherche et d'enseignement.* »

383 La difficulté est évidemment que cette ouverture et cette prise en compte d'autres disciplines dans la construction ou la compréhension du droit semble incompatible avec un système qui avait été conçu précisément pour empêcher le règne du chaos empirique. Aux États-Unis, où cette évolution a bien eu lieu, elle n'a été possible qu'en raison d'une remise en cause radicale du modèle de Langdell : « *Autrement dit, privilégier le droit en action* (law in action) *sur le droit des livres* (law

1. Didier Truchet, *Groupe de travail sur l'enseignement juridique : 76 Recommandations pour l'enseignement du droit*, Direction générale de l'Enseignement supérieur, 2007; http://www.afsp.msh-paris.fr/observatoire/metiers/rapport2007enseigndroit.pdf

in books) *pour reprendre le titre d'un article célèbre (et fondateur du réalisme américain) de Roscoe Pound paru en 1910.* »[1]

384 À la suite de la prise de l'arrêté du 21 mars 2007[2] reconnaissant, pour l'accès à la profession d'avocat, le diplôme délivré par l'Institut d'études politiques (IEP) de Paris comme équivalent à la maîtrise en droit, une école de droit a vu le jour à Sciences Po. Les élèves sortant de cette école peuvent désormais, pour accéder à la profession, tenter leur chance aux côtés des diplômés des facultés de droit, à l'examen d'entrée au centre régional de formation professionnelle (CRFP). L'école de droit de Sciences Po, un peu sur le modèle des « law shools » ne s'adresse qu'à des étudiants chevronnés ayant derrière eux trois ans de formation universitaire, sans prérequis juridique. Elle prétend leur enseigner le droit en deux ans seulement, voire en trois ans pour plus de la moitié d'entre eux[3].

385 L'indéniable succès de l'expérience fait donc mentir ceux qui ont « la conviction absolue qu'on ne peut pas former de bons professionnels du droit en deçà de cinq ans »[4]. Face à cette « conviction » qui ne paraît avoir d'autre fondement que la fermeté avec laquelle elle est affirmée (pourquoi cinq ans et pas six ou sept, du reste ?); elle a au contraire apporté la démonstration qu'il était possible de former plus rapidement les juristes. Elle a aussi l'avantage de leur éviter les principaux inconvénients nés d'une formation strictement juridique qui repose elle-même sur la conception d'un droit autonome, ne subissant aucune influence extérieure. Elle libère le temps nécessaire à l'apprentissage d'autres connaissances et elle rompt en même temps avec le modèle « dogmatique »[5] dominant.

386 Ainsi, sans méconnaître les difficultés, liées notamment au fait que les facultés de droit ont été chargées de gérer (au moins pendant

1. Christophe Jamin, *La cuisine du droit : L'École de Droit de Sciences Po : Une expérimentation française*, « Forum », Lextenso, 2012, p. 111.

2. Arrêté du 21 mars 2007 modifiant l'arrêté du 25 novembre 1998 fixant la liste des titres ou diplômes reconnus comme équivalents à la maîtrise en droit pour l'exercice de la profession d'avocat, *JO* 8 avr., p. 6609.

3. Il est également prévu une année de « césure » consacrée à un stage pratique de longue durée et/ou à un séjour dans une université étrangère.

4. Félix Rome, « Les Facs aussi ! », *D.* 2014. 1489.

5. Philippe Jestaz et Christophe Jamin définissent la dogmatique comme l'étude « *savante, raisonnée et construite du droit positif sous l'angle du devoir-être, c'est-à-dire de la solution souhaitée et applicable* »; Philippe Jestaz, Christophe Jamin, *La doctrine*, « Méthodes du droit », Dalloz, 2004, p. 172.

le premier cycle) des masses énormes d'étudiants plus qu'hésitants sur la pertinence de leur orientation ou au manque (habituel) de moyens dans la fonction publique (comme ailleurs); il faut en premier lieu que la France connaisse à son tour une révolution « réaliste ». Du point de vue des avocats[1] cette évolution est devenue indispensable et d'une importance stratégique (v. s[s] n° 371). Il est clair que certains[2] n'y sont toujours pas prêts. Toutefois, en dépit des réactions parfois vives[3], il leur sera difficile désormais d'esquiver un véritable débat[4].

Car au-delà des besoins immédiats de la profession d'avocats, personne ne peut nier l'influence déclinante des juristes, notamment en France. Les sciences sociales ont fait des progrès considérables depuis leur apparition. En se privant de leur apport, les juristes se condamnent à produire un discours de moins en moins audible. La construction d'un droit en autarcie qui privilégie la dogmatique conduit nécessairement à cet état de choses. Pourtant, ceux qui le défendent toujours prétendent vouloir donner au droit la place qui lui revient.

§

LES CLINIQUES DU DROIT

387 Dans un rapport déjà ancien[5] (1992) un groupe de travail de l'ABA avait identifié les (dix) compétences que la formation juridique devait permettre aux futurs juristes d'acquérir :

- capacité de régler des problèmes;
- aptitude à l'analyse et au raisonnement juridique;

1. Thierry Wickers, « Remettre la faculté de droit au service de la profession d'avocat », *Gaz. Pal.* 14-16 oct. 2012, n°s 288 à 290.
2. Félix Rome, « Les Facs aussi ! », *D.* 2014. 1489.
3. Félix Rome, « Facs de droit : *Apocalypse now ?* », *D.* 2012. 2505.
4. Christophe Jamin, Mikhail Xifaras, « De la vocation des facultés de droit (françaises) de notre temps pour la science et l'enseignement », *RIEJ* 2014. 72, p. 107.
5. ABA, *Legal Education and Professional Development: An Educational Continuum - Task Force on Law Schools and the Profession: Narrowing the Gap*, American Bar Association. Section of Legal Education and Admissions to the Bar, 1992; http://www.americanbar.org/content/dam/aba/publications/misc/legal_education/2013_legal_education_and_professional_development_maccrate_report%29.authchec-kdam.pdf

- maîtrise des méthodes de recherche juridique;
- analyse des faits;
- communication;
- conseil;
- négociation;
- maîtrise de la procédure judiciaire et des modes alternatifs de règlement des conflits;
- organisation et management du cabinet;
- identification et résolution des problèmes déontologiques.

388 Le même rapport recommandait que ces compétences soient acquises notamment grâce au recours accru à la « méthode clinique ». En réalité, comme le confirment les travaux postérieurs de l'ABA[1], les enseignements cliniques ont peiné à se développer, en raison notamment de leur coût important. Deborah Rhode[2] observe que 3 % seulement des « law schools » ont intégré un enseignement clinique. De manière paradoxale, les law schools souffrent d'un nouveau dogmatisme, qui prétend cette fois trouver la solution aux problèmes juridiques par le recours systématique aux autres sciences humaines et sociales que le droit. C'est le cas, par exemple, lorsque l'analyse économique du droit standard prétend résoudre par la science économique des questions auquel le raisonnement juridique n'apporterait pas de réponse. Cette entrée massive des autres disciplines dans la formation des juristes n'a par ailleurs pas empêché que tout un pan de la formation des juristes praticiens soit laissé de côté : marketing, conduite de projets, gestion des relations interpersonnelles technologies de l'information...[3]

1. ABA, *Twenty Years After the MacCrate Report: A Review of the Current State of the Legal Education Continuum and the Challenges Facing the Academy, Bar, and Judiciary,* Committee on the Professional Educational Continuum, Section on Legal Education and Admissions to the Bar, American Bar Association, March 2013; http://www.americanbar.org/content/dam/aba/administrative/legal_education_and_admissions_to_the_bar/council_reports_and_resolutions/june2013councilmeeting/2013_open_session_e_report_prof_educ_continuum_committee.authcheckdam.pdf

2. Deborah L. Rhode, "Reforming American Legal Education and Legal Practice: Rethinking Licensing Structures and the Role of Nonlawyers in Delivering and Financing Legal Services", *Legal Ethics,* vol. 16, 243 (2013).

3. Christophe Jamin, *La cuisine du droit : L'École de Droit de Sciences Po : Une expérimentation française,* « Forum », Lextenso, 2012, p. 116 s.

389 En France, l'intérêt pour l'enseignement clinique s'est manifesté beaucoup plus tard, mais on compterait désormais une dizaine d'expériences de ce type. D'après les organisateurs d'un colloque organisé au mois de décembre 2013 sur ce thème à Caen[1] : « *En France, les cliniques juridiques sont apparues très récemment et n'existent que dans très peu d'universités. On ne compte actuellement que sept cliniques juridiques en activité dans l'Hexagone, à savoir le programme EUCLID de l'université Paris Ouest Nanterre-La Défense, la Clinique du master Conseil et contentieux de l'université François Rabelais de Tours, la Maison du droit de l'université Paris Panthéon-Assas, la Clinique juridique de l'École de droit de Sciences-Po, la Clinique de droit de l'environnement de l'université de Versailles, la Clinique de droit de l'environnement de l'université d'Aix-Marseille, et enfin la Clinique juridique des droits fondamentaux de l'université de Caen Basse-Normandie.* »[2] La liste n'est pas exhaustive, car, depuis, une nouvelle clinique du droit a été ouverte à Bordeaux.

390 L'émergence de ce mouvement pose la question du rôle que les cliniques pourraient jouer dans une éventuelle remise en cause du modèle doctrinal dominant[3]. Dans le même temps, les cliniques pourraient prendre place dans un dispositif axé sur l'amélioration de l'accès au droit conçu en collaboration entre l'université et le barreau[4]. Il s'agirait de placer les étudiants en situation, en les mettant au contact du public et des difficultés qu'il rencontre, sous le contrôle des universitaires et avec la participation des avocats. En dehors des progrès escomptés dans le domaine de la formation des juristes, cette initiative permettrait d'augmenter le nombre de lieux où des conseils et des consultations juridiques, susceptibles de répondre aux besoins du quotidien, sont dispensés[5].

1. « Les cliniques juridiques », colloque organisé le 5-6 déc. 2013 dans le cadre du Centre de recherche sur les droits fondamentaux et les évolutions du droit (CRDFED) - Université de Caen Basse-Normandie; http://law-clinics.sciencesconf.org/
2. Il en existe également une, à Bordeaux.
3. Christophe Jamin, « Cliniques du droit : innovation *versus* professionnalisation ? », *D.* 2014. 675.
4. Thierry Wickers, « Mettre les "cliniques du droit" au service d'une réforme de la formation des avocats, et à celui de l'accès au droit », *JCP* 2014, act., 469, p. 766.
5. De manière significative, tous ces thèmes figurent, par exemple, au programme du colloque organisé au mois d'octobre 2014 par les responsables de la clinique du droit de Bordeaux.

§
NOUVEAUX SAVOIRS

391 En raison du poids économique des professions libérales (v. s[s] n° 39) la direction générale (DG) entreprise et industrie de la Commission européenne a décidé de s'impliquer dans la modernisation de ce secteur, conformément aux objectifs fixés pour le programme stratégique Europe 2020[1]. C'est à la fois pour faire connaître aux professionnels libéraux les actions de la Commission et pour mieux appréhender leurs besoins spécifiques, que celle-ci a mis en place un groupe de travail dont l'objet est de « doper » l'activité des professionnels libéraux, dénommé *bolstering the business of liberal professions*. Pour ce qui est de la formation, les travaux du groupe de travail ont permis de mettre en évidence l'intérêt d'impliquer davantage les professionnels dans la formation initiale des étudiants susceptibles de rejoindre les entreprises libérales.

392 S'agissant de la formation initiale des professionnels libéraux, le groupe de travail a mis l'accent sur les évolutions actuelles. L'acquisition des connaissances nécessaires à l'exercice d'un métier donné n'est plus suffisante pour exercer à titre libéral. Différents facteurs, comme l'accroissement de la concurrence (voulue par ailleurs par la même Commission), l'apparition de services ou de produits de substitution, ont accentué la pression sur les professions libérales et rendent nécessaires la maîtrise de nouveaux savoirs. Le groupe de travail est ainsi parvenu à la conclusion qu'il est indispensable à un professionnel libéral de disposer de compétences pour :

- comprendre les mécanismes fondamentaux de l'entreprise, coûts, profit marginal, formation des prix;
- maîtriser les outils du marketing. Analyse de marché, segmentation du marché, publicité, techniques de vente;
- acquérir et appliquer des « soft-skills » dans le domaine de la gestion des ressources humaines, la négociation, le self-management, la créativité, la résolution de problème;

1. Europe 2020 est la stratégie de croissance que l'Union européenne a adoptée pour les dix années à venir. Dans un monde en mutation, l'Union doit devenir une économie intelligente, durable et inclusive. Ces trois priorités qui se renforcent mutuellement doivent aider l'Union et ses États membres à assurer des niveaux élevés d'emploi, de productivité et de cohésion sociale; http://ec.europa.eu/europe2020/index_fr.htm

- acquérir et appliquer des compétences suffisantes pour maîtriser les technologies de l'information, pour rationaliser et moderniser l'entreprise libérale.

393 L'ensemble de ces éléments constituent « la formation entrepreneuriale » qui est désormais considérée comme un socle indispensable, destiné à venir compléter le savoir technique particulier exigé dans chacune des professions. Pour les avocats, par exemple, il s'agirait donc, au cours de leur cursus, de faire une place à l'acquisition de ces « compétences entrepreneuriales ». Une telle initiative implique, là encore, une profonde refonte de la formation initiale et ce d'autant que, par nature, ces compétences nouvelles ont tout intérêt à être acquises dans le cadre le plus vaste possible, interprofessionnel et interdisciplinaire.

394 D'un autre côté, les auteurs qui se sont le plus intéressés à l'influence des technologies de l'information sur la profession, insistent sur leurs incidences en termes de formation. Elles vont en effet faire surgir des métiers nouveaux, à la confluence du droit et de l'informatique. Richard Susskind[1] mentionne ainsi le « legal knoweldge engineer » chargé d'intégrer des matériaux juridiques à des systèmes informatiques; le « legal technologist » capable de maîtriser les aspects techniques et juridiques des systèmes intelligents, ou le « legal process analyst » capable de décomposer les éléments de la prestation juridique, pour améliorer la productivité...

Il paraît tout à fait évident que maîtriser l'information juridique ne signifiera bientôt plus seulement en appréhender le sens, mais être capable de la manipuler pour l'exploiter à travers des logiciels, des plateformes de services automatisées, des systèmes capables d'analyser les éléments juridiques et les données pour prédire les résultats probables d'un litige.

395 On mesure dès lors les immenses changements que doit connaître la formation des juristes en France. Ils ne se résument pas à la résolution de la première difficulté rencontrée. Celle-ci, propre à la France (v. s^s n° 373), touche à la nature du droit enseigné et implique de rompre avec des conceptions anciennes et encore solidement ancrées. C'est déjà un ambitieux programme, mais il faudra aussi trouver une

1. Richard Susskind, *Tomorrow's Lawyers: An Introduction to Your Future*, Oxford University Press, 2013, p. 111 s.

place, dans le parcours initial, pour l'acquisition des « compétences entrepreneuriales » qui manquent (v. s^s n° 391) à la totalité des professionnels libéraux. À cela s'ajoute désormais la nécessité de maîtriser parfaitement les technologies de l'information, sauf à admettre que les nouveaux métiers annoncés ne soient occupés que par des non-juristes. Enfin, dernière étape de cette formation, l'apprentissage des connaissances propres à la profession, à la nature spécifique de ses activité et à sa déontologie. Les facultés de droit doivent être capables de mettre rapidement en place les enseignements qui permettront aux juristes de jouer un rôle dans ce futur proche[1], si elles ne veulent pas être totalement marginalisées.

1. Larry. E. Ribstein, *Practicing Theory: Legal Education for the Twenty-first Century, Iowa Law Review*, vol. 96, p. 1649-1676 (2011); http://www.uiowa.edu/~ilr/issues/ILR_96-5_Ribstein/

LIVRE QUATRE

LA STRATÉGIE PROFESSIONNELLE

Ignoranti quem portum petat nullus suus uentus est.

Il n'y a point de vent favorable pour celui qui ne sait dans quel port arriver.

SÉNÈQUE, *Lettres à Lucilius,* 71.

396 Le parcours réalisé a permis de mesurer les paradoxes et les contradictions engendrés par les transformations en cours.

Certaines d'entre elles peuvent tourner en faveur des avocats. C'est le cas des divergences relevées entre les théories économiques. Encore faut-il toutefois être en mesure de les identifier et d'agir pour en tirer parti. D'autres, qui lui sont extérieures, peuvent facilement peser sur son devenir. Le besoin d'une refonte profonde de la formation initiale des futurs avocats, dès leur entrée dans l'enseignement supérieur est manifeste. Mais faut-il attendre pour réaliser des réformes que les tenants d'un enseignement purement juridique et d'un droit technicien aient enfin disparu, alors que leur influence reste encore suffisante pour retarder longtemps encore les évolutions ?

397 C'est parfois de son propre mouvement et en cultivant l'ambiguïté que la profession s'est elle-même contrainte à effectuer des choix qu'elle voudrait éviter. C'est elle qui, en se consacrant aux services aux entreprises, s'est résolument tournée vers le marché, dont elle hésite néanmoins à accepter toutes les règles.

398 Devant elle semblent donc se multiplier les alternatives insolubles. Adopter ou non les capitaux extérieurs, tolérer ou pas l'installation des Alternative Business Structures, abandonner ou pas aux nouveaux industriels le marché du quotidien, monter en gamme ou concevoir des produits standardisés, adopter ou refuser les pratiques innovantes, imaginer ou pas de nouveaux modes d'exercice, de nouveaux modes de facturation, de nouveaux parcours professionnels.

399 Pourtant cet écheveau inextricable pourrait subitement se dénouer une fois réglée une seule et unique question. La profession d'avocat s'est toujours considérée comme au service du public et chargée d'une mission spéciale à son bénéfice. Veut-elle ou non la poursuivre et relever le défi de l'accès au droit pour tous ?

C'est donc l'heure de choisir la direction à prendre, après avoir fait en sorte, toutefois, que dans la profession toutes les décisions politiques se prennent ensemble et au même endroit.

Pendant longtemps, c'est la poursuite de la constitution d'une grande profession du droit qui a servi de ligne directrice, avec un succès limité (chapitre 10, v. s[s] n° 400). Même si cette stratégie n'est pas épuisée, il n'est désormais plus possible de s'en satisfaire, car elle n'est plus à la hauteur des enjeux identifiés (chapitre 11, v. s[s] n°s 424 s.).

CHAPITRE 10

La grande profession du droit

§

LES ÉTAPES D'UNE STRATÉGIE

400 Si l'on s'en tient à la pacifique définition du dictionnaire Larousse en ligne[1], la stratégie est « l'art de coordonner des actions, de manœuvrer habilement pour atteindre un but ». Il est donc peut-être exagéré d'affirmer que la profession aurait pour stratégie l'établissement en France d'une « grande profession du droit ». Cela impliquerait en effet non seulement la définition d'un but précis, mais aussi l'existence de manœuvres coordonnées pour l'atteindre. Or, le mode de gouvernance de la profession rend très difficile des actions aussi élaborées, sauf par épisodes et sur des durées assez courtes, lorsqu'un consensus émerge en son sein, que les titulaires des postes de responsabilité sont disposés à coopérer et qu'ils disposent du temps suffisant pour mener le projet à terme, avant d'avoir achevé leurs mandats respectifs.

401 Il est donc plus réaliste de parler d'un dessein, ou d'une idée, qui peut servir de fil conducteur, ou au moins d'explication, à un certain nombre d'initiatives prises depuis la fin des années 60. Elles se sont enchaînées au fil du temps, lorsque les circonstances étaient favorables et que les conditions préalables énumérées plus haut étaient réunies. C'est ainsi que la profession d'avocats a absorbé successivement celle des avoués au tribunal et celle des agréés près les tribunaux de commerce en 1971, puis celle des avoués à la cour en 2011; surtout, elle a fusionné avec les conseils juridiques en 1991.

1. http://www.larousse.fr/dictionnaires/francais/strat%C3%A9gie/74818/

402 Ces rapprochements ont certes réduit l'invraisemblable émiettement que connaissaient les professions juridiques en France, mais ils ont laissé subsister de nombreuses professions, dont certaines ne sont que des micro-professions, comme les avocats aux conseils ou les mandataires judiciaires, alors que d'autres, comme les notaires ou les huissiers, sont à la fois plus nombreuses et beaucoup plus puissantes. La plupart d'entre elles disposent par ailleurs du statut d'officier ministériel, qui se cumule parfois (comme dans le cas des notaires) avec celui d'officier public. Aucune d'entre elles n'a jamais manifesté le désir de rejoindre les rangs des avocats et de renoncer à un statut le plus souvent très protégé et avantageux.

403 Surtout, comme je le faisais remarquer avec Christophe Jamin[1], il y a quelques années, le décloisonnement des professions du droit n'était pas une fin en soi, car la « grande profession du droit » était destinée, dans l'esprit de ses promoteurs initiaux à se voir reconnaître un véritable monopole de l'exercice du droit. Or, bien avant d'avoir achevé le mouvement de regroupement, cet objectif était devenu inatteignable. Le droit de délivrer des prestations juridiques a en effet été reconnu, assez généreusement, à de multiples professions, soit à titre principal (dans le cas, par exemple, des juristes d'entreprise), soit à titre accessoire (dans celui, par exemple, des expertscomptables). La partie s'est jouée à l'occasion de la réforme de 1991 qui n'a pas, comme les avocats ont pu un temps l'espérer[2], assuré la clôture du champ juridique au profit des seules professions du droit.

Rétrospectivement, on peut au moins y trouver un avantage. C'est cette absence de clôture et la théorie de l'accessoire (v. s^s^ n°s 108 et 109), qui permettent aujourd'hui de soutenir que les règles de droit interne relatives à l'exercice du droit sont conformes aux exigences de l'Union européenne.

404 Une fois passé le temps fort de la fusion entre les avocats et les conseils juridiques, dont le récit[3] illustre les difficultés de la gouvernance de la profession, c'est au Conseil national des barreaux qu'est revenu le soin de prendre des initiatives. Il est vite apparu que les pro-

1. Christophe Jamin, Thierry Wickers, « L'avenir de la profession d'avocat », *Commentaire*, n° 132, 2010/11, p. 985.

2. Lucien Karpik, *Les avocats : Entre l'État, le public et le marché : XIIIe-XXe siècle*, « Bibliothèque des sciences humaines », Nrf - Gallimard, 1995, p. 395 s.

3. Lucien Karpik, préc., p. 374 s.

fessions désireuses de se rapprocher des avocats étaient peu nombreuses. De fait, deux pistes ont été à ce jour explorées avec lenteur et précaution : l'avocat en entreprise d'une part, la fusion avec les conseils en propriété industrielle (CPI) de l'autre.

405 À la fin (2008) de la mandature présidée par le bâtonnier Paul-Albert Iweins, la situation avait toutefois évolué de manière assez inattendue. Sous l'impulsion remarquable de Philippe Tuffreau[1], l'assemblée s'était prononcée en faveur d'un rapprochement avec les CPI et un texte avait même été voté en première lecture au Sénat.

406 À la même époque, pour réduire la pression qui pesait sur un garde des Sceaux, Rachida Dati, en grande difficulté et qui se heurtait à la révolte ouverte levée par la réforme de la carte judiciaire, les pouvoirs publics avaient imaginé un contre-feu. Ils avaient annoncé que le divorce allait être déjudiciarisé et que les notaires seraient chargés de le prononcer. Cette proposition avait immédiatement été acceptée par le Conseil supérieur du notariat (CSN), qui imaginait pouvoir obtenir le Graal que représente à ses yeux une délégation d'autorité publique. Celle-ci est en effet susceptible de les mettre définitivement à l'abri de la menace communautaire, en distinguant le notariat des autres prestataires de services. Du coup, l'attention des avocats avait certes été détournée de la question de la carte judiciaire, mais l'agitation n'avait pas cessé et une véritable guerre avait alors été ouverte avec les notaires, dont les avocats avaient jusqu'à présent toléré sans se révolter les empiétements successifs. Pour mettre fin à cette situation, le président de la République avait finalement procédé à la désignation d'une commission. Il avait choisi un avocat pour la présider, Jean-Michel Darrois, « avec, comme objectif, la création d'une grande profession du droit », conformément aux termes de la lettre de mission.

407 Les avoués à la cour, quant à eux, étaient devenus les victimes collatérales de ce jeu politique et aussi de la mise au point du RPVA. Leur suppression avait été annoncée, avec brutalité, au mois de juin 2008, par le garde des Sceaux. Soudain, le projet d'une grande profession du droit semblait reprendre vie, dix-sept ans après la fusion de 1991.

408 Ces espérances ont été de courte durée. Très rapidement après son installation, la commission Darrois a douché tout espoir d'une

1. Philippe Tuffreau, ancien bâtonnier d'Angers (1998-1999) et ancien vice-président du Conseil national des barreaux (2006-2008).

fusion entre avocats et notaires, dont ces derniers ne voulaient pas entendre parler. La création d'une grande profession du droit reste donc un objectif lointain, que le rapport proposait seulement de préparer par la prise d'un certain nombre de mesures dont beaucoup n'ont pas été mises en œuvre[1].

409 Le rapprochement avec les conseils en propriété industrielle (CPI) ne s'est pas fait, victime de l'hostilité du barreau de Paris et surtout de l'opposition du président du groupe UMP à l'Assemblée nationale, Jean-François Copé.

410 Restait la suppression des avoués, qui s'est révélée beaucoup plus compliquée que prévue en raison de leur opiniâtre et fort peu constructive résistance, mais qui est devenue effective au 1er janvier 2012. L'État a démontré à cette occasion les limites de sa capacité à réformer. Il lui a fallu plus de trois ans pour venir à bout d'un groupe de 400 personnes qui exerçaient une activité ayant depuis longtemps perdu l'essentiel de son utilité.

411 La dernière piste est celle d'un rapprochement avec les juristes d'entreprise. L'idée de permettre aux avocats d'exercer en entreprise, comme cela peut exister dans d'autres pays, est fort ancienne, puisqu'elle est déjà présente dans le rapport d'Henri Nallet[2]. Elle a ensuite été assez complètement explorée à l'initiative du garde des Sceaux de l'époque, Dominique Perben[3], à l'occasion des travaux d'un groupe de travail qui s'est réuni une dizaine de fois entre mars et septembre 2005 sous l'égide de la Direction des affaires civiles et du sceau[4]. Depuis 2005, plusieurs rapports ont aussi été élaborés ou examinés[5]

1. CELLES qui l'ont été, comme l'acte d'avocat, ont été incorporées dans la loi nº 2011-331 du 28 mars 2011 de modernisation des professions judiciaires ou juridiques et certaines professions réglementées, *JO* 29 mars, p. 5447.

2. Henri Nallet, *Les réseaux pluridisciplinaires et les professions du droit,* « Rapports officiels », La Documentation française, 1999.

3. Dominique Perben a été garde des Sceaux de mai 2002 à juin 2005.

4. Dirigée à l'époque par Marc Guillaume.

5. Bruno Deffains, *L'exercice de la profession d'avocat en entreprise est-il opportun sur un plan économique ?*, Étude réalisée à la demande du Centre de recherches et d'etudes des avocats, Conseil national des barreaux); Ce rapport de Bruno Deffains, professeur d'économie à l'Université Paris X, sur l'analyse de l'impact économique d'une éventuelle réforme permettant l'exercice de l'avocat en entreprise n'est pas un rapport « politique » mais un rapport technique destiné à éclairer certains aspects de la réforme envisagée.

par le Conseil national des barreaux, au cours de quatre mandatures successives : rapport Boyer[1], rapport Jeantet[2], rapport Cocusse[3], rapport Feugère[4]. La seule fois où la question a été soumise au vote de l'assemblée (mais il ne s'agissait encore que d'un vote intermédiaire), aucune majorité n'a pu être trouvée pour la poursuite de la réflexion. La reprise des travaux pendant la mandature 2012-2014[5] n'a pas débouché sur un nouveau vote. L'opposition reste très forte dans la profession[6], le sondage effectué en avril 2014 révélant qu'il existe 58 % d'avocats opposés à ce projet, pour 42 % qui lui sont favorables[7].

Ajoutons que le statut d'avocat en entreprise n'a jamais pu être défini de manière précise de sorte que ses attributions ne sont pas connues exactement. Les avocats s'expriment donc sur une idée générale et en fonction de l'idée personnelle qu'ils se font de son contenu, ce qui ne facilite pas les choses.

412 Il reste que cette opposition persistante rend très improbable une évolution à court terme[8], sauf sous la pression des pouvoirs publics qui continuent de s'y intéresser. À moins toutefois qu'une solution ne

1. André Boyer, *Le rapprochement des professions d'avocat et de juriste d'entreprise*, Rapport d'orientation, avril 2004.
2. Éric Jeantet, *Avocats en entreprise les éléments du débat*, rapport présenté à l'assemblée générale du CNB, 24-25 mars 2006.
3. Jean-Louis Cocusse (dir.), *Exercice de l'avocat en entreprise*, Rapport actualisé à l'assemblée générale du CNB, 19-20 nov. 2010.
4. William Feugère (dir.), *L'exercice de la profession d'avocat en entreprise*, Rapport d'étape à l'assemblée générale du CNB, 13-14 juin 2014.
5. Un dernier rapport sur le sujet a été établi à la demande du garde des Sceaux : Michel Prada, *Certains facteurs de renforcement de la compétitivité juridique de la place de Paris*, ministère de l'Économie, des Finances, de l'Industrie et ministère de la Justice, 2011; http://www.textes.justice.gouv.fr/art_pix/1_Rapport_prada_20110413.pdf - auparavant : Collectif, *Rapprochement entre les professions d'avocat et de juriste d'entreprise - Réflexions et propositions, rapport remis au garde des Sceaux, ministre de la Justice*, janvier 2006.
6. Lorsque la Conférence des bâtonniers, en 2010 a mis la question aux voix, en 2010, le chiffre des oppositions a dépassé 85 %.
7. « Baromètre 2014 sur la profession d'avocat », *Gaz. Pal.* 4-5 juill. 2014, n°s 185-186.
8. Les solutions comme le détachement d'un avocat en entreprise ne paraissent pas très sûres. La cour d'appel de Paris a jugé, le 15 mai 2014 (Paris, 15 mai 2014, RG n° 13/04979) qu'un avocat salarié d'un cabinet d'avocats, qui avait été détaché en entreprise, devait être considéré comme un salarié de cette entreprise.

s'impose de manière inattendue, avec l'autorisation du cumul des deux statuts (v. s^s n° 97). C'est d'ailleurs une voie qui mériterait d'être étudiée sérieusement. Jusqu'à présent en effet le postulat posé par les partisans du projet était celui du maintien d'un statut unique, nonobstant les conditions d'exercice. Cette conception se heurte à d'incontestables difficultés, dans le domaine de l'indépendance, du secret professionnel, ou des attributions comme le droit de plaider, qui nourrit bien des craintes.

Les réponses données sur ces différents points peinent à convaincre[1] et ne parviennent pas à calmer les inquiétudes, qui expliquent, au moins autant que les préoccupations déontologiques, les réticences.

La distinction du titre et de la fonction représenterait peut-être un compromis acceptable. Il s'agirait d'ailleurs d'un véritable retour aux sources, puisqu'elle a longtemps été admise et fait partie de l'héritage historique des avocats[2]. La distinction du titre et de la fonction et la possibilité de cumuler l'activité d'avocat avec une seconde activité n'ont donc pas de quoi choquer les plus traditionalistes. Du côté des juristes d'entreprise, c'est en outre le droit de porter le titre qui paraît compter le plus.

413 À quoi pourra donc ressembler, dans les années à venir, la stratégie de la grande profession ? Sous réserve de la reprise du débat sur l'avocat en entreprise sous un autre angle, on peut penser qu'elle est désormais à peu près épuisée. D'un côté, les avocats ne veulent pas entendre parler de ceux, CPI ou juristes d'entreprise, qui pourraient vouloir les rejoindre; de l'autre, des professionnels comme les notaires fuient comme la peste toute idée de rapprochement. Certaines professions enfin, comme les huissiers, n'ont jamais véritablement intéressé les avocats. Ces derniers considèrent que l'exécution est un métier différent. Cela ne signifie pas qu'il faille, pour autant, laisser le champ libre aux huissiers de justice. Comme toutes les professions à monopole, ils ont tendance à chercher à étendre le champ de leurs activités. Ils se sont opposés à la création de l'acte d'avocat, car ils voulaient être reconnus comme rédacteurs au même titre que les avocats. Ils ont

1. On peut difficilement évacuer la question de l'indépendance en affirmant seulement qu'il s'agit d'un état d'esprit. La protection de l'indépendance doit être assurée par l'existence de règles ad hoc. Il n'en est jamais autrement.

2. Hervé Leuwers, *L'Invention du barreau français 1660-1830*, Éditions de l'École des hautes études en sciences sociales, 2006, p. 17 s.

aussi obtenu l'extension des injonctions de payer au recouvrement de créances relevant de la compétence du tribunal de grande instance, au détriment des avocats.

Finalement, on peut penser que si des progrès sont enregistrés dans le futur, dans le domaine de la grande profession du droit, ils ne le seront que parce que se seront présentées des circonstances fortuites, comme dans le cas des avoués à la cour[1]. Mais l'absorption des avoués a plutôt relevé d'une « bataille de rencontre » que d'une campagne stratégique, et gagner une bataille de rencontre n'est probablement pas « le comble du savoir-faire[2] ».

§

L'ACTE D'AVOCAT

414 Il reste pourtant des leviers à manœuvrer, à condition de passer effectivement du dessein à la stratégie et de mettre en place de véritables plans d'action pour la conquête résolue de nouvelles parts de marché, au détriment de professions concurrentes. À condition donc de faire comme les notaires, qui ont transformé l'acte authentique en outil attrape-tout, destiné à l'attribution de nouveaux droits réservés. Une méthode, mise en œuvre avec la constance que l'on doit reconnaître au Conseil supérieur du notariat (CSN), qui consiste, pour peu que le thème de la « sécurité juridique » puisse être exploité (c'est-à-dire à peu près tout le temps), à suggérer de régler le problème en rendant obligatoire le recours à l'acte authentique. Évidemment, chaque fois que ce raisonnement emporte la conviction, cela se fait au détriment des autres rédacteurs d'acte, qui se voient privés de la possibilité d'intervenir, au bénéfice des seuls notaires. Il existe des variantes, comme celle qui consiste à proposer de remplacer l'intervention du greffier (ou pourquoi pas du juge) par celle du notaire, pour soulager un peu la grande misère du service public de la justice. Le CSN est parfois prêt à intervenir en échange d'un niveau de rémunération médio-

1. Ou si des changements radicaux interviennent dans les activités réservées, comme la fin du monopole immobilier des notaires.

2. « En effet, remporter cent victoires en cent batailles n'est pas le comble du savoir-faire », Sun Tzu, *l'Art de la guerre*, Oxford University Press, 1963; « Champs », Flammarion, 1972, p. 23.

cre, mais le plus souvent moyennant une contrepartie[1], ou pour que la fort peu crédible théorie du « subventionnement croisé »[2] prenne un peu de corps. Dans tous ces cas, l'acte authentique est purement et simplement instrumentalisé.

Le discours tenu sur l'authenticité n'est là que pour cacher le fait que le renforcement de la sécurité juridique constaté (s'il existe) est le résultat de l'intervention d'un professionnel du droit compétent et non des vertus magiques attribuées aux actes qu'il rédige (ou à sa qualité d'officier public).

415 L'acte d'avocat a été conçu dans une perspective stratégique parfaitement claire : enrayer ce rouleau compresseur, qui voyait les notaires, année après année, obtenir l'attribution de nouveaux droits exclusifs. L'acte d'avocat est avant tout un marqueur, ou plutôt un révélateur de qualité. Il met en évidence la compétence de son rédacteur. Désormais, lorsque le législateur jugera indispensable de garantir la sécurité d'une opération juridique, il aura à sa disposition deux outils, l'acte authentique et l'acte d'avocat. Comment choisira-t-il ? En fonction des qualités intrinsèques de l'acte authentique, celles dont ne dispose pas l'acte d'avocat ?

Mais de quoi s'agit-il exactement ? De la date certaine et de la force exécutoire. Certes ce sont de réels avantages, mais en même temps ce ne sont nullement les qualités qui importent, lorsqu'il s'agit de sécuriser une situation. Dans ce genre de cas, de loin les plus fréquents, les actes des deux professions se retrouveront à égalité, sans qu'il y ait de raison de privilégier l'un, plutôt que l'autre.

416 L'affaire de la loi n° 2014-366 du 24 mars 2014[3], dite loi Alur, illustre bien l'efficacité de l'acte d'avocat dans ce domaine. À l'origine, on trouve la énième tentative des notaires pour se faire attribuer le

1. La négociation du tarif avec la Chancellerie est l'occasion de pareils marchandages.

2. Les gros dossiers payent pour les petits, donc il ne faut pas ouvrir le marché, car plus personne n'accepterait de traiter les petits dossiers. Cette théorie n'aurait évidemment de sens que si les types de dossiers étaient répartis de manière strictement identique entre les études de notaire, ce qui n'est évidemment pas le cas : les études des grandes villes trustent les gros dossiers et les études de campagne doivent se contenter des petits (dont elles vivent néanmoins apparemment sans trop de mal).

3. L. n° 2014-366, 24 mars 2014 pour l'accès au logement et un urbanisme rénové, *JO* 26 mars, p. 10212.

monopole de la rédaction des actes de cession de parts sociales de sociétés civiles immobilières (SCI). Il leur est en effet insupportable que, par le biais du droit des sociétés, une partie du marché de l'immobilier puisse leur échapper. Par surprise, ils ont obtenu gain de cause à l'occasion de la première lecture de la loi. Le texte de l'article 70 *quater* de la loi prévoyait que les cessions de parts sociales de SCI à « prépondérance immobilière » devraient désormais être passées sous la forme authentique. Peu importe le fait que, sur un plan juridique, l'argumentaire n'ait même pas été crédible, le tour était joué. Les avocats n'ont réagi que tardivement, mais ils sont parvenus à se rétablir, après avoir mis en avant les mérites de l'acte d'avocat.

Les événements ont pris un tour inattendu, lorsque les experts-comptables, tout aussi peu désireux que les avocats d'être privés de la possibilité de rédiger des actes de cession (à titre accessoire en ce qui les concerne), sont parvenus à se faire inclure dans le dispositif. On a même pu craindre un instant l'émergence d'un « acte d'avocat d'expert-comptable », avant que le Conseil constitutionnel[1] n'invalide tout simplement la disposition litigieuse. Retour à la situation de départ.

417 Que faut-il retenir de l'épisode ? Malgré son surprenant épilogue, il a permis de confirmer l'efficacité de l'acte d'avocat, comme moyen de contrecarrer les empiétements des notaires. La preuve a été clairement rapportée de la pertinence de la stratégie qui a présidé à sa naissance. Les notaires ne peuvent plus aussi facilement qu'autrefois imposer l'acte authentique pour accroître leur part réservée du marché. Ils ont eu beau agir par surprise, lorsque les avocats ont pu réagir, ils ont pu facilement démontrer aux parlementaires que l'acte authentique n'était pas supérieur, au regard du but recherché, à l'acte d'avocat. Sans l'intervention dans le jeu des experts-comptables, les efforts de lobbying du notariat auraient même également profité aux avocats, comme prévu par les concepteurs de l'acte. Cependant, dans le cas d'espèce et dans les conditions dans lesquelles l'affaire avait été engagée, il ne fallait certainement pas être aussi gourmand et tenter de profiter de l'occasion pour évincer les experts-comptables d'une activité qu'ils pratiquent.

1. Cons. const., n° 2014-691 DC, 20 mars 2014, *JO* 26 mars, p. 5925; *AJDA* 2014. 655; *AJDI* 2014. 325, point de vue F. de La Vaissière; *Constitutions* 2014. 169, chron. P. Bachschmidt.

Livrer bataille à deux adversaires à la fois, surtout quand on vient d'être « pris en flagrant délit[1] » (pour utiliser cette fois la terminologie napoléonienne), est fort imprudent. En outre, le procédé constituait une faute à l'encontre d'un partenaire qui s'était montré loyal depuis l'accord passé au mois de mai 2010; c'est-à-dire précisément depuis le moment où l'Autorité de la concurrence avait donné son feu vert à l'acte d'avocat. La faute se doublait aussi d'une erreur d'appréciation grossière des capacités de réaction de la profession du chiffre.

418 L'acte d'avocat n'est pas seulement un outil « défensif ». L'Autorité de la concurrence en a parfaitement, en quelques attendus fondamentaux, décrit les vertus dans l'avis[2] rendu à la suite d'une saisine des experts-comptables, à un moment où il n'avait même pas encore été consacré par la loi. Elle a d'abord rappelé que l'impératif de sécurité juridique pouvait justifier qu'une valeur particulière puisse être attribuée par la loi au contreseing d'un avocat, puisque la matière juridique constitue l'activité principale des professionnels du droit, ce qui ne peut par hypothèse être le cas des opérateurs qui ne fournissent des prestations juridiques qu'à titre accessoire. À cette différence de compétence, qui se traduit aussi dans le domaine de la formation initiale et de la formation permanente, s'en ajoute une autre, dans le domaine de la déontologie. L'avis insiste sur l'existence de règles déontologiques plus exigeantes, chez les avocats que chez les experts-comptables, qui apportent, dans le domaine de la rédaction d'actes, une garantie supplémentaire aux parties : indépendance, prise en compte spécifique des conflits d'intérêts, obligation d'assurer la validité et la pleine efficacité de l'acte ou obligation de veiller à l'équilibre des intérêts des parties. L'avis met enfin en lumière une particularité unique qui fait des avocats les meilleurs rédacteurs d'acte que l'on puisse trouver : ils sont les seuls à disposer d'une expérience contentieuse.

En bref et pour poursuivre dans la terminologie militaire : ils sont les seuls à aller au feu et c'est là une expérience irremplaçable, dont leurs clients peuvent ensuite bénéficier. Ce n'est pas le cas des notai-

1. On dit d'une armée qu'elle est prise en flagrant délit lorsqu'elle est saisie dans un faux mouvement ou une fausse position, comme c'est le cas lorsqu'elle est attaquée alors qu'elle est en marche.

2. Aut. conc., avis nº 10-A-10, 27 mai 2010 relatif à l'introduction du contreseing d'avocat des actes sous seing privé; http://www.autoritedelaconcurrence.fr/pdf/avis/10a10.pdf

res, dont la troupe ne quitte jamais la caserne; or, le meilleur entraînement qui soit ne remplacera jamais l'expérience de la bataille.

419 La lecture de l'avis du 27 mai 2010 autorise deux remarques complémentaires. D'abord, sous l'angle du « story telling », c'est-à-dire de la production d'un « discours » professionnel construit et cohérent - qui doit être tenu en toutes circonstances, par tous les acteurs majeurs de la profession et répété inlassablement. Il est formidablement précieux que la mise en valeur de la déontologie de l'avocat et de son expérience contentieuse soit le fait de l'Autorité de la concurrence. Chaque fois que le thème, classique, de « l'avantage concurrentiel que représente la déontologie » est abordé par les avocats, il y a lieu de rappeler que cette appréciation ne relève pas de l'autopromotion, mais du jugement d'une autorité indépendante et incontestable[1]. Ensuite, cet avis confirme qu'il est contre-productif de présenter l'activité contentieuse comme une « activité déceptive »[2]. Le procès est peut-être (certainement) une chose désagréable pour celui qui est contraint de le faire ou de le subir, mais c'est grâce à lui que le droit se construit, c'est lui qui représente le « droit en action », le seul qui compte véritablement. Celui-là seuls les avocats le connaissent et le maîtrisent et seuls les avocats peuvent, dans la rédaction d'actes, l'anticiper.

C'est évidemment sous cet angle qu'il convient de le présenter (ne serait-ce du reste qu'en raison de la place de l'activité judiciaire dans l'exercice de nombreux confrères).

420 Il convient donc de capitaliser sur l'acte d'avocat. C'est ce que le Conseil national des barreaux a su parfaitement faire à l'occasion de la parution de son *Livre blanc : Justice du XXIe siècle*[3], en suggérant la

1. Une autorité et une indépendance dont ne peuvent pas se prévaloir les multiples œuvres de commande sur l'authenticité et ses mérites qui sont produites par des universitaires au profit du CSN, pour nourrir son lobbying.

2. « Il y a deux types d'activités dans le droit : l'activité négative ou déceptive, c'est-à-dire le procès, que l'on est contraint de subir ou de faire. L'autre activité, en relief, positive, c'est l'échange, la convention. C'est d'elle que naît un progrès, un avantage réciproque, l'espérance d'un profit. » *Trois mesures immédiates et cinq grandes réformes*, discours du président Charrière-Bournazel, 10 novembre 2010; http://www.charriere-bournazel.com/trois-mesures-immediates-et-cinq-grandes-reformes/

3. CNB, *Livre blanc : Justice du XXIe siècle : Les propositions du Conseil national des barreaux*, CNB, février 2014.

création d'un acte d'avocat de procédure. Ce type d'initiative renforce en effet la légitimité de l'avocat et rend plus vraisemblable que le législateur y fasse appel dans le futur. Dans la même optique, il est nécessaire que les avocats puissent disposer des solutions d'archivage attendues. Enfin, la promotion à l'étranger de cette solution juridique fait partie d'une stratégie professionnelle globale. Au mois de janvier 2013, la Belgique a adopté un acte d'avocat calqué sur le modèle français.

§
AVOCATS ET NOTAIRES

421 Le retrait du soutien apporté par les pouvoirs publics aux notaires était un scénario envisageable, compte tenu de la situation économique du pays [1]. La question centrale, pour les avocats, n'est toutefois pas celle du tarif des notaires. Cependant, des dispositions comme celles de l'article 9.2. du règlement national [2], qui interdisent aux notaires un quelconque partage d'émolument avec « tout autre professionnel » et ne sont justifiées que par la volonté de juguler toute tentative de concurrence, mériteraient d'être contestées, par exemple à l'occasion de la saisine de l'Autorité de la concurrence par le ministre de l'Économie.

422 Le véritable enjeu reste principalement ce monopole immobilier dont bénéficient les notaires, qui ne se justifie par aucune raison sérieuse et ne repose en définitive que sur la barrière mise à l'accès au fichier immobilier. Les avocats (et pas seulement eux) réalisent régulièrement des ventes immobilières, mais seuls les notaires ont le droit de déposer leurs actes à la conservation des hypothèques, voilà tout. Certes le rapport de l'IGF (v. s[s] n° 42) le remet en cause, puisqu'il fait remarquer, à juste titre, que l'opposabilité aux tiers des actes soumis à publicité foncière provient de leur publication à la conservation des hypothèques et non de l'intervention du notaire (ce que personne n'ignore).

De manière fort pertinente, il ajoute qu'il n'existe aucun motif d'intérêt général qui puisse justifier ce monopole (qui au demeurant

1. Thierry Wickers, « La dernière corporation », *Gaz. Pal.* 25-26 avr. 2014, n°s 115 à 116, p. 9 s.

2. Règlement national, Règlement inter-cours, approuvé par arrêté de la garde des Sceaux, ministre de la Justice le 22 juillet 2014, *JO* 1er août.

n'est pas si ancien puisqu'il ne remonte qu'à 1935) et qu'il serait plus efficace, sur le plan économique, d'y mettre fin. Mais depuis cinquante ans, on compte déjà près d'une demi-douzaine de rapports qui parviennent à la même conclusion. Pour autant ils n'ont jamais été suivis d'effet. Il est bien trop tôt pour dire ce qu'il en sera cette fois.

423 Peut-être faudrait-il dès lors faire en sorte que soient tirées toutes les conséquences des décisions rendues le 24 mai 2011 par la CJUE[1]. À cette occasion la Cour a jugé que les activités des notaires ne relevaient pas de la participation à l'exercice de l'autorité publique. Ces arrêts privent les dispositions de l'article 2 de la directive services qui excluent de son champ d'application « les services fournis par les notaires [...] nommés par les pouvoirs publics » de tout fondement juridique, au regard des traités de l'Union européenne, que les instruments de droit dérivé doivent respecter. Il n'est en effet pas possible d'affirmer qu'une profession doit faire exception aux principes fondateurs de l'Union, sans aucun support. Au résultat d'un lobbying effréné, les notaires sont cependant parvenus à obtenir qu'une disposition identique soit introduite dans la directive 2013/55/UE du 20 novembre 2013[2], pour éviter l'application de la directive qualification professionnelle. En vertu de l'article premier de la directive 2013/55/UE, l'article 2 de la directive 2005/36/CE du 7 septembre 2005 a donc été modifié de façon à ce qu'elle « ne s'applique pas aux notaires qui sont nommés par un acte officiel des pouvoirs publics ».

La conformité de cette disposition avec les traités de l'Union européenne a cependant été contestée par un avocat portugais, devant la CJUE[3], précisément en raison de la position adoptée le 24 mai 2011

1. CJUE 24 mai 2011, aff. C-47/08, C-51/08, C-53/08, C-54/08, C-61/08 et C-52/08, *Rec. CJUE* I-04105, I-04195, I-04231, I-04309, I-04355, I-04399, I-04275 (v. s^s^ n° 73).

2. Dir. 2013/55/UE, Parlement et Conseil, 20 nov. 2013 modifiant la directive 2005/36 relative à la reconnaissance des qualifications professionnelles et le règlement 1024/2012 concernant la coopération administrative par l'intermédiaire du système d'information du marché intérieur (« règlement IMI »); http://eur-lex.europa.eu/LexUriServ/LexUriServ.do?uri=OJ:L:2013:354:0132:0170:fr:PDF

3. Recours dont l'existence a été mentionnée par le président Jean Tarrade à l'occasion du 110e congrès du notariat à Marseille; http://www.notaires.fr/sites/default/files/DISCOURS%20PT%20TARRADE%20110E%20CONGRES%20MARSEILLE%202014_0.pdf

par la Cour (v. s[s] n° 73). Il faut se réjouir que le Conseil national des barreaux ait décidé de s'intéresser directement à cette procédure, car elle pourrait aussi conduire à la remise en cause des avantages indus de la profession de notaire. La fusion n'a pas été possible, il faut à tout le moins que la concurrence joue.

CHAPITRE 11

Au service du public

> Le Conseil national des barreaux est resté très discret pour ce qui concerne l'aspect corporatiste de sa mission [...]. Comme il l'a été indiqué plus avant le CNB n'a à cœur que de défendre l'intérêt des justiciables et des consommateurs, au détriment des intérêts de la profession.[1]
>
> Contribution du barreau du Val-d'Oise

§

LA NÉCESSITÉ D'UN RENOUVELLEMENT

424 L'épuisement relatif de la stratégie de la grande profession du droit comme les effets des facteurs de transformation à l'œuvre seraient déjà des raisons suffisantes pour proposer une nouvelle stratégie. Mais il en existe une autre qui est probablement encore plus fondamentale. Le phénomène majeur auquel les avocats sont confrontés est celui de l'inadéquation des services qu'ils proposent aux besoins d'une partie grandissante du public.

425 L'idée de la grande profession du droit reposait sur plusieurs propositions implicites dont il était considéré qu'elles allaient d'elles-mêmes et qu'elles n'avaient pas besoin d'être démontrées. Une de ces propositions implicites était qu'il n'existait qu'une seule façon pertinente de délivrer des prestations juridiques, quel que soit leur niveau

1. L'assemblée générale du Conseil national des barreaux a décidé le 18 juin 2011 l'envoi à la concertation du rapport de son groupe de travail « gouvernance ». Extrait de la contribution du barreau du Val-d'Oise figurant dans le rapport *Synthèse des contributions reçues en réponse au rapport du groupe de travail Gouvernance,* présenté à l'assemblée générale des 16 et 17 décembre 2011.

de complexité. Le professionnel du droit devait proposer un service hautement individualisé, construit sur mesure, pour répondre au mieux aux besoins exprimés individuellement par chacun de ses clients. Ce présupposé induit lui-même un mode d'organisation particulier, celui du « magasin à solutions » (v. s[s] n° 279). La forme prise par la « solution shop » est aussi le résultat de la façon dont la profession d'avocat s'est constituée, un peu partout dans le monde occidental et dont elle a conçu sa relation avec le client, considéré comme se trouvant en situation d'infériorité, du fait de l'asymétrie d'information habituellement constatée.

426 C'est le présupposé qu'il n'existe pas de meilleure façon de délivrer des prestations juridiques que celle actuellement pratiquée par l'immense majorité des avocats qui est en train de voler en éclats. Certes, les avocats se sont depuis longtemps rendu compte qu'il est impossible, en se contentant des formes d'offres actuelles, de toucher certaines couches de la population. Nombreux sont les barreaux (ou les confrères) qui en ont tiré les conséquences et qui ont organisé des services de consultation au plus près des populations défavorisées, en lien parfois avec les associations ou les ONG qui leur viennent en aide.

Cependant, ces initiatives ont en général été conçues pour fournir un service social et certainement pas comme un nouveau mode de production des services juridiques, qui pourrait être rentable et être proposé à d'autres que les plus pauvres de nos concitoyens.

427 La vérité mise en lumière par des études concordantes (v. s[s] n°s 200 s.), c'est que la forme traditionnelle d'offre juridique pratiquée par les avocats ne répond pas efficacement aux besoins de droit. Le phénomène n'a pas été étudié en France comme il a pu l'être dans d'autres pays, mais le rapport de l'IGF (v. s[s] n° 42) révèle qu'en France, un individu sur deux environ (49 %) n'a jamais eu affaire à un avocat, ce qui est parfaitement surprenant, au regard des études disponibles sur les besoins juridiques des particuliers et la fréquence à laquelle ils rencontrent des problèmes de cette nature.

Comme ce constat est dressé alors que le rôle du droit comme outil de régulation sociale a tendance à croître, réagir est encore plus impératif pour la profession. Voilà pourquoi elle doit se poser la question du renouvellement de sa stratégie.

428 La stratégie de la grande profession du droit ne peut plus en effet être considérée comme l'objectif supérieur en fonction duquel toutes les actions doivent être ordonnées. C'est vers un niveau supérieur, qui l'englobera, que l'on doit se tourner.

§

LES OUTILS DE TOUTE STRATÉGIE

429 Les développements consacrés à la gouvernance[1] avaient pour but de déterminer, au niveau le plus général, les conditions de l'action collective. Il est tout à fait évident que la profession ne pourra effectuer les choix stratégiques qui s'imposent que si elle règle ses difficultés de gouvernance. Mais une fois ce problème réglé, il faudra encore se doter des outils permettant de concevoir une stratégie et de la mener à bien.

430 Le Conseil national des barreaux a la chance de disposer, depuis la présidence du bâtonnier Philippe Leleu[2], d'un Observatoire, qui réalise un travail de collecte et d'exploitation de données sur la profession et son environnement tout à fait remarquable[3]. Il est à même de fournir les chiffres et les statistiques dont les organes politiques peuvent avoir besoin pour prendre leurs décisions. Les compétences présentes au sein de l'Observatoire sont essentielles, chaque fois que doivent être analysées des études intégrant la compilation de multiples données. Elles se sont multipliées car elles sont désormais à l'origine de la plupart des décisions des pouvoirs publics[4]. Ce niveau de lecture, qui demande une haute technicité, permet de détecter des données erronées, des erreurs de méthode, ou des biais qui peuvent fausser les conclusions formulées.

En 2013, a été publié[5] pour la première fois, en français et en anglais, un « Statistics book » agrégeant des chiffres en provenance de

1. Chapitre 8. La gouvernance de la profession (v. s^s n°s 295 s.).
2. Philippe Lelu a présidé le Conseil national des barreaux de 1996 à 1999.
3. Il est animé par Mme Pascale Honorat. Il a été dirigé par Pascale Modelski de 2009 à 2011, puis par Loraine Donnedieu de Vabres entre 2012 et 2014.
4. Cette méthode est notamment celle employée par la Commission européenne.
5. *Profession avocat : Les chiffres cles de six pays de l'Union européenne : Vers une connaissance statistique de la profession d'avocat en Europe*, 2013; http://cnb.avocat.fr/Profession-Avocat-Les-chiffres-cles-2013-de-six-pays-de-l-Union-europeenne-quand-les-statistiques-tordent-le-cou-aux_a1593.html

plusieurs pays. Il s'agit d'une publication commune aux observatoires économiques de la profession d'avocat de six États européens, qui regroupent plus de 52 % des avocats européens : l'Allemagne, la Belgique (barreau francophone et germanophone), l'Espagne, l'Italie, le Luxembourg et la France. La profession se met ainsi progressivement en mesure de porter un jugement sur les travaux menés ou commandés par la Commission à son sujet, qui englobent tous les pays de l'Union.

431 Le Conseil national des barreaux a aussi fait réaliser plusieurs études de marché, sur des sujets comme le conseil aux très petites entreprises (TPE), le conseil aux séniors, ou le bilan juridique du particulier.[1] La dernière enquête a eu pour thème « Quels avocats pour quels marchés demain ». C'est cette démarche qu'il convient de poursuivre et d'amplifier pour comprendre pourquoi en France un Français sur deux n'a jamais eu affaire à un avocat (v. s[s] n° 426).

432 L'Observatoire n'est pas le seul outil indispensable à l'action stratégique. Jusqu'à la fin de 2011 le Conseil national des barreaux bénéficiait aussi des conseils d'une des meilleures agences de communication[2] de Paris et d'un lobbyiste de haut niveau. Ils avaient été recrutés au cours de la mandature 2006-2008 de Paul-Albert Iweins, à l'occasion de la crise de la réforme du divorce (v. s[s] n° 405), qui avait mis en évidence la nécessité d'être toujours en mesure de réagir efficacement aux situations d'urgence. La gestion de la communication de crise se prépare à l'avance. Elle suppose la mise en place d'un dispositif permanent et de circuits qu'il suffit d'activer quand le besoin s'en fait sentir. Ne plus en disposer est un facteur de fragilisation de l'institution.

433 S'agissant du lobbying parlementaire, la désunion de la profession a déjà été évoquée (v. s[s] n° 325). Elle affaiblit les actions qui peuvent être menées par la cellule (par ailleurs très compétente[3]) mise en place après la dissolution du GIE. Heureusement, cette désunion ne se

1. L'ensemble des publications du Conseil national des barreaux figurent dans une Encyclopédie des avocats accessible en ligne pour les avocats, à partir du site du Conseil national.

2. L'agence dirigée par Michel Calzaroni, DGM conseil.

3. La cellule chargée des relations avec les pouvoirs publics est composée de Françoise Louis et de Jacques-Edouard Briand.

retrouve pas au niveau européen. Les trois institutions de la profession ont regroupé leurs forces au sein de la délégation des barreaux de France (DBF) à Bruxelles[1]. Celle-ci joue[2] avec une grande efficacité un rôle de vigie indispensable pour les avocats français auprès des institutions européennes. Elle apporte également son soutien logistique à l'action du barreau français au sein du Conseil des barreaux européens (CCBE).

C'est enfin un excellent exemple des effets de la professionnalisation d'une fonction liée à l'action politique. Les membres de la DBF travaillent pour elle de manière permanente, ils maîtrisent parfaitement les arcanes du droit de l'Union et la relation avec ses institutions. La DBF a même été citée, il y a quelques années, parmi les exemples d'un lobbying réussi dans le rapport du député Jacques Floch sur « la présence et l'influence de la France dans les institutions européennes »[3].

434 Les avocats ont sur d'autres professions non juridiques l'avantage que beaucoup des difficultés auxquels ils sont confrontés présentent des aspects juridiques qu'ils sont parfaitement en mesure d'appréhender. Cette facilité a cependant l'inconvénient de les inciter à ne les analyser que sous cet angle juridique formaliste qu'ils maîtrisent et à ne leur trouver que des solutions également juridiques[4], ce qui n'est plus suffisant. C'est la raison pour laquelle il convient de renouer au plus vite avec l'habitude qui avait été prise de solliciter régulièrement des équipes d'économistes et de sociologues pour renforcer les connaissances sur la profession et le marché du droit. De même il est nécessaire que l'indispensable CREA (v. s^s n° 331) soit sérieusement étoffé[5] et les efforts pour assurer le développement d'un groupe de scientifi-

1. http://www.dbfbruxelles.eu/
2. À L'ORIGINE de la DBF on trouve le bureau de liaison ouvert en 1983 par le barreau de Paris à l'initiative du bâtonnier Bernard du Granrut. La DBF est actuellement dirigée par le bâtonnier Jean-Jacques Forrer.
3. Jacques Floch, *Rapport sur la présence et l'influence de la France dans les institutions européennes*, 2004, Assemblée nationale; http://www.assemblee-nationale.fr/12/europe/rap-info/i1594.asp
4. C'EST ainsi, à titre d'exemple, qu'il sera proposé de résoudre un problème comme celui de la gouvernance, qui relève de la compréhension de la logique de l'action collective, par une modification des modalités de l'élection.
5. Il a pu continuer de fonctionner, mais en reposant presque exclusivement sur les efforts déployés par la professeur Florence G'Sell.

ques ayant acquis une connaissance profonde de la profession, poursuivis.

Chaque fois qu'ils en ont besoin, les avocats doivent en effet pouvoir compter sur les meilleurs universitaires, que des interventions répétées ont rendu parfaitement et immédiatement opérationnels sur tout ce qui touche à la profession.

435 La participation des avocats au fonctionnement de leurs institutions est enfin absolument essentielle. Mais les élus qui acceptent de leur consacrer du temps ne peuvent délaisser leurs activités professionnelles que jusqu'à un certain point. Aucune action construite et efficace ne peut être poursuivie si elle ne repose pas sur des permanents compétents[1] constituant une administration solide. Alors que celle-ci a toujours été de dimensions modestes, au regard du nombre des avocats et par comparaison avec les autres professions réglementées, elle sort affaiblie de la période 2011-2014.

§

LE CHOIX D'UNE STRATÉGIE

436 Face à l'érosion de l'attractivité de son offre (v. s[s] n° 426), la profession peut d'abord décider de ne rien faire. Elle peut se contenter de prendre acte d'une situation qui est en définitive le résultat des choix économiques effectués par ses membres, auxquels les institutions de la profession peuvent difficilement dicter leur conduite, en tant qu'entrepreneurs.

Cependant, toute collectivité professionnelle, dès lors qu'elle est suffisamment organisée pour être dotée d'une expression commune, est tentée de revendiquer pour elle-même un rôle social. Il s'agit, au-delà de la seule réalisation des actes du métier, de renforcer le sentiment d'appartenance et la fierté d'appartenir à la profession. La pro-

1. EN COMPARAISON avec ce qui peut s'observer dans d'autres professions, les dimensions de l'institution nationale restent modestes. Le Conseil national des barreaux a pu compter sur des juristes (et avocats) de grand talent comme David Lévy et Stéphane Bortoluzzi. On peut aussi citer, parmi les personnes hautement qualifiées présentes à la fin de l'année 2014, Marie-Martine Rolandez, ou Sylvie Masse. Les noms de Pascale Honorat, Françoise Louis ou Jacques Edouard Briand ont déjà été mentionnés.

fession d'avocat ne fait évidemment pas exception à cette règle, bien au contraire. Les avocats partagent la conviction que leur métier est d'une nature particulière et qu'à travers la réalisation de prestations juridiques et judiciaires, ils participent à l'État de droit et à la défense des libertés individuelles.

La prise de position du barreau du Val-d'Oise, reprochant au Conseil national des barreaux de donner la priorité aux intérêts des justiciables, mérite qu'on s'y arrête un instant. C'est faire preuve de beaucoup de naïveté que de croire qu'une autorité d'autorégulation assure sa survie en trahissant les intérêts du public et en faisant preuve de corporatisme. Tout démontre en réalité le contraire. Sur le plan de la rationalité instrumentale, une telle prise de position est donc absolument contre-productive.

437 Cette prise de position est heureusement assez isolée et ne correspond nullement, sur le plan axiologique, aux idées de la profession (v. s[s] n° 18). Celle-ci revendique être au service du public, comme les discours tenus par les institutions de la profession, les bâtonniers, les syndicats et plus généralement par les avocats eux-mêmes, permettent de le vérifier empiriquement. La profession aurait probablement beaucoup de difficulté à accepter que ces affirmations soient tenues pour dépourvues de sens. Le refus du marché (v. s[s] n°s 18 s.) s'explique probablement beaucoup plus par le sentiment d'avoir une mission à remplir qui ne se résume pas à la recherche du profit maximum, que par la peur de la concurrence. Proposer une stratégie qui reviendrait à être indifférent aux besoins du public et à se désintéresser de l'accès au droit n'est tout simplement pas concevable.

438 Il n'y a pas là matière à regret, car cette stratégie serait par ailleurs probablement mortifère. Le statut spécifique de la profession et les règles qui la régissent ne sont pas édictés dans l'intérêt des avocats, mais dans le but de leur permettre de jouer leur rôle social. Ils ont pour vocation d'assurer l'accès au droit et à la justice de l'ensemble des individus appartenant à une même société. Peut-on imaginer conserver le bénéfice de ce statut sans en fournir la contrepartie ?

439 Enfin, il est possible que les choix professionnels individuels des avocats expliquent la situation actuelle. Cependant, ces choix sont sérieusement limités. La réglementation professionnelle ne concerne pas seulement les aspects déontologiques du métier. Elle limite la liberté d'entreprendre de l'avocat. En tant qu'agent économique il ne dispose pas des mêmes possibilités que les autres entrepreneurs. Il ne peut pas recourir à n'importe quelle forme de structure, il ne peut pas choisir de s'associer librement avec qui bon lui semble, il ne peut pas non plus faire financer à sa guise son développement. La forme que prend la distribution des prestations juridiques est fortement déterminée par cet environnement réglementaire. Aucun des arguments avancés ne permet donc de justifier la stratégie du « laisser-faire ».

440 Une autre possibilité consiste à ne pas modifier l'offre existante, mais à tenter de convaincre les « consommateurs de droit » de modifier leur comportement et de se tourner vers les avocats. Le sondage effectué à la demande de l'Inspection générale des finances (IGF) (v. s[s] n° 42) mentionne ainsi, que pour 96 % des personnes interrogées, les services des avocats sont trop coûteux. Aucune des professions étudiées n'est aussi sévèrement jugée. Comme 49 % des sondés seulement ont eu effectivement affaire à un avocat, il en résulte que l'on se trouve en présence d'une opinion extraordinairement répandue, chez les clients et chez les non-clients. Pire encore, les avocats figurent aussi en troisième place dans le classement des rémunérations estimées (alors que leur place, calculée en fonction des revenus réels est la dix-septième) immédiatement après les notaires (dont le revenu médian est quatre fois supérieur !). Il y a lieu d'observer enfin que l'écart entre le revenu « considéré comme juste » par les sondés et le revenu médian réel des avocats est plutôt faible[1]. Force est de constater que la vision que le public peut avoir de la réalité de la situation économique des avocats est gravement biaisée; il faut se demander pour quelles raisons.

441 Il y a incontestablement matière à agir pour réduire l'écart entre la réalité et sa perception. Cette action pourrait d'ailleurs porter en premier lieu sur les avocats, car il est vraisemblable que l'absence de transparence ou de rationalité des modes de facturation, comme le peu de visibilité donnée sur les prix et les prestations sont pour beaucoup dans cette situation. L'annonce du lancement, par la Direction

1. Le revenu mensuel des avocats estimé par les sondés est de 4 606 euros, le revenu considéré comme juste est de 3 072 euros, alors que le revenu médian réel est de 3 271 euros. Pour les notaires, les chiffres sont respectivement de 4 889 euros, 3 096 euros et 13 284 euros. Les greffiers des tribunaux de commerce gagnent environ quinze fois ce que le public s'imagine qu'ils gagnent, mais 59 % des sondés seulement trouvent chères leurs prestations.

générale de la concurrence de la consommation et de la répression des fraudes (DGCCRF), d'une enquête nationale (dans quarante départements) sur l'information du consommateur sur les honoraires des avocats, a d'ailleurs provoqué des réactions qui paraissent démontrer que ce sujet n'est toujours pas appréhendé comme il devrait l'être par les avocats. Il n'y a en effet pas lieu de s'émouvoir particulièrement[1] de ce qu'une administration puisse s'assurer du respect, qui plus est par une profession juridique, de la réglementation applicable.

442 D'ores et déjà, la plupart des campagnes de communication institutionnelles de la profession ont eu pour objet d'attirer l'attention sur la place du droit, de pousser à consulter un avocat ou même de créer un réflexe avocat. La stratégie à mettre en place passerait donc par une intensification de ces actions. Mais au regard du constat dressé, ce sont des efforts d'une autre dimension que supposerait ce choix stratégique.

Des enquêtes sociologiques seraient évidemment nécessaires pour identifier les blocages existant (dans tous les cas elles sont probablement nécessaires), avant que ne soient menées des actions pour faire évoluer les comportements, à supposer que cela soit concevable.

443 Cette stratégie, qui se concentre sur la qualité du « produit », plutôt que sur les attentes des consommateurs est certainement risquée, pour cette raison même. Elle est en outre peu crédible, du fait des efforts ahurissants qu'elle implique. L'idée que cinquante mille professionnels, qui offrent leurs services (sur le même format depuis des temps immémoriaux) à soixante-six millions de clients potentiels, décident qu'il est préférable de changer les habitudes de leurs clients plutôt que de faire évoluer leur offre pour mieux les servir est assez audacieuse. Il est vrai que de grandes marques, comme Apple, ont su faire changer les habitudes, voire en créer de nouvelles chez les consommateurs. Mais c'était en commercialisant de nouveaux produits extraordinairement innovants et en les renouvelant constamment (pas en essayant de leur vendre le même produit des années durant). En outre, cette commercialisation s'accompagnait d'actions de promotion gigantesques, qui ne sont pas à la portée des avocats. Du coup cette option risque de se heurter soit à une impossibilité pratique, soit à des coûts très largement supérieurs à ceux que la profession peut supporter.

1. CE QUI ne signifie pas que les instances représentatives de la profession ne doivent pas être régulièrement informées d'une telle démarche.

444 D'ailleurs, même dans un pays comme les États-Unis, où l'avocat est un « héros » magnifié par la littérature et le cinéma[1] et où recourir à ses services est un comportement beaucoup plus répandu et naturel, les mêmes difficultés ont surgi. Ce n'est donc pas du côté de la demande que le bât blesse, mais bien du côté de l'offre. Cette piste ne peut en conséquence être suivie, même s'il s'avérera nécessaire de mener toutes les actions possibles pour réduire l'écart entre la perception du public et la réalité. Mais ces actions ne sont nullement incompatibles avec la dernière des stratégies disponibles.

445 La troisième et dernière possibilité consiste en effet à œuvrer pour que surgisse une offre nouvelle, susceptible de répondre aux besoins auxquels les avocats ne parviennent pas encore à répondre, en acceptant pour cela de réaliser toutes les transformations qui sont de nature à permettre d'atteindre ce but.

§

LES AXES D'UNE STRATÉGIE TOURNÉE VERS LE PUBLIC

446 Cette stratégie peut se décliner autour de trois axes principaux. Le premier porte sur la mise en place d'outils destinés à assurer la connaissance et la compréhension de l'environnement, du marché et des attentes des clients. Ils ont déjà été identifiés (v. s^s^ n° 429) et il est inutile d'y revenir. Le second s'attache à faire évoluer la réglementation de la profession (v. s^s^ n° 447) pour permettre aux avocats de mieux assurer leur rôle dans l'accès au droit. Le troisième envisage les mesures d'accompagnement (v. s^s^ n° 457) qu'une profession organisée pourrait mettre en place pour faciliter la transformation.

§§

Favoriser le changement

447 L'objectif de la stratégie poursuivie est de faire émerger un nouveau type d'offre répondant aux attentes de la partie du public qui n'a jamais eu affaire à un avocat et ne semble guère tentée de s'adresser à

1. La leçon de *The Man Who Shot Liberty Valance* (1962), de John Ford, c'est que la nation américaine sera construite sur le droit et non sur la force. Et celui qui représente le droit, c'est l'avocat.

lui. Cette démarche suppose une analyse préalable des besoins du public, qui n'a pas encore été menée de manière systématique par la profession et n'est donc pas disponible[1]. Cependant, il est déjà possible de se faire une idée assez précise de la situation, pour proposer quelques pistes. Elles mériteront certainement d'être confirmées (ou infirmées) et complétées en fonction de l'évolution de la connaissance du sujet.

448 C'est évident, au moins depuis l'affaire *Bates* (v. s[s] n° 180), il ne sert à rien d'imaginer des formes d'offres attractives si personne ne sait qu'elles existent. Or, il n'y a pas de meilleurs moyens que la publicité et le démarchage pour les faire connaître. Sur le plan juridique, la question est pratiquement réglée (v. s[s] n° 75). Il a fallu procéder par étapes, mais la liberté est maintenant à peu près totale. Il serait souhaitable d'éviter de contreproductifs combats de retardement (v. s[s] n° 82) et d'expliquer une fois pour toutes aux pouvoirs publics nationaux que la profession est favorable à la libéralisation. Les seules limites concevables sont celles liées à la protection du public : respect de la vérité, protection des personnes fragiles ou fragilisées.

449 Mais il n'y a pas que le point de vue juridique. C'est l'état d'esprit qui doit changer. Les ordres n'ont eu de cesse que d'empêcher les avocats (relativement peu nombreux d'ailleurs) qui cherchaient à communiquer et à utiliser les possibilités qui leur étaient ouvertes. Il a même fallu que la Cour de cassation intervienne[2] à propos des insertions dans les *Pages Jaunes*, qui n'en méritaient pas tant. Pour dire l'essentiel, les ordres doivent cesser de freiner les initiatives des cabinets qui souhaitent communiquer et, au contraire, les encourager. Absence de visibilité, absence de transparence, opacité des règles de calcul des honoraires. Il faut inciter les avocats à communiquer sur leurs prix, leurs méthodes de facturation, leurs prestations. Ne pas le faire, c'est priver les avocats des moyens d'aller au-devant d'une clientèle dont il est acquis qu'elle préférera se connecter à un site internet tenu par des non-juristes et dont elle ne sait rien, sauf ce que lui a

1. On peut imaginer que d'autres, comme par exemple les inventeurs du site « Demanderjustice.com » ont réalisé des études en ce sens.
2. Civ. 1re, 6 déc. 2007, n° 06-16.072, NP, « Droit de l'Internet », Chronique rédigée sous la responsabilité de Michel Vivant et Nathalie Mallet-Poujol, Équipe de recherche créations immatérielles et droit (Ercim), université Montpellier I, *JCP* E 2009, n° 1137.

appris la publicité, plutôt que de franchir la porte d'un cabinet. C'est une des leçons de l'affaire (v. s^{s} n° 194) Demanderjustice.com[1].

450 Une autre leçon que l'on peut tirer de ce litige, c'est que des prestations juridiques peuvent être fournies par des moyens différents de ceux qui existaient jusqu'à présent. La « solution shop » n'est pas très gourmande en capital, car elle repose sur le capital humain. Un avocat « visse sa plaque » et peut exercer avec une mise de fonds modeste, seul ou presque, s'il en décide ainsi. La situation est en train de changer, profondément. Pour attirer une clientèle réticente à consulter un avocat, il faut mettre en place une communication, devenir visible sur internet, ou même visible de la rue, comme les avocats d'AGN (v. s^{s} n° 251). Mais bénéficier d'un bon référencement sur internet, ouvrir une vitrine dans une rue commerçante, distribuer des prospectus dans la rue, être présent sur les réseaux sociaux, représente de nouveaux investissements et c'est le cas aussi de toute politique de communication suivie.

451 En réalité, de multiples facteurs se conjuguent pour donner au capital une importance nouvelle. Outre les investissements consacrés au marketing et à la communication, les avocats sont désormais amenés à accroître leurs investissements, dans le domaine de la documentation, ou de l'informatique. Comme le fait remarquer Loïc Dusseau[2], président de la commission textes du Conseil national des barreaux : « C'est probablement l'un des enjeux principaux de la profession de demain que d'être compétitifs sur le marché des particuliers. Et pour cela nous devons modifier notre offre[...] Être capables de travailler pour moins cher et, pourquoi pas, avec ces sites internet qui abordent mieux ce marché des petits litiges que nous. » Néanmoins, pour produire des prestations à un coût abordable, il faut pouvoir investir pour « industrialiser » les processus et réduire les coûts de production.

452 L'analyse de la typologie des ABS le montre bien (v. s^{s} n° 143) : c'est à coups de capitaux que l'on peut s'implanter efficacement sur le marché des prestations juridiques du quotidien, en pratiquant des prix

1. DE MÊME que l'apparition du site Actioncivile.com nous apprend qu'il faut offrir de nouveaux modes de facturation des prestations.

2. PROPOS recueillis par : Eve Boccara, « Actioncivile.com... Erin Brockovich à la française », *Gaz. Pal.* 1er-2 août 2014, n°s 213 à 214, p. 4; Loïc Dusseau s'exprimait à cette occasion à titre personnel.

compétitifs. Il faut également investir massivement, si l'on veut pouvoir fournir des services efficaces en ligne, comme a su le faire aux États-Unis Rocket Lawyer en levant 43 millions de dollars (v. s[s] n° 237) ou Demanderjustice.com en France.

453 Voilà donc posée la question du recours aux capitaux extérieurs. Pas par les pouvoirs publics ou au nom du libéralisme économique, mais pour permettre à la profession de jouer son rôle social et de mettre fin au scandale que constitue la renonciation, par de nombreux justiciables, à l'exercice de leurs droits, faute de pouvoir s'offrir les services d'un avocat. Pour lui permettre aussi de lutter à armes égales avec les industriels qui tentent actuellement de s'emparer d'un « marché » et qui y réussiront probablement, si la seule réaction qui leur est opposée est celle des actions judiciaires. Il n'est pas dit que celles-ci n'aboutissent pas à des résultats favorables à la profession, au moins dans un premier temps[1]. Mais il serait peu réaliste de croire que l'on pourra mettre fin durablement, par le droit, à l'activité de prestataires dont les services ne trouvent leur place sur le marché que parce qu'ils viennent pallier la carence des avocats à assurer l'accès au droit. Au demeurant, si ce résultat était obtenu, il mettrait assurément les avocats dans l'obligation morale de répondre aux besoins non satisfaits, sauf à trahir leurs idéaux. Il n'y a donc pas d'autre solution que l'ouverture raisonnée[2] aux capitaux extérieurs.

L'expérience des ABS est encore ici précieuse. Il ne s'agit certainement pas de permettre aux grandes entreprises, aux banques, aux assureurs, de devenir propriétaires de cabinets d'avocats captifs, privés de toute indépendance. L'objectif est d'aider les cabinets d'avocats à se développer. Il faudra donc savoir ne pas suivre l'exemple britannique.

454 Dans le cadre du groupe de travail *bolstering* (v. s[s] n° 391), la DG entreprise et industrie a tout particulièrement insisté sur la question cruciale de l'entreprise libérale, en observant que : « *L'accès aux capitaux est un enjeu essentiel pour permettre à une entreprise d'investir, de fonctionner et de grandir. En raison de la petite taille des entreprises libérales, leurs "business models" s'appuient rarement sur des actifs pouvant ser-*

1. Avocats – Chronique, Christophe Jamin (dir.) avec Antoine Bolze et Stéphane Bortoluzzi et Cécile Caseau-Roche et Florence G'sell et Gilles Pillet, *JCP* 2014, doctr. 597.

2. DES obstacles ont en effet été identifiés, qui devront être pris en considération (v. s[s] n° 131).

vir de garantie. La responsabilité personnelle du propriétaire (qui se traduit souvent par le fait que son / ses biens privés sont donnés en garantie), le financement limité de la trésorerie et une forte dépendance au financement par le crédit font que le financement de l'activité représente pour les professions libérales un sérieux défi, surtout quand il s'agit de financer sa modernisation ou son développement. Par conséquent, l'amélioration du financement représente probablement levier à fort potentiel pour stimuler la croissance des professions libérales. »[1] Le programme COSME (Competitivness and Small and medium enterprises[2]) de la Commission est doté de 1,4 milliard d'euros pour la période 2014-2020. Il peut être utilisé pour des prêts ou des investissements en capital, est-il raisonnable que les avocats se privent de la possibilité d'en bénéficier ?

455 Dans des limites à définir, de façon à garantir l'indépendance des avocats, la possibilité de recourir à des capitaux privés d'origine familiale[3], aux fonds en provenance des sociétés de capital-risque ou aux fonds publics d'aide au développement, devrait sérieusement être envisagée désormais. S'agissant des investissements directs par des banques, des entreprises, des compagnies d'assurance, ils ne sont en revanche envisageables que s'il ne s'agit, ni d'externaliser un service qui resterait en réalité sous la coupe de la société l'ayant financé, ni d'acquérir des cabinets pour les mettre sous tutelle[4].

456 La règle de la responsabilité indéfinie des avocats, qui s'applique dans toutes les structures d'exercice, mérite également d'être revue.

1. "Access to finance is a key issue for an enterprise to be able to invest, operate and grow. Due to their frequently small size, liberal professions business models are not based on assets that can serve as collateral, personal liability of the owner (which often results in the owner having to his/her private assets as collateral), limited advance finance and heavy dependence on credit financing, financing represents for liberal professions a serious challenge, especially when it comes to financing modernisations or expansions. Therefore, improved financing probably represents lever with high potential to boost the growth of liberal professions", *Report of the working group, Action lines for bolstering the business of liberal professions*; http://www.adepp.info/wp-content/uploads/2014/04/Liberal-Professions_Actions_version2.pdf
2. Petites et moyennes entreprises (PME).
3. On peut aussi songer à des financements par les salariés de l'entreprise.
4. Une autre façon d'utiliser des capitaux extérieurs consiste à les utiliser pour le financement des contentieux eux-mêmes. Le sujet n'a pas été abordé ici mais devra faire l'objet d'études et de décisions.

Elle est en effet difficilement compatible avec l'ouverture aux capitaux extérieurs et les risques patrimoniaux qu'elle entraîne. Son abandon (en même temps qu'une ouverture raisonnée aux capitaux extérieurs) permettrait probablement de rapprocher les formes sociales d'exercice à la disposition des avocats, dont la variété a fini par devenir une source inutile de complexité, du droit commun.

§§
Accompagner le changement

457 Offrir aux cabinets prêts à innover un environnement réglementaire plus propice n'épuise pas cette piste stratégique. Les autorités ordinales doivent modifier le regard porté sur les avocats qui ne se contentent pas de reproduire les pratiques existant et qui cherchent à innover. La profession a dorénavant besoin de voir se développer des pratiques innovantes. Elle doit donc apprendre à les encourager. C'est souvent en effet l'ordre qui freine ou qui bride l'innovation. Dans leur témoignage, les fondateurs d'AGN avocats (v. s^s^ n° 251) soulignent la lourdeur des procédures qui imposent à un cabinet, déjà inscrit, de solliciter une autorisation pour chaque nouvelle implantation en dehors de son barreau d'origine. On comprend, entre les lignes, qu'au-delà de la dénonciation de cette pesanteur administrative, tous les barreaux n'ont probablement pas fait preuve du même enthousiasme pour accueillir le nouveau concept qu'ils ont imaginé.

458 S'agissant du financement de l'innovation, la profession, en réponse aux invites de la Commission européenne, pourrait probablement participer à la mise en place de fonds dédiés au développement des cabinets d'avocats. Le barreau de Paris propose déjà sa caution aux avocats désireux de se former à l'étranger, pour des prêts à des taux très faibles, d'un montant allant jusqu'à 70 000 euros [1]. Il est certainement possible d'imaginer des mécanismes s'en inspirant, pour faciliter l'accès aux capitaux des cabinets désireux de se développer.

459 Il est nécessaire de s'interroger sur le défi que représentent les systèmes destinés à fournir en ligne des prestations juridiques standardisées. Il est difficile, faute d'études approfondies, de déterminer si

1. http://www.avocatparis.org/financer-sa-formation-a-letranger/2-non-categorise/360-les-conditions-du-pret.html

leur succès est lié à une préférence du public, ou s'il n'est que la conséquence des insuffisances de l'offre actuellement proposée par les avocats. Si les systèmes de ventes en ligne se sont désormais largement imposés, pour de nombreux produits ou services, chacun peut aussi en mesurer les limites. On peut avancer l'hypothèse qu'il n'est pas totalement satisfaisant d'avoir à s'en remettre, s'agissant de la réponse à une difficulté juridique, à un système automatisé.

Les avocats, s'ils parviennent à proposer une offre concurrente compétitive, pourront certainement reprendre pied sur ce marché, sans avoir nécessairement à réaliser des investissements de ce type. À condition donc, comme l'enseigne la théorie de l'innovation, de ne pas s'engager dans l'impasse de la montée en gamme.

460 En revanche, dans certains domaines, la conception d'offres innovantes passe par la réalisation de plates-formes accessibles en ligne. Le site actioncivile.com[1] est incontestablement une réponse astucieuse aux insupportables restrictions apportées par la loi du 17 mars 2014, dite loi Hamon, à l'intervention des avocats dans le domaine des actions collectives. Maintenant que le démarchage n'est plus interdit aux avocats (v. s^{s} n° 81), il n'existe rien qui puisse empêcher les avocats de recruter des clients sur internet pour les convaincre de se joindre à une action de masse.

Toutefois, la gestion de plusieurs centaines ou de plusieurs milliers de dossiers suppose des infrastructures informatiques qu'un cabinet aura bien du mal à financer, surtout si elles ne doivent être utilisées qu'une seule fois. Une plate-forme de la profession, mise à la disposition des cabinets, pourrait répondre à ces nouveaux besoins.

461 Il faut se souvenir (v. s^{s} n° 244) que les offres formulées sur ce site conduisent également à s'interroger sur la pertinence du maintien des restrictions à une véritable liberté de calcul de l'honoraire. Les clients manifestent souvent leur intérêt pour des solutions nouvelles en matière de facturation de leurs prestations par les avocats. Certaines d'entre elles, comme le financement du procès par une tierce partie, doivent assurément être examinées avec attention.

462 Rendre les avocats plus visibles sur le réseau, leur permettre de s'imposer dans le domaine du règlement des litiges en ligne... Il existe

1. http://www.actioncivile.com/

certainement de nombreuses occasions d'agir pour l'ordre professionnel. Le Conseil national des barreaux avait ainsi invité les avocats à ouvrir un blog et il leur suggère aujourd'hui de participer à un réseau social professionnel[1]. Ce que cette stratégie commande, c'est qu'il reste perpétuellement à l'affût des idées qui permettraient aux avocats d'améliorer leur offre pour rendre le meilleur service au public, de façon à leur permettre, si elles se révèlent pertinentes, de se répandre.

463 Certaines pistes ont d'ailleurs ici été esquissées, notamment dans le domaine de l'aide juridictionnelle (v. s^s^ n° 256). Il s'agit d'une part de faciliter l'exercice des cabinets travaillant régulièrement dans ce cadre en concevant de véritables kits d'aide à la gestion et d'autre part de participer activement au mouvement des « cliniques du droit ».

464 Dans le domaine de la simple fourniture de l'information juridique, secteur dont l'accès est entièrement libre, les avocats ont aujourd'hui abandonné toute la place à des acteurs extérieurs. Il faut probablement s'interroger sur le rôle que pourrait jouer l'ordre professionnel et sur la relation avec les éditeurs juridiques qui mettent en ligne des contenus qui sont souvent produits, soit par le système judiciaire, soit par les avocats-auteurs.

465 Pour terminer, certains aspects juridiques ne doivent pas être négligés. D'abord ceux liés à la responsabilité professionnelle, qui ne doit pas nécessairement être appréciée de la même façon si la mission de l'avocat, pour des raisons de coût, est limitée. Ensuite ceux qui tournent autour de la propriété intellectuelle. Aux États-Unis, des droits de propriété intellectuelle ont été acquis pour protéger certains processus comme, par exemple, dans le domaine de la sélection des jurés[2]. Mais le droit de la propriété intellectuelle n'est guère adapté[3] pour faire face aux possibilités de reproduction et de diffusion des contrats, des actes, des conclusions, offertes par les technologies de l'information. C'est pourtant dans ces documents que s'incarnent le savoir-faire et la plus-value apportée par les avocats.

1. http://www.vox-avocats.com/

2. Bruce H. Kobayashi et Larry E. Ribstein, « Law's Information Revolution », 53 *Ariz. Law Rev.* 1169 (2011).

3. Laure Marino, « Tout ce que les avocats ont toujours voulu savoir sur le plagiat... », *D. Avocats* 2013. 340.

Synthèse finale

466 La relation difficile entre les avocats et le marché trouve probablement son origine dans une conception ancienne et aristocratique de la profession, qui reste encore vivace. En même temps, l'exemple des avatars du barreau américain a montré combien il était vain d'espérer jouer un rôle grandissant dans l'économie de marché et de prétendre en même temps rester immune de l'application de ses règles.

467 Le survol des principales théories économiques établit cependant que le cas de l'avocat n'est pas si facile à régler. La nature très particulière, singulière, de son activité et de la relation qui se crée entre le professionnel et son client semblent exclure dans tous les cas la solution du laisser-faire. Mais entre les partisans des théories de l'intérêt public et ceux des théories de l'intérêt privé, l'accord ne va guère au-delà de ce constat.

Deux leçons peuvent cependant être retirées de leurs travaux. La première a trait à la nécessité d'améliorer les connaissances sur la profession, en favorisant les études à son propos. Il faut éviter que lui soient appliquées des théories inadaptées à ce qu'elle est en réalité. La seconde concerne la nature du discours à construire pour défendre la profession. Les juristes en ont perdu la maîtrise et s'en sont laissés déposséder car il mobilise, non pas leur savoir, mais celui des économistes, au jugement desquels ils doivent s'en remettre.

468 Du côté de l'Union européenne, qui n'a trouvé en face d'elle, lorsqu'elle s'est intéressée aux professionnels libéraux, que des professions qui n'étaient pas véritablement prêtes au débat qu'elle ouvrait, le choix penche en faveur des conceptions libérales favorables à la déréglementation. La profession d'avocat n'est pas la plus réglementée de toutes les professions libérales. Elle a déjà connu des évolutions notables. Pourtant, étudier les dispositions des principales directives revient finalement à passer en revue tous les éléments constitutifs de la réglementation professionnelle, tous ceux qui font la spécificité de la profession. Une attention particulière doit être portée à la présence des capitaux extérieurs, en raison des évolutions constatées au Royaume-Uni. Que le modèle des *Alternative Business Structures* se répande en Europe, ou qu'elles soient autorisées à s'exporter et il s'imposera probablement partout.

Mais ce phénomène, qui se déploie sous nos yeux, nous réserve une première surprise. Parmi les secteurs dans lesquels sont venus s'investir les capitaux extérieurs, figure en bonne place le « contentieux du quotidien » dont on imaginait mal qu'il pouvait avoir besoin d'eux.

469 Savoir qui doit réguler les avocats est aussi désormais une question qui se pose, toujours du fait des initiatives britanniques. Dès lors que la compétition est ouverte dans ce domaine, il devient impossible de se contenter de l'autoproclamation de la qualité, ou de se référer à la satisfaction de clients qui n'ont jamais été consultés. Là encore, émerge une réalité méconnue, celle de l'aporie sur laquelle repose le système d'autorégulation. C'est l'asymétrie d'information entre professionnel et client qui justifie son existence, car le client ne peut pas juger utilement les prestations des professionnels.

Pourtant, ce même système s'en remet au client pour lui révéler les situations qui sont supposées lui échapper et n'effectue pas de contrôles *a priori*. Les pistes d'amélioration identifiées à partir de l'examen des principales caractéristiques du modèle français sont donc finalement assez nombreuses.

470 Plus préoccupant encore, le système d'autorégulation paraît souvent défaillant, car il semble trop facilement se détourner de l'intérêt du public qui constitue sa raison essentielle d'exister. Mais, en définitive, l'échec le plus grave et le plus préoccupant est celui d'une incapacité grandissante à relever le défi de l'accès au droit. Attirée par le service des entreprises, la profession a laissé se créer, entre le secteur aidé et celui du droit des affaires, un désert juridique. S'en désintéresser était déjà, comme on vient de l'écrire, de nature à décrédibiliser l'autorégulation. Mais d'autres conséquences se manifestement désormais.

Dans ce vaste espace né de son retrait, s'engouffrent les entrepreneurs engendrés par la révolution technologique, désireux de s'en emparer. La profession croyait pouvoir opposer la morale et l'éthique à l'avancée du marché. Elle doit désormais répondre à une question angoissante. Peut-on mobiliser les règles faites pour assurer l'accès au droit, pour empêcher ceux que la profession a délaissés d'y accéder par l'intermédiaire de nouveaux acteurs ?

471 Les avocats n'étaient pas prêts à affronter le marché. En tant que juristes, la confrontation avec l'innovation ne leur est pas plus facile. Que les petits cabinets aient du mal à innover n'est pas étonnant. Mais même les grandes firmes paraissent posséder une aptitude limitée dans ce domaine. Voilà l'état dans lequel la révolution de l'information trouve la profession.

Les principales tendances, au développement infini, ont été évoquées : une puissance de calcul sans limites, une humanité entièrement connectée, un accès à un nombre de données illimité, la capacité de fournir toutes les prestations intellectuelles à travers le réseau et la possibilité d'y connecter tous les outils que nous utilisons. Cumulées ces tendances vont bouleverser le devenir de l'humanité toute entière, et donc celui des avocats.

472 C'est, plus modestement, l'incidence que peut avoir, maintenant et dans un futur proche, l'apparition de nouveaux acteurs et de nouveaux modes de distribution des prestations juridiques qui a été vérifiée, à travers l'étude de multiples cas concrets, aux États-Unis, en Angleterre ou en France. Ce parcours permet de mesurer la vitesse à laquelle des entreprises, animées par une pure logique entrepreneuriale et dotée des instruments « ordinaires » du marché (accès aux capitaux et recours à la publicité), peuvent apparaître et se développer en exploitant les possibilités des technologies de l'information. Mais surgissent en même temps, du côté des avocats, des initiatives de nature à rassurer sur la capacité d'innovation des avocats.

La partie n'est donc pas jouée, les avocats peuvent aussi apporter une réponse aux besoins de droit insatisfaits et l'innovation semble désormais au cœur des préoccupations de nombreux acteurs de la profession. Certaines de ces pratiques innovantes pourraient même être intégrées à un plan sur l'aide juridictionnelle qui pourrait faciliter la tâche des cabinets qui acceptent d'en supporter la charge.

473 L'apparition de produits standards est manifestement favorisée par l'évolution technologique. Elle remet en cause la singularité des prestations délivrées par les avocats, mais en même temps elle constitue une opportunité pour tous ceux que leurs moyens ne les autorisaient pas à s'offrir les services d'un avocat. Du coup voilà que se pose un nouveau dilemme : faut-il abandonner le secteur du marché guidé par la seule logique du prix, en revendiquant la qualité et en pratiquant la montée en gamme ?

474 L'examen des théories de l'innovation a pour objet de fournir des éléments de réponse. Il se confirme que la situation se présente différemment selon les segments du marché. Dans le domaine des services aux particuliers, il est difficile d'imaginer répondre aux besoins en restant dans la configuration actuelle, qui empêche le recours aux capitaux extérieurs. C'est donc un autre nœud Gordien qu'il faudra bien trancher, en choisissant d'abandonner des activités réservées pour faire une place aux nouveaux entrants, ou d'accepter, pour les combattre efficacement, les capitaux extérieurs.

Sur le marché des entreprises, c'est plutôt la dissipation de l'asymétrie d'information et les exigences nouvelles des clients qui retiennent l'attention, ainsi que la montée en puissance des directions juridiques et la place prise par les juristes internes. Les cabinets doivent là aussi faire face à la concurrence de nouveaux acteurs et envisager de revoir leur modèle de rémunération.

475 À ce stade, voilà donc rendue visible la nécessité de la transformation. La profession ne pourra pas à la fois remplir sa mission sociale dans le domaine de l'accès au droit, conserver intacte sa réglementation actuelle, bénéficier d'un domaine d'activités réservées, refuser de faire usage des outils du marché (communication et capitaux) et répondre à la menace que font peser les innovations de rupture en privilégiant la qualité.

476 Ces objectifs sont en effet contradictoires entre eux. Pour maîtriser le changement, il va donc falloir trancher, et faire des choix. C'est autour de cette idée que s'est ordonnée la seconde partie de l'ouvrage.

Il s'agit à la fois de choix individuels, mais aussi de choix collectifs. Ceux-ci sont réservés aux groupes suffisamment organisés. C'est la raison des efforts effectués pour comprendre la logique à laquelle obéit l'organisation des avocats. Il faut tenter d'expliquer ce qui peut paraître à première vue incompréhensible. Il est en effet parfaitement établi que dans leur immense majorité, les avocats souhaitent disposer d'une représentation nationale forte, ce qui n'a rien d'étonnant. Pourtant, les ordres qui les représentent localement, paralysent l'émergence de celle-ci, alors même que de leur côté ils ont renoncé à toute action politique suivie. Finalement, chaque ordre individuellement fait le choix de défendre son indépendance, plutôt que de prendre le risque d'en sacrifier une partie dans l'intérêt collectif.

477 Depuis que la loi a imposé aux avocats, qui n'arrivaient pas à agir, une institution nationale, le Conseil national des barreaux, des progrès ont néanmoins été réalisés. L'œuvre est cependant loin d'être achevée, car rien n'a été prévu pour organiser le dialogue avec les ordres, ou assurer un lien entre les avocats et le Conseil national des barreaux.

En dépit de ses défauts et des difficultés auxquelles son action se heurte, le bilan que peut présenter l'institution au bout de vingt ans est positif. Elle a été capable de donner des impulsions politiques et de mener à bien, y compris sur de longues durées, des projets utiles pour la profession. L'examen des différents modèles de gouvernance possibles achève de convaincre que sa nature mixte est finalement la plus adaptée aux caractéristiques de la profession.

478 Le renforcement de sa capacité d'action passe par celle de sa représentativité. La place de la composante syndicale doit donc être confortée, car elle est la seule à pouvoir porter de véritables projets politiques. Du côté ordinal, il est possible de consolider la légitimité de ceux qui représentent les ordres en sollicitant la présence de bâtonniers en exercice.

Si les avocats veulent accéder à l'efficacité collective, ils doivent là encore trancher. On ne peut pas à la fois placer l'ordre local indépendant au-dessus de tout, se satisfaire de ce qu'il ne joue pas un rôle politique, se plaindre finalement de ce que les ordres se comportent comme les organismes indépendants qu'ils sont et se lamenter de la paralysie collective qui en résulte. De toutes les questions rencontrées jusqu'à présent, c'est probablement la seule dont la réponse dépend exclusivement des avocats. C'est donc la plus simple. Il s'agissait aussi de montrer pourquoi elle semble la plus difficile.

479 Les avocats ont pensé qu'ils pouvaient assurer à ceux qui entrent dans la profession une formation satisfaisante, en les prenant en charge, pour une durée et dans des conditions sur lesquelles ils ne parviennent cependant pas à se fixer durablement. Ces hésitations sont en elles-mêmes démonstratives des limites de l'exercice. Divers facteurs rendent aujourd'hui la crise plus aiguë, les clients goûtant fort peu désormais l'idée qu'ils contribuent à cette formation à travers la facturation des cabinets.

Ce qui apparaît de manière manifeste, c'est le caractère inadapté de la formation dispensée. Cette inadaptation est double. L'enseignement juridique universitaire repose sur une conception dogmatique du droit, qui donne aux étudiants une vision inexacte de ce qu'il est en réalité. Cette formation exclusivement technicienne ne laisse en particulier aucune place à l'acquisition d'autres compétences, dont la maîtrise est devenue absolument indispensable. Seule une profonde refonte des études de droit permettra de répondre à des besoins qui changent à une grande vitesse.

480 Reste pour finir à tracer les contours de ce que pourrait être une politique professionnelle, au-delà de la seule mise en place d'un certain nombre d'instruments, qui ont été mentionnés au passage. La stratégie de la grande profession du droit, qui a jusqu'à présent fait fonction de politique professionnelle, est apparemment largement épuisée. Surtout elle ne permet pas d'apporter une réponse à ce qui constitue le fait majeur : la difficulté grandissante de la profession d'avocat à répondre aux besoins de l'ensemble des justiciables et à assurer l'accès au droit de tous. Cette situation compromet sa légitimité à revendiquer un champ d'activités réservées et une réglementation particulière.

Les choix à la disposition de la profession sont finalement au nombre de trois.

Le premier est celui de l'immobilisme. Il n'est pas si étonnant de l'évoquer. En effet, il s'imposera de lui-même si la question de la gouvernance n'est pas réglée. Il n'est donc pas le plus improbable, mais il va de soi qu'il ne résout aucun des dilemmes rencontrés. Il équivaut à l'abandon total de la maîtrise du destin et n'augure rien de bon pour la profession.

Le deuxième, qui prétend faire évoluer la demande plutôt que d'adapter l'offre, est probablement hors de portée des avocats et ne peut apporter, en pratique, que des modifications à la marge. Cette option paraît vouée à l'échec, même si elle peut inspirer certaines actions utiles.

Le troisième et dernier consiste à faire le choix du public et à ne rien abandonner de ce qui constitue l'ambition ultime des avocats : répondre à tous les besoins de droit. Mais choisir cette voie a de fortes implications, car ce but ne semble pouvoir être atteint sans des transformations assez radicales, portant sur les structures d'exercice ou l'accès aux capitaux. C'est cependant la seule à permettre de résoudre les terribles apories auxquelles la profession se heurte désormais. Elle aboutira, en cas de succès à ce que la profession d'avocat devienne effectivement « la » grande profession du droit au service du public.

481 Du coup, les sacrifices à faire paraissent moins lourds et plus justifiés. À bien y réfléchir, assurer l'accès au droit pour tous constitue une opportunité extraordinaire pour les avocats. Le véritable « marché du droit » est en réalité infiniment plus vaste qu'ils ne le considèrent et les besoins immenses. Quant à la légitimité d'une profession capable de garantir, dans de bonnes conditions, l'accès au droit à tous, elle ne saurait plus être contestée.

Les avocats appartiennent indiscutablement à l'ancien monde, celui qui est en train de disparaître. Mais ils ont leur place dans le nouveau, celui qui est en train de naître. À une condition, démontrer qu'ils la méritent, en accomplissant la tâche qui est la contrepartie de leurs privilèges, assurer l'accès de tous au droit et à la justice.

Photocomposition : **SCM**, Toulouse

715009 - (IV) - OSB-A 80 g - SCM (CDR)

Achevé d'imprimer sur les presses de
CPI Firmin Didot

Dépôt légal : Novembre 2014
Réimpression en avril 2017
N° d'impression : 141268

Imprimé en France

To Mum + Dad

To mark 59 years of marriage and 59 years living in Palmers Green.

With all our love,

Sina + Ronnie

18th September 1989

Once Upon a Time
in
Palmers Green

by

Alan Dumayne

Alan Dumayne

First Edition 1988
ISBN 0-9512286-1-7

Printed and bound in England by
Macdermott & Chant Ltd.
London and Welshpool

for Sheila

CONTENTS

ILLUSTRATIONS

FOREWORD

It WAS MY privilege to first meet the author as an eleven year old schoolboy pupil of Southgate County School. I arrived there as a shy young recruit in September 1940 when the London Blitz was at its height. I soon found the name 'Dumayne' was being talked about by my fellow pupils for two reasons. Firstly, Alan had an elder brother two years ahead of our class who was held in awe as an athlete and a swimmer. Secondly, Alan's ability and enthusiasm on the soccer and cricket field was soon to be recognised when we elected him as our team captain. I am very proud to have played in the Green House teams alongside Alan.

We soon became great chums. We played sport together and cycled along the local roads, then almost devoid of traffic. Our lunches at the British Restaurant were usually supplemented by a large slice of malt loaf from the local bakers. Afterwards, with other friends, we would kick a ball about in Broomfield Park or play a scratch game of cricket on the school field. Always, Alan led the way – his keenness and enthusiasm knew no bounds.

Alan's football career blossomed and he became a fine goalkeeper. He was selected for many representative matches, usually as captain, including tours to Holland and Norway. As a teenager he joined Enfield Town and was signed by Arsenal. He played cricket for the Old Boys and his love of sport was apparent to all. Sadly, at 21, a bungled groin operation finished Alan's career and left him in some distress. In spite of further surgery it has continued to cause him trouble over the years.

Alan joined his father's building firm, married Sheila in 1952 and has two children. Since his retirement he has become a keen advocate of our Old Scholar Reunions which he has helped to organise with his customary dedication and good cheer. He has been interested in local history for many years and the close ties with his home, his school and his friends are reflected in Alan's talks and writings. Let us sit back and enjoy his book on Palmers Green . . . . . .

John R. Munro

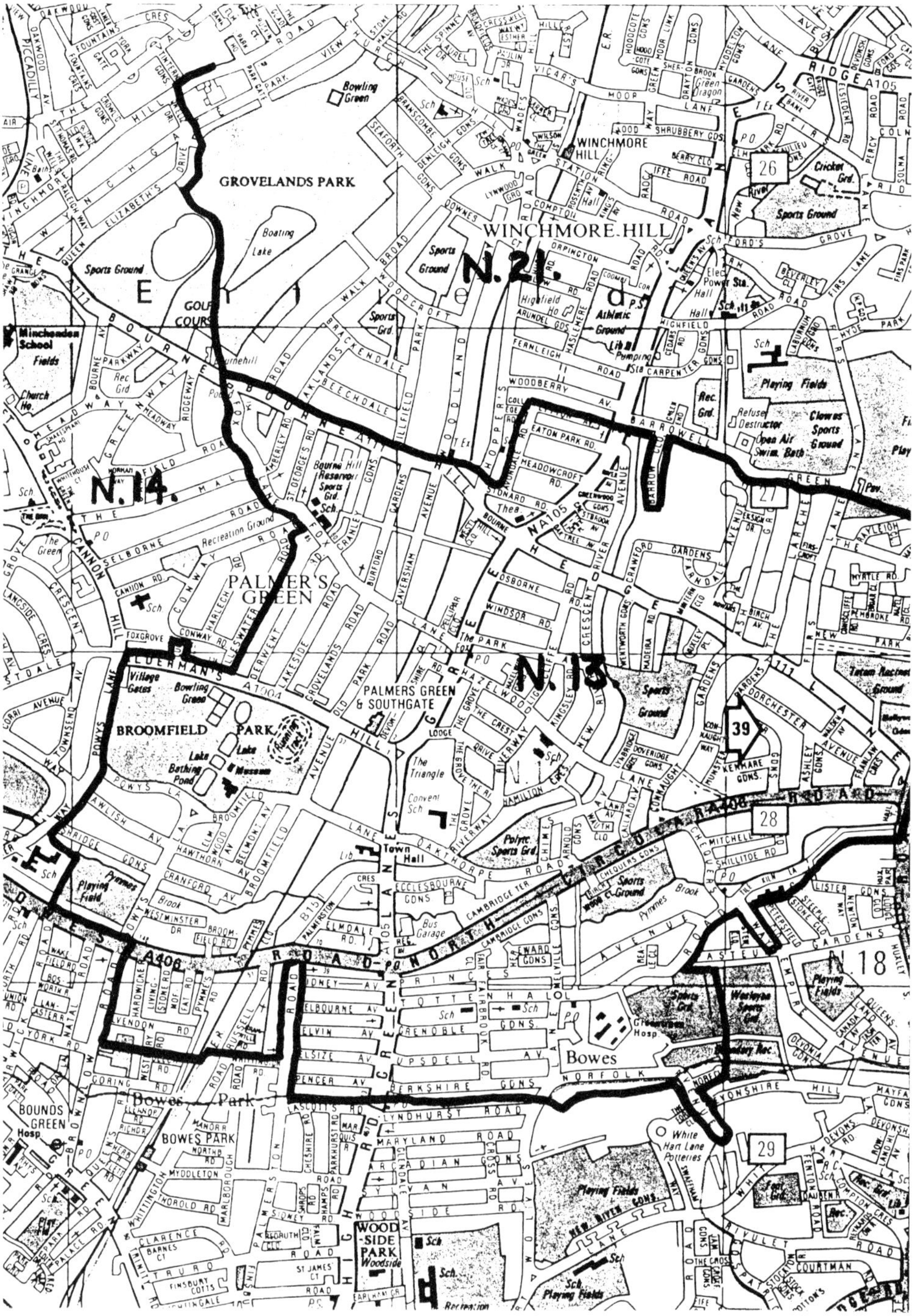

Map showing the limits of the Palmers Green, N13 district, with the Southgate, N14 and Winchmore Hill N21 districts adjoining.

INTRODUCTION

FIRSTLY, I WOULD like to express my grateful thanks to all the readers of my recent book on 'Southgate – A Glimpse into the Past'. The reaction has been quite overwhelming, but very sustaining and encouraging. In September 1987, our dining room looked more like a warehouse, chock-a-block with books from floor to ceiling. My wife and I never imagined then that, within six months or so, we would be using the room again for its intended purpose.

The delivery lorry had gone and a good neighbour and I had struggled in with the heavy boxes. I was thankful that my concrete floor had manfully taken the weight. 'Beware of joisted floors!' they had said. I held a book in my hands and all the blood, sweat and tears seemed eminently worthwhile. But was I ever going to sell them? In spite of inclement weather my family and friends had kindly volunteered to distribute handbills to local households, with news of the book's publication. Would there be any response? The answer was not long coming. The telephone started to ring and I was soon busy humping boxes out of the dining room, into the car and out to the shops and other outlets. The reports were encouraging, there seemed to be public interest and the sales were good.

I have received so many kind letters about the book, urging me to continue. It is very gratifying and reflects, I think, the great interest felt by many, young and old, in our own social and local history. I have endeavoured to reply to all my correspondents and would take this opportunity of thanking you all again for your support.

My own memories of the area go back to the thirties. Beyond that, I have undertaken many years of research to help me build up a mental picture of how life developed in our villages over the centuries. If only I can convey it adequately, it is a fascinating story.

My illustrated talks make full use of the transparencies I have made from the old photographs of the past. They are a storehouse of knowledge and their showing invariably prompts a welcome feedback from my audiences. There is still much to learn. Tales about the past need to be checked and rechecked in the pursuit of accuracy. The search for knowledge is, indeed, a never-ending exercise.

From my early schoolboy attempts at English essays, I have always loved writing. We know the sentiments we wish to convey. How best to convey them? That is the challenge. The sheer physical labour of transmitting it to paper is hard work, I find, but creative and enjoyable. If you enjoy doing something, it is possible to step up into another gear and override tiredness and fatigue.

At long last the master copy of the manuscript was ready to hand over to the printers and bookbinders but, as publisher, my task was far from over. I shall not burden you with the details, but they were a very busy few months, both before and after the books finally arrived. However, as you will have gathered, I must have enjoyed it, for here I am doing it all over again.

Researching and writing about Palmers Green has proved to be a labour of love. I have always had an affection for the place, bound up with my schooldays, my friends, the shops and the cinemas. It has changed so much, but my feelings remain. I can recall the Thatched Cottage, which went in 1938, but my closest and dearest memories are linked with the war years, 1940-46, when I attended Southgate County School. I saw a lot of Palmers Green then. Maybe the war-time did, in some strange way, deepen our feelings for places and people. Life was not easy. We were all at risk and it seemed to bring us closer together.

In delving into the past, I am struck by the changes that have taken place since the turn of the century, not in political aspects so much, but in social terms. I refer to the fundamental changes that have affected every man, woman and child even within their own lifetime. There has always been change since the beginning of time. Wars, politics and religion fill the history books since man's early struggles for survival. There have been the golden ages of exploration and discovery, as man sought to push the frontiers back beyond the immediate horizon. Our evolution, our progress, has continued through the ages. It is the pace, the rate of change, that has been so dramatic in recent decades.

Since the turn of the century, we have seen the introduction of electricity into our daily lives, the development of the wireless, telephone, cinematography and television. The advance in medical science has been quite awesome. The internal combustion engine has changed our lives, indeed our environment, in such a short span of years. From small beginnings, the aeroplane has developed so quickly that air travel has become commonplace. Transport and communication combine, daily, to make the world a much smaller place and we now look to travel to other planets in the heavens above. These are but a few spheres of change that have affected our daily lives. There are many more and it has all happened in so short a time.

When the historians look back upon this twentieth century, which is far from over, they will be able to put these changes into proper perspective. It is, as they say, all part of life's rich pattern.

As with Southgate which, for purposes of my book, I defined as the N14 postal district so, similarly, I have included the N13 district for this exploration of Palmers Green.

Throughout our journey, we will be given constant reminders of the devastation caused by the hurricane, that suddenly struck in the early hours of Friday morning, 16th October 1987. Most of south eastern England was affected. The damage to trees was extensive over a wide area, many being uprooted by the force of the wind. Our local parks suffered badly and roads, once lined with trees, have been somewhat denuded. I shall always remember the scene at Southgate Green and along the High Street, that Friday morning. Mature trees leaned over at drunken angles. Massive limbs had been torn off and debris littered the ground, like the aftermath of war. The clearing up operation continues and some new trees have already been planted to help redress the balance, but the scars will show for many years to come.

I try to set the scene in Chapter 1 by giving the general picture of how the area evolved from such small beginnings. I discuss the name of Palmers Green and its origins, and how the area must have looked for centuries surrounded, as it was, by farms and open countryside. I tell of the events at the beginning of this century, that sparked off the development, as Palmers Green grew from a village into suburbia, and the growth in public transport. And so the story unfolds, with the palmy days of the thirties and forties, followed by a gradual post-war decline as the shopping facilities deteriorated. I discuss the change in population and the problems that face us, including the ever-increasing congestion on our roads.

And so we start our journey. Hopefully, the chapter headings, together with the map, will be self-explanatory, so I shall be very brief in these introductory notes. We start at the old village centre on the corner of Hazelwood Lane and have a look round our immediate surroundings, including the Fox Inn opposite. We travel up Fox Lane, with so many stories to tell, and on to The Woodman. Suitably refreshed, we turn about and descend Bourne Hill, crossing the Green Lanes, into Hedge Lane. We look at that section of Firs Lane as far north as Barrowell Green, the limit of our area.

We retrace our steps back to the Green Lanes, starting at our northern limit and making our way southwards, past the old village centre and the Triangle, past the Town Hall, and down to the Cock Inn. There is so much to tell you about the Cock and the surrounding area, including Bowes Manor, that I devote a whole chapter to this very interesting part of Palmers Green on its extreme southern border.

We set off again along Bowes Road, turning right into Powys Lane, and on into Broomfield Park. Our journey is concluded with a walk down Aldermans Hill, past the railway station to the Triangle, where we say our fond farewells. I do hope you find the journey worthwhile and interesting, as we learn something about our past.

I do not claim it to be a definitive history. There may well be subjects touched upon where greater investigation would usefully reveal more. Likewise, for a variety of reasons, there are topics that have caught my interest, and I hope yours, and led me to further research, as I seek to paint the pictures of our past.

I have tried my utmost to be as accurate as possible and to avoid too much repetition. The history of Southgate, Palmers Green and Winchmore Hill is closely bound and cannot be dealt with in isolation. Occasionally, I have strayed beyond the borders, but usually for some good reason. Wherever I have erred and for all my shortcomings, I offer my sincere apologies.

Palmers Green has grown up like a child in our midst. Let us treasure the memories of the past and look forward to a bright and better future.

CHAPTER 1

THE GENERAL PICTURE

ONCE UPON A time there was a village called Palmers Green. Where did the name come from? A simple enough question, but who knows the answer?

Over the years, I have spent many hours reading through old copies and cuttings from our local newspapers. It is a time consuming, but quite fascinating exercise and I find myself, quite happily, being sidetracked from one topic to another. I become totally absorbed in learning about our past, our very own social history.

Even the advertisements, or should I say *especially* the advertisements, are a revelation. These help so much to reflect the style and character of life in whichever period of time we may be looking. The sort of furniture people were buying; the proprietary medicines and what they claimed to cure; the items of food and drink in popular demand; the great variety of private schools available; the property market; the gradually changing outline of the motor car; the choice of electrical goods; the fashion in shoes and clothing; the entertainments on offer. I could go on ad infinitum.

The prices always catch our eye and we wonder just why we didn't buy half a dozen semi-detached houses in 1910 for £350 each, and several gross of the very best ladies blouses at 1/11¾ each. Together with a few Ford 8 motor cars in 1939 at £100 each, we could have made ourselves a small fortune. . . Too late now.

I look up at the clock and several hours have flown, all gone in the twinkling of an eye and I have been diverted from the task in hand, just as I have been diverted from the question I raised in the very first paragraph of this chapter.

Through the years, one of the issues raised in the columns of our local newspapers, time and time again, has been the origin of the name Palmers Green. It is a subject which seems to prompt letters from readers with very definite views, each one convinced that their theory is correct and that all others are erroneous. I realise, therefore, that I am treading on dangerous ground. There is, you see, no simple solution.

The surname Palmer means pilgrim, and there is a theory that the village was once a gathering point, or a resting place, for itinerant pilgrims on their way to the Shrine of Our Lady of Walsingham. This little village in Norfolk became famous for its Chapel of Our Lady, with which miracles were associated since before the Norman Conquest. Walsingham was unrivalled in England as a centre of pilgrimage, being visited by a complete cross section of its population, from Royal and titled personages to the farmers and peasants working on the land.

However, it is difficult to find any reason, let alone proof, as to why the pilgrims should gather in this vicinity and, try as I may, I find it difficult to justify the claims of those who still give credence to this theory. Nevertheless, I am loathe to dismiss such claims for it *is* an appealing little story, that *may* contain a grain of truth. There is, as they say, no smoke without fire, so, with this in mind, we keep our options open.

The Place Names of Middlesex by J.E.B. Gover throws further light on the subject. The earliest reference found on some documents dated 1205 is to a place called Palmeresfeld, feld being an old Saxon word for an area cleared of trees. This was situated on the west side of the Green Lanes, between Fox Lane and where St. John's Church has since been built.

In 1228, Radulfum Palmer is listed as holding a messuage and 4 acres of land in Edelmeton (Palmers Green then being part of this parish). The name Palmer is also mentioned in deeds dated during the 14th, 15th and 16th centuries. The first recorded mention of 'Palmers Grene' is in 1608 and the name similarly applied on a map dated 1800 to a hamlet around The Fox Inn, which is, without dispute, the original centre of the village. The original Green, which shows on the enclosure map, was situated on the western side of Green Lanes between Hoppers Road and Fox Lane, broad in expanse where St. John's Church now stands, but tapering off towards its southern extremity.

Up to the beginning of this century, Palmer's Green was usually written thus, with an apostrophe, i.e. the green belonging to Palmer. For a number of reasons, therefore, it would seem that the name originated from the Palmer family who farmed in this area as early as the 12th century. However, could it possibly have been a meeting place for pilgrims, too?

In modern times, slowly but surely, the apostrophe has died out, but it is amazing how it still crops up on some maps, directories and documents of quite recent origin.

Palmers Green has seen so many changes as it has evolved from the tiny hamlet it once was, to the outer suburb it now represents. The Green Lanes was no more than a track, along which cattle would be herded up to the Islington Cattle Market, later to become the

Caledonian Market, or maybe to Smithfield, at one time a 'live' market outside the city wall.

The Green Lanes was aptly named, for it was largely tree-lined with clearings here and there interspersed with dense woodland. The hamlet of Winchmore Hill lay to the north, with the market town of Enfield beyond. To the west and north, on higher ground, was Enfield Chase, once part of the great Middlesex forest that covered much of the county, a favoured hunting ground for Royal parties, and Crown land for the last 350 years of its life. A village grew up here around the south gate, which gave rise to its name.

I have written in more detail about Enfield Chase in my book on Southgate and wish to avoid too much repetition but, as you will realise, the history of Palmers Green is very much related to that of Southgate and other neighbouring areas. It is impossible to deal with them in isolation.

As sections of woodland were cleared, these lands, including the Palmers Green district, came to support a farming community. It was a most delightful area that enticed some of the wealthy to settle here and build up their estates. London was many miles away and, it seemed, would never intrude upon the peace and tranquillity of village life.

The nucleus of the village centred around a few cottages clustered down Hazelwood Lane, the old Post Office and Stores on the northern corner of its junction with Green Lanes, and the Fox Inn opposite. When the railway was extended in 1871, northwards from Wood Green through Palmers Green and Winchmore Hill out to Enfield (later to become Enfield Chase Station), the local station was built in Aldermans Hill. This contributed to a slight shift in the hub of activity, to the area we know as The Triangle, but the origins of our village should not be forgotten.

Together with Southgate and Winchmore Hill, Palmers Green was once part of Edmonton. Then, in 1881, Sir Ralph Littler, the last tenant of Broomfield House, led the movement that resulted in these 3 villages breaking away from their eastern neighbour and setting up a separate authority. The Southgate Board of Health was established, with Royal assent, on 18th July 1881 with their offices at Ash Lodge on Southgate Green, near the Cherry Tree. I discuss this move, and the reasons behind it, more fully in a later chapter.

After 1894, Southgate became an Urban District initially with 9, and latterly with 16 District Councillors forming its governing body. William Burrows served as its first Chairman from 1894 to 1898. '50 years of progress' were celebrated in 1931, the 50th year of separation from Edmonton, and 2 years later the Charter of Incorporation was presented to Southgate by H.R.H. the Prince George (later to become Duke of Kent) on 30th September 1933. Southgate was now an important Municipal Borough, led by an annually elected Mayor and served by 7 Aldermen and 21 Councillors. The Charter Mayor (J. Thomas Barber J.P.) called the first meeting of the new Council at Southgate Town Hall on 9th November 1933.

I have a copy of the Programme of Events on Charter Day, kindly given to me by James McIntosh, together with an entry ticket into the seating enclosure in the grounds of Northmet House. It certainly was a grand affair, with the Prince and all our local dignitaries gracing the scene.

Southgate was much admired as the 'Queen of Boroughs', proud of its fight to independent status, and proud of its carefully planned development with generous parks and open spaces. When the area was set to expand, we were indeed fortunate that the councillors in control had the necessary foresight and wisdom to keep a sensible balance for the benefit of future generations.

In many ways, Palmers Green became the focal point. It was here that the fight for independence had started and, when Broomfield became a park in 1903, it soon developed into a popular venue for a wide variety of civic celebrations and sports meetings etc. The well patronised Broomfield Museum, set up in Broomfield House in 1925, reinforced its importance.

In any event, the administrative centre of the district had long been associated with Palmers Green, following the building of Southgate Town Hall, on its present site, in the Green Lanes in 1893.

I have referred to the arrival of the railway in Palmers Green in 1871. True, it prompted some modest development in the immediate vicinity, but the cards were still held by the great landowners, the Taylors and the Walkers, who actively discouraged any alteration to the scene by their private 'green belt' policies. Briefly, by buying up all the land they could, and scorning the developers, the brake was applied and nothing would budge them. They loved the area as it was and fought hard to keep it that way for as long as possible. It could be likened to trying to stop the tide coming in, but it did succeed – for a time.

John Donnithorne Taylor, the greatest of all the local landowners who lived at Grovelands, is known to have been very upset at being unable to stop the extension of the Great Northern railway through Palmers Green and Winchmore Hill. As a gesture of his disapproval, he refused to travel on the line and would only travel by rail from Colney Hatch Station (now called New Southgate) into town. This

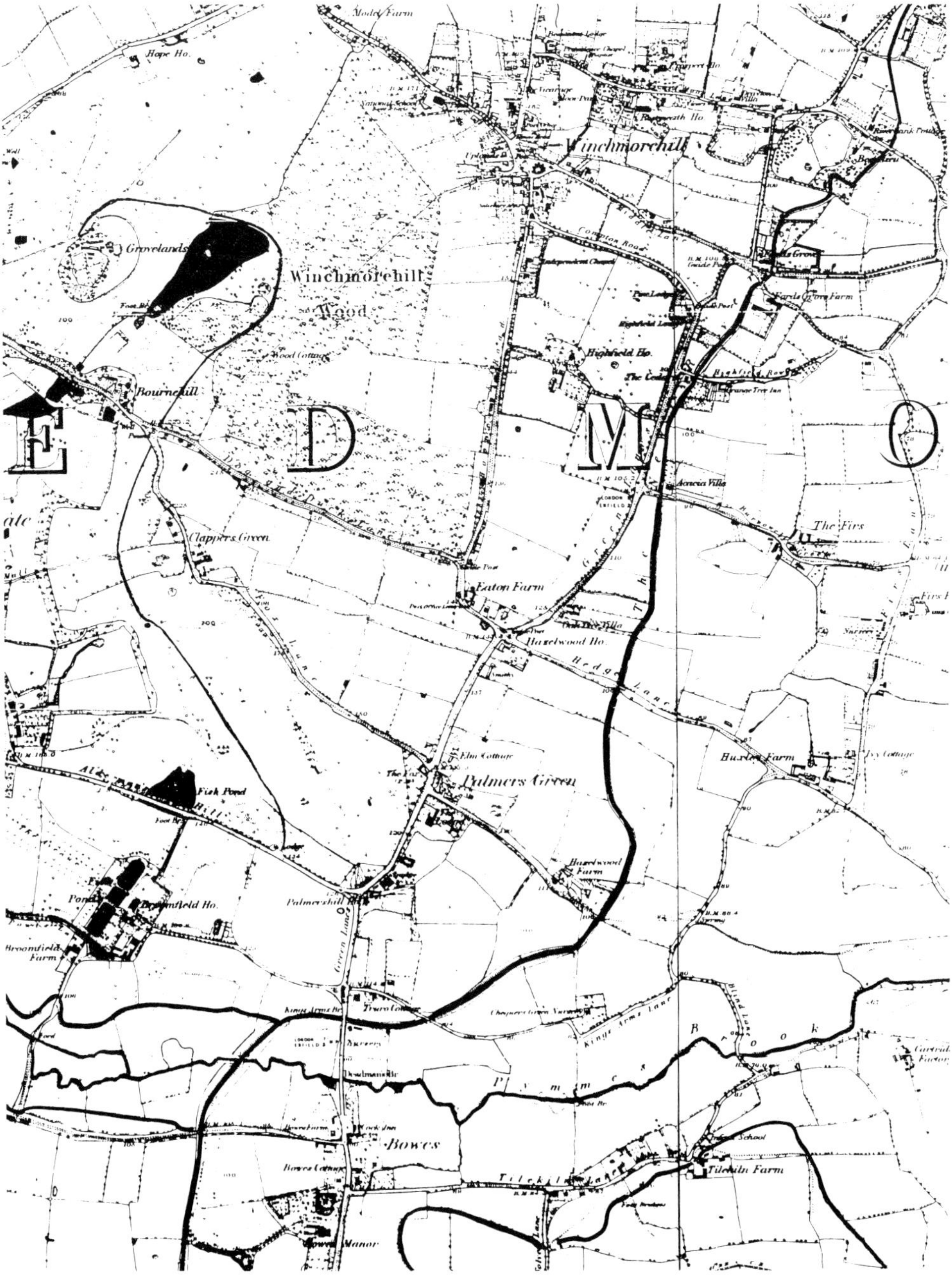

We can learn a great deal from the old maps. This is taken from the 1st edition of Ordnance Survey (1867), before the railway arrived in Palmers Green.

John Donnithorne Taylor who lived at Grovelands until his death in 1885. The greatest landowner in our midst, he effectively discouraged development. The sale of his estates in 1902 marked the turning point.

line had been constructed years earlier in 1850, when the station was built to serve the new Asylum which opened the following year.

Though the development of Palmers Green was accelerated by later events, there is no doubt that the original impetus came with the great sale of the Taylor estates in 1902. I have written more fully of this elsewhere.

The scene was changing. The expansion began. Gangs of navvies moved in to lay the tram tracks as the lines were extended northwards from Manor House. It was a major engineering undertaking, yet it proceeded at quite an amazing speed. By 1908, the trams were running along the Green Lanes as far north as Winchmore Hill (the Green Dragon public house being the temporary terminus) and, by the following year, they reached Enfield Town. The whole area was becoming more accessible. The well-known 29 Bus Service reached Southgate in 1912, turning west off the Green Lanes, up Aldermans Hill.

Another great boost to development came with the extension of the Tube from Wood Green. On 19th September 1932, the line from Wood Green to Arnos Grove, via Bounds Green, was opened and, by the following year, the northern terminus of the Piccadilly Line, Cockfosters, had been reached by way of Southgate and Enfield West (since renamed Oakwood).

Palmers Green is not directly served by the Underground, yet its bearing on the development of the whole area was very profound indeed. Village life, as had existed for centuries, was gradually coming to an end. London's suburbia was stretching out like fingers into its northern extremities.

The statistics tell their own story. In the 1811 census, the population of the South Street Ward of Edmonton was just over 2,000. It was broadly this area that broke away to form its own authority in 1881, when the population was 8,289 (living in 1,694 houses). Fifty years later, in 1931, this had grown to 55,570 (living in 14,750 houses) and the figures were still rising. By 1951, six years after the end of the Second World War, the population had reached 73,000.

And so we come to my lifetime, and possibly yours. Just what do we remember about Palmers Green in the nineteen thirties, and what changes have we seen in the last 50 years? The changes, it is true to say, have been dramatic.

I saw a lot of Palmers Green during this time. My school years at Southgate County School kept me in daily touch with the place I grew to love. I have observed it since and seen a transformation.

The halcyon days were the thirties, before the war, when there was an air of progress and prosperity, engendered by the fine shops and cinemas. We even had our own theatre which, sadly, has been closed down. Even the austerity of war time and the early peace time years, did not dampen its appeal. In many ways these difficult times brought us together and enhanced our civic pride.

I shall always remember Palmers Green as a great meeting place, especially during my teenage years. During the war, and for many years after the war, young men were being called up for National Service* in the Army, Navy or Royal Air Force. Whenever it was possible to get home on a weekend pass, Palmers Green would be the place to rendezvous with our old chums, especially on a Saturday. It was not by arrangement. Just a wander down to the shops and, in no time at all, we would be meeting up with kindred spirits, with whom we could exchange pleasantries and all the latest news. Neither was it confined to servicemen for, even as schoolchildren (both boys and girls), we would meet up with our friends in 'dear old Palmers Green'. Happy days! It was something very special, for it never applied in quite the same way to either Southgate or Winchmore Hill.

In spite of the war, and its aftermath, or maybe because of it, there was an air of comradeship and hope for the future. Maybe we were young enough to think we could sort out all our problems. The will was there. All we wanted was time, and time was on our side.

We usually finished up by having a cup of tea in one of the restaurants. Joe Lyons, the ABC or Pritchards were the favourites.

The thought of going to a pub never occurred to us. Public houses were places frequented by our parents or the old folk. I do not mean this disrespectfully, and I have nothing against pubs. It just indicates the social change that has taken place since our youth. Today, the pubs cater, and in many ways serve as social centres, for the younger generation, a laudable enough purpose, whereas the trade with the older generation has possibly declined.

Another radical change has been the growth in catering and the high standards today of pub food. Gone are the days when a bag of crisps, or a packet of nuts and raisins, was the total extent of nourishment available (other than the liquid variety). Today, everything from a 'ploughmans' lunch, to a first class appetising meal is usually available.

I digress.

*National Service remained in being after the war, originally for a 1½ year period, later extended to a 2 year period and was not phased out until 1962.

Any Palmers Green 'old timer' will tell you that their biggest regret has been the deterioration of the shopping amenities in these past few decades. One by one, we have seen the old shops die. The scene of yesteryear has gone. Some small specialist shops are fighting hard to survive the competition of the larger stores and supermarkets. Many have already gone out of business. It is part of social history and applies to many other towns and cities. We no longer use the local shopping facilities as we once did.

Once upon a time, we walked to the local shops or had a short bus or tram ride, there and back. Very few of us had motor cars. Now, most of us have our own transport. New supermarkets and shopping centres have been set up at places like Cheshunt, Brent Cross, Wood Green and Enfield, with the luxury of pleasant under cover conditions, a huge choice and a traffic-free environment. It is no trouble for us to hop in our cars to visit these centres, with their easy access and good parking facilities. The small local trader has suffered accordingly and so the scene changes, and the process continues. The choice is ours.

There is such a great interest in the old shops of Palmers Green, that I have decided to devote a separate chapter to them. Many businesses have disappeared, but there are a few 'survivors' that you can find listed in my directory at the end of the book.

Since the war the population of Palmers Green, as with many parts of London and other cities, has undergone radical change. Many of our friends from Greece and Cyprus, and elsewhere, have come to settle here and live side-by-side with the indigenous residents, bringing with them their own traditions and customs. Obviously, there have been some problems but fortunately, thus far, we have adapted well to each other's way of life. It is important that this is maintained, for the sake of all our futures.

It is now over 100 years, since Palmers Green broke away from Edmonton. Who could have foreseen the future then? We can be proud of the part 'our village' has played in those developing years, from which the Borough of Southgate finally blossomed. Now the wheel has turned full circle, for Palmers Green has become just a small part of an even larger authority than the one it fought to leave in 1881. Under the London Government Act of 1963, operative from 1965, the whole administration of London was to change into quite massive conglomerate bodies. Palmers Green, so important in our history, is but a mere fragment of the London Borough of Enfield.

One final point. I have often considered this question. If we could bring to life again some of the families who lived in our district between 50 and 100 years ago, what would be the most disturbing change to assail their senses? Would it be the development of suburbia? Would it be the disappearance of the countryside with all its charm, the farms and the large and handsome estates? . . . I think not.

The greatest shock, no doubt, would be the sheer volume of traffic on our roads and in the skies, and the problems of congestion, noise and pollution.

In spite of our new motorways, designed to syphon off the local traffic, the congestion increases. We have only to view the traffic jams in the rush hour at the Triangle and along the Green Lanes – or maybe Southgate Circus and the roads that meet there. The solid queues of vehicles get longer and longer, and the daytime peaks have extended into almost complete continuity. The load increases year by year until we ask ourselves, where will it all end?

Perhaps I have outlined a few of the problems of modern times, but alas none of the solutions. Maybe we are all a little too near these recent events to make sound judgement. Future historians, no doubt, will be able to reach their own conclusions and make more accurate assessments, by viewing a much broader canvas, from a more respectable distance.

I hope the picture is a good one.

CHAPTER 2

THE VILLAGE CENTRE

AS I POINTED out in the last chapter, the nucleus of the old village lay at the junction of Hazelwood Lane and Green Lanes.

Hazelwood Lane was no more than a muddy track that led down to Hazelwood Farm. A few cottages were clustered together along its northern side, near the junction with Green Lanes. On its southern side was 'The Lodge' estate, with its tree-lined border extending almost as far as the farm. Beyond, on either side as far as the eye could see, were open fields. The lane terminated at the farm nearly 100 yards short of the New River, but a footpath continued past the farm and on over the canal by means of a narrow bridge.

The walk continued across more open country until we reached Honeysuckle Lane. The green fields, of random shapes and sizes, were fringed by trees and hedges, planted long ago to denote their boundaries. We were in the heart of the country, with scarcely a sign of habitation. If we strained our eyes, we might just make out Tilekiln Farm on the other side of the Pymmes Brook valley and there to the north, towards the end of Hedge Lane near its junction with Firs Lane, we could see the men busy at their haymaking in the fields around Huxley Farm. Years ago our area must have been a rambler's paradise.

Enough of this daydreaming. Let us return to Hazelwood Lane and the corner shop, which served as the Post Office and General Stores in the early years of our village. I have seen many photographs of this tiny, two-storied cottage that served the villagers' needs for so much of its life. It never looks less than charming, with its pantiled roof and splayed corner entrance, and the billboards usually propped up against the white picket fence. We need go back less than eighty years to see a world so different from today. This century has seen so much advancement, in so many spheres, and it has all happened so quickly.

Though the Stores pre-dated it, the Post Office became established here in 1864, with the Sorting Office adjoining. Palmers Green was still a quiet and peaceful hamlet and the demands on its services were far from pressing. As the area started to develop and its numbers increased, the Post Office was moved in 1904 to Lacey's shop at The Triangle. The Sorting Office remained for a time at Hazelwood Lane, in the same cottages that served for many years as a chapel.

Then, in 1907, a new single-storey Sorting Office was built on the same site as the present Post Office building, opposite Fox Lane. This arrangement continued until 1931, when the Sorting Office was demolished to make way for a grand, new, combined Post Office and integral Sorting Office. This was formally opened on 1st January 1932 and still serves our ever-increasing needs today, though the N13 mail is now handled at the Winchmore Hill Sorting Office.

125 years have gone by since the General Stores first catered for the villagers' needs. They would go there to buy provisions or send some postcards to Aunt Maud and Cousin Bill. Now the Post Office, no more than 50 yards away from its original home, and with numerous counter assistants, deals non-stop with a wide range of requirements. Once merely a handful, the customers are now numbered in their many thousands, and life has become far more complicated. How times have changed!

On its Hazelwood Lane elevation, a single-storey shop projected from the General Stores, beyond the common building line. During the last century this was the home of Stearn's, bakers and corn chandlers, well-known for their delicious cakes. Fred Stearn, the baker's son, was born here in 1885 and, in 1945 and 1955, at the age of 60 and 70 respectively, Fred wrote of some of his early memories for our local newspaper.

At the turn of the century, Walter Perrin (1875-1960) took over the shop as a boot and shoe repairers and it features thus in many of the old photographs, with W.W. Perrin clearly written on the fascia. Around 1924, the projecting shop was demolished and Walter moved his business to the old Mission Hall nearby (now the Pilgrims Rest), where he continued in business until his death in 1960, at the age of 85. I am indebted to Walter's son Stan for helping me with some details. Many readers, I am certain, will remember taking their shoes in for repair to the cottage that is now a restaurant.

A little further down Hazelwood Lane was a group of small wooden cottages, part of the nucleus of the old village and, at the end of the lane, was a farm. One of the cottagers was a keen gardener who achieved some degree of fame in 1870. On the front of his cottage, he had trained a big climbing rose of the variety known as Maiden's Blush. On to this, he had grafted no fewer than nine different kinds of roses, which bloomed in profusion in all their great variety of colours. It aroused wide interest when a picture showing the cottage and the rose tree was reproduced in a national newspaper. The cottages were pulled down in 1927.

On the southern corner of Hazelwood Lane and Green Lanes was 'The Lodge', a big house set in lovely grounds, comprising some 27 acres. The house was originally associated with Thomas Lewis,

Hazelwood Lane led to a farm surrounded by open fields.

The old chapel in Hazelwood Lane was Palmers Green's first house of worship and played such an important role during the early growth of the village.

W.W. Perrin, shoe repairers, moved into the old mission before it became a restaurant.

The Pilgrims' Rest, restaurant of Palmers Green. Did the pilgrims really gather here on their way to Walsingham?

Governor of the Bank of England who, in 1790, built Fern Cottage in Green Lanes as a lodge to the estate. Fern Cottage later came to be known as Ye Olde Thatched Cottage, which I have discussed in some detail in the last chapter.

In more recent times, 'The Lodge' was known as Argenti's estate, though it was owned by J.D. Taylor of Grovelands, to whom Mr. Argenti paid £230 per year as rent. Mr.Argenti, a wealthy Greek merchant, lived here with his family until the house was demolished in 1911. Fred Stearn, who was born and grew up in Hazelwood Lane, had this to say of him: "He was the Fairy Godfather of Palmers Green. His acts of kindness were legion. We children, every Easter, went by invitation to his house and were given coloured hard-boiled eggs, a custom of the country from whence he came." Many others spoke of him as a quiet man with a generous disposition.

The Green Lanes frontage extended from the corner of Hazelwood Lane, down to the Thatched Cottage (now Westlake's). Alongside was the entrance to the grounds, with a quaint little circular cottage for the gate-keeper. The drive took a winding course around a pond, to terminate in front of the house which faced Green Lanes. The side gardens bordered on to Hazelwood Lane.

Neither the house nor the grounds could be viewed from the road for the whole of the Green Lanes frontage was lined with mature trees and overhanging shrubs. There was a particularly fine sycamore tree, estimated to be well over 200 years old, and many cedars. A little footpath meandered its way between the foliage at the edge of an aptly named Green Lanes.

The Hazelwood Lane frontage extended just beyond the Riverway junction of today, i.e. some 350 yards down the lane, the edge of which was similarly lined with trees and hedges. These clearly marked the limit of the original estate for they continued southerly, at right angles to the lane, on the eastern borders of the property. To the south, the grounds extended to the New River, just skirting Kings Arms Lane (now Oakthorpe Road). From Hazelwood Lane a footpath took us between the trees and we could continue on, over the fields, and across the footbridge spanning the New River, to reach the hamlet of Chequers Green.

At the great sale of the Taylor Estates in 1902, The Lodge Estate was listed as Lot No. 12. The bidding did not reach the reserve price and it was withdrawn from sale, thus winning a reprieve from development for several years. The estate was eventually broken up in 1911.

Before he left the district, Mr. Argenti gave some money to Mr. Lawson, engineer and surveyor to the Southgate Urban District

Council, to provide a public clock for the front of the Council Offices. However, some extensions were planned to the Town Hall and, when these went ahead in 1913-14, his contribution was credited to the cost of the new clock tower.

I am indebted to an article in 'The Recorder', dated 20th July 1911, headed 'The Lodge, Palmers Green – Last Look at Rural Beauty which is Disappearing', for it included a montage of 6 photographs showing the house and grounds just prior to its demolition and the subsequent development. The house, two-storied, appears very large and spacious, but of simple and plain design. The grounds look absolutely delightful, with beautiful trees and shrubs visible whichever way you turn. The Green Lanes and Hazelwood Lane of today bear little resemblance to the scene of 1911.

Just to the north of the old corner Post Office and General Stores, stood an imposing residence called Springfield House and beyond was Holly Cottage, the home of the Scamells. Their demise came in 1924. Springfield House was last lived in by Mr. and Mrs. Lacey and latterly by Mrs. Lacey, following the death of her husband in 1922. George Lacey is mentioned in Chapter 4, for his work in connection with St. John's Church and the naming of Lacey Hall in Hazelwood Lane in his honour.

Before the Laceys, in the 1850's, Mr. Charles Knight (a publisher) and his wife were living at Springfield House. On the death of Charles in 1860, his widow sold the house, together with the adjoining cottages and a paddock in Hazelwood Lane, to his brother John, a fine wood engraver who specialised in the skills of cutting intricate patterns and designs on wooden blocks for use in the printing industry. John Knight and his wife came to live at Springfield House and, in 1878, they decided to set up an undenominational mission in two of the cottages in Hazelwood Lane. The cottages remain, though much altered, and are now 'The Pilgrims Rest', a well-known local restaurant. John Knight continued to hold prayer meetings until he died in 1887, aged 69.

His widow turned the chapel over to the Spurgeons of the Metropolitan Tabernacle so that, in effect, it became a Baptist Mission. A few years later Mrs. Knight went to live in Hastings, though she kept in touch with local events until her death.

I have had most interesting correspondence with Graham J. Knight, now living in Felixstowe, telling of his connection with Mr. and Mrs. John Knight, who were his great-great uncle and aunt. Graham kindly supplied me with a superb photograph of the old mission in Hazelwood Lane and confirmed many of the facts which led to the formation of the Palmers Green Baptist Church.

Shortly after the turn of this century, Palmers Green was starting to grow and the membership of the Hazelwood Lane Mission increased steadily. A fund was started to finance a new church in a new location and the London Baptist Association gave its blessing to the move to the present site on the western side of Green Lanes, south of Palmerston Crescent, near to the brook. On 30th November 1904, the contract for building the new church was accepted and, by 21st January 1905, the foundation stones had been laid and the move was underway. A tablet commemorating John Knight was moved from the old Mission to the new church.

As the Baptists departed from Hazelwood Lane, so another group of Christians, soon to become associated with the Congregationalists, began to hold meetings in this same pair of cottages. Once again the membership grew so rapidly that larger premises became a priority. There was a great influx of people now moving into Palmers Green from areas nearer to London such as Wood Green, Harringay and Finsbury Park. To continue worship at their established churches often involved difficult travel arrangements. In any case, the new residents were part of a new community, wishing to establish a permanent religious base in their own neighbourhood.

At a meeting in December 1908, it was decided to form a properly constituted Congregational Church on some suitable site. A freehold plot was purchased in Fox Lane and work was started on the building of the Church Hall. Meanwhile, during the early part of 1909, services were being held on a temporary basis at Avondale Hall in Hoppers Road. In September 1909, a fine Church Hall was completed which was to become the new temporary house of worship. I discuss the subsequent development of the Palmers Green Congregational Church in the next chapter.

And so, from such humble beginnings in Hazelwood Lane, the two faiths had grown to greater things. It was a time for change. Palmers Green was no longer a little village. It was growing into a suburb and the people looked to their churches and church halls, not only for worship, but as a meeting place for the exchange of ideas and the social activities of a new community.

The development of Hazelwood Lane went ahead in intermittent stages. The Hazelwood estate, between Hazelwood Lane and Hedge Lane, west of the New River, was an early starter. Roads and houses soon covered the once open fields during the first decade of this century. Apart from the school, built in 1908, the development on the southern side of the lane was delayed pending the break up of 'The

Lodge' estate, which followed the demolition of the house in 1911. At the eastern end of the lane, much of the development went ahead in the 1920's and the road bridge over the New River, which replaced the old bridge in 1927, gave progress its final impetus.

Hazelwood Lane School has maintained very high standards throughout its history. The first day of admission, to 379 pupils, was on 16th November 1908 with Mrs. Laura A. Goulden (nee Berry) as Headmistress. She lived with her husband at Radcliffe Road in Winchmore Hill. Mr. Goulden, a brother of Mrs. Pankhurst the famous suffragette, was an activist himself and was not afraid of nailing his flag to the mast in seeking support for the cause of votes for women.

'The Recorder' gives an account of a local suffragette meeting held at the Triangle, Palmers Green on 18th June 1914. Many residents displayed their anger and hostility towards the meeting to such an extent that Mr. Goulden, the principal speaker, had to be rescued by the police and escorted back to Winchmore Hill. Councillor Willis gave him refuge in his own home whilst a crowd of demonstrators gathered outside the house in Radcliffe Road, making their feelings known and throwing eggs through the open windows.

This is just another example where local history reflects and impinges upon matters of national interest. It also brings home the depth of feeling on this contentious issue at the time.

To return to Hazelwood Lane School and the year of 1908. The village was just beginning to show early signs of radical change. Many challenges lay ahead, not least in the education of its children, with the growing influx of new families setting up their homes in this northern outpost of London for the very first time. Today, many other problems have arisen in a much changed society. The task has not been easy but, throughout, Hazelwood Junior and Infants School has continued to meet these difficulties and adapt its role to suit the new requirements.

The log book of the school contains some interesting information. During the last war, every air raid that occurred during term time is recorded, showing the precise time of each alert and all clear. It makes one realise how well the teachers, as well as the pupils, must have coped with these unwelcome interruptions.

The old Fox Inn, the original village 'local', was a lovely sleepy old pub, so much in harmony with its surroundings. A two-storied building with sliding sash windows, it looked out on to a quiet and leafy Green Lanes.

The Village Stores and Post Office, on the corner of Hazelwood Lane, was the heart of the old village when this picture was taken in 1909.

The site of the Village Stores is now occupied by the Job Centre, still recognisable as the National Provincial Bank that preceded it.

The old Fox was a delightful inn. In the summer, drinks would be served through the open windows.

The Fox in 1988, following the rebuilding in 1904.

It was set back a little from the roadway but there was no semblance of a pavement or kerb. There was a projecting portico entrance to the Inn on the Green Lanes elevation, with a large lantern lighting its presence. A signboard on the upper storey was fixed to a rounded corner elevation and, next to it, was a picture of a fox looking eagerly across the Green Lanes. Further lanterns illuminated the sign and the Fox Lane frontage which contained another doorway. Billboards were propped up all along the front wall, where a sweet vending machine made a handy parking spot for bicycles.

On warm summer days, drinks would be served through the open windows to the customers outside making use of the forms and tables provided. What better way to while away an hour or two and watch the world go by, before returning to one's labours. The occasional farmer's cart would be seen wending its way to Clappers Green or Hazelwood Farm, and the horse bus, leaving the Inn on its way up to town, could be given a cheery send-off.

Long before any motorised transport or the coming of the railway, public transport relied much on the enterprise of our innkeepers. The Fox was no exception. The Illustrated London News of June 1860 included in its columns an article on 'The Omnibus', complete with an illustration of the bus run by Robert Davey, landlord of The Fox. It was a two-horse bus and the destinations included Holborn, Oxford Street, Bank, Bayswater and Paddington. The bus was housed in one of the large wooden sheds at the rear of the inn. He also ran buses from the Jolly Butchers Tavern in Wood Green to the Bank, three return journeys daily.

Robert Davey was the first operator to order and run a bus designed with a spiral staircase, for access to the upper deck. This gradually replaced the old method, which consisted of a straight iron ladder up the back of the vehicle.

The Davey family had long and honourable connections with The Fox, going back through several generations, even before Robert's time. When Robert died his wife Belinda carried on the licence and, on her death, their son Arthur became the innkeeper.

Arthur Davey had been born at The Fox in 1867 and what changes he must have witnessed in Palmers Green during his lifetime! He soon became a highly respected and extremely popular member of the community. In 1901, he was elected as member of the Southgate Urban District Council, on which he served for 18 years. Just 3 years later, as landlord, he was to witness the demolition of the old inn to make way for the new. From such gentle beginnings, the village had started to grow.

Arthur was a great friend of William Ellenor, Clerk of the Council, who lived nearby in Fox Lane. William played a great part in the acquisition and setting up of Broomfield Park, to which I refer in Chapter 8. Arthur Davey's was one of three councillors' signatures on the cheque to W.M. Ellenor for £25,000, this being reimbursement of the purchase money for Broomfield Park. Together, Arthur and William served on the juries at the inquests held on the deaths of the crews of the German airships shot down over Cuffley and Potters Bar in 1916.

In 1914, Arthur was joined by his son-in-law Leo Whalen who soon afterwards enlisted in the Irish Guards, returning wounded to Palmers Green in 1918. It was then that Leo took over the management of The Fox, becoming a joint licensee alongside his wife Marie (nee Davey).

Arthur Davey was such a respected and well-liked man, that his death in 1932, at the age of 65, came as a shock to all who knew him.

Mr. and Mrs. Whalen continued the family tradition until Marie's death in 1946. Leo carried on, assisted at times by his sons, Leo (jun.), Arthur and Robert. Thus the father's names had been perpetuated, as well as those of their Davey ancestry. The three sons had all volunteered for active service in the war and were now returning to civilian life. Arthur, whose second christian name is Davey, became joint licensee with his father in the latter years.

On the death of Leo (sen.) in 1956, Arthur carried on for a while, in spite of partial disablement from wartime injuries, before retiring. And so the family's proud connections with the old village inn, lasting some 225 years, finally came to a close. I am indebted to all three sons – Leo, Arthur and Robert Whalen – for assisting me with the more recent history of their family's connections with The Fox.

May we go back again in time to trace the changes? It was in 1864 that the Inn became the property of the largest landowner in our midst, John Donnithorne Taylor. When the great sale of 1902 took place, The Fox, with about 1½ acres of land, came under Lot No. 2. The inventory tells us that there was stabling for 11 horses, in addition to a skittles alley. I wonder how popular skittles was as a pastime in our locality, a hundred years ago? It is still highly acclaimed in various parts of our land. In Devon, I know, the locals still take pride in their skills and compete in leagues set up for the sport.

Lot No. 2 was sold to the brewers, Huggins & Company, for the sum of £11,020, a price considered to be high at the time having regard to the prices realised by the other lots on offer.

It was not long after the sale, in 1903-04, that the old inn was pulled down and the new public house, that we know today, was built. It confirmed the turning point, the time of change. The growth of Palmers Green was well underway and the new pub was indicative of the demands of an expanding society.

Before leaving the old village centre, I should mention Lot No. 3 in the sale of the Taylor estates. This comprised all the land bounded by Fox Lane in the north and Aldermans Hill in the south, with the Green Lanes and the railway line forming the eastern and western limits respectively. It consisted of 9 acres and was sold for £10,050. This included a development area of great potential for shops and businesses along the Green Lanes frontage and, as events transpired, the building of Devonshire Road and its housing.

Although there had been little delay with the building of the new Fox public house, it took some years for the plans to be drawn up and the building operations to gather momentum. If we look along the row of shops from Grout's corner to the south, we shall see, high up on the gable above Shanam Fabrics and the Greengrocers (Nos. 387 and 389), the date 1913 inscribed.

We take our leave of the old village centre. We say farewell to the corner Post Office and General Stores, the farm and cottages of Hazelwood Lane, 'The Lodge' estate and the old Fox Inn. There are more delights in store as we prepare to journey up Fox Lane.

CHAPTER 3

FOX LANE TO THE WOODMAN

LETS GO FOR a walk up Fox Lane, one of the very old roads of Palmers Green.

What's in a name? Did foxes once abound in the district? Did the hunt meet here to set the hounds against their quarry? Did the name stem from some brewer's whim, when the old ale house started its life centuries ago, or was Fox Lane so called before the inn ever arrived? The answer, it seems, lies back in the 14th century, when a family called Fox owned some land near the top of the lane, and the track leading to their estate became known as Fox Lane.

Fox Lane remained as nothing more than a track, right up to the turn of the century. A postcard, of 1900, shows the lane to be grassed with two-wheeled tracks worn down to the gravel. There were no pavements then, no kerbstones and no lighting. Once across the railway bridge, constructed in 1869, there was open countryside on either side, the vast Old Park estate stretching southwards as far as Aldermans Hill. To the north was Clappers Green Farm, bordered by Dog & Duck Lane (Bourne Hill). We were in the heart of the country, or so it seemed.

It was the great sale of the Taylor estates in 1902, and the subsequent sale of Clappers Green Farm in 1908, that brought about change. More about that later. Once again, we can appreciate how recent and dramatic has been our change of scene, from village life to suburbia, that has only come about this century.

Before we cross the railway bridge, however, I should mention the Skinners Almshouses, opposite the inn. Previously, this site had been occupied by Mr. Graves' farm, which had an entrance off Green Lanes, flanked by two cottages. The Skinners Company, one of the 12 greater livery companies of the City of London, goes back to the 13th century. Then there were two brotherhoods of Skinner and, in 1327, Edward III incorporated them by charter. Once an important force, the Company has long ceased to exercise its right to control the use, manufacture and sale of furs but continues to administer its schools, almshouses and charitable trusts.

Readers will remember the distinctive almshouses that stood here, until ravaged by fire, in January 1966. They were built, in 1894, in a simple yet quite elegant style, with a central timbered gable surmounted by a small cupola. The cottages extended around three sides of a spacious lawn and garden, facing Fox Lane and, by tradition, were designed to provide homes for the aged, poor and needy members of this ancient trade. It was a peaceful setting.

There was an imposing entrance to the grounds, with wrought iron gates flanked by ornamental stone piers. Stone statues were housed in small recesses on either side with the caption 'Removed from Mile End' underneath. The left hand pier contained the figure of an old man on crutches and the tablet alongside stated that, in 1551, Sir Andrew Judd, Citizen and Skinner, founded almshouses for 6 poor men at Great St. Helens, in the City of London. The right hand pier contained the figure of an old woman with a tablet stating that, in 1688, Lewis Newbery, Citizen and Skinner, had founded almshouses for 12 poor women at Mile End, near the City of London. Both dedications had been 'removed to this place' in 1894 when the 'new' almshouses took over their role.

Facing south, the gardens were a veritable sun trap. When the weather was fine, I can remember glancing through the gates to see the residents on the lawn, sitting out in their deck chairs.

Following the fire, the buildings were demolished and, in 1969, the whole corner site stretching down to the Green Lanes was redeveloped. A private access road (Pellipar Close) has been constructed near the old entrance and, between this road and the railway, the new almshouses (19 units) have been built. The warden was kind enough to show me round the complex, which includes a fine community centre. I could see the old statues and inscribed tablets again that I mentioned earlier. These have again been carefully salvaged and mounted on to some brick walls built in the grounds.

To the east of Pellipar Close and, fronting the Green Lanes, the area has been developed with blocks of flats. I wandered around, transporting myself back in time to when this had been a part of the original 'Green', so close to the heart of the old village.

After crossing the railway bridge, we start the climb up the hill towards the school, a place I grew to love between 1940 and 1946. Even as schoolchildren, it meant a huff and a puff on our pushbikes, standing up off the saddle to achieve maximum thrust, and arriving at the cycle sheds behind the music hut, glowing all over, even in the depths of winter. I well remember the day the brakes failed on my best pal's racing bike, as we descended the hill on our way home from school. His one and only cable brake snapped and he and the bike finished up smashed against the Post Office wall. Fortunately, no traffic was passing at the time, and the only damage was a bloodied nose and a very buckled front wheel.

A very high percentage of pupils used the bicycle in those days. Of course, the roads were very much quieter then and consequently much safer. Petrol rationing during and after the war meant even fewer cars on the road but, in any case, rationing or not, lifts to school in parents' cars would have been unthinkable. As conditions change, so do attitudes. Threats to our safety and security have made them issues of vital importance.

My wife often recalls her visits to the Royalty Dance Hall in the war time years. Afterwards, at the midnight hour, and in the blackout, she would often walk along Winchmore Hill Road back to her parents' home in The Alders. There was never a thought of danger. The innocence of youth knows no fear, it is true, but likewise, in spite of the air raids, it was a much safer world then.

On the left hand side of Fox Lane, going up the hill, was the Old Park estate, once the grounds of Cullands Grove, the home of Alderman Curtis. John Donnithorne Taylor had subsequently purchased the estate and demolished Cullands Grove.

In the great sale of 1902, it came under the hammer as Lot No. 1, no less than 130 acres of open countryside between Fox Lane and Aldermans Hill, with frontages on to Fox Lane, Aldermans Hill, Cannon Hill and High Street. The British Land Company's bid of £45,000, plus timber at valuation (not to exceed £1,500), was successful. Plots were sold off to the various builders, and development was soon underway. Old Park Road was the first to be laid out, but the others soon followed. The houses, built on the south western side of Fox Lane, looked out on to a still open Clappers Green Farm, but not for long.

We know about some of the men who farmed at Clappers Green. James Wilkinson, tall and corpulent, whose father was a builder with a yard behind Green's the bakers in Selborne Road, Tom Denton and, from about 1890, A.J. Bunce, who also ran Firs Farm. The Bunce family were highly respected farmers in the district. On Mr. Bunce's death, his widow continued running Clappers Green Farm, until it was put up for sale in 1908 and sold for building development the following year.

I have a copy of the Sale Prospectus, showing the farm of over 46 acres on offer. It was triangular in shape, with the point of the triangle at the junction of Fox Lane and Dog & Duck Lane (Bourne Hill), the base being formed by the railway line embankment. It was divided up into 4 Lots and, dotted in, were the lines of some suggested roads, later to be named Caversham Avenue, Burford Gardens and Cranley Gardens. The Sale Prospectus shows a few cottages at the top end of

Many will remember the Skinners Almshouses. They were built in 1894 and destroyed by fire in January 1966.

The United Reformed Church in Fox Lane in 1988. It has a most interesting history, worthy of those who inspired its early creation.

Following the sale of the Taylor estates in 1902, the south western side of Fox Lane was soon developed. This scene is from the balcony of No. 71, in 1907, looking across the open fields of Clappers Green Farm.

Southgate County School was built in 1910 and established a fine reputation. The building was converted into apartments in 1987-88.

Dog & Duck Lane, facing Winchmore Hill Woods, and the reservoir. Otherwise, apart from the farmhouse (situated between Selborne Road and The Mall but on the opposite side of the lane), and a cottage or two nearby, it was open fields.

By 1908, the whole of the south-western side of Fox Lane, up to The Mall, had been developed but, beyond this the development was continuing at full speed. As the developers gathered momentum, Clappers Green Farm was rapidly devoured by roads and housing and the open fields became a memory.

The tiny hamlet of Clappers Green had grown up at the top of Fox Lane, at the end of a footpath we know today as The Mall and, though it has passed into obscurity, the origins of its name intrigued me.

Gover's book on 'The Place Names of Middlesex' suggests it may stem from one Stephen le Claper, whose name appears on some documents in 1272, and who is thought to have owned land in the vicinity. The other suggestion, widely quoted, is that the name originated from the two clap gates one passed through, on the way to Clappers Green from The Cherry Tree. One clap gate was across the footpath, now called The Mall, where Oakfield Road joins, and the other was near the Fox Lane end. The name clap gate is derived from the sound made on going through. Elsewhere, it is often referred to as a kissing gate. There you have two theories. I leave the choice to you.

The development continued. It was a task of some magnitude with roads to be built, drains to be laid, supplies to be run, and lighting to be installed, as well as the major building programme.

In 1909, 'The Recorder' advertised houses for sale in Burford Gardens, with 3 or 4 bedrooms, 2 reception rooms, kitchen, scullery and other necessary offices, from £350 to £375. Today, less than 80 years on, we would have to multiply that cost by something like 350, to reach a realistic valuation. We all appreciate that prices are relative, but it is a frightening thought, is it not, to contemplate a similar rise in, say, the next 80 years.

On the corner of Fox Lane and Burford Gardens, the building of the Congregational Church, mentioned in the previous chapter, continued in stages. The very fine Church Hall was completed in September 1909, and was used for worship by an ever-increasing number of members. In December 1913, the foundation stones of the church were laid and, in October the following year, just two months after the outbreak of war, the church itself was opened.

It is perhaps appropriate to mention St. George's Presbyterian Church at this point for, throughout its history, there had always been close liaison with the Congregational Church nearby.

As the development of Palmers Green gathered pace, many of the new residents moving into the area had come from other parts of North London. It was a typical sequence of events, repeated through different generations, of moving further out to be 'nearer the country'. It often increased the journey and inconvenience of getting to one's place of work, but that was the price to be paid.

It also increased the distance from one's customary place of worship and the Presbyterians were a case in point. Several of the new Palmers Green residents were connected with St. James' Presbyterian Church in Wood Green and, at a meeting held there in October 1908, a movement was announced for the establishment of a Presbyterian Church in Palmers Green. Yet again, the Avondale Hall in Hoppers Road came to their aid, as a temporary place of worship, which lasted for four years.

Meanwhile, in July 1909, the site of Fir Tree Cottage, near the top of Fox Lane, was purchased and a name was being considered for the new church to be built there. St. Andrew's was the first choice, but it was pointed out that a church in the district already had this name, and so the second choice of St. George's was proposed and agreed upon. On hearing this, the owner of the land adjoining the site, decided to name the new road alongside, St. George's Road.

Fir Tree Cottage was demolished in April 1912 and the foundation stone of the new church was laid in June 1913, by Lady Shaw*, the dedication services being held the following January. A new church hall was opened in 1927 and there was great enthusiasm amongst the members. In its comparatively short history, many prominent public figures played active roles in the movement. Thomas Melville, Tom Mason and John Westlake are just some examples.

There was always a special relationship with the Congregational Church, a hundred yards away down the hill. The first united service with them was in December 1916, the start of many very successful joint ventures in one another's churches in the years ahead.

In October 1972, the merger took place, nationally, between the Congregational and Presbyterian Churches of England, to create the United Reformed Church. In the years ahead, this was to lead to the union of the two faiths at local level throughout the country and, where two churches existed in such close proximity as those in Fox Lane, it was logical for them to unite into one movement and one set of buildings.

* The name is perpetuated today in the name of the block of flats, Lady Shaw Court.

In 1975, both congregations united under one Minister, with alternating periods of worship continuing in both churches and, in 1976, St. James-at-Bowes was added to the fold. The difficult decision, as to which church would remain and which would have to go, was not resolved until 1979. In April 1980, St. George's Presbyterian Church was demolished to make way for the flats we see there today. The union of the two faiths was now complete.

I have but touched on the history of the churches in these pages and concentrated rather on the events that led to their formation and becoming established. In the early days, it inevitably involved a lot of hard work, much of it inspired by a small band of loyalists, and the fruits of their labours, very often, were only realised long after they, the pioneers, had passed on. That is the usual pattern of events.

I have otherwise kept my distance from those fine individuals, whose dedication kept the momentum going. As with other organisations, churches go through good and lean times, often dictated by external factors beyond their control. In reading their histories, one is reminded of the great amount of unselfish work carried out by so many, at all levels, in doing the work of the Lord.

I mentioned Fir Tree Cottage a few paragraphs ago, this being the site developed for the new St. George's Presbyterian Church. In my illustrated talks on Palmers Green, I always show the three slides I have made from the photographs of this same spot. They provide a poignant reminder of the changes that have taken place in these last 100 years, from cottage to church to the flats of today.

There is a superb photograph of Fir Tree Cottage, taken in 1884 by William Attwood, a worthy local photographer, to whom we are much indebted. Then, Fox Lane was no more than just a narrow country track. There were no pavements or kerbs, and no lighting. Beyond the grass verges and low hedges that line the lane, all we can see are trees and open countryside. The cottage, bathed in sunshine, is surrounded by a pretty garden and clad in greenery. Its wicket gate is open, inviting us in.

I remember the church so well, being so near to our school. I remember the scare one day, during the wartime, that led to us all being sent home. The London Blitz was on at the time. A subsidence in the front garden of the church was suspected to be an unexploded bomb, dropped by the Luftwaffe during a recent spate of air raids. Our 'freedom' was short lived, as it was found to be an old sealed-off well that had collapsed, and we were summoned back to school the next day.

By tradition, there had always been a footpath alongside the cottage or church, going through, what eventually became, the school's grounds. It was really a continuation of the footpath from the Cherry Tree, that took us along the line of The Mall. The walker could then either continue along the path (now Broad Walk) through Winchmore Hill Woods to the hamlet by the green, or go, by way of the path across the fields of Clappers Green Farm, eastwards, to emerge into the Green Lanes just south of St. John's Church, nearly opposite Mr. Jones' smithy. The footpath is shown quite clearly on the old plans of the farm. The continuation down Hedge Lane and beyond, would have taken the traveller to Edmonton.

All the years I was at Southgate County School, the footpath, with its old railings and majestic oak trees alongside, was clearly visible along the edge of the playground, and a locked gate, just below the telephone box in Fox Lane, indicated its point of entry. This section was never then used as such, for the footpath had subsequently been diverted to a made-up pathway, at right angles to Fox Lane, just below the school. A 90° turn brings us back on the line of the old path, no longer through open fields, but now between the houses, to enter Green Lanes near the top of Hedge Lane. In so doing we cross Cranley Gardens, Burford Gardens, Caversham Avenue and, by means of a footbridge, the railway line. The footpath still runs thus, but the closure of the section alongside and through the old school's grounds, caused controversy at the time, for this right of way is thought to have existed for at least 500 years.

Since the recent housing development, the old school playground and playing fields have disappeared from view and all signs of the old footpath have been obliterated but, if we look carefully, we can still make out the line of oak trees, past their best, with some still standing on the line of the old public footpath, that once traversed the open countryside.

Southgate County School was founded in 1907 at Broomfield House, under the headship of Mr. A.T. ('Bunny') Warren. Then it was a boys' school and the pupils travelled to and from school in a horse-drawn bus. The number of boy pupils had risen to 163 by 1909 and, in addition, a temporary school for girls had already been opened at Avondale Hall in Hoppers Road, where about half that number attended, under a headmistress and 4 teachers.

Meanwhile, an impressive new school for both sexes over the age of 11, was being built in Fox Lane, and the grand opening by Alderman Col. H.F. Bowles (later Sir Henry Bowles) took place on 17th September 1910. I have the Programme of the Day's Events.

The Chairman of the School Governors, Dr. R.T. Vivian, presided and the Rev. C.F. Peploe conducted the service which included the hymn 'O God our help in ages past'. The 5½ acre site cost £5,758, including fencing, and the contract price for building the new school, undertaken by Messrs. Mattock Bros. of Wood Green, was £13,493. What of today's values?

Mr. Warren continued as Headmaster right through to 1929, and he and his staff were instrumental in establishing the school's fine reputation. Mr. T.B. Everard took over the headship in 1929, and continued to guide the school through the thirties and the war years. On his retirement in 1945, Mr. W. Augur, who had been an assistant master since the Broomfield House days, became Headmaster, to be succeeded by Mr. B.M. Forrest in 1951, who saw the school through to its transfer to Sussex Way, finally completed in 1960.

My years at Southgate County were 1940 to 1946. These were the wartime years, when so many of the school's activities were curtailed or restricted, and lessons were frequently interrupted by our visits to the air raid shelters. It was a great school. There was a camaraderie that has endured with generations of pupils throughout its 50 years history at Fox Lane. The Reunions continue on a regular basis, when old scholars gather to talk about the old times, our chums from years ago, the teachers we had and, above all, The School.

After the transfer to the new buildings in Sussex Way where, no doubt, the high standards continue, the Fox Lane buildings became Lower Minchenden. For many years, the rivalry between the two schools had been intense, but mutually respectful. Now, the 'old enemy' was taking over our school! I speak in jest, for I have many friends from 'the other side'. In recent times, the whole locality was shocked to learn of the closing down of Minchenden School, when it was decided, at high level, that it would merge with Arnos School in Wilmer Way, under the name of Broomfield. I have made some observations about our schools in my Southgate book. Here, I can only express the sadness, felt by so many, on the uprooting of Southgate County and Minchenden. As many of my readers will have cause to remember, they were fine schools in the very best tradition.

The old Fox Lane School witnessed the final rites in 1987, when the builders moved in. There are now 39 houses on the field where once we played football and the girls played hockey. The old school and technical block buildings, which are listed, have been turned into apartments.

I attended several gatherings of old scholars at our school before its final demise. We wandered around the old classrooms and saw many ghosts from the past, mainly members of staff who had gained an immortality in our once youthful eyes. I could have sworn I spoke to Miss Jeans and Miss Rogers, two of our teachers, apparently just the same as they were in the 1940's, though they have long since passed on. We saw our special chums, the boys in blue blazers and short trousers, just as they had looked as second formers, and the girls in their navy gymslips and white blouses, full of boisterous fun and good humour. We read the old Honours Boards and remembered all that sweat and tears, the swotting and the homework as the time for examinations drew nigh.

I stood on the sports field, waving in hay, and dived low to my right to make the save I had made 42 years ago and, where the cricket table had been, I hooked to square leg for that always elusive boundary. The years rolled back and we shook hands and embraced one another. They were magic moments.

We said goodbye. No more will Mr. Everard take Assembly in the Main Hall and no more will the words of the morning hymn, sung by fresh young voices, reverberate through the fabric of a much loved school.

An incident occurred on December 6th 1912, just off Fox Lane, that is of interest and worth recording in these pages.

On that day, the residents of 75 Derwent Road were shaken, when an almighty bang announced that a light aircraft had made impact with the roof of their house. These were the early years of aviation, when it was an unusual sight to see an aeroplane in the sky, much less to have one crash on to your house.

The pilot was Jean de Manio, father of Jack de Manio, who was to become a well-known broadcaster in more recent years. Jean had taken off from Balls Park, Hertford, and was heading for Hendon, when engine trouble developed. He tried to land in Broomfield Park but, losing height rapidly, finished up embedded in the tiled roof of a relatively new house.*

Two schoolboys from Southgate County were having tea at number 86 opposite and, on hearing the crash, they hurried out to see the damage. With great presence of mind, they returned to the school, together with some other boys, to borrow an extension ladder, which they erected so that the pilot could make good his escape.

The incident has continued to arouse interest over the years and, in 1977, Graham Dalling, local history librarian, launched an appeal for eye witnesses to the crash and received 11 replies. They all com-

*The house is still there today. The roof has been repaired!

mented on the composure of the pilot. Unshaken by his misadventure, he calmly smoked a cigarette until he was rescued. He later climbed up the ladder to supervise the securing of the aircraft to the roof, by means of ropes, until proper salvage could be effected the following day. One letter came from one of the boys who had helped to get the ladder. He was the Reverend Arthur Wiggins, then aged 75, and a vicar in Marlborough Deanery, Wiltshire. He described how he had been invited to tea at the home of his schoolfriend, Cecil Hunt, who lived opposite when the accident occurred.

Jack de Manio contributed to the story, for his mother had kept a scrapbook of cuttings about the incident. His father Jean, the pilot, died a year after the accident.

There is a photograph of the Bleriot aeroplane, taken at the time of the crash. Its flimsy construction makes one realise how hazardous flying was then, and how brave those early pilots were in exploring a new dimension.

In February 1988, through the good offices of a mutual friend, my wife and I made contact with the Rev. Arthur Wiggins, now retired, aged 85, and still living with his wife Mavis in a little village just outside Devizes. Though hesitant in his speech due to the effects of a stroke, Arthur was able to recall the incident quite clearly.

Arthur and Mavis, a charming couple who made us so welcome, have a clear and sharp recollection of the old days in Palmers Green. Arthur knew it when it was still a village, just starting to expand into suburbia. He was born in 1902 and his parents came to live in Caversham Avenue when the Clappers Green estate was being developed. He was a choirboy at St. John's Church from 1908 and joined the scouts there in 1917. Thus began Arthur's long and distinguished service as a Scouter for, in manhood, he went on to become Group Scoutmaster and Assistant District Commissioner.

Mavis and Arthur married in 1935 and lived in Wynchgate. In later life, Arthur became more deeply involved with church affairs at Christ Church, where he was a reader for many years. He became a curate under Murray MacLeod and, in 1966, moved out to Wiltshire as rector and vicar of Broad Hinton and Winterbourne Bassett.

I was privileged to see the photograph albums and the scrapbooks. They have two grown-up children and four grandchildren and so many happy memories. Arthur's close friendship with Cecil Hunt continued through the years, regrettably curtailed by Cecil's early death in 1954. They would often recall that day in 1912, when two young schoolboys, having tea together, went off to fetch the ladder so that the pilot of an aircraft, stranded on a roof in Derwent Road, could be rescued.

The Collegiate School in Winchmore Hill was a familiar sight to me, being just at the top of Farm Road, where I lived all my boyhood years. Built tight on to the bank of the New River, close by the hump-backed bridge, it was another of our private schools, which formed a significant part of the overall education system at that time. The school was founded in 1906 by Mr. J. Temblett-Wood, headmaster, who lived in a house next to the school, and the 130 boy pupils, in their distinctive school attire, were a well-known part of the scene.

In 1909, a 'sister' school was built in Fox Lane on what had been the orchard of Clappers Green Farm. Mrs. Temblett-Wood became the Principal of this school for girls, which also acted as a boys' preparatory school in liaison with the Collegiate.

In 'The Recorder', September 1909, there is a superb photograph on the front page captioned 'The Last Load of Hay'. It shows 6 men engaged in haymaking in the open fields off Fox Lane, just before the farm was finally sold, to be covered with roads and housing in a matter of years. In the photograph we can see the hay cart, full to its limit, and a large earthenware jar in the foreground containing some liquid refreshment.

In the background, at the edge of the fields, is the newly built Palmers Green College, which was due to be opened in a matter of days. It is clearly identifiable as the building that came to be known as Amberley Hall, still standing today, on the corner of what is now Amberley Road.

The haymaking is just a memory now. The school came to an end during the Second World War and then, after an interval, the building was taken over by the Plymouth Brethren in 1946. The Collegiate School in Winchmore Hill continued until 1963.

The Woodman, the Inn by the Pound, lies at the extreme north western tip of our district. Built in 1727, it was originally just a modest cottage in a quiet country lane. In 1868 Henry Wale, a retired police sergeant, applied for and was granted a licence to serve ale in his front room, and The Woodman was born.

It was right in the heart of the country. In front of the inn, to the west, were the spacious grounds of Southgate House (later to become Minchenden School), with a winding Bourne Hill leading to Bunkers Corner and the village of Southgate. To the east, was the old village Pound and Clappers Green Farm, which lay between Dog & Duck Lane and Fox Lane. In front, was the open countryside of the Old Park estate, owned by Mr. Taylor and, encompassing the rear of the inn, were the beautiful grounds of Grovelands owned by the same 'JDT', who lived in the big mansion overlooking the lake. A most

Fir Tree Cottage, which was demolished to make way for St. George's Presbyterian Church.

This building, on the corner of Fox Lane and Amberley Road, started life in 1909 as Palmers Green College.

The Woodman still retains the character of Henry Wale's cottage, though the surroundings have changed greatly.

attractive walk along the footpath, through the woods, would lead us to the hamlet of Winchmore Hill.

Near to the inn were a few old cottages and they would draw their water from the spring, just across the way. Men were employed as water carriers and fetched water in buckets, suspended from yokes slung over their shoulders.

I have seen references to a very old inn called The Horse & Groom which had a licence before The Woodman came into existence. It stood apparently on the opposite side of the road in two tiny cottages that were demolished by J.D. Taylor during his lifetime at Grovelands. I have not been able to determine its exact position but it must have been on the high side of the Greenway junction for this was the northern limit of the Old Park estate owned by 'JDT'. Many residents will remember the charming old cottages near The Woodman, opposite to Greenway in a tiny cul-de-sac, for these survived until recent times when bomb damage in the last war led to their eventual demolition.

Many of our inns started life as a cottage on the granting of a licence, but few have retained their early character as faithfully as The Woodman. Inevitably, it is now surrounded by busy roads and suburban housing, though we still have the blessing of Grovelands Park nearby.

Henry Wale remained the landlord for 25 years, until 1893, when Henry Reed, a retired lock maker, and his wife took over. After his death in 1924, his widow Caroline continued the family connection right through until 1948, when she died at the grand old age of 96, a total of 55 years of service, aided in her latter years by her two daughters. A remarkable record, I think you will agree.

Near to the inn was a green, on which there was a timber railed enclosure called the Pound. Any stray animals in the district were placed in the enclosure, until claimed by their owners and released by the keeper of the Pound or Pinder, as he was called, on the payment of the necessary fee. There was a scale of charges laid down. If the animal remained impounded for eight hours, it had to be fed, and the costs would be subsequently charged. A pail of water and a feed of hay would cost eightpence. In addition, there may be a claim from one of the villagers, regarding damage caused by the animal whilst straying. If the Pinder was satisfied that the claim was fair, he would insist on the payment for damages, before releasing the animal back to its rightful owner. There was no appeal. The Pinder's decision was final.

For many years the Pinder was Miss Carter, who lived in the nearest of the four cottages in Dog & Duck Lane (Bourne Hill), opposite the entrance to the old footpath through Winchmore Hill Woods (now Broad Walk). In 1897, Henry Reed, landlord of The Woodman, became the Pinder, until the Pound's closure in December 1904.

In its day, when the area was very much devoted to farming, the Pound appeared to have been well used. There were reports of goats, donkeys, pigs and cows being brought here, to await their rightful owners. Eventually it outlived its purpose. The last official entry was for a pig kept in the summer of 1904 though, later that year, 9 gipsy horses were impounded but released unlawfully by their owners, who refused to pay their dues.

The council took over after 1904 and decided, in their wisdom, to retain a token enclosure, which remains to this day and reminds us of the past.

I hope you have enjoyed reading about the history of the Inn by the Pound. Dare I quote the old chestnut? The Woodman is the only pub in the world where you can buy your beer by the pound. My apologies.

Do call in there, one day, for a drink and a chat with the locals. The occasional clatter of horses' hooves and the travellers' footsteps on the gravel outside may have been replaced by the roar of today's traffic over tarmac but, inside, one can still recapture the gentler pace of another era.

Now we have partaken of some refreshment, it is time to continue our journey. With compasses at the ready, we shall be travelling east by south, down the old Dog & Duck Lane.

CHAPTER 4

BOURNE HILL, HEDGE LANE and FIRS LANE

THE NAME Dog & Duck Lane persisted until 1901, when officially, Bourne Hill replaced it. After all, it was the lane that led (and still does lead) to the pub of the same name, and I am a great believer in perpetuating the old names. They are part of our history and give some indication, however tenuous, of the origins of our district. I was sorely tempted to include Dog & Duck Lane in the heading to this chapter but, for the sake of clarity in 1988, I decided against it.

The name Bourne Hill stems from The Bourne, which is the old name applied to its continuation from The Woodman, as far as the old Fiveways junction (Southgate Circus). I have previously given the derivation in my book on Southgate, but feel obliged to repeat this for the sake of new readers. The name is thought to have been derived from bourne or burn, meaning a small stream or brook which, before the ponds on the south side of the road were filled in, used to run in the valley* at the foot of the hill. Bourne can also mean a boundary or limit, which may also have some bearing.

Right now, however, we are heading away from Southgate, down the hill towards the Green Lanes. We leave The Woodman and, at the Pound, we take the left hand fork. Bourne Hill really does act as a boundary, for it marks the northern limit of the Palmers Green N13 district.

Let us imagine it is 1908. I have a copy of the large scale map, prepared when Clappers Green Farm was put up for sale in that year, and it faithfully records the scene as it had looked for centuries, though it was shortly due to change dramatically.

The road is still marked Dog & Duck Lane. On our left hand side, down to the railway and extending away to the north, are the Winchmore Hill Woods. They are marked on the map as being owned by the trustees of Major Taylor. In the great sale of the Taylor estates in 1902, they formed part of Lot No. 9 – The Grovelands Estate, comprising 314 acres all told. However, the reserve price was not reached and the lot was withdrawn.

In 1908, Lot No. 9 was still in limbo under the discretion of the trustees. The subsequent division of this part of the estate and its development, including the events that led up to the formation of

* I refer to the valley on the Southgate side of The Woodman. The old ponds were situated near the present Car Park, opposite The Inverforth Gates, and the small stream ran across the valley towards the park.

Grovelands Park, is another story that belongs to Winchmore Hill.

Other than one small cottage, there were no buildings or roads of any sort on this side of the lane, just dense woodland. The only other sign of man's intrusion was a stile, just opposite a few cottages that stood near the top of the lane (Bourne Hill) on the other side of the road. The stile was on the spot where Broad Walk exists today. It marked the entrance into the woods, whence by way of a footpath, one could continue on the line of what is now Broad Walk, to the hamlet called Winchmore Hill.

The one small cottage I mentioned was near the bottom of the hill, where the Telephone Exchange building is today. There is a delightful photograph of it in existence, taken in the nineteen twenties, showing a foursome of cyclists in the foreground. It tells us so much of the slow pace of life in those days.

With regards the right hand side of the lane, I have already mentioned the few cottages that existed between the Pound and what is now 105, Bourne Hill. These cottages were well spaced out and, once again, the photographs faithfully record the scene. The lane is just a track with no semblance of pavements or lighting.

A little further down the hill were two more modest dwellings and then the reservoir. Beyond lay the expanse of Clappers Green Farm, all 46 acres of it. One could look across the fields to Fox Lane on the other side of the farm. The old footpath across the fields, lined by trees on both sides, could be easily identified, meeting up with the footbridge over the railway lines. As mentioned in the last chapter, this very ancient right of way still exists today, running between the houses of Cranley Gardens, Burford Gardens and Caversham Avenue, the footpath finally emerging into the Green Lanes opposite Wright's Radio shop.

It is a comforting thought that, in a world of continual change, man's right of way has been preserved.

We descend Bourne Hill and cross the railway. Before 1971, the bridge across the railway continued in a direct line, meeting Hoppers Road opposite Stonard Road almost at right angles. This necessitated the traffic making an abrupt turn to continue their route towards the Green Lanes. In years gone by, when the traffic was light, it mattered little.

However, since the Second World War, the heavy traffic using Bourne Hill has grown alarmingly. It became a recognised alternative route for goods vehicles travelling east, towards the Cambridge roundabout at the bottom of Hedge Lane, and beyond. The heavy lorries, trundling up and down Bourne Hill in ever-increasing numbers, brought many complaints from the residents. The problems of noise and vibration, particularly late at night, have been only partially alleviated by the completion of the M25 motorway. Although this has helped to divert some of the heavy traffic, I understand that Bourne Hill and Hedge Lane still suffer considerable disturbance.

In 1971, it was decided to build a skew bridge across the railway at this point, to iron out any sudden twists and thereby reduce the hazard. We can still see evidence of the old bridge, which is now used as a public walkway on the north side of the new bridge and we can appreciate the radical change that has been made. Hoppers Road no longer forms the junction with Green Lanes, as it used to, as this end section has now become the continuation of Bourne Hill.

All this talk of the railway reminds me of Miss Cresswell's book, 'Winchmore Hill – Memories of a Lost Village'. She includes a delightful chapter on 'The Coming of the Railway', in which she describes the hordes of Yorkshire and Lincolnshire navvies brought into the village (Winchmore Hill) by Firbank, the contractor. She writes of their generally good behaviour and their celebrations on the night of their departure, when they really let off steam!

The Cresswells lived in Hoppers Road, but were forced to move on 1st January 1870 into Grove Lodge. Their old house stood on the eastern side of the road and had to be demolished, to make way for the railway. The skew bridge had to be built at this point (just north of Arlow Road), to allow the line to pass under Hoppers Road. Hopefully, I shall be able to write more of this and other Winchmore Hill matters in the future.

There must have been tremendous activity in Palmers Green, too, in the late 1860's. The railway was a massive undertaking. Apart from all the design and survey work required, the construction of all the necessary embankments and cuttings through the area, the laying of the sleepers and the track etc., there were the bridges.

A new bridge was built to carry the lines over Bowes Road. Then there were the road bridges, to allow the railway to pass under Broomfield Lane, Aldermans Hill, Fox Lane and Bourne Hill. To maintain the public footpath just south of Bourne Hill, a new footbridge over the railway was needed. Lastly, but of vital importance, was the building of Palmers Green Station in Aldermans Hill.

There were some difficulties on the line, especially in the Winchmore Hill area, that delayed completion, but at long last the extension from Wood Green was completed as far as Enfield, and the first trains ran on 1st April 1871. It was a moment of history.

Customers of the Dog & Duck, no doubt, would have paused between pints, to take stock of all the work going on nearby in the construction of the railway. Although it is just inside Winchmore Hill territory, it is appropriate to have a look at The Dog & Duck in Hoppers Road, for this is the inn that gave the lane its name. Since it was rebuilt in 1900, it towers above the cottages on either side. Before that date, it consisted simply of two of the old cottages, where the owner had been granted a licence to serve ale. There is a picture in existence, showing the cottages with a narrow little green and pond opposite, backed by the Winchmore Hill Woods.

Let us pause awhile to look at the adjoining cottages that still remain and glance at the old Hoppers Road nameplate fixed to the front wall. There is much to discover and discuss about Hoppers Road, but we must not stray too far into N21 territory.

At this point, I would like to tell you a little about Palmers Green High School. I realise, strictly speaking, that it is now situated just inside the Winchmore Hill border, but its origins lie in Palmers Green, as its very name would imply.

On 8th May 1905, Miss Alice N. Hum started the school at No. 1 Osborne Road, N.13., the house on the corner with Green Lanes (now the premises of Camera Craft*). There were 12 pupils, 4 in an upstairs room, and 8 Kindergarten in the front room downstairs. To start with, Miss Hum's only assistant was Miss Pope but, after 4 months, the register having risen to 30, Miss Roberts joined as a student teacher.

In 1907, a second house next door (in the Green Lanes adjoining 1 Osborne Road) was taken and Miss Tempest joined the staff. Palmers Green was just starting to grow and the number of pupils increased steadily. A third house, adjoining the previous two, was taken and the boy pupils, under Miss Tempest, moved to Avondale Hall in Hoppers Road. I understand that communicating doorways were formed between the houses at ground and upper landing levels. These three premises, designed as dwelling houses, were adapted to suit the needs of Miss Hum's school, and were then radically altered by the installation of shop fronts at ground floor level. They currently operate as Lucy's Launderette, Seaward's the undertakers, and Camera Craft.

It is recorded that, in these early years, it must have been around 1910, the Royal Welsh Ladies Choir visited the district and held a

*Camera Craft's address is now 446 Green Lanes, but the house has extensive frontage on to Osborne Road, where the original entrance existed. It is significant that the first house on the north side of Osborne Road is number 3 and, officially, number 1 no longer exists.

The cottage has given way to the Telephone Exchange and the woods behind are now covered with roads and housing. The cyclists reflect life's slower pace in years gone by.

The scene in Bourne Hill, in 1988, taken from the same viewpoint.

St. John's Church is a monument to the generosity of the Walkers and the dedicated endeavours of so many.

concert at Avondale Hall. The founder and conductor of the choir was Clara Novello Davies and at the piano was her son, a young man of immense talent, who went on to win fame and fortune. His name was Ivor Novello.

In reading about the history of our area, the name Avondale Hall crops up so often. New roads and houses were springing up almost overnight, it seemed, and there was a distinct lack of halls, social centres or even churches to meet the demands of the new residents. Avondale Hall stepped into the breach. It became the temporary home of so many good causes and, as such, fulfilled the sometimes quite desperate needs of the community. It had already acted as a temporary home for the Presbyterians and the Congregationalists. It was used as a school for girls, during 1909-10, before the new Southgate County School building was completed in Fox Lane, and served as a boys' school under Miss Tempest, when Miss Hum's premises in the Green Lanes became too crowded. Avondale Hall was the venue of many local meetings and concerts and was soon to become Palmers Green High School for Girls. Had it finally found its true calling, its ultimate destiny?

In 1912, land was bought on Bourne Hill and plans were drawn up for a fine new Palmers Green High School, but the First World War intervened and the plans were scrapped. Avondale Hall was purchased and extended. The Boys' School was phased out and, in 1918, about 300 pupils moved in. At that time the playground was fronted by an old cottage and garden, which were added to the school some time later.

In November 1928, Miss Hum, the Headmistress and founder died. Her school motto was 'By Love, Serve One Another' and she was sadly missed. Two members of her staff, Miss L.M. Levesley and Miss G.M. Elvidge, served for thirty years as joint Principals (1929-59), before their retirement, when they were succeeded by the Senior English Mistress, Mrs. E.A. Agnew. When Mrs. Agnew retired in 1973, Miss C.B. Miller (1973-78) became Headmistress, followed by Mrs. J. Baker (1978-84).

Throughout its history, the school has adopted a policy of continual improvement, with regards to its accommodation and facilities. In 1958, the house next door was acquired. In 1962, 1970, 1976 and 1987 radical alterations were carried out to increase capacity and improve conditions.

But still at its centre stands Avondale Hall, looking in remarkably good shape. No longer the all-purpose venue for so many good causes, it seems content to have found its niche as the heart of Palmers Green High School.

I am indebted to the current Headmistress, Mrs. A.F. Woodings, who was kind enough to show me round the school, which has deservedly gained such a fine reputation. I was much impressed with everything I saw.

The school will always be especially associated with two of its Old Girls, Stevie Smith (1902-71), poet and novelist and Dame Flora Robson (1902-84), distinguished actress, who both attended Miss Hum's in the Green Lanes and switched to the new school, in Hoppers Road, in 1918. Stevie Smith was born in Hull, but when she was three she moved with her parents and sister to No.1 Avondale Road, just a stone's throw now from the school. She remained here for over 60 years, originally with her mother (who died in 1919) and thereafter with her 'Lion Aunt'. A commemorative plaque suitably marks her old home. She wrote a beautifully descriptive piece on her early life entitled 'Return to Syler's Green' (a thinly disguised reference to Palmers Green) and, in 1947, the BBC broadcast the story, read by her contemporary, Flora Robson. The text of this may be read in 'Me Again' by Stevie Smith.

Flora Robson's family home was 'The Lawe', 65 The Mall. The house on the corner of Oakfield Road is still there, with the name above the entrance. Dame Flora was an outstanding character actress. Her fine portrayals on stage and screen gained international recognition during a long and successful career. She was awarded the C.B.E. in 1952 and made a Dame of the British Empire in 1960. Throughout her life, she kept in touch with the School and was proud of her connections with Palmers Green.

Eaton Farm and outbuildings were situated where the petrol station now stands, on the bend of what used to be Hoppers Road, but is now part of Bourne Hill. The farm is shown quite clearly on the 1867 O.S. map but, by 1897, the farmhouse buildings had gone and Eaton Villa had been built a little nearer to the Green Lanes. The villa is still there. In his book 'Memories of Winchmore Hill', Horace Regnart tells us that a successful breeder of Black Minorcas (poultry) once lived here.

There was a fine house called Avondale on the corner with Green Lanes (now occupied by Hertford Court), enhanced by a lovely old cedar tree. The house was demolished around 1908 and the site remained vacant for many years, with only the tree recalling the past. In time, may the new tree grow to equal its grandeur.

The Eaton Park estate, the northern limit of our area, is now occupied by Lytton Avenue, Eaton Park Road, Meadowcroft Road,

Avondale Road and Stonard Road. It appears that the area went into some decline in its latter years, when the grounds were frequented by gypsies, who used to hawk their wares around the village. The roads I have mentioned were made up in the 1890's and the housing development gradually got underway.

Highfield College, once a private house set in 4 acres of grounds, was built in the 1870's on part of the Eaton Park estate. The name College Road perpetuates its name and indicates its position.

The early prospectus of Highfield College – A Boarding School for Boys, can be seen in our Local History Department. It shows photographs of a fine looking house and grounds which consisted mostly of orchards and farmland. The prospectus claimed it to be 'The Healthiest Place in London – Death Rate only 9 per 1000'. The Headmaster was W.F. Crowe Smith, B.Sc., A.C.P. I realise I have strayed into Winchmore Hill territory once again, but it is unavoidable.

Picture the scene if you will. The year is 1903. Christ Church in Waterfall Lane has been standing some 40 years, replacing the old Weld Chapel that preceded it. The fine church standing on top of the hill has become the focal point for the religious and social life of 'so sweet a village as Southgate'.

The Walker family still occupies the big house called Arnos Grove in Cannon Hill, with its large estate encompassing the Pymmes Brook valley, still intact. Only two of the famous brothers still survive. Vyell Edward Walker, one of the great cricketers of all time, now in his 66th year and Russell Donnithorne Walker, aged 61, once a fine cricketer too, but not now enjoying the best of health.

V.E. Walker, usually referred to by his second name (and Teddy to his friends), had become a father figure to the village. Not only a great benefactor to so many of Southgate's good causes through the years, he was accepted by the villagers for what he was, a man who cared. His sister Anna, too, was held in the highest regard. Anna had married James Baird, the first vicar of Christ Church and, on his death in 1893, she carried on living at 'Arnoside', on Southgate Green, and actively continued to give a helping hand whenever it was needed. James Baird had been succeeded as vicar, initially by Cyril Wilson and then, in 1898, by John Beardall.

In 1903, Southgate, Palmers Green and Winchmore Hill were still attractive villages, surrounded by open countryside. Here and there, set in beautiful grounds, were the big houses of the wealthy landowners. Altogether a most attractive scene. But could it last?

It did not need a crystal ball to foresee that change was on the way. London was expanding and the power and influence of the two largest landowners in the area was on the wane. Development had been held in check, whilst the Taylor and Walker families had control. Now that control was coming to an end. The great sale of the Taylor estates, in 1902, set the wheels in motion. Soon, the development in Palmers Green was underway and there was no going back.

The Rev. John Beardall, V.E. Walker and Anna Baird recognised the signs. The need for a new church in Palmers Green became their concern. It is recorded that, in 1903, the two men set off to walk around this still green and pleasant land, to find a suitable site for a new church. Their route would have taken them from the Cherry Tree, along the footpath which is now The Mall, to the hamlet of Clappers Green. They would have turned down a winding track, called Fox Lane, past the farmhouse and on to Fir Tree Cottage. With haymaking still in progress in the open fields on either side, a tree-lined footpath beckoned them on across Clappers Green Farm and over the railway, to emerge into the Green Lanes near the top of Hedge Lane.

They came to the corner site, now occupied by St. John's Church, and the Rev. John Beardall later confirmed that, after some discussion with Edward, they agreed it would be a fine site for a new church. "Yes, but I don't know the owner", said the Reverend. "I am the owner, so peg out your site and show the plan to me", was Mr. Walker's reply. And that's how it all started.

Reinforced by the generosity of V.E. Walker and his sister Anna Baird, a small band of faithfuls got the scheme underway. The architect chosen was J. Oldrid Scott, son of George Gilbert Scott, architect of Christ Church. The foundation stone was laid by V.E. Walker on 17th October 1903 and, a year later, on 12th November 1904, the church, as built so far, was consecrated by the Bishop of London. The congregation in those early years was small, but their efforts in establishing and maintaining a church of such magnitude, were quite remarkable.

In January 1906, St. John's was granted its own parish and ceased to be a 'daughter' church to Christ Church. The first priest was the Rev. William Bate, with George Lacey of Springfield House and William Jordan of Hill House, the designated churchwardens.

Just a month later, V.E. Walker died. It was a great blow, not only to St. John's, but to the whole area. Southgate had lost a true friend.

And so the great work continued. I should like to quote here a few paragraphs written by Cecil Hunt* in his booklet 'Thirty Years at St.

*Cecil Hunt was referred to in the last chapter. He and his friend Arthur Wiggins, whilst still schoolboys, helped to rescue the pilot of an aircraft which crashed in Derwent Road.

John's, Palmers Green', for they capture so clearly the spirit of those early years. Furthermore, they could have been written about the birth of so many of our local churches, apart from St. John's. The words are equally apt: —

> To catalogue all the efforts, all the self sacrifice, all the lovely eagerness, all the quenching disappointments that went towards the making of St. John's is transparently impracticable.
> If it were possible it would be absurd. It is impossible to capture living spirit within words, or to picture in print the prayers of the faithful and of friends far and near. These things cannot be written, they can only be felt and understood, and, maybe, held captive in the fabric which they help to found.
> Perchance it is mere fantasy, but if so it is an inspiring, friendly fantasy to feel that something of the spirit is enshrined in St. John's Church, and that something besides the builder's handiwork does and will endure. Much love went into the making of St. John's Church – goes still into the sustaining of it, and no love is ever lost. It lingers within those walls, and more than we may ever know, have been and will be influenced by it.

There is much more to tell of the history of St. John's. The trials and tribulations of two world wars; the death of Mrs. Baird in 1916; the stained glass East Window being dedicated to this kind lady and her equally benevolent brother; the erection of a particularly fine parish war memorial, designed by Frank O. Salisbury, sculpted by John Angel, which was unveiled in 1920; the death in 1922 of George Lacey a founder member who, together with his fellow Churchwarden, Dr. H.C. Woodcock, had set such a fine example and become an inspiration to others; the Lacey Memorial Window in the South aisle and the naming of Lacey Hall in Hazelwood Lane in his memory.

These are but a few events and a few of the names connected with the work of this most handsome of churches. Those I have omitted to name are numerous and no less worthy. I have tried merely to set the scene and place the establishment of the church in the context of the development of our area, Palmers Green. I know you will understand.

And so we cross a once quiet and aptly named Green Lanes. Just to the north of the Hedge Lane junction, near to the Oaktree Avenue of today, stook Oak Tree Villa, at one time a small dairy farm. From here, northwards to Winchmore Hill, in 1867, there was not a single dwelling fronting the Green Lanes, on either side of a leafy tree-lined road, until we reached 'The Cedars', on the corner of Highfield Row (now Highfield Road).

On the south eastern corner stood Hazelwood House, where Mr. Morgan, the papermaker, lived. Grove Lodge in Middle Lane, Winchmore Hill, was built for his son, Charles Morgan. It became the home of the Cresswells in 1870 and adjoined the station in, what became, Station Road.

Hazelwood House had a well tended, long and colourful garden. At the rear was a billiards and smoke room, used occasionally for local Conservative Party meetings. The house later became the home of Mr. Harman and, in its latter days (1911-12), was used as a temporary Roman Catholic Church, before it was demolished to make way for the shops.

Hedge Lane was aptly named, for the old photographs show it as a rutted track, lined on both sides with dense hedges. Beyond, on either side, was open countryside and farmland. A narrow bridge took us over the New River. Apart from Huxley Farm, there was only one solitary dwelling on its northern or left hand side, and none on the right.

The one road, on the southern side of Hedge Lane, was Kings Arms Lane or Honeysuckle Lane, as it was more popularly known. This lane entered where Connaught Gardens does today. It was an important lane in many respects, for its rather meandering track led from the Green Lanes, along what is now Oakthorpe Road, across the New River eastwards, through the hamlet of Chequers Green, to emerge in Hedge Lane opposite the well known Huxley Farm. From here, the route could continue northwards, via Firs Lane, or eastwards towards Edmonton.

Similarly, Tile Kiln Lane, now Tottenhall Road, plotted an even more tortuous course. It took us through the toll gate and over Pymmes Brook, into Blind Lane, to emerge into Kings Arms Lane, just north of Chequers Green. From here, it was a short journey to Huxley Farm. Before the North Circular and arterial roads were dreamed of, these were important routes for the walker or horseman, heading towards Edmonton and beyond.

Hedge Lane in 1927.

Huxley Farm in Hedge Lane as it appeared in 1929.

Firs Lane, looking north to Bunce's Farm, 1933.

Huxley Farm will be remembered by many of my readers for it was demolished, within living memory, to make way for the housing developments. The farm had belonged to the Huxleys of Weir Hall in the 17th and 18th centuries but, after the death of Sarah, Richard Smith took over the running of the farm, employing 20 men, 8 women and 2 boys working on its 350 acres. This would have been about 1850. John Smith took over in the 1880's, to be followed by William Watson in 1905. In its latter years, it was often referred to as Watson's Farm.

I have photographs of the farm, the stables, and Mr. Watson himself. The farmhouse was a fine looking two-storied building. Spacious and roomy, it had a porticoed entrance, shaded by trees, its front wall clad in greenery. Its distinctive white picket fence lined the edge of the lane. It survived longer than most of our farms, finally yielding to the developers in 1931.

The area to the north of Hedge Lane, as far north as Barrowell Green, comes within the Palmers Green N.13 district. This includes an interesting section of Firs Lane, which is worth investigating. The remainder of Firs Lane, which finally emerges into the Green Lanes, opposite Sherbrook Gardens, relates to the Winchmore Hill N.21 district.

Years ago, there was a lane connecting the Green Lanes with Firs Lane, leading from just opposite where St. Monica's Church is today, across the fields, via a footbridge over the New River, to emerge in Firs Lane, roughly where number 335 is now situated. There is a blue plaque fixed to the house in question. 'The Firs' was just to the north of this lane and was approached by a drive lined with fir trees, which gave both the house and Firs Lane their names. In 1801-2, the lane leading into Green Lanes was stopped up and the land added to The Firs estate.

The big house, or mansion as it is usually described, was said to be a large commodius and handsome building, set in 40 acres and was lived in by the Lake family for well over a century. They were originally a Lincolnshire family. The records go back to Sir Edward Lake (1598-1674), an ardent Royalist, who fought with great bravery in the Civil War. Charles I rewarded him with a baronetcy and, on his death, as there were no children, the estate went to his nephew, Thomas Lake. The baronetcy had lapsed through disuse but, after Thomas died, his successor Sir Bibye Lake applied for its renewal, which was granted on the instructions of Queen Anne. Sir Bibye lived at The Firs and, by direct descendancy, firstly Sir Atwell Lake (and his brother Bibye junior), then followed by Sir James Winter Lake, continued to live in the house in which they had both been born.

This is an appropriate place to mention the Lake's family connection with the Hudson's Bay Company, the main source of their wealth. The Company was founded by Prince Rupert and other adventurers, for the purposes of trading with the North American Indians on the shores of Hudson Bay. It was granted a Royal Charter, by Charles II, in 1670 and its intriguing history would fill a book in itself. I wish to tell you of the local interest, relating to those members of the Lake family referred to in the previous paragraph.

Thomas was a member of the Committee from 1700 and became Deputy Governor in 1710, a year before his death. Sir Bibye succeeded him and became Governor for 30 years, from 1713 to 1743. His two sons, Sir Atwell and Bibye junior, both served on the Committee, as Deputy Governor and Governor. Sir James Winter Lake rendered similar service over a period of 45 years, which ended with his death in 1807.

It was whilst Sir James was Deputy Governor, in 1795, that a fort was established by the Company on the North Saskatchewan River and the name Edmonton House was chosen, which was to give the city its name. It was named in recognition of the home of the Lake family, Edmonton in Middlesex. Edmonton, Alberta, 20 miles upstream from the site of the original fort, is now a thriving Canadian centre with well over half a million inhabitants. I wonder how many of them realise that the origin of their city's name stems from a local parish to the north of London, where the Lake family once lived in a big house, by the side of a quiet country lane.

There was a connection between the Chandos and Lake families. The first Duke of Chandos, who married Mary Lake, purchased the Manor of Canons from the Lakes of Edgware. It was the third Duke of Chandos who lived at Minchenden on Southgate Green.

Sir Atwell Lake died in 1760 and his son Sir James Winter Lake in 1807, at the age of 63. They are both buried in the old parish churchyard of All Saints in Church Street, Edmonton.

Sir James was a very wealthy man and a great patron of the arts. He was a Fellow of the Royal Society and a member of numerous other distinguished associations. A renowned connoisseur, he amassed a quite unique collection of the world's finest paintings, engravings, books and various other artistic treasures during his lifetime and, after his death, these were put on sale.

The Sale Catalogue of 1808 reads like an inventory of Aladdin's Cave. In its 56 pages, are listed 1,135 lots, the sale lasting 8 days. It was claimed to be 'one of the most splendid and rare collections hitherto submitted by public sale, and collected with a true classic taste of the fine arts by the late Sir James Winter Lake, Bt. F.A.S. etc.'. A separate sale of his 'rare and invaluable library' lasted 15 days and the sale of his engravings a further 12 days.

'The Firs' should not be confused with a house (since demolished) of the same name in Barrowell Green, that once stood near the Baths. The Barrowell house was of more recent origin. The Lake's family home was pulled down about 1820 to make way for Bunce's Farm and Cottages.

I should mention here the name of John Thomas Smith (1766-1833), an artist, engraver and author of distinction, who came to live at Myrtle Cottage in 1788 at the age of 22 and stayed for 7 years. The cottage was placed at his disposal by his wealthy friend and patron, Sir James Winter Lake, whose benevolence enabled him to pursue his considerable artistic talents, which included becoming art master to Sir James' daughters. His 'Book for a Rainy Day' contains some local references and he was dubbed 'Rainy Day Smith' in consequence. After he left the district, J.T. Smith became a print seller in St. Martin's Lane and, in 1816, he became Keeper of Prints in the British Museum, a post he retained to the end of his life.

Myrtle Cottage will be remembered by many of my readers. It is thought to have dated back to 1710, and was situated on the east side of Firs Lane, near where the shops are now situated. Once again a blue plaque helps us to identify its position. The front garden was reached by a footbridge across the ditch, with a pond nearby where the ducks and geese would gather. Running through the garden, on the south side, was a tiny brook, a tributary of Pymmes Brook, which had been culverted under the lane and which flowed gently towards Edmonton. The last occupant of Myrtle Cottage was Stanley Heath, one of a family famous for their nurseries in the area. He, in fact, renamed it Myrtle Nursery, before its final demise in 1948. The name given to Myrtle Road nearby gives us just a hint, a reminder, of the old cottage that started life here some 280 years ago.

Opposite Myrtle Cottage, on the corner of what used to be a sudden twist in the lane, Bunce's Farm and Cottages replaced the mansion. At one time this farm formed part of the great Huxley estates, which comprised about 383 acres. The Huxleys were a well-known and long established Edmonton family, formerly occupying Weir Hall and, in the early 19th century, were one of the largest landowners in Edmonton.

In years gone by, next to the farm on the Hedge Lane or southern side, were some farm labourers' cottages. Each cottage comprised two rooms, a bedroom upstairs and a living room downstairs, with a small low lean-to scullery at the back. There was no piped water or main drainage. There is a delightful photograph showing the row of four cottages with 'dear old Liza Brown' standing in the end doorway. She eked out her living by selling ginger beer and American soda (price one penny) from the premises. The advertising plates, fixed to the front wall, can be clearly identified. The old cottages were demolished in 1897/98, though the farmhouse survived into the late nineteen thirties, by which time it was run as a Nursery Gardens.

George Bunce of Tanners End came to Firs Lane in the 1840's and soon became a highly respected farmer and market gardener. He had a very large family, who maintained the family tradition. Three successive generations ran Bunce's Farm and two generations became tenant farmers of Firs Farm. In addition, the Bunces were the last tenants to farm Clappers Green Farm in Fox Lane, before its demise in 1908.

Firs Farm was on the eastern side of Firs Lane, just north of The Fairway of today. The farm is thought to have been built about 1720 on the instructions of Mrs. Childs, who came from a well-known local family (the Childs family were related by marriage to the renowned Udalls of Winchmore Hill). The land was at one time the property of the Dean and Chapter of St. Paul's (later the Ecclesiastical Commissioners), who owned 664 acres in the then parish of Edmonton. It was later purchased from the Commissioners by the local Council. The farmhouse was a tall building with a mansard roof and dormer windows and it had an extensive acreage, extending to the north and east. When it was demolished in 1927, part of the land was later used for housing developments, the remainder was converted into sports grounds.

Firs Lane has seen dramatic change in the last 50 years or so. Many 'old-timers' will recall the quiet country lane bordered by grass verges, ditches and overhanging trees, that is within living memory. It seemed reluctant to change, but has now bowed to progress and become a busy 'short cut' for the traffic.

It is time for us to retrace our steps and return, by way of Hedge Lane, to the Green Lanes ready for the next stage of our journey.

CHAPTER 5

THE GREEN LANES

THE NAME ITSELF tells of our history. They once were the green and leafy lanes, along which the farmers would drive their cattle up to market. Centuries ago, the 'traffic' on Green Lanes had an entirely different meaning. The occasional haycart and the farm waggons, loaded with produce, would slowly wend their way between the farms amidst the tranquillity of the countryside. Some would be making their way up to Covent Garden. Much of Green Lanes was lined with large majestic trees, forming a canopy of green overhead in the spring and summer. It must have been a beautiful scene.

What better place to start our journey down Green Lanes, travelling north to south, than St. Monica's Church, situated on the corner of Stonard Road. The story of St. Monica's Church in Palmers Green is one of inspiration and dedication from a group of Catholics, in the early years of this century.

Many Catholics had moved out to Palmers Green, from the area served by St. Paul's Church, in Wood Green, and were continuing to worship there but, in 1910, with the development of Palmers Green gathering pace, Father Heditch was appointed as rector of the new parish.

For some months, services were held in a house in Grovelands Road, but this proved to be unpopular with the neighbours and, early in 1911, a suitably large home was found at Hazelwood House in Green Lanes, immediately opposite St. John's Church. This could only be a temporary solution, however, for the house was due to be demolished, to make way for the shops, which stand there today.

In June 1912 came the appointment of a new rector, Father Gallagher, a man of great drive and purpose. Within a year, he had arranged the purchase of land from Barratts (the sweet makers of Wood Green) that set the seal upon the future. The development of that land was not long delayed. A tin hut was erected to serve as a temporary church and school, and plans were drawn up for the building of a new church on its present site. In June 1913, Cardinal Bourne laid the foundation stone and, in May 1914, he returned to officially open the new church.

The old tin hut, meanwhile, had a short life as a school but became, in effect, the Parish Hall, hosting all sorts of Church functions and activities. Finally, in 1931, it was demolished to make way for a much more ambitious Parish Hall. However, the new Hall did not appeal to the parishioners, neither did it suit the activities of the various Church organisations, who preferred to use the small hall adjoining. Eventually the new Parish Hall was leased to John Clements*, the well-known actor and director, who formed a first-rate Repertory Company and founded the Intimate Theatre in December 1935.

Meanwhile, funds had been accumulating for a new, much needed Primary School, but it was not until 1945, after the Second World War, that Cannon Hall in Cannon Hill was purchased. Cannon House (as it became) was reconditioned, modernised and let, to provide more funds for the new school, finally built in 1954 on land at the rear of the house. It was opened by Cardinal Griffin in November 1954.

These are just a few of the facts behind the development of St. Monica's Church. Praise is due to the pioneers whose steadfast dedication gained everlasting reward. From those early meetings in a private house in Grovelands Road in 1910, the members would have been proud of all those connected with the Church when, 75 years later, Cardinal Basil Hume attended its consecration in October 1985. Another milestone had been reached in the development of our village.

I am writing these words in February 1988. Some two months ago came the shock announcement that the Intimate Theatre was to close at the end of January. From the reports in the press, the reasons appear to have been twofold. Firstly, the owner, who held the theatre on lease, was finding it progressively more difficult to make it pay and secondly, the church authorities were expressing their wish that the building should be used, once again, as a Parish Hall. Whatever the reason, there are many residents who feel a sense of great loss with the passing of this superb little theatre, here on our own doorstep.

Knighted in 1968, Sir John Clements' association with the Intimate lasted from 1935 to 1940. During that time he appeared in nearly 200 plays, most of which he directed, and was instrumental in establishing a reputation for his Repertory Company that was enticing theatre-goers, from all parts of the metropolis, to visit this northern suburb of ours. The Intimate was the first London theatre to reopen after the crisis and outbreak of the Second World War, in September 1939, with a revival of Terence Rattigan's 'French Without Tears'.

My own memories of the theatre go back to the wartime years. A chum of mine used to do a paper round for Guy's, the newsagents, on

*Sir John Clements died in April 1988, whilst this book was being prepared. He was extremely talented and his achievements spanned a wide spectrum. My personal abiding memory is for his fine performance in the 1939 film 'The Four Feathers'.

St. Monica's Roman Catholic Church, with St. John's Church in the distance.

The Intimate Theatre, founded by John Clements in 1935, closed down in January 1988.
It was built in 1931 as St. Monica's Parish Hall.

The Palmadium, 'London's most magnificent picture house', opened on Christmas Eve 1920 and closed in 1961.

Tesco's supermarket and shops have been built on the site of the old cinema.

Winchmore Hill Green. His wages included two free tickets every week for the Intimate Theatre, which the shop received as reimbursement for advertising the theatre's productions.

He would often invite me to accompany him – always on Monday evening, with seats in the circle. I marvelled then, as I still do in retrospect, at the Repertory Company, who would put on these fine plays week in, week out, with an entirely new production to delight our eyes every Monday. Members of the cast would be learning next week's words whilst performing this week's play, yet the standard was very high indeed. David Garth, who has since worked in many different spheres on television, was a particular favourite of mine.

The theatre was an ideal training ground for actors and actresses wishing to become established and make their way up the ladder of success to stardom. Many of them succeeded. Richard Attenborough made his very first appearance on stage at the Intimate in the summer of 1941. Kay Hammond (wife of John Clements), Sheila Sim (wife of Richard Attenborough), Vivien Leigh and Roger Moore are some of the famous names to have appeared here in the early stages of their careers. There are many others who, having learned their craft at the Intimate, have gone on to perform for wider audiences, in films, on the West End stage and on television. With the break-up of the Repertory Company and the growing competition of television, this theatre in our midst has suffered some lean times in post war years, including a period of closure. It was revived to become the home of many of our local societies, whose productions were invariably of the highest standard. My wife and I remember especially some superb musical shows, abounding in talent. The Intimate Theatre will be sadly missed by both performers and public alike.

As we cross the traffic lights and glance to our right, we can appreciate what a fine looking church St. John's really is, with the war memorial looking over what is now a very busy road junction. There, on the right, we can see the old footpath emerging into Green Lanes. I have written more fully about this in the two previous chapters.

Just before we reach Osborne Road, on our left, are some shops, culminating in Camera Craft on the corner. These will remind us of those early days of Miss Hum's, that grew into Palmers Green High School. Originally conceived as private houses, the ground floor bay windows have been replaced by shop fronts now, and we can stand back and visualise the early scene, when bright eyed children, at their desks, listened in rapt attention to their teachers' words of wisdom.

Before the development of any roads or houses on this Hazelwood estate, it was a very different scene. It was here, just to the north of where Osborne Road lies today, that Jones' Smithy stood. It shows quite clearly, on both the 1st (1867) and 2nd (1897) editions of Ordnance Survey, as a sizeable building, set well back from the Green Lanes frontage, with the blacksmith's cottage attached at its northern end. All around and beyond, as far as the eye could see, was open countryside. Its life obviously came to a close just after the turn of the century, when development got underway.

Information on Mr. Jones and his blacksmith's shop is difficult to come by. There is passing reference to it in articles I have read, but none that would indicate for how long it had served the area. Blacksmiths are traditionally family concerns, that are handed down through generations. Whether this applied to Mr. Jones or not, I am uncertain. Photographs, which tell us so much about the past, do exist for Palmers Green's other smithy and indeed for Southgate's, but I have not as yet been able to locate one of Mr. Jones' Smithy. Can any reader help?

On we go past the site of the old Skinners Almshouses. A renovated Fox Hotel looks impressive, though the corner turret has an unfinished look without its once familiar cupola and weather vane.

Opposite, the modern Post Office is as busy as ever. The Job Centre and Hazelwood Lane remind us that here, in days of yore, stood the Village Stores and Post Office, when the pace of life was slow and gentle. The open countryside of 'The Lodge' estate is now covered with housing and the Green Lanes is lined with shops, where once stood stately trees.

We look to our left and see Tesco's supermarket and our heart skips a beat. The non-stop traffic comes abruptly to a halt, as if frozen in time. The eyes mist up as today's scene disappears from view and the sights and sounds of another era invade our senses. The vision is slowly coming back into focus now. The blurred images begin to sharpen. Is that a cinema we can see?

Many residents in the borough will remember the Palmadium with great affection and with memories of many happy hours spent watching the images projected on its silver screen, throughout its 40 years history.

There was great local interest as the theatre neared completion in the winter of 1920 and the directors, with a fine sense of timing, decided to open on Christmas Eve, even before some of the decorations had been completed. The public response was tremendous. Throughout the first week, all the 2,500 seats were snapped up for every performance and many would-be patrons had to be turned away. This was the era of the silent film, usually with pianoforte accompaniment, but the new Palmadium was much more ambitious for a 'Grand Orchestra' and a 'Three Manual Pipe Organ' provided the music. The opening film was 'The Virtuous Model' with Dolores Casinelli (a 5 part intense drama) and, live on stage, was that 'famous bass baritone', Harry Dearth, whilst Eric Ross and Gwen Alban performed 'Nonsense at the Piano'. On Monday, 27th December (Boxing Day), the great attraction was a film about the Prince of Wales' World Tour.

The stalls alone could accommodate more than 1400, with a dress circle and upper circle each seating a further 450. There were 14 boxes, each usually holding 4 armchairs, though additional seats could be added. 'Dainty Teas' were served in the boxes and on the Tea Terrace. Admission prices ranged from fivepence to two shillings (old currency) and the boxes cost nine shillings and sixpence. A large orchestra could be accommodated, for music was planned to play a large part in the entertainment. The dressing rooms for the artists were unusually spacious and the envy of most other theatres.

The claims at the time that it was 'London's most magnificent picture house' and 'one of the finest houses of entertainment in the United Kingdom' were not without foundation, for no expense was spared in its construction, or in its furnishings and decor. For the record, the architect was J. Stanley Beard, a specialist in this field, and the contractors were Messrs. Bovis Limited.

The large stage allowed it a dual purpose role as a theatre where plays, revues or musical sketches could be performed, as a supplement to the increasingly popular film shows. The tea lounges were well patronised and, once the audiences had settled in their plush seats, they could enjoy the films projected by the very latest equipment, with the latest heating and ventilating systems ensuring their comfort.

The 'talkies' arrived in 1927 to provide a new impetus and, for a quarter of a century, the cinema was in its heyday as the patrons flocked to see their favourite stars. Well, that is how it all started, bringing with it added prestige to the growing suburb of Palmers Green. The Palmadium became a 'circuit cinema', and, as one of a chain, it was renamed The Gaumont in 1951, though the locals never took to its new title.

With the growth of television and a change in social habits, audiences began to dwindle. One by one the cinemas closed, or became bowling alleys or Bingo halls. The Palmadium was an early casualty and finally closed its doors on 25th February 1961. The last film shown was 'The Singer Not The Song' with Dirk Bogarde and John Mills. It seemed ironic that, on that last evening, the cinema was almost full. Among the patrons was one Charles Newby, who had attended the opening night more than 40 years previously. The Palmadium was later demolished and the site redeveloped, to make way for Tesco's Supermarket and the adjoining shops.

Today, the Palmadium would seem to be a relic from another age. In the end, it outlived its purpose. I remember, however, that wonderful feeling of anticipation and excitement, as I got off the trolleybus, met up with some chums, and hurried to the pay desk. We could hardly wait for our 1/9d tickets to be issued, when we were off through the doors to enter another world. We blinked our eyes to get accustomed to the darkness and an obliging usherette beamed us to our seats. As we settled down, the credits rolled to herald three hours of thrills, suspense, adventure and romance. It was a world of magic.

My mention of the trolleybus, just now, will have reminded some readers of our means of transport in years gone by. We were much more reliant on *public* transport then, for society had not reached the degree of affluence, when ownership of our own motor cars became the common rule rather than the exception. The wartime years were abnormal, it is true, with petrol rationing and strict controls curbing the use of the comparatively few cars, then privately owned. However, it is only since the war, and then only gradually, that car ownership has grown to be accepted as the norm.

Some of you may have seen the delightful film made, in 1950, by Edgar Chard and narrated by John Ginn, highly respected editor of the Palmers Green & Southgate Gazette, on the borough of Southgate. I am fortunate to have a video copy of it. It makes one fully appreciate the changes that have taken place, even in these last 40 years. In particular, we detect how light the traffic was in 1950, compared with today, even on our busiest roads, such as the North Circular Road and Green Lanes.

Transport and communication are vital ingredients in the development of any area, so how have they applied to Palmers Green? On our journey through the various chapters, I have made references to the subject here and there, so my summary will be brief.

Man's earliest mode of transport, walking, was soon supplemented by the use of the horse. What an important role this noble animal has played in the evolution of our ability to travel. The horsebus was used, extensively in our area, as one of the first means of public transport. These services were usually organised by the landlords of the various inns, with journeys up to town and back on a regular basis. With the extension of the Great Northern Railway and the opening of Palmers Green Station in 1871, the horsebus services into town declined and were used more as a shuttle service to and from the station. Time schedules became all-important, for it was essential that the bus and train times coincided, both on the outward and return journeys.

By 1908, the major undertaking of extending the electric tramway northwards from Manor House, along Green Lanes as far as Winchmore Hill, was completed. Initially, the trams only went as far as the Green Dragon but, by the following year, the service had been extended to the George Inn in Enfield Town.

With the invention of the internal combustion engine, there followed the development of the motor bus. By 1912, a regular service through the southern half of Palmers Green had reached Southgate, by way of Aldermans Hill. There followed a period of intense rivalry between the London General Omnibus Company and many 'pirate' bus companies, as they vied for trade. In 1914, the tram fare from the Green Dragon in Winchmore Hill to Tottenham Court Road was 4½d and the bus fare from Palmers Green to Oxford Circus was 5d. This is old currency, of course, equal to 2 pence today.

Although there is no Tube station in Palmers Green, the extension of the Piccadilly Line, in 1933, northwards from Wood Green as far as Cockfosters, was to have a profound effect, for the whole of the region was now within easy reach of the metropolis.

1938 saw the last of the trams in our locality and the introduction of the trolleybuses. Many readers will remember the trolleybuses operating along the Green Lanes. They occasionally caused some degree of chaos when the arms became disengaged from the overhead power lines, but they were beautifully quiet and pollution free, with a quick acceleration. The last trolleybus in these parts left Winchmore Hill for its journey southwards, through Palmers Green, in the early hours of 8th November 1961.

In the broadest of terms, these are just some of the landmarks in public transport, as they affected our village, whilst it grew into a suburb.

As we pass the National Westminster Bank and cross Lodge Drive, our vision blurs yet again, as if we were looking through a rain-lashed window. When it clears, Bejams has disappeared and we are looking at another cinema.

The Queens, Palmers Green's very own first picture house, gave its final performance on Saturday, September 30th 1967, with the showing of the James Bond film, 'You Only Live Twice'. As the National Anthem finished and the audience shuffled its way to the exits, there were many who deeply regretted the closure of yet another local cinema, inevitable though it was.

The Queens opened on 30th November 1912. The early photographs show a strange looking cinema by today's standards. It resembled a large two-storey house, with a pitched slate roof and a front gable, with stucco and timbered walls. At ground floor level, beneath the gable, was the wide main entrance flanked by billboards on either side. The films were silent in those days and admission was threepence, sixpence and one shilling for the front, middle and rear stalls respectively. The rebuilding of the cinema in 1927 coincided with the introduction of the 'talkies' that same year. 'Going to the pictures' became a universally popular pastime for young and old alike and for all sections of the community. That popularity was to continue through many decades.

After the Second World War the cinema industry started to decline, slowly at first but, as television became more readily available and affordable, audiences dwindled at an alarming rate and the local picture houses were the first casualties.

The Palmadium had already fallen in 1961 but the Queens held out until 1967. In July of that year Mr. Moss Harris, a familiar figure in Palmers Green and owner of the Queens for no less than 46 years, sold out to Star Associated Holdings. Just one week after selling, he collapsed and died at the age of 85. The new owners continued to run it as a cinema for a while, but it soon became obvious that its days were numbered and, after 55 years service as a cinema, the curtains closed for the last time.

Despite protests and objections, it reopened as a Bingo Hall, but the Bingo craze, too, was on the wane and the demolition contractors arrived in February 1971 to carry out the last rites. A new supermarket store (Bishops) was built on the site, later to become Bejams.

There may have been some who considered the Queens as slightly downmarket from the main circuit cinemas, but its role in reviving the quality films of the past, which many may have missed on their first showing, brought pleasure to thousands.

There will be many of us, too, who will remember our visits as schoolchildren on Saturday mornings to see the serialised Westerns, admission threepence. I was a regular supporter of these gripping epics. Each episode left us in suspense and anxiety, with our hero in some dire and seemingly irrevocable trouble. Escape seemed impossible. We just had to go back for next week's instalment, come what may. The television 'soaps' of today use a similar technique.

The good guys were always clean shaven, well-dressed and kind to their horses. The 'baddies' were usually dressed in black, with a week's growth of stubble and a snarling disregard for humans and

The old Queens cinema which opened in 1912 in the days of silent films.

The site is now occupied by Bejam's.

The Queens was rebuilt in 1927, the year the 'talkies' were introduced. It became a Bingo hall in 1967 and was demolished in 1971.

animals alike. My favourites were Ken Maynard and Tom Mix. I can see them in my mind's eye as though it were yesterday. They were the good guys and the 'goodies' always won. Happy days!

I make no apology for eulogising the cinemas of the past. Through many generations, they were part of our lives and, maybe, I will have prompted you to recall some of your own special memories of a night at the pictures.

We continue to travel south, past the site of the Thatched Cottage on our left, and Evans & Davies on our right. I have written more about these topics in my last chapter. There are signs that the Evans & Davies edifice is awakening from its slumbers. The building has been refurbished and shops are operating from ground floor level. Could it be a good omen and herald a new beginning? On we go, past the Triangle and the site of Hill House and there, on the right, is a building dear to us all, the Southgate Town Hall.

When Southgate separated from Edmonton in 1881, its first offices, those of the Local Board of Health, were situated at Ash Lodge on Southgate Green near the Cherry Tree. John Walker of Arnos Grove was the first chairman. After several years, it became apparent that larger premises would soon be needed and the Board instructed their architect, Arthur Rowland Barker to design a new Town Hall. I have written about A.R. Barker and his family at length in my book on Southgate. They lived in Grove House on Southgate Green.

The site chosen was on the corner of Broomfield Lane and Barker was asked to make his design resemble a large private residence, rather than a public building. In 1893, the project was completed and, a year later, Southgate became an Urban District. The neighbourhood was still so open and rural, that the new building was correctly described by one newspaper as 'a Town Hall in a turnip field'. A flagpole in the front garden and a horse trough on the Broomfield Lane triangle, became well-known features.

Although similar in character, it was a more modest building than the one we know today for, as Southgate grew after the turn of the century, extensive alterations and additions were made in 1914 to meet the administration's growing demands. The new work is made apparent by the slight colour variation in the brickwork and roofing tiles. An imposing and attractive clocktower was added at this time. Southgate, the Queen of Boroughs, steadily grew in importance and stature and, in 1940, a fine new Library was opened just behind the Town Hall.

The scene remains today, though Southgate Town Hall is no longer the power house of operations it once was. When Southgate lost its independence in 1965 and came under the control of the London Borough of Enfield, the hub of administration moved to the new Civic Centre in Silver Street. However, the Town Hall still serves a useful role and reminds us of the days when Palmers Green was at the very centre of the borough's activities.

There has recently been large scale demolition of the buildings at the rear of the Town Hall, where the headquarters of the Southgate Fire Brigade stood. The station was built in 1893 and later enlarged in 1930. The Brigade, founded in 1881 when the district separated from Edmonton, completed sixty years of exemplary service in 1941, when the National Fire Service came into operation.

Opposite the Town Hall is Oakthorpe Road. Let us pause and reflect on Dr. Ginsburg J.P., who died at his home 'Oakthorpe' in 1914, at the age of 84.

C.D. (Christian David) Ginsburg was born in Warsaw on Christmas Day 1831. His father was a Polish Jew and his mother was of English descent. He became a Christian in 1846 and a year later, at the age of 16, he left for England, which was to become his new home. He was naturalised in 1858 and was married twice.

Dr. Ginsburg was a keen Egyptologist, but is best remembered as the foremost Hebrew scholar of his day. In 1870, he was one of several learned men appointed to revise the authorised version of the Old Testament. His greatest achievement, involving many years of hard dedicated study, was with the Massorah, a marginal critical work on the text of the Old Testament, written between the sixth and ninth centuries. His translation extended to four volumes. He was soon accepted as a leading authority on the Hebrew Scriptures, on which subject he wrote several books, setting out his own theories and beliefs. He also contributed articles to the Encyclopaedia Britannica.

He was appointed Justice of the Peace and sat regularly on the Bench at the Wood Green Town Hall. He was interested in politics and became a friend of Gladstone. In 1907, he became the first President of the Palmers Green Liberal Association.

It says much for Dr. Ginsburg's character that, having become a Christian at the age of 15, he nevertheless maintained his lifetime interest in all matters pertaining to his Jewish background and religious origins, and was highly respected by all sections of the community. A man of great wisdom, he dedicated most of his life to the study of the Hebrew scriptures. His death prompted the headline 'Our

Most Distinguished Resident Passes Away' in the local newspaper.

'Oakthorpe' must have been built in the early 1870's. It was a stately home, set in lovely grounds blessed with beautiful trees and lawns. The stables and coach-house led on to a paved courtyard and a separate building, the library, housed the doctor's large collection of bibles and other religious works.

In the basement of 'Oakthorpe', there was a large kitchen and butler's pantry, capacious cupboards and ample cellarage. The reception rooms, too, on the ground floor, were spacious and airy.

In 1916 the Ursulines* bought the property and transformed it into St. Angela's Convent, a boarding and day school. One of the reception rooms became the chapel. For a long time the school was under the direction of Rev. Mother Monica and it was shortly after her death, in 1932, that the Ursulines left and the Daughters of Providence** took over. They already had a school in Wood Green, which continued as a Secondary School, 'Oakthorpe' becoming the Junior School. During the war, due to large scale evacuation, 'Oakthorpe' functioned for both age groups and a building was erected in the grounds to provide the necessary expansion.

After the war, the Secondary School returned to the Wood Green building but the numbers at 'Oakthorpe' continued to increase, prompting a new school building in 1953. In 1971, a fine new convent was built around the old house, prior to its subsequent demolition. In September 1974, the new school, still under the ownership of the Daughters of Providence, was opened as St. Angela's Roman Catholic School for Girls. Sister Mary Agnes became the first headmistress.

With the closure of the school in Wood Green, links had been forged with the Holy Family Convent School in Enfield. St. Angela's today accommodates over 600 pupils, ages 14 to 19, and continues to maintain the very high standards always associated with the 'school at Oakthorpe'.

I am very grateful to Sister Mary Agnes for her kind response to my enquiries. She was most forthcoming on the history of the school and showed me round the new convent building, with a look into the chapel. The lawn outside clearly shows the position of the old house.

*Ursulines, an order of women in the Roman Catholic Church founded at Brescia, Italy, in 1535 by St. Angela Merici, for the education of girls.

**The Daughters of Providence were founded in France in 1818. In 1903, three Sisters opened a house in Tottenham and, two years later, they started a small school in Wood Green. After several moves they became established in Earlham Grove, Wood Green where, in 1926, a new school was built.

The old basement has only been loosely filled, causing large depressions and undulations. "We call it the golf course" said Sister Mary with a smile. I left with an impression of a fine new school enhanced by a general atmosphere of loving care and dedication.

Oakthorpe Road was once known officially as Kings Arms Lane and has also been popularly known as Honeysuckle Lane and Heath's Lane. It is important, I think, that we trace the course of this lovely winding country lane through the open fields, before the construction of the North Circular Road and the housing development. Only then will we be able to appreciate its charm and appeal through the centuries.

Perhaps we could refer to the road guide of today and erase the North Circular from our minds. If we then connect up the ends of Oakthorpe Road and Connaught Gardens, where they emerge from the North Circular, we can visualise the lane in its entirety starting at the Green Lanes (opposite the Town Hall) and finishing in Hedge Lane (opposite Ash Grove of today). Where we have joined the two roads, there was once a small hamlet called Chequers Green. There may be minor discrepancies in outline, but broadly it is correct.

The only other roads running eastwards from the Green Lanes, in this vicinity, were Hedge Lane and Tile Kiln Lane. Hazelwood Lane stopped short at the New River. We can half close our eyes and blank all other roads from the memory. Think only of the countryside and the honeysuckle growing wild.

Let us start at the Green Lanes end. The Kings Arms inn, which gave its name to the lane and the Green Lanes bridge over the New River, stood where Truro House is today. I have never seen a picture of the inn and not a great deal is known about it. In 1801, it was owned by Beckitt & Ostliffe the Enfield brewers who, at the time, also owned the Cock & the Kings Head on Winchmore Hill Green. The Kings Arms was thought to have been an old inn, once known as The Three Nightingales. It was demolished around 1850 and became a nursery garden.

Henrietta Cresswell in her 'Memories of a Lost Village' describes, in charming fashion, the night when, with her mother, she stood on this very spot, to witness the coming of the Great Comet in 1858. May I quote her words: —

> It was a lovely evening – the sky amber and aquamarine. Grey mists were creeping up from the winding silver ribbon of water and the willow-shrouded banks of Pym's Brook. The dark yew trees made a black mass in front of the weird old

Designed by Arthur Rowland Barker, Southgate Town Hall was built in 1893.

The Town Hall, showing the alterations and additions made in 1914.

'Oakthorpe', once the home of Dr. Ginsberg, became St. Angela's Convent School.

Truro House, a stately home from another era.

white house known as Bowes Farm, and contrasted with the bright afterglow in the Western sky. The evening star burnt palely in the heavens, and cast a quivering reflection into the rippling water beneath. A candle in a window of the gable roofed 'Cock Inn' made a point of light. The 'Kings Arms' which gave the name to the bridge had already ceased to exist. The site was occupied by a nursery garden, and a faint perfume of mignonette mingled with the evening air. The scene was peace itself. The silence was only broken by the last chipper of a bird in the elm trees or the splash of a fish jumping in the river, but above and beyond all else, dominating the light, the silence, and the landscape, was the first sight of the Great Comet, small as yet, and appearing as a bright star and a strange, ever-widening beam of light paling the planets by contrast.

Truro House, whose grounds run down to the New River, is thought to have been named after Lord Truro of Bowes Manor, who at one time owned this land. The house, marked Truro Cottage, is shown on the 1st edition Ordnance Survey 1867, the lane then still being known as Kings Arms Lane.

Today, the hubbub of traffic rushing by outside makes an incongruous setting for a stately house belonging to a more gentle era. The stone spheres still surmount the well-built piers astride the gateway, which leads us to a portico entrance of some grandeur. The grounds are quite extensive, stretching down to the river and to the rear. There are some beautiful trees to admire, especially the conifers. The old boundary wall down Oakthorpe Road has a mellow charm, that defies both the plumb bob and the straight edge. The outbuildings, once presumably the stables, are topped by an old weather vane.

Proceeding down Oakthorpe Road today, we pass by the school and a newly built Old People's Home on the bank of the New River, called Honeysuckle House. This name is conjured from the past, when the locals knew it as Honeysuckle Lane. It is a pleasure to note this recognition of an old name on a modern building.

Across the narrow bridge and past the sports ground, we are fast approaching the North Circular Road. Before the arterial road was built, we would have been walking in open countryside towards the tiny hamlet of Chequers Green, surrounded by nurseries. This was the domain of the Heath family, one branch of whom lived at 'Chequers Keep' and another at 'The Elms', almost opposite. Many branches of the Heath family, through several generations, gained a notable reputation in horticulture, with other nurseries situated in Barrowell Green, Firs Lane, Bury Street and Thornton, near Epping.

The old Kings Arms Lane (or Honeysuckle Lane or Heath's Lane) then led northwards, towards Hedge Lane out to Huxley Farm but, just beyond Chequers Green, there was a turning called Blind Lane (see Chequers Way today). This wound its way across the Pymmes Brook valley and crossed the stream by footbridge and watersplash, to join up with Tile Kiln Lane. This whole area must have been a delight, in years gone by.

The Heaths were by no means the only family engaged in horticulture in these parts. Once back in the Green Lanes and heading south, we cross the New River by means of, what used to be called, the Kings Arms bridge. On our left, where the factory and garage stand today, there was once a large double-fronted house set in its own grounds. This was the home of James Pate, nurseryman and florist, sometimes known as Bowes Nursery. Once again, James was from a large family with horticultural connections in other areas.

When he had the house built in 1861, the view eastwards was across open countryside. He built some greenhouses, clearly visible in photographs I have seen, and had four acres under cultivation. The climb from the Cock, towards the Kings Arms bridge, was often known as Pate's Hill. The Bowes Nursery was demolished in 1931 when the development ensued.

We have now reached the traffic lights and the busy junction of the North Circular Road. The area has changed so much in recent times and seems destined to change even more in the future. All the more reason, therefore, to recapture the scene of yesteryear, lest all is forgotten. Before we do that, however, let's go to the shops.

CHAPTER 6

LET'S GO TO THE SHOPS

IF YOU WOULD ask any long-standing resident of Palmers Green to nominate the saddest decline they have witnessed in recent years, it is a fair bet they would make reference to the shopping facilities. There has certainly been radical change in what the shops now have to offer, and the businesses in which they trade.

There are many reasons for this, not confined to Palmers Green. With most of us now having our own transport, and with the tremendous growth in supermarkets and shopping centres, the whole style and manner in which we buy our goods has undergone revolutionary reform. Once again, our local history reflects changes of a much wider context.

However, in my illustrated talks that I give on Palmers Green to many of our local societies, I am made aware of how much the old shops really meant to those of us now past our youthful prime, and how sadly they are missed. I have been persuaded to include a few of my personal memories in this respect, merely in the hope that they may stimulate many more of your own.

At the end of the book, I have decided to list some of the shops trading in 1938, together with their modern counterparts, just 50 years later, in 1988. I have confined this to the shopping areas along the Green Lanes, between Hedge Lane and The Triangle. Hopefully this will prove of interest to my readers, and also to future historians, who may well be writing about even more radical change as we move into the twenty first century.

I have tried to maintain the north to south format, concentrating firstly on the eastern side of Green Lanes and later switching to the western side.

The shop development on our left hand side, at the top of Hedge Lane, dates back to the beginning of this century. To this day, there is a gentlemen's hairdressers, Andreas Sallas, right on the corner of the parade, causing the shop to be unusually small and quadrant shaped. This used to be Mann's and has always been a barber's shop for as long as I can remember. The other shops nearby come readily to mind, including Stone's, the pram shop (now Box o' Chicken), Grout's, the drapers (now Gateway Films) and United Dairies (now Stephen Young's). The familiar black and white tessellated tiles still cover the forecourt to the old 'U.D.' I have written in my Southgate book about the disappearance of the dairies, which once were very much a feature and an attractive part of our shopping facilities.

We pass by Wright's Radio Shop, from whose premises George Watson used to trade, followed by three houses. Stylistic, Ladies Hairdressers, leads us on to what are now three more shops, once the home of Miss Hum's, culminating with Camera Craft on the corner with Osborne Road.

We cannot pass Camera Craft without due reference to Edgar Chard, a keen Rotarian, whose death in November 1986, at the age of 88, saw the passing of a highly respected and talented gentleman. He founded the Company in 1922. As a photographer, he was highly skilled at his craft, and as a gentleman, he was kind and courteous to all with whom he came into contact. I remember too his wife Joyce, who assisted at both the Palmers Green branches, before her untimely death.

Edgar always made light of his hearing problems that resulted from injury in the First World War. In recent years, he kindly agreed to give some instructive talks and slide presentations to our Camera Club. I would collect him from his home in Townsend Avenue, and deliver him back there afterwards. I was invited in to be shown the photographs of his late wife and two sons. His love of the family was evident for all to see.

Edgar Chard retired down to Cornwall to live near one of his sons, but died shortly afterwards, quite suddenly and peacefully. He will be remembered with affection by so many. John Tomlins, who has been with the Company for 30 years and the Managing Director since 1970, continues the business in the tradition of its founder. There can be no higher praise than that.

On the other corner is Gamble's which, like Camera Craft, is a survivor. During the war, when food was short, Mum and Dad kept chickens. We lived in Farm Road, Winchmore Hill then, but I remember cycling to Palmers Green to buy the feed and grit at Gamble's. I also remember the smell of 'mucking out' the hen coop, which was very pungent to a young 'townie' like myself. Gamble's has diversified and expanded in post-war years, but the shop still has that delightful old-fashioned feel about it.

They have taken over the old bootmakers in Osborne Road and the premises next door in Green Lanes that used to be Clark's, the music and record shop. How well I remember going there to buy all my 78 r.p.m. records in the war years. I got to know the proprietors, Mr. and Mrs. Lanstein, in later years. They ran both Clark's and Ashwell's which was further down the Green Lanes, on the opposite

The electric tramway was extended northwards from Manor House along the Green Lanes and, by 1908, had reached the Green Dragon in Winchmore Hill.

Trolleybuses replaced the trams in 1938.

Camera Craft was founded in 1922. This house was the birthplace of Miss Hum's school.

The three end houses, that once served as Palmers Green High School, present a different image today.

side of the road. I still possess and enjoy many of the records I bought there. The artists include Bing Crosby, Frank Sinatra, Perry Como, Dick Haymes, Glen Miller, Mario Lanza and Deanna Durbin. I can visualise both shops quite clearly, as I expect many of you can.

Phillips, the picture frame maker and art shop, is currently run by Vernon Phillips, who was kind enough to fill in some of the details for me. The family came from Crouch End originally and the business was started, around 1915, by Vernon's grandfather, Arthur Phillips. The family lived above the shop then. When Arthur's son, Clifford, returned from the war in 1945, he took control. Many will have cause to remember the friendly service given in the shop by Clifford and his wife in post-war years.

Picture frames were once a substantial part of the trade, over 100 being made in all sizes every week, but this has now diminished. Clifford retired two years ago, to be succeeded by his son, Vernon. It is gratifying to record the continuity of a fine family enterprise.

Heaton's (books, pens and stationery), Westbrook's (bakers) and Sidney Dales (gents outfitters), all first-rate shops, have succumbed in post-war years.

Janes & Adams closed down just a year or two ago. It bore no resemblance then to the small cycle shop I remember, when Dad took me to buy my very first bicycle. A pleasant, rather stout gentleman with bushy eyebrows and hair just turning silver served us. He is so clear in my mind. I was as proud as a peacock when I walked out with my 20″ wheel model Hercules. I can still see that shop in every detail and sense the lovely smell that embodied rubber tyres, leather saddles, cellulose paint and lubricating oil. Janes & Adams expanded in later years to a double-fronted shop dealing in radio, television and electrical goods with a separate shop for games and pastimes. Percy Adams, a genial and very well-known local figure, seemed to change very little over the years. He remained in control until the recent closure when, still fit and active, he decided to retire.

Next door to Janes & Adams, at number 384, there used to be Glossop's. The shop was in two halves, the front part serving as a tobacconist and confectioners. A door in the centre of the partition then gave access to the rear premises, which served as a gentlemen's hairdressers. There were so many barbers' shops around in my youth when the standard and most popular request was 'short back and sides, please' and one's hair would be cut regularly once a fortnight. Hence the demand for barbers. I only had my hair cut once at Glossop's. I happened to get the new apprentice that day and the result was catastrophic. Alas, I don't have to bother the barber much these days!

Beyond Glossop's was Jarvis Elson (gents outfitters) and Robson's (stationers), both now gone. Robson's survived until a few years ago. Mr. and Mrs. Robson, their daughter, and a most charming Swiss lady assistant, are well remembered for their kindness. The shop was always well stocked to the point of disorder but the goods you required, large or small, would be unerringly located with such genuine good cheer. Nothing was too much trouble. The premises no longer function as a shop, having been converted into builder's offices.

Next door was Wyman's, the newsagents and booksellers, who had another branch further down the Green Lanes, on the opposite side of the road. They have ceased to trade, but not so Burke's, the greengrocers, who continue to supply us with fine quality fruit and vegetables. The last sentence was written before my interview with Roy Burke in his shop, in February 1988. Roy has now decided to retire and, by the time you read this, A.V. Burke will have closed after 75 years of trading in Palmers Green.*

The business was started by Roy's father, Albert, in 1913. Albert was the brother of Reginald Burke, whose shop in The Broadway N21 is also well remembered. And so a family business that has served the area so well, for so long, comes to a close. We are sorry to see it go.

We have arrived at Barclays Bank, on the corner with Park Avenue but, before we proceed further southwards, I should mention the Palmers Green Billiards & Social Club. It is situated on the western side of Green Lanes, set right back from the road with access down a narrow passageway, between numbers 467 and 469. This is where my late father taught me the rudiments of snooker and introduced me to many of his friends.

Not least of these was the owner of the club and one who actually helped to build it. His name is Fred Rappitt, a Leicestershire man, who came to London to work in the building trade. The club, complete with 10 full size tables, was opened by Tom Newman in 1937. Fred became a well-known figure behind the bar and a friend to all. I had the privilege of meeting him again recently. He is now retired, 85 years young, and very sprightly. After all these years, his recollections of Dad and myself were sharp and clear, though it is 40 years since we played there together (Dad died in 1949).

*The shop is now occupied by Unique Furniture.

I had a look round a still flourishing snooker club. The billiard hall has not changed one iota. Even the same tables are still in service (the best in London, according to Fred). The lounge and bar areas have been slightly modified and the big anthracite stove that gave out such colossal heat has gone.

I remember the charity darts matches I watched there during the war, when the News of the World team visited Palmers Green. Jim Pike was a marvellous player and a real champion, long before the days of television. Joe Hulme, one of my Arsenal heroes, would join in the fun. Joe was a fine all-round sportsman, and still lives locally, I believe. He excelled on the football and cricket fields and had a natural ability at whatever game he tried.

I said goodbye to Fred and wished him well. I then retraced my steps back to the Post Office, to continue our look at the shops.

Past the Post Office, on the east side of Green Lanes, I can remember Allen & Appleyard, good quality furniture at reasonable prices, Hasler's the ironmongers, and the Curzon Restaurant. They have all disappeared, as has the National Provincial Bank on the corner with Hazelwood Lane. The lower facade is still recognisable as a bank but it has become a Job Centre. A chemist's shop still operates from the other corner though, after so many years, Young & Harrison has become Cross & Herbert's.

Beresford's, the sports shop, disappeared many years ago. I remember Beresford's very clearly for several reasons. Dad bought me my first pair of roller skates there. They had steel wheels with ball bearing races and an adjustable clip that wrought havoc with your shoes.

Soon after I started at Southgate County, I went into the shop to select my first 'proper' cricket bat. It was Harrow size, i.e. slightly smaller and lighter than full size and, in my case, with a short handle. Do they still make Harrow size bats? It was lovingly treated with linseed oil and 'broken in' using a type of mallet with a ball shaped head, that I found at the bottom of the school cricket bag. I also became very attached to my first tennis racket (Dunlop 12½ oz.) and billiard cue (16½ oz.). There were no such things as two-piece cues in those days.

I can still relive the scene when Dad bought us a new dartboard. The family were very keen on darts, but we had an old-fashioned elm board that required soaking in a bath of water, for the whole time you weren't actually playing. Now, Dad and I were great Arsenal fans and, on this particular Saturday on our way home from the match, he announced that we would call in at Beresford's to buy a new 'rubber' dartboard, made by Dunlop, that was becoming very popular.

A feature of the board was that the wires were triangular in cross section, so that the darts would slide into one bed or another and not bounce back. That was the theory. The shop assistant was keen to give us a practical demonstration but the first dart he threw hit the wire, bounced back, and stuck in the floor, inches from his big toe. Today, I can still see the look of horror on the assistant's face and I can still hear Dad's laughter. We bought the dartboard and it gave us years of good service.

Next door was Keating & Rumens, wireless and electrical goods (and later television), Brick's, the outfitters and Randall's shoe shop. All have gone, but Randall's only in recent years. Palmers Green used to be well-known for its shoe shops which between them offered a tremendous range of choice. Apart from Randall's, there has been Freeman Hardy & Willis, Bata, Trueform, Barratts, Lovelace, K Shoes, Manfield, Stead & Simpson, Lilley & Skinner and Dolcis all within close proximity of one another. The last two were large double-fronted shops. In the same area, we are now reduced to three shoe shops, – Barratts, K Shoes and Puss in Boots.

Hind's, the jewellers, went several years ago, as did Barton's, the bakers. Just beyond, there used to be a pair of doors which gave access to a flight of stone stairs leading up to the Palm Court (part of the Palmadium). During the war it was converted into a very popular British Restaurant. Invariably my two great chums and I would hurry down there from school in the dinner break and queue up on the stairs, gradually inching our way forward to the serving counter.

I can still smell the shepherds pie (delicious!) and see the lady in her white coat, serving out the portions on to our plates as we filed by. Dinner and sweet cost one shilling and afterwards the three of us would dash into Barton's for a sumptuous, gooey malt loaf, price sixpence (old currency). We had got to know the assistant in there and she would cut the loaf into three equal portions for us. We would toss up, to decide who had the middle piece, and stuff ourselves contentedly on the way back to school.

The block of shops, from Tesco's onwards, has been built on the site of the old Palmadium cinema. I have discussed the Palmadium and Queens cinemas in my previous chapter. Their loss has caused even greater disruption to the face of Palmers Green, as we once knew it.

The National Westminster Bank, on the corner of Lodge Drive, is an elegant building that has remained, when so much about it has changed. We cannot fail to admire the bricklayer's skills as we look at the face of the building and the turret-like feature on the return elevation. A glance upwards will reveal the elegant chimney stacks, a work of art in themselves.

The Electricity Board's offices opposite, at one time, joined on to the Queens Cinema but the only queues now are for Bejam's supermarket. Capon's, Mens Outfitters established in 1913, have recently succumbed. They were next to Westlake's which used to be Burton's, the Gentlemen's Tailors. Up to 1938, this was the site of the Thatched Cottage, a real landmark in Palmers Green, which became Percy Whellock's florists and gardening shop. I discuss this more fully in the last chapter.

Stapleton's Dairy, Joe Lyons, Rego Clothing, Haysom's Furnishers and the ABC, affectionately remembered, have all disappeared. During the war, I always rated the ABC's ice cream as the best available. It was deep yellow and absolutely delicious. The waitress told me it was made from evaporated milk, hence the creamy flavour. I believed her at the time.

Woolworths, dear old 'Woolies', remains. Though much changed in character, we are grateful for its tenuous links with the past. We look in vain for its sign declaring 'nothing over sixpence'. A few doors along and the shops peter out. Let us retrace our steps for some refreshment at The Fox, before exploring the western side of Green Lanes.

As we leave The Fox and walk towards the Triangle, I remember Hammond's, the opticians, Walton's, the fruiterers and greengrocers, and Howell's, the bakers, now a betting shop on the corner with Devonshire Road. Howell's had other branches in Aldermans Hill, where they used to serve teas, and on The Broadway N21.

On the opposite corner stands Grout's which, since the Thatched Cottage disappeared, is generally regarded as *the* great survivor of Palmers Green. The reasons are plain. It has built its reputation on personal attention and service. If you require 18 inches of elastic or a button to match, Grout's will try its utmost to oblige.

When the shop opened in 1914 it was considerably smaller, but it has been extended further down the Devonshire Road elevation, with additional shop window displays being added. Very little else seems to have changed. Inside the shop lies the world of another age, another era. We are journeying into the past. The old overhead account wires still lead from counters to cash desk but are no longer used. The place has that lovely smell and feel of an old-fashioned drapers, that cannot be put into words. The shop has become a rarity and is the more precious because of it.

People travel from miles around to be served at its counters, whilst kind assistants delve into hidden lockers to reveal all kinds of good quality garments. Mr. Grout, son of the founder, still works at the branch and can recall the time when it was one of many Grout's shops in the area. When family commitments have allowed, his four daughters have assisted in the shop and two of them were present when I visited the shop recently, and were kind enough to respond to my enquiries.

Time has managed to stand still in this little spot called Grout's. We should treasure the existence of such a gem and say this:- long may it continue!

No resumé of the old shops would be complete without a mention of Clark's the grocers, or, as I always knew it, the coffee shop. The coffee beans were roasted and ground in a machine that stood in the window enclosure. The 'chimney' of the apparatus discharged through the plate glass and, when operating, filled the Green Lanes with a delightful aroma. Lawley's, the china shop, and MacFisheries led on to Ashwell's, the record and music shop I have already mentioned. They also sold pianos, musical instruments, radios and television sets etc.

Isaac Walton's, gents outfitters, was a large double-fronted shop that specialised in the supply of school uniforms, including those of Southgate County School. I remember the day my mother took me there for the first time as clearly as if it were yesterday. I was 11 at the time and was being kitted out with school blazer and cap plus badges, tie, football shirt, socks and other gear ready for my start at Fox Lane. I can see the manager of the shop now, in my mind's eye, and can still feel the pride of pulling on the football shirt, in dark and light blue squares, for the very first time.

I have mentioned the shoe shops before, but it is worth remembering that Barratt's, prior to 1937, had operated as one of the Lipton branches. Sir Thomas would not want me to forget that.

Bourlet's, the jewellers, is another survivor with a long tradition. Their clock, high up on the front wall, is etched into history for it appears in all the photographs taken since the development. How reassuring that something has endured, when so much about us has changed.

After all these years, Lilley & Skinner is a recent fatality, but only the older residents will remember Sainsbury's. Not one, but two branches graced our district and that is a distinction in itself. One shop stood where the Abbey National Building Society now operates

Grout's still survives and long may it continue!

The Green Lanes in the 1950's. The Bourlet clock is a familiar sight opposite the cinema. Notice the overhead trolleybus wires and how sparse the traffic was a few decades ago.

and the other was in Aldermans Hill, just above W.H. Smith and next to Moore's, which used to sell china. What a choice, what a wealth of shops, we once had in Palmers Green.

Meaker's shops sold good quality menswear. They had branches all over London at one time. The manager of the Palmers Green shop, in post war years, was Harry Ford, who still lives locally. We reminisced about the old shops and his 30 years service with the company. Meakers pulled out of Palmers Green in 1970-71, but Harry continued then in the Southgate shop, until 1978, when the company sold out and became a name from the past.

Boots the chemists, Cole's fishmongers and Coombes, the confectioners, took us on to Pritchard's, a well-known rendezvous of my generation. It was a most handsome pastrycook's and catering establishment with a double frontage, that served luncheons, teas and light refreshments. The shop front had a touch of class and distinction, with its highly polished black vitrolite fascia and panels. A small island enclosure, with cakes on display, stood near the entrance. I have already referred to Palmers Green's tradition as a great meeting place. Pritchard's will be remembered by many, with loving endearment as a place where friends met for a chat over a cup of tea.

Next to Pritchard's was Palmers Green's premier store, Evans & Davies, of which I have written fully in the last chapter. We have now arrived at the Triangle and the premises further round the corner are officially in Aldermans Hill. Barclays Bank remains but the Gas Company showrooms have closed down in recent years. Much earlier casualties include Salmon's, the grocers and hardware shop, who also had a branch in The Broadway N21, and the United Dairies, on the corner with Devonshire Road.

On the opposite side of Aldermans Hill, the Station yard still operates as a large depot for building supplies, now under the control of Blyth & Taylor, and the fine Midland Bank building still fulfils its original purpose. In between, by the bus stop, W.H. Smith still survives though Sainsbury's, I know, is sadly missed.

On the bend by the bank was Burdett's, the bakers. How well I remember queuing up there for bread and cakes during the wartime years. Queues were a regular feature of those years, when food was strictly rationed and/or in short supply. The word would go round that deliveries were expected in at a certain time and, in an instant, the queue would form and grow longer by the minute. You stood a good chance of getting a fruit cake, only if you got there very early on a Saturday morning.

In addition there were other shops, south of the Town Hall, that I recall. The Co-op; Ireson's for tools and ironmongery; two more branches of United Dairies; Strawbridge, the bakers, who became famous for their sliced and wrapped 'Wonderloaf'; Turner Brothers, *the* shop for motor cycles and, last but not least, a school for ballroom dancing, where I briefly tried to master the terpsichorean art.

I bring my few anecdotes about the shops of Palmers Green to a close. There are many others left unrecorded. I hope I have succeeded in reactivating and reawakening your own memory cells so that, once again, you can conjure up those indelible pictures of the past.

In Palmers Green 50 years ago, the trams were running their last journeys down the Green Lanes, soon to be replaced by the trolley-buses. The cinemas were playing to packed houses every night. Under Southgate's wing, Palmers Green had grown up into a most attractive suburb on London's northern extremity. Its shops and parks evoked praise from residents and visitors alike.

As Hitler's march on Europe gathered momentum, the only clouds on the horizon were those threatening war. That was 50 years ago. So much has happened since. What will the scene be like, I wonder, in another 50 years time?

CHAPTER 7

AROUND THE COCK AND BOWES MANOR

THE OLD COCK Inn, which in quite recent years has been renamed The Manhattan, is very much part of Palmers Green's history. Some say that it dates from the middle of the 15th century, though this is very difficult to verify.

There is reference to an inn, thought to be The Cock, in the account of the escape of Lady Arabella Stuart, who was first cousin to James I, in 1611. Disguised as a man, she is thought to have called here for rest and succour during her bid for freedom (please see my book on Southgate, pages 34 & 35).

Others claim that the original building dated from 1549. As with the Cherry Tree at Southgate and many other pubs in our midst, painstaking research will not reveal for certain the true beginnings, for documentary proof, in many cases, just does not exist.

The Cock faced Cock Lane (now called Bowes Road) and was once a quiet country inn. The earliest pictures show it as an attractive old house, built mainly of timber, with a large central overhanging gable and small projecting dormer windows at first floor level. A little picket fence guarded some attractive flower beds at the front of the inn. The Cock was set well back from the road with a large forecourt to accommodate the horse-drawn carriages, whilst their passengers sought refreshment inside.

The stables, attached at the southern end and facing on to the courtyard, extended out to the edge of the Green Lanes and terminated with the familiar gibbet-like sign, which alone gave us a clue as to its name and identity. To the north, where Parker's timber yard now exists, was a pretty garden extending almost to the brook, featuring beautiful russet apple and walnut trees.

This was the scene when the inn was kept by three dear maiden sisters called Sanderson, the eldest of whom was always referred to as Miss Fanny. The Sanderson sisters ran The Cock for half a century. They kept a strict orderly house, always went to church on Sunday morning, and never allowed the customers to over indulge or misbehave. They attributed their good health to a regular ritual. They took it in turns to spend one day a month in bed, fasting for 24 hours. In the winter time, piping hot pea soup would be served instead of ale. The sisters, then quite old, decided to retire in 1882 and the account tells of their tearful departure, as they said goodbye to their home and friends of more than 50 years standing.

The pub was rebuilt in 1885 and, though more spacious, became much less attractive. Many years ago the columns of our local newspaper were filled with readers' letters, recalling the great celebrations that took place at The Cock on August Bank Holiday in 1887, Queen Victoria's Jubilee year, just 2 years after the rebuilding of the inn. Huge bills in large print, advertising the event, were to be seen all over the neighbourhood, and it was estimated that 25,000 people visited the place. There was dancing to the music of barrel organs from noon until dusk and, in the grounds at the back of the inn, a whole bullock was roasted on the spit.

Adjoining the stables to the south, and fronting the roadway, was the blacksmith's (the Cock Forge), then a row of tiny cottages, two of which were shops tenanted by James Bunker, a baker and confectioner. His mother made blackjacks and brandy snaps, which the children bought at a farthing each. These cottages once spanned the width of, what is now, the dual carriageway of the North Circular Road. Tarmac and housing have replaced the green fields of long lost summers. Next to the cottages was a field enclosed by a brick wall, some more stables and the Manor Farm Dairy. This took us up to the corner of Tile Kiln Lane (now Tottenhall Road). The stables, the cottages, the shops and the Dairy have long since gone.

Recent developments have included the restyling of the inn and its change of name to 'The Manhattan'. Why the name should be changed after 500 years to one with American connections, I find it difficult to understand. Must progress ignore our allegiance to the past? The air is filled now with the endless roar and unpleasant fumes of heavy traffic, that saturates the Green Lanes and North Circular Road. Just what would the three Sanderson sisters have made of it all?

There are three James McIntoshes, representing three different generations, that were connected with the Cock Forge.

James McIntosh (the first) was a Scotsman from Cupar, Fife, who came south about the middle of the last century, to establish a blacksmiths in Flowers Mews at the Archway. He then took over the Cock Forge, which fronted the Green Lanes at this time, just to the south of the Inn in the situation I have described previously. The old photographs show a simple old cottage with a clapboarded front and a pantiled roof. An opening on the ground floor had been enlarged to accommodate a double pair of doors, which are open, and the smith can be seen shoeing a horse. The sign, fixed to the front wall, was embellished with two large horseshoes and read 'McIntosh, Smith & Farrier'.

Built early in the 18th century, it was originally a cottage owned by the Balaam family. They were blacksmiths and farriers who adapted the premises into what came to be known as the Cock Forge, which they worked through four or five generations before the McIntoshes took over. James Bunker, who was born in the late 1840's, recalled that, when he was a very young boy, if he should go down with any illness, his mother would call on Mr. Balaam to prescribe medicine for him, which always appeared to cure the ailment. The medicines were concoctions of herbs, grown in the garden or gathered in the lanes nearby. Not only did the locals benefit from Mr. Balaam's skills, but many of the farmers, too, would bring their sick animals to be cured at the hands of this unqualified healer. Balaams Lane, which is situated off High Street, Southgate, is thought to be named after one of his ancestors.

As with many trades, blacksmiths were apt to run in families, with one of the sons usually interested enough to pick up the skills of his father's trade and thus continue the business as time went by. So it proved, with James McIntosh (the second) gradually taking over the reins.

Brenda and Brian Houghton (the jewellers of Winchmore Hill) were kind enough to let me borrow one of the Sales Books kept by the blacksmith and now in their possession. It records every job carried out between January 1900 and June 1903. It makes interesting reading providing, as it does, an illuminating insight into the life style of the period which preceded the development of motorised transport.

The customers included so many well-known local names. I have chosen just a few at random and put them in alphabetical order. I know that many will strike chords of recognition to the 'old-timers' amongst us, or to those who have studied our local history and the families who lived here at the turn of the century. There are names like Aldridge, Bevan, Buckle, Bunce, Butson, Carter Page, Chalkley, Herbert Clarke, Conisbee, Cuthbert, Eaton, Emerton, Knowles, Mortiboy, Mummery, Nix, Paulin, Pike, Regnart, Roberts (of Uplands), Salmon, Sugden, Wm. Watkins, Wharncliffe and Whellock. I have kept the list short. There are many more.

A good percentage of the jobs carried out involved the shoeing of horses. There were variations, but a shilling a shoe seemed to be the standard rate at the time. The other jobs detailed in the book involve all sorts of repairs to various modes of transport. It no doubt reflected the poor state of our roads at the time, which took a heavy toll on those early vehicles and kept the blacksmiths, farriers and wheelwrights busy.

There are details of repairs to all sorts of cart such as dog carts,

The old Cock Tavern (top) was rebuilt in 1885 (middle) and has since been renamed the Manhattan (lower).

The Cock Forge originally faced on to the Green Lanes.

James McIntosh moved into 'new' premises fronting the North Circular Road. The weather vane still survives.

farm carts, pony carts, ralli-carts, builders' carts, bakers' carts, milk carts and haycarts. Also in for repair were all sorts of van (meaning a covered cart or waggon in this context) and to gigs, wagonettes, buggies, broughams and landaus. These are indeed names from the past! There are repairs to mowing machines and the construction of a 'new toboggan sleigh with iron clad runners'. The list is endless. How vital a member of the community was the village blacksmith.

The original forge was demolished in 1906 and the business was carried out, for a time, in premises at the rear. With the demolition of the remaining cottages just south of the Cock Inn, the Forge moved into its final home, 381 North Circular Road, now part of the Stephens Engineering and garage complex facing the busy highway. The construction of the arterial road between the Cambridge roundabout and Bowes Road, was done in stages. The houses were built with only one side of the road, the south carriageway, having been completed, with an open greensward on the north side. This land was eventually used for the other side of the dual carriageway, the project being finally completed in 1931.

The blacksmith had to adapt to the varied demands of a new age. There was still plenty of work to be done. The importance of the blacksmith, and his skills, did not wane with the introduction of a mechanised age, even if there were fewer horses to be shod. Mass production may well cope with the run-of-the-mill items, but the craftsman's skills are still required for the many one-off, specialised jobs. The Cock Forge was to endure through two World Wars and for longer than most. A third generation (James, the third) was already growing up in the family tradition. 'Young Jim', as he was always called, returned from service in the Second World War, to take over the reins from his ailing father. He became the rightful owner of the Forge in 1953 and continued in business until 29th September 1965.

'Young Jim', a very fit James McIntosh, now in his early seventies, and his wife Joan, were most kind in allowing me to visit them and listen to their reminiscences about the old days, and the Cock Forge in particular, and to read through my draft text on these matters.

At the time of writing, the Forge building is still there now used as the garage workshops. Internally, I could see no evidence of its previous use, other than the blanked off flue of a now disused chimney stack. I gather that, if and when the project gets underway with the 'improvements' that are due to be made at the junction of Green Lanes and North Circular Road, the building is likely to be demolished. I fear we shall hardly recognise the place when the demolition gangs get going. However, on the front wall of the garage workshops at roof level, the weather vane still proudly stands. The story should be told, for its durability has proved quite exceptional, and it is part of Southgate's history.

I have written elsewhere about the Walkers of Southgate. They were a famous family who lived at Arnos Grove from 1777 to 1918, when Lord Inverforth took over before it became Northmet House in 1928. In 1862, through the benefaction of the Walkers, Christ Church was built in Waterfall Lane, to replace the old Weld Chapel, Southgate's first house of worship built by Sir John Weld in 1615. The Chapel, which had served the village for 247 years, was demolished at the same time as the new church was built. The Walkers carefully preserved the bell turret and weather vane from the Chapel and, in the following year, 1863, had them erected over the hay barn on their estate. This stood on the western side of Cannon Hill, to the south of the big house itself. Nearby were the stables and coach-house. At one time, the farm on the Walker's estate was a very flourishing one indeed.

None of the seven brothers of the last generation of Walkers ever married and Russell, the last survivor, sold out in 1918. By this time, not in the best of health, he was living at North Villa in Regents Park. During the First World War, and with John Bradshaw's prompting, Russell Walker gave permission for Arnos Grove to be used as H.Q. of the Southgate Volunteer Training Corps. The old Dutch barn was boarded in and converted into a miniature rifle range. The stables and coach-house became the administrative centre and guardroom, respectively.

When the barn was eventually demolished, an attempt was made to remove and preserve the old bell turret, in view of its great antiquity and historic importance, but it crumbled into dust. The weather vane, however, survived and was re-erected over McIntosh's Forge behind the Cock, where it remains to this day.

If ever the demolition gangs move in, can we ensure that such an important part of our history is saved and re-erected on some suitable building? James McIntosh, I know, wishes to co-operate fully in its preservation and safekeeping.

Today, just alongside the Manhattan, runs Regents Avenue, a little blind turning off the Green Lanes. Parker, the timber merchants, is on the corner, but just beyond we can see the bus garage. There is a story to tell.

At the beginning of this century, roller skating had become a popular pastime. John C. Hill, a local speculative builder who bought, developed and built much of the Bowes Manor estate, turned his attentions to the construction of the Rosalie Skating Rink. It opened to great acclaim on Saturday, 1st October 1910, when 700 skaters tested out the superb maple floor, watched by an even greater number of spectators. The entrance fee was sixpence and the hire of skates an additional one shilling. It was organised into 3 sessions daily, 11am to 1pm, 2.30 to 5.30pm, and 7.30 to 10.30pm. A full military band played suitable music at the afternoon and evening sessions.

As with many other sports and pastimes, and without warning, skating's popularity waned just as quickly as it had grown. The attendance dwindled dramatically. It would seem that Mr. Hill had entered the sport several years too late. The venture had lasted barely 15 months, when the hall was sold early in 1912 to the London General Omnibus Company, at a price stated to be £4,000, to be used as a bus garage, ready for the extension of the 29 bus route to Southgate. The alterations required, before the building could be used for buses, took some time but, in June 1912, the garage was ready and the last rites of the skating rink were complete.

The photographs of 1910 show a most attractive facade to the building and the vast extent of its maple floor, with several steel trusses supporting its huge roof span. It was light and airy, with dormers built into the ridge and windowed upstands running the full length of the hall. The skaters posed quite happily, the women dressed in blouses and long black skirts of ankle length.

There was great public interest when it opened in 1910, and it must have been a sad owner who was forced to sell up so soon afterwards. The public appetite can be so fickle and unpredictable in matters of sport and entertainment. In my lifetime I can think of speedway, ice-hockey, tenpin bowling, greyhound racing, skate boarding, bingo and the cinema, just as a few examples, where the public interest has varied dramatically from euphoria to indifference.

The nineteen twenties and early thirties were the peak years of the independent bus operators.

At the end of Regents Avenue, and facing towards Green Lanes, is another large garage premises currently used for M.O.T. testing and repairs. Previously it had been part of the Regent Garage* complex and at one time was the home of 'Uneedus', a bus company set

*The garage facing the North Circular Road became Texaco in more recent times and is now the premises of Stephens Engineering.

up by the Mason brothers of Conway Road, Palmers Green. Bertram and Frederick were brothers of a family who had been active in the processed food trade for many years. The fame of Masons Potted Meats had spread well beyond their Finsbury Park headquarters and their name and products, I know, will be remembered by many of my readers. The family business had been much boosted by the demand for its products during the First World War, when our troops needed sustenance on the battlefields of Europe.

After the war, the two brothers wanted to become involved in a sideline completely divorced from the food trade and, in June 1924, they persuaded their father to put up the finance for the purchase of their first bus, a red and white Dennis MF 8953, which they ran on the 29 bus route, in direct competition with the London General Omnibus Company. The name 'Uneedus', their brainchild, was to become well-known on the route, if only for a few years. The Masons originally used two other local garages but, in February 1925, they moved into Regents Avenue, within earshot of what had been a skating rink, but was now the L.G.O.C. Garage.

The venture went well and the fleet grew to 5 vehicles. The brothers applied to the authorities for permission to run their buses to Enfield, to compete against the trams, but this was refused north of the Green Dragon in Winchmore Hill, on the grounds that overhanging trees would create a danger. Presumably, the trams running in the centre of the roadway were free of this hazard.

The Mason brothers seemed to lose interest in the enterprise and, in 1927, they sold out to L.G.O.C., who took over the 5 buses and 20 staff, which were transferred to their own garage just a stone's throw away.

The brothers continued with their potted meats business until 1945, when their shareholdings in the firm bearing their name were disposed of. Masons Potted Meats Limited ceased trading in 1950.

It would be opportune to mention here the name of Bernard Cosgrove, who lived in Princes Avenue. In 1922, he was the originator of the popular navy blue 'Admiral' buses which competed on the 29 route. Cosgrove's dream, of building his fleet of Admirals up to 10, remained unfulfilled for, by the time he had acquired 4, A.T. Bennett & Co. Ltd. of Willow Walk, West Green, took them over. Bennett extended operations and steadily increased the number of Admirals, still maintaining their familiar navy blue coachwork. No less than three other companies joined the competition with their own versions of the Admirals, and the fares price war with one another, and with the L.G.O.C., grew intense.

Bennett was a very industrious man and a giant amongst the independent bus operators. He claimed the honour, disputed by some, of running the first buses with pneumatic tyres in the Metropolitan area. He sought to bring the smaller companies under overall control and, to this end, he formed the London Public Omnibus Company in 1927, of which he was Managing Director. In May 1928, he wound up his own Company, which had become absorbed in the L.P.O.C. and concentrated his energies on the Marshalsea Group of Engineering Companies.

Alfred Temple Bennett died in May 1969, at the age of 90. His wife, who shared 62 years with him, had died in the previous December. For most of their married lives, certainly since 1928, they lived in Green Dragon Lane in Winchmore Hill, initially at No. 149 and latterly at No. 157, both fine houses at the top of the lane.

From the traffic lights at Bowes Road, going east along the North Circular Road, we pass by the Manhattan and the garage complex, and come to the premises of the well-known Seal Laundry. I understand that the front of this building may have to be moved back when the busy junction is restructured. The history of the Seal Laundry is worth recording.

The business was set up by Rupert Brown, who worked as a salesman for a parasol and umbrella manufacturer at the turn of the century. Prospects for promotion seemed bleak and, in 1905, Rupert decided to open a laundry receiving office at 1 Station Parade, Aldermans Hill, where he lived with his wife and 6 months old son, Leslie. The premises are right next to the station, now renumbered 24 Aldermans Hill. The first week's takings amounted to a meagre £1 13s 0d but, with the development of Palmers Green gathering momentum and families moving into the area, business improved sufficiently for Mr. Brown to invest in some laundry machines of his own. There was no looking back.

In 1913, the family moved into a house in Devonshire Road, to allow space for more machines to be installed in the Aldermans Hill premises. Plans for a new laundry building had to be shelved because of the First World War but, in 1920, the new building on the North Circular Road was ready. In 1928, Leslie Brown joined his father at Seal Laundry. The company's high standards and fine reputation ensured a growing prosperity. The shop at 24 Aldermans Hill, where the business had started, continued to operate as a receiving office until the late nineteen fifties. It is now a printing and copying shop.

The Brown family sold the business in November 1983, but the Seal Laundry still operates and reminds us of a link with the past.

A section of the Green Lanes, south of the Cock Inn, was sometimes known as Southgate Road. It was particularly rural and attractive, with majestic mature trees lining the road on either side, completely screening the Bowes Manor estate to the west and the wooded countryside to the east. Bowes Manor occupied a position at the southernmost limit of our region, and was bordered by Bowes Road to the north, the New River to the west, Lascotts Road to the south and Green Lanes to the east.

The lands were thought, originally, to have been owned by Asgar, the Master of the Horse & Constable of the Army to William the Conqueror. In the time of Edward the Confessor, Asgar is known to have possessed the district or manor of 'Edelmeton, otherwise Sayesburye', and Bowes is certain to have been included. The first documentary mention of the Manor of Bowes is in a deed dated 1397, in the reign of Richard II. In 1413 the whole estate, together with other holdings, was surrendered to the King (Henry V), who immediately granted them to the Church of St. Paul. The ownership was later transferred to the Ecclesiastical Commissioners. The Manor was listed in the 1415 Register of the Dean & Chapter of St. Paul's and it is possible to trace the lessees since that time. Those I shall dwell on are the last two, the tale of the two Thomases – Messrs. Wilde and Sidney.

Thomas Wilde, the son of a city solicitor, was born in 1782 and was educated at St. Paul's School. He practised for some years as a solicitor, and married Mary Wileman in 1813. It must have been soon afterwards that he moved into Bowes.

He was called to the Bar in 1817 and thus began a quite brilliant career. Of short and stocky build, Wilde overcame an impediment in his speech, by virtue of his great legal knowledge and expertise in presenting his case. He made a name for himself in his defence of Queen Caroline, the unhappy consort of George IV. He became Serjeant-at-law in 1824; entered Parliament as a Member for Newark in 1831; was appointed Solicitor General in 1839; was knighted in 1840; became Attorney General in 1841. He was raised to the Bench in 1846 as Chief Justice of the Common Pleas. Sir Thomas Wilde became Baron Truro of Bowes in 1850, when a peerage was conferred upon him on becoming Lord Chancellor, an office which he vacated with the resignation of the government of Lord Russell in 1852. A quite outstanding lawyer, his parliamentary career was perhaps highlighted in 1843, when he introduced into the House of Commons, Rowland Hill's great measure of postal reform, 'Penny Postage'. He had a Royal connection by marriage for, in 1845, he

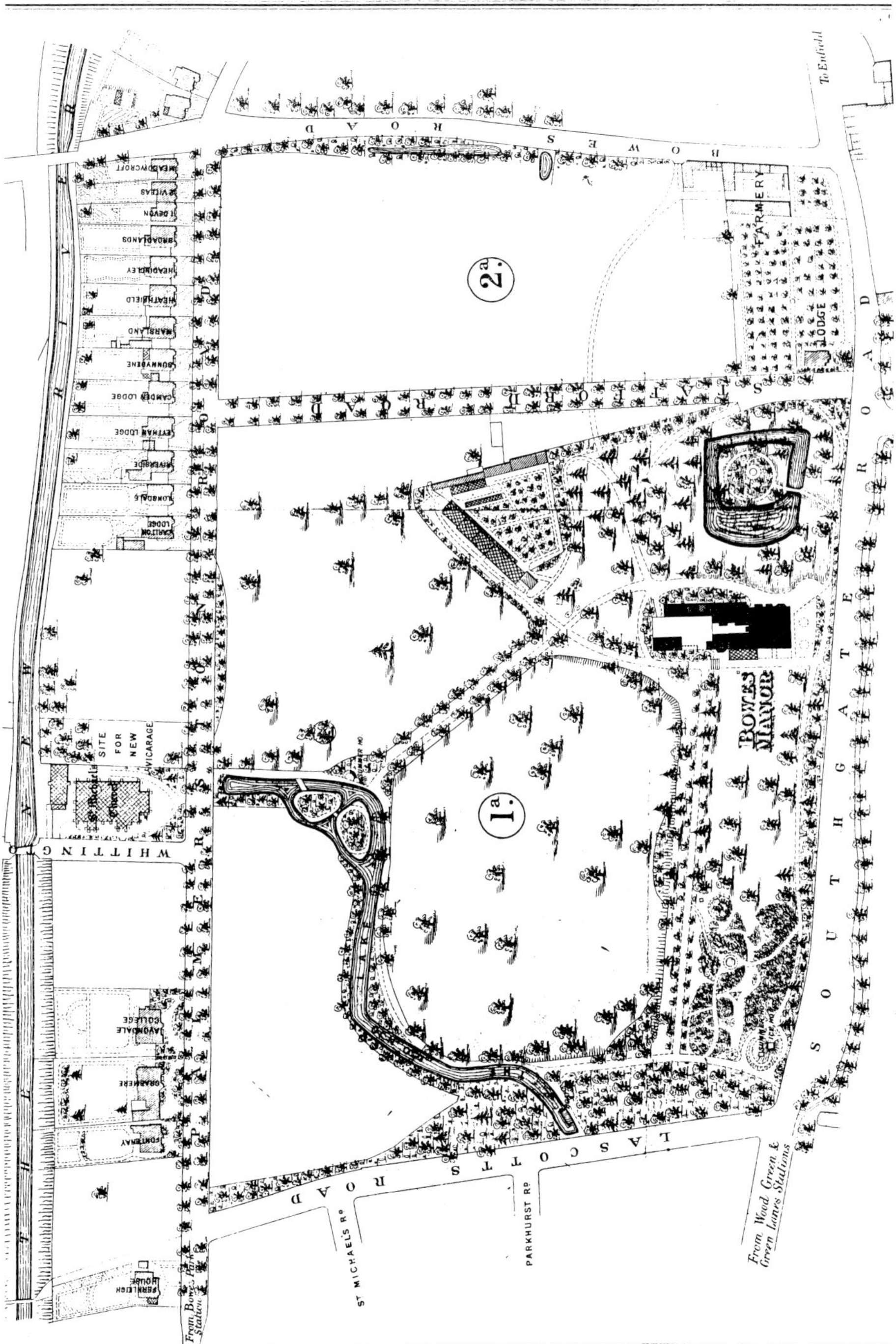

Plan of the Bowes Manor estate.

Bowes Manor in its days of splendour.

married his second wife, Emma d'Este, daughter of the Duke of Sussex, although subsequently the legal validity of the said Duke's marriage with Lady Augusta Murray was not upheld by the House of Lords.

Lord and Lady Truro were soon to become famous for their many lavish garden parties, held in the beautiful grounds of Bowes Manor, with many Royal personages usually included in the guests invited. There is a report of one such party held on July 21st 1846. After listing the Royals attending, the report continues:- 'The beautiful grounds of the villa offer a delightful promenade for the guests during the early part of the afternoon and, at 6 o'clock, a superb dejeuner was served under a marquee erected on the lawn, at the rear of the mansion. The Royal party lunched with a select circle in the Dining Room and, after the dejeuner, the marquee was converted into a salon de danse.' It must have been a beautiful scene. The park in total covered some 33 acres, which included its own farm of about 8 acres bordering on to Bowes Road (then known as Cock Lane). I have written more about Bowes Farm later in this chapter.

There was a majestic avenue of elms running east to west, on the line of what is now Sidney Avenue, and the arched gateway into the grounds stood approximately on the site now occupied by number 15. In the south western corner was the Long Lake (in reality a discarded section of the New River), a quite exquisite stretch of water over 300 yards long. It had an attractive angular shape, with two islands reached by ornamental bridges, and a boathouse at one end. The lake was fed by water piped in from its original source, the New River, at a cost of £3 per annum and water for the house and grounds was likewise supplied by the New River Company for an additional £3 8s per annum.

All around was parkland with an abundance of trees, including oak, elm, copper beech, silver birch, maple and a great variety of conifers. Choice flowering shrubs filled the borders. One of the most pleasing views from the mansion was 'the old moat', another lake, square in shape with a central island, which could be reached by crossing over a charming rustic bridge.

The mansion itself was a commodious place. The entrance hall measured 27ft. × 19ft. and had a massive marble fireplace. The suite of reception rooms was approached from an inner hall and included spacious dining, drawing and morning rooms, a library and a handsome conservatory, 42 feet long with 7 semi-circular arches featured in its roof design, supported on ornamental iron columns. The domestic appointments included a large kitchen with a scullery, laundry and storerooms.

Two staircases gave access to the first floor, comprising a billiard room, a nursery, a schoolroom, and seven bedrooms with adjacent dressing rooms. On the floor above, the accommodation included a further five principal bedrooms with adjacent dressing rooms, a maid's workroom, five maid's bedrooms, boxrooms and other conveniences. In the basement were the wine cellars.

The outside facilities included ample stabling, coach-houses, cowsheds, a peach house, vineries, melon houses, a camelia house, ferneries, a mushroom house and a walled kitchen garden, well stocked with fruit trees.

The pictures of the Bowes Manor estate confirm how idyllic the setting really was. Tennis courts featured on the lawns beside the house. A grand 'rose walk', over 200 yards long, was a blaze of colour during the summer months. The beautifully kept grounds, enhanced by the lakes and the trees, with little summer houses nestling in shady nooks along shrub-lined borders, radiated an air of splendour, quite exceptional even for Victorian times.

The front elevation was in a simple elegant style. The entrance portico featured columns with ornate capitals. On either side, projecting ground floor bays, with sloping roofs, gave the manor house a homely appearance, in contrast to the grandeur of its interior. The rear walls, facing south, were draped with magnolias and wisterias.

Baron Truro of Bowes died in 1855 leaving two sons from his first marriage, there being no issue from the second marriage. The peerage became extinct on the death of the third Baron in 1899. Lady Truro died in 1866.

On the death of the great man, the estate was purchased by Alderman Sidney, who continued to live at Bowes for the next 34 years, until his death in 1889. Thomas Sidney, born in Stafford in 1805, was an Alderman of the City of London for no fewer than 36 years, during which time he was elected Sheriff of the City and County of Middlesex. He was Lord Mayor in 1853-54, just a year or so before he moved into Bowes Manor. In Parliament, he represented his native Stafford for two terms (1847-1852 and 1860-1865) and was a J.P. for many years. He was a man of great civic pride and duty.

Sidney's first wife, Sarah, died at the early age of 49 and his second marriage was to Eleanor (1827-1905). The Alderman was very proud of the town of his birth and the name Stafford featured in the names of his children. It also applied to the name of the road, that gradually began to form where the avenue of elms once stood. This road later took the name of Sidney Avenue, a lasting reminder of a fine man and a bygone era.

Sidney started to develop the western border of the estate. He laid out Palmerston Road in about 1870. Originally it was a private tree-lined thoroughfare with a gateway at each end. He built some large houses on the New River side, in one of which, Carlton Lodge, lived his son Thomas Stafford Sidney. This house was later lived in by Doctor Fairweather.

The house is still there (No. 129). As you will see, there are 13 of these houses marked on the plan of 1889, between Whittington Road and Bowes Road, all backing on to the New River. All have a history with many stories left untold. Many have been demolished to make way for blocks of flats. Fortunately some still survive, possibly the best preserved being No. 131 (owned by the Christian Science Society) and No. 137 which, since the nineteen fifties, has been run as the Camden Lodge Day Nursery. The latter has an interesting background. Camden Lodge, its original name, was once the home of the first three vicars of St. Michael's, before the new benefice was built next to the church. The front elevation indicates an unusual design feature of these houses, with a square projecting bay to the left of the entrance, and a splay cornered bay to the right.

The principal was kind enough to show me around the interior. The rooms still have the original wide moulded skirtings and dado rails and the lovely ornamental cornices. There, in the front room, was an elegant marble fireplace with an exquisite hardwood overmantel, housing a circular plate glass mirror. May the march of time not lead to the destruction of these houses, for they are worthy examples of the period.

The Alderman gave the site for the building of St. Michael-at-Bowes, which was consecrated on April 21st 1874 and was assigned a parish of its own just 6 months later. The first vicar to be appointed was the Reverend Henry Collins. Following the extension of the Great Northern Railway in 1871, Bowes Park station opened in 1880. It was soon to become a very high class residential area.

With his heavy commitments elsewhere, it appears Sidney did not get too involved with local affairs, but he became friends with his neighbours and would invite them, during the winter time, to join with his family in ice skating on the lake. His 3 daughters were often to be seen out horse-riding with their friends. Agnes, the eldest, became a Sunday School teacher at St. Michael's.

The family's connection with the church strengthened. They worshipped regularly and, when the Alderman died in 1889, he was buried in the garden in front of St. Michael's Church beneath a large casket-shaped monument, that was later to be replaced by a flat slab of stone inscribed 'The Sidney Vault'. The year after his death, two stained glass windows were erected in the church in his memory.

After Sidney's death, Bowes Manor was put up for sale. The sale prospectus showed the division into lots, the farm and its land forming a separate entity. Also listed separately were the properties already developed by Sidney, those within the Bowes Manor estate, and others on surrounding land previously owned by the Alderman. In all, there were 17 'superior' residences and 25 'modern' cottages on offer. The prospectus makes fascinating reading and includes some fine lithographic prints of the Manor itself, the beautiful grounds and some of the substantial residences in Palmerston Road, backing on to the New River.

However, there were no buyers for the Manor and the estate. I think it had become clear, by this time, that London's expansion into our area was imminent. There were many reasons why it had not come sooner, but now the pressure was on. It was a time of change, when this most elegant country seat in such a fine setting was due to be overtaken by development. The signs were sufficient to deter those with enough money to buy.

It was leased for 4 or 5 years to the Guardians of the Poor of St. Mary's, Islington. The place started to go to seed. The splendours of the past were just a memory. The whole estate, including the farm, was cut up in 1899 and development commenced. Five avenues were built east to west across the grounds, namely Sidney, Melbourne, Kelvin, Belsize and Spencer. There would be no more lavish parties in the mansion, tennis on the lawns or boating on the lake.

Baron Truro of Bowes and Alderman Sidney are just names from the past now. Nevertheless, I hope it has been worthwhile and informative to reflect on their characters and their achievements, their mode of life and the social scene of their times. And it all happened here in Palmers Green.

I visited the church of St. Michael-at-Bowes, shortly before its demise in 1985. Regular services had ceased. Vandalism was taking its toll on the fabric and windows of the building. The front garden was unkempt and strewn with litter, but the sole grave, the Sidney vault, was still to be found.

1987 saw the demolition of the church and the house next door, once the vicarage, thus exposing a large site on the corner of Palmerston Road and Myddleton Road extending back to the New River. In March 1988, I visited the site to see the new church building nearing completion. The Sidney vault is now under the concrete of the church floor and the polished granite stone, which marked the grave, has been set aside. I understand that a brass plate, suitably inscribed, will be let into the floor of the new house of worship. Built into the new church, is the old corner stone, reading:- 'this Corner Stone was laid on the 28th October A.D. 1872'.

The foreman kindly showed me round the new building, which is much smaller than the original, but adequate for the needs of the modern parish. The population in the area has undergone radical change since the war, with an influx of Greek, Cypriot and Irish families and the churches have to adapt accordingly. An integral part of the new church will include a fine hall, with facilities for social and communal activities. The remainder of the site is to be developed with flats.

Before we leave the scene, I should like to make reference to Bowes Farm. There is no doubt that it was originally part of the Bowes Manor estate. Most of the large estates in our midst devoted areas to farming, usually under the control of a farm manager or bailiff. In this role, they provided income for the estate to help meet expenses. In time, some of these farms became separate entities.

On the disposal of the estate, Bowes Farm became Lot No. 2A. It was just over 8 acres in extent and included the lodge, which was built on the northern corner of what is now Sidney Avenue, and the Farmery, the entrance to which was some 70 yards along Bowes Road.

At the Green Lanes end there were two walled kitchen gardens, well stocked with fruit trees and bushes, and to the west was open meadow land. The frontage to Bowes Road was tree-lined and included two ponds, one small and oval in shape, one long and narrow with trees on both banks. It was a serene and peaceful setting and London must have seemed a million miles away.

Bowes Farm was the home of Joseph Peel, until his death in 1821. I am not certain when he actually came to Palmers Green, but all references to him quote 'Joseph Peel of Bowes', so it would seem he was well established here. Joseph was the younger brother of the first Sir Robert Peel (1750-1830), and the uncle of Sir Robert Peel (1788-1850), the famous statesman and Prime Minister.

I uncovered some interesting facts in my research. A visit to the British Museum (British Library) revealed a book written in 1860 by Sir Lawrence Peel (the third son of Joseph) entitled 'The Life & Character of Sir Robert Peel'. Sir Lawrence and Sir Robert were first cousins. I found the book absorbing and informative, mostly with direct reference to the great politician, but also, here and there, was a passing reference of local interest.

Speaking of Sir Robert, Lawrence wrote, "He used to come to my father's home when I was little more than a child." The home referred to would, presumably, have been Bowes Farm here in Palmers Green. He records one such visit in 1814, when his father and Sir Robert became engaged in a lively discussion about Napoleon. Lawrence would then have been 15 years old.

Sir Robert Peel has become recognised as a leading statesman of his era and a man of high integrity and ability. Sir Lawrence discusses the charge that the Prime Minister neglected his relatives. "He acted as a true friend to me at all times," he says in his book.

Sir Lawrence Peel (1799-1884) became a man of some eminence. Having graduated from Cambridge as an M.A. in 1824, he was called to the Bar at the Middle Temple in the same year. Many years later, he left for India and served as Advocate General in Calcutta from 1840 to 1842 when, on his appointment as Chief Justice of that city, he received his knighthood. He was a very popular figure in his adopted surroundings and, on his retirement from the post in November 1855, a statue was erected in his honour in Calcutta. He returned to England and died, unmarried, at Ventnor in 1884.

Immediately opposite the Bowes Manor estate was Tile Kiln Lane. We know it today as Tottenhall Road, though a small section beyond Chequers Way still retains the old name. As most gardeners will verify, there is no shortage of clay in North London and this was used to good commercial advantage in years gone by. Many readers will remember the brickworks at Enfield and the old established Cole's Potteries in White Hart Lane, which specialised in clay flower pots. At one time, 120 men were regularly employed there, producing a quarter of a million flower pots each week. Tile Kiln Lane signified the home of a clay tile industry that once prospered in this corner of Palmers Green.

For centuries the lane was an important link, connecting this part of the parish with Edmonton, for the North Circular Road was unheard of then and did not materialise until the late nineteen twenties.

The old photographs portray a very pretty lane, fairly straight and direct at first, with Wolves Lane joining it from the south. All the land in the Pymmes Brook valley, east of the Cock, was open countryside.

Further on we come to Tile Kiln Farm (later known as Eley's Farm), hard by the old loop of the New River. There, the lane wandered down to the course of Pymmes Brook, crossing by means of a very pretty watersplash and footbridge into Blind Lane, and thence into Kings Arms Lane. From here led the way to Huxley Farm and on to Winchmore Hill, by way of Firs Lane. To the east, we could

The original St. Michael-at-Bowes church, demolished in 1987.

The last of the tollgate in Tile Kiln Lane in 1927.

Wartime devastation at Princes Hall in 1941.

proceed to Edmonton, via Hedge Lane, Wyer Hall Road and Tanners Road. Before crossing Pymmes Brook, however, a footpath would take us on past the old cartridge factory to Weir Hall, which once held such an important place in Edmonton's affairs.

Between Eley's Farm and the brook stood the toll gate of Tile Kiln Lane guarding, what is often quoted as, the last toll road to survive in North London. It finally disappeared in 1927. I have a photograph showing an early 'bullnose Morris', registration number RO 4450, going through the toll gate. My enquiries with the Licensing Centre in Swansea revealed that this car was first registered at Hertford in 1925. In 1910 one of our local newspapers included a brief history of the toll gate. This section of toll road was thought to have dated from the middle of the 18th century, possibly even earlier. In 1910, a Mr. Joseph Rand aged 84, was the toll keeper, with more than 50 years service behind him. He, in turn, had taken over the job in 1860 from an old man, then aged 80, who told him that a toll gate had existed there for as long as he could remember.

The toll gate had originally been a stile but, with the widening of the track and the 'increase in traffic', a 5-barred gate had replaced it. The Notice Board, fixed to the tree by the side of the gate, makes interesting reading:—

PRIVATE ROAD

Maintained by C. Eley Esq.

Tolls Payable to Joseph Rand, Toll-keeper

Horses, Cattle, Sheep and other animals	1d
Barrows, Carts drawn by hand, or cycles	1d
Carts or other vehicles drawn by one horse or other animal, or motor bicycles	2d
Carts or other vehicles drawn by two horses or other animals	2d
Motor Cars or Vehicles	3d

By Order

There was no charge for pedestrians.

Toll roads, in our vicinity, are a thing of the past and, indeed, have become rare now even in country districts. It is as well to remember, however, that once such roads were very much part of the scene and that one survived here in Palmers Green, well into the twentieth century.

It is time to travel westwards along Bowes Road but, before leaving this area, I must recall a sad memory from more modern times. Many of us will remember the air raids of the early 1940's – the blackout, the sirens, the shelters, the drone of aircraft overhead, the searchlights, the anti-aircraft fire, the noise and, of course, the bombs.

One incident in particular remains so clear in my memory. It happened on the night of March 15th 1941. It was a Saturday and Princes Dance Hall (corner of Princes Avenue) was packed with young couples. A bus, going north, was just slowing down to the bus stop opposite, when three bombs fell in close proximity. The Dance Hall suffered badly but most of the fatalities were caused by the wrecking of the shop premises on both corners with Sidney Avenue, and the severe damage to the bus, involving the passengers and those waiting at the bus stop.

A friend of mine lost his two brothers in this air raid. All three of them were returning to the family home from a band practice in Wood Green. My friend, Arthur, had just managed to board a 29 bus ahead of his brothers who waited for the next one, unaware of the disaster that lay ahead for all the passengers and crew. The driver, on his last duty before retirement, was due to pull into the Palmers Green Bus Garage in Regents Avenue on conclusion of the journey. It was not to be. Arthur arrived home safely, oblivious of the incident. He could so easily have travelled with them. Fate, or some higher authority, decreed otherwise.

It was a black moment for Palmers Green and I remember the state of shock felt at school, on the Monday morning. Douglas Haigh, Station Fire Officer at the time, recalls the horror of that night when the bodies of the dead and wounded were laid out on the pavement. The corner premises have never been rebuilt and today, where Barclays Bank stood, an open forecourt accommodates Keith's Cars, a lasting reminder of that night of mayhem, nearly 50 years ago. Etched in my memory, too, is the night of 7th July 1944, when a doodlebug fell on Carpenter Gardens.

Many of you reading these lines will remember the wartime years and have your own recollections of the air raids and our frequent visits to the shelters. The trials and tribulations of that period, in many ways, brought us closer together. There was co-operation and a common purpose that united us. There was a lighter side too, very often tinged with fun and amusement at our own hopeless predicament.

We share happy memories of those days but, alas, some sad and tragic ones too.

CHAPTER 8

BOWES ROAD, POWYS LANE and BROOMFIELD PARK

BEFORE WE START our journey up Cock Lane (now Bowes Road), we would have seen, in olden days, some tall trees clustered around a pond on the corner with Green Lanes. Beyond, where Palmers Green Baptist Church now stands, some willow trees once grew on either side of Pymmes Brook. The vista was one of open countryside. Deadman's Bridge carried the Green Lanes over the brook. Why was the bridge so named? Did some highwayman commit some dastardly crime on this spot? Was a villager thrown from his horse and left to die here – or was it murder? Alas, we shall never know. The names of Deadman's Bridge and Deadman's Hill (leading up towards Southgate Town Hall) are no longer used, but does anyone know their origins?

As we travel westwards along Bowes Road, we can contemplate that the ceaseless roar of traffic that accompanies us, going in both directions, is a modern phenomenon. Prior to the building of the North Circular Road in the late nineteen twenties, Cock Lane was just a lane that led to the Inn, with green fields on either side. Before the development of the Bowes Manor estate at the very beginning of this century, the site of Bowes Farm would have been on our left, with tree-lined ponds edging the roadway. An ideal place to rest our horse and linger in the heat of a summer's day.

Just beyond, on the corner with Palmerston Road, stands the modern Trinity-at-Bowes Methodist Church. Many of us will remember the old church that stood on this site, Bowes Park Methodist, built in 1905 as the Bowes Manor estate was being developed. It was an offshoot from the Trinity Road church in Wood Green, and its style was pseudo-Gothic in red brick with terra cotta details and dressings. The inspiration for the building had stemmed from a group of believers who, from 1901, had worshipped at St. George's Hall in Russell Road nearby.

The church was to have a comparatively short life for, in 1971, due largely to major roof problems and stresses put on the building by the heavy traffic, that could not have been foreseen by the builders, it was decided that the church should be demolished to make way for the modern style house of worship we see there today.

Just 2 years previously, in 1969, the amalgamation with the original parent church, Trinity, had taken place and the new title, Trinity-at-

Bowes had been born. The ancillary buildings just down Palmerston Road are the original and have blended in quite happily with the new church.

Beyond Palmerston Road and before the railway bridge (built 1869), we cross the New River, though we are scarcely aware of it. We must go on foot to explore the course of the river, much changed and shortened from its original path. When Sir Hugh Myddelton constructed the New River (1609-13), he was obliged in the main to follow the 100ft. contour, with several loops in its construction both to the east and west of the general line of direction. By various methods, several of these loops have since been severed and the course of the river consequently shortened and straightened.

One of these original loops started just behind the present Southgate Town Hall. The river once ran westwards, just to the south of Dawlish Avenue (then just open fields), across what is now Arnos Park, to cross Pymmes Brook just before the bridge in Waterfall Lane. It then returned, to flow eastwards on the northern side of Bowes Road, between the brook and the road. An embankment at the back of the houses in Palmerston Crescent now carries the channel over Pymmes Brook and extends as far as Bowes Road, thus eliminating the old loop. This work was carried out in 1857/58. Palmerston Crescent was built on ground once covered by a huge orchard.

With permission granted, I walked the river bank from the Town Hall to Bowes Road to have a closer look at this section of the New River. Away from the noise of traffic, the waters flowed their gentle course as in days of yore. A pair of herons eyed me with suspicion, as I took care not to disturb them. The peacefulness of it all was a blessed relief from the busy roads. I crossed the aquaduct above Pymmes Brook and, just before Bowes Road, the river disappeared.

The passage of the New River under this busy highway, on its way south to feed the Stoke Newington reservoirs, is an interesting feature. At one time, there was a hump-back bridge at this point, clearly indicated by the level of the pavement on the south side of the road. However, when Bowes Road was improved in 1962-63, it was impracticable to construct steady approach gradients, because of the consequential lack of headroom at the nearby railway bridge. The alternative was to lower the road and construct a 'U' type conduit under the roadway, the river reappearing some yards to the south where it can be viewed from Russell Road. One could liken it, I suggest, to the trap under the kitchen sink or the bath waste.

I was fascinated by the weed catching device on the northern side of Bowes Road, which prevents rubbish passing into the conduit. The river is divided into two at this point and a metal grid, consisting of vertical bars, picks up the weed flowing downstream. Above is a track and, at regular intervals, a metal grab is automatically operated, its claws grabbing the accumulated debris. The grab is then shunted along the track to discharge its load into a skip nearby, ready for subsequent clearance. And so the process is repeated.

The construction of the New River, under the direction of Sir Hugh Myddelton early in the 17th century, was a marvellous feat of engineering, carried out in a relatively short space of time and without the technical and mechanical advantages we possess today.

We approach the traffic lights. On the south western corner of the junction, a cycle shop continues to operate, though Mr. Oscroft has long since retired. Brownlow Road did not exist in 1867. Instead, a well-known pond stood at this junction, known locally as the Four Post Pond. I have seen pictures of the pond showing the open fields that surrounded it. There was a footpath across the wheatfields that led to a stile, near to the present site of Bounds Green Tube Station.

The Second Edition of Ordnance Survey (1897) does show Brownlow Road, not fully made up and as yet undeveloped. The pond, by then, had been filled in and was lost for ever. Once our locality abounded in ponds but, one by one, they have disappeared.

Before we turn northwards into Powys Lane, let us pause and look at Kingdom Hall, now a meeting place for Jehovah's Witnesses. So many of us will remember this as the Ritz, a popular cinema in the heyday of screen entertainment.

Under the ownership of Associated British Cinemas Limited, the Grand Opening of the Ritz Cinema took place on 21st December 1933. The ceremony was carried out by the Charter Mayor of Southgate, Alderman J. Thomas Barber J.P., with the Mayoress, Mrs. Barber, and several councillors in attendance.

It was a spacious cinema with a large stage and an auditorium capable of seating 2,000 patrons, at prices ranging from 7d to 1/6d (3 pence to 7½ pence in today's currency). Externally, the front facade was quite plain, but with some unusual arched openings at high level, giving a slightly Moorish appearance.

Alex Taylor played the latest Compton Cascade organ whilst the public took their seats and soon the Barnstormers, 'the latest sensation in dance bands', swung into action. You certainly got good value in 1933. Then came the main feature, 'The Narrow Corner' from a story by Somerset Maugham in which Douglas Fairbanks junior and

Bowes Park Methodist Church, built in 1905.

The modern looking Trinity-at-Bowes replaced the old church in 1971.

The Four Post Pond in Bowes Road, 1880, with open countryside all around. The pond was situated where Brownlow Road joins today.

Littler's Pond in Powys Lane was situated near the green of today, at the junction with Broomfield Lane. Hampton's Farm can be seen in the background.

Patricia Ellis starred. The second feature included a very young John Wayne in the cast. In the weeks that followed Charlie Ruggles, Loretta Young, Constance Cummings, Barbara Stanwyck, Bing Crosby, Jack Oakie, and Paul Lukas were the main attractions. These were the great days of the cinema that followed the introduction of the 'talkies' in 1927. The Management advertised 'a beautiful cafe, the very latest air conditioning apparatus and a large free car park'.

I was not a regular visitor to the Ritz, as the Capitol Cinema in Winchmore Hill, also on the ABC circuit and usually showing the same programme, was nearer at hand. The Ritz, I thought, because of its very spaciousness, never offered the same intimate atmosphere as some of the other cinemas, but I know it will be fondly remembered by thousands.

By the 1960's, the picture palaces were struggling to keep going and the fatality rate was high. In 1971, in an attempt to make the Ritz financially viable, extensive conversion work was carried out. Nearly 1400 seats were ripped out and the circle was closed, leaving just 600 stalls for the patrons. It was a vain bid to stem the tide and the cinema closed for good on Saturday, 16th February 1974, with a showing of Brigitte Bardot and Claudia Cardinale in 'The Legend of Frenchie King'.

It was soon to become a meeting place for Jehovah's witnesses, which it remains to this day.

It is time for us to travel up Powys Lane, one of the old roads of the district, marking, as it did, the boundary of the Walker estate. It was named after Phillip Powys, who once owned and lived in Broomfield House. I discuss the Powys' connection in due course.

This southernmost section of the Lane was very picturesque in years gone by. At one time, no fewer than three watercourses were crossed in a distance of little more than 300 yards. Firstly, tight on Bowes Road, was the return loop of the New River, flowing eastwards, then the ford across Pymmes Brook and lastly, some 100 yards or more before the lane swings to the left to border the Park, the outgoing loop of the New River, flowing westwards.

In the middle of the last century, this loop was made redundant by the new course across the fields, behind what are now the back gardens of Palmerston Crescent. I have mentioned this earlier. This construction effectively shortened the river by some 2¼ miles, though it was many years before the old course disappeared. If you look carefully, you can still see evidence of it in Arnos Park.

In Powys Lane, the attractive watersplash across Pymmes Brook was a well-known feature. There are many photographs of it, taken from every conceivable angle. Approaching from the south, the footbridge, for the use of pedestrians and cyclists, was on our left, whilst the horses and carriages would splash through the waters alongside. All around, beyond low trimmed hedges, was farmland and, in many of the pictures, the haystacks of Broomfield Farm may be seen in the distance.

When Powys Lane was made up and developed in 1907, the watersplash disappeared. It was replaced by a road bridge to accommodate traffic of a different pedigree. The date can be clearly seen engraved on the stone copings above the bridge. Today, as our motor car hurries over this once beautiful area, we are scarcely aware of the brook below. The fields, that once lined its banks for as far as the eye could see, are covered with bricks and mortar, though Arnos Park to the west does provide a breathing space.

As we approach Broomfield Park the road divides, Powys Lane swinging to the left to link up with Wilmer Way, joining it from the south. We have arrived at the dividing line between the N13 and N14 areas. Here, before Wilmer Way was even thought of, right on the bend of Powys Lane, stood the old village school for boys, discussed in some detail in my previous book.

Financed by the Walkers, it was built in 1812 on the edge of their Arnos Grove estate, a simple brick built single-storey building with a thatched roof. The school closed in 1886, but the building remained as a poignant reminder for past pupils until 1926, when it was demolished.

Eventually a new road (Wilmer Way) was constructed, through what once had been part of the Walkers' grounds. If we look on the bridge spanning Pymmes Brook, the date can be clearly identified, 1929, just one year after Lord Inverforth's disposal of the Arnos Grove estates and his move to Hampstead.

We must retrace our steps and have a look at the triangle of green, where Broomfield and Powys Lane join. This was the site of the old Littler's Pond, named after the last tenant of Broomfield House. It was a spot much favoured by the early photographers for, taken from the east and looking across the pond, Broomfield Farm could be included in the scene. This dairy farm, adjacent to the Walker estate, was latterly known as Hampton's Farm, after a Wiltshire man, Jabez Hampton, who ran it. It was an attractive looking homestead, the house itself set back from the road, with its own entrance yard fronted by clapboarded barns and a picket fence. As the area began to be developed, the pond disappeared in 1906-07, and the farm was demolished in 1912, to make way for the housing development.

No longer does the horse pause by the watersplash, or the haycart wend its lonely way along a country lane. No longer can we look across the pond to the farmyard beyond, or smell the fresh clean air of the open countryside. It is a very different scene today.

Hampton was also a cartage and public works contractor, with as many as 50 horses. The majority were stabled just to the north of Broomfield Lane, east of the railway tracks. A blacksmith's and a wheelwright's shop were set up in the complex of stables. These trades were an integral and vital part of operations then, just as the motor mechanics are today.

In November 1987, I wandered around the garage estate in Broomfield Lane that grew out of such beginnings. The old stables could still be identified backing on to the old Turner and Lisney depot (now Blyth & Taylor). There was clear evidence of the old blacksmith's shop, though the anvil had not rung for ages, and the chimney stood as a solitary monument to the fires that once had warmed it.

Builders of roads and houses were very busy in the early years of this century as development got underway. The horses and carts could be led through a gate opening into the station yard behind, where they would be loaded up with all the materials required for delivery over a wide area. Many of the best horses were commandeered by the Army during the First World War, which put a strain on a depleted business. Motorised transport was, by now, gradually replacing the old horse power.

Wilfred, son of Jabez, found it difficult to put the business on a sound financial basis and, when he left in 1933, it was his son, Lt.Col. C.W. ('Jim') Hampton (H.A.C. and R.E.M.E.), who achieved stability and led the company to more prosperous times.

The business continued to diversify to keep pace with the times. Hampton's Electrical Company, which was started in the nineteen twenties, was replaced by the Southgate Auto Electrical Company with the Colonel's son, John, joining his father on the board. Manor Farm Dairy used part of the premises and it became a depot for the United Dairies for a time. The horses have long since gone and a farm produce distributor and an ironworker occupied the old stables. Some of the lock-ups were let out to a variety of occupations, mostly connected to the motor trade.

Then, in 1987, came the news that the whole site had been sold and the renamed Southgate Auto Components Limited was transferred to Bull Lane in Edmonton. By the time you read these words, if the rumours are true, the site will have been redeveloped into a large supermarket and the memory of Jabez Hampton, dairy farmer and contractor, will have dimmed into obscurity.

How gratifying to know that his grandson, Lt.Col. Hampton now retired, is still alive and was kind enough to supply me with much of this information, and also that John Hampton is still active in a business that evolved from those early beginnings, initiated by his great-grandfather.

Much of Broomfield's early history is lost in the mists of time but there has probably been a house on the site for at least 500 years and possibly longer.

The name is thought to stem from John Broomfield, who sold land in the area to Geoffrey Walkaden in 1566. The early maps offer a variety of spellings, Brumfeld, Bromfeld and Bromefelde being examples.

Some historians think it likely that once a monastic dwelling stood here, with the lakes in front of the house being the traditional 'stews' abounding in fish. This would have been common design for such a house of religious learning. The theory is that, with the dissolution of the monasteries in Henry VIII's reign, around 1536-39, the house could have been offered to a nobleman as the King's reward for past favours. It all makes an interesting and quite logical hypothesis, but it is mere conjecture, for there is no firm evidence to support it.

It seems unlikely, but there are those who believe that James I used Broomfield House as a temporary hunting lodge for his sport on Enfield Chase, whilst Theobalds was being prepared for him. The King, you may recall, was a keen huntsman who took over Theobalds from the Earl of Salisbury in 1607, a few years after his accession to the English throne (1603). It could well be that the hooks, still to be seen over the gateway in Broomfield Lane, did once display the hunters' trophies, but whether they were ever of Royal origin cannot be proven.

The house that, sadly, was damaged by fire in April 1984 was a mixture of very old, fairly old and more recent construction. The inner core of the house dates from the sixteenth century, but further alterations took place as time went by. The staircase and hall were early 18th century, when the murals were painted by Gerrard Lanscroon (1725). Lanscroon was also responsible for the fine murals in the entrance stairway at Arnos Grove. The house had a good cellarage and a well in the basement. The false half timbering was added as recently as the nineteen thirties.

Many residents will remember the fine double row of elms that formed 'The Avenue' and gave such an imposing approach to the house. They succumbed to the ravages of the Dutch Elm disease in

Wallace Beery was appearing on screen at the Ritz in 1946. The cinema closed in 1974.

The old cinema has become a Jehovah's Witnesses Assembly Hall.

The watersplash in Powys Lane was a beauty spot. This photograph, looking south towards Cock Lane (Bowes Road), was taken at the turn of the century.

Looking north across Pymmes Brook, in 1906, the scene was still one of great charm. A solitary lamp-post illuminates the footbridge and the warning signs for cyclists.

1978 and have been replaced by young lime trees that hopefully, one day, will remind future generations of past glories.

Other than their names, we know little of the early owners. The Skeffingtons were in occupation in the 16th century, followed by Alderman Sir John Spencer. The estate passed to Joseph Jackson early in the 17th century. It remained in the Jackson family until 1773 when the heir Mary Jackson married William Tash, who was a major landowner in the Southgate and Edmonton areas. On their passing, a mural was erected in memory of the couple in the old Weld Chapel in Waterfall Lane and this has since been transferred to Christ Church. It tells us that William Tash died in 1816 in his 70th year, and his wife died in 1812 in her 73rd year.

It was on William's death that the Powys family bought Broomfield and its manorial surroundings. It is believed they had been living in a house nearby for some time. They set about improving the roads around the estate and gave their name to a lane that will always remind us of the Powys connection with our past. Eventually, they decided to return to their native Wales, but did not sell up. Instead, they let the house and grounds to a succession of tenants.

We know that William Rathbone was one and that he was living there in 1861. The last tenant was Sir Ralph Littler, who lived at Broomfield House for 25 years until the Powys family gave him notice in 1901. They had now decided to sell and the prestigious house and grounds were put on the market.

Let us pause awhile and consider Sir Ralph Littler, for he was such an important and key figure in a train of events that was to affect the development of the whole of our area.

Littler was born on October 2nd 1835, son of the Reverend Robert Littler of Regents Park. He was a law student of exceptional ability at University College London and was called to the Bar in 1857. A fine barrister, he was appointed Chairman of the Middlesex Sessions and wrote several treatises on various types of case law and how it should be applied. Littler was on call as counsel, whenever needed, for more than a dozen railway companies. He lived for some years in a house called Riversbrook in Clarence Road, Wood Green, which was just a village then, before moving to Broomfield.

His Clarence Road residence, much altered, is still there today (now No. 73), its front elevation rather spoilt by a modern pebbledash application, but we can still detect the style of another era by its segmental arched windows. Bruce Castle Museum helped me to locate the old maps and the Wood Green Rating Books of the period, which threw an interesting light on the history of the house.

It is evident from the large scale O.S. map of 1894 that substantial alteration had been made since the previous map drawn in 1864, though exactly when these alterations were made is open to conjecture. By 1894 the outline plan was much as it is today, with the additional building (now Nos. 75 & 77) built on to the south eastern side of the main house. I imagine this addition originally to have been the coachman's quarters, now converted into two maisonettes.

The Rating Books show that, in 1870, Littler was then the tenant of Riversbrook, the owner being John Sandover but, by 1876, Littler owned this residence, which was then lived in by one Thomas Mathews. Littler retained ownership for many years, letting the house to various tenants, whilst he himself moved to Broomfield House in 1875 as a tenant of the estate owned by the Powys family.

Sir Ralph was to become famous, not only for his fight for the separation of Southgate from Edmonton, but also for the severance of Wood Green from Tottenham.

He was elected to the newly formed Wood Green Local Board in October 1888 and became its first Chairman, a post he continued to hold when Wood Green became an urban district in 1894. He continued in office until November 1900.

Sir Ralph had a genuine love of Middlesex and served the county loyally over many years. On his re-election as Chairman of the Middlesex Quarter Sessions in July 1897, he said "When I am no longer here, if they search my heart, they will find written on it, MIDDLESEX." In 1889, he became the first Chairman of the Middlesex County Council and continued in harness until his death.

He was also instrumental in securing Alexandra Park and Palace for the use and pleasure of the public at large, and became Chairman of the Alexandra Park trustees.

We can appreciate, therefore, that Sir Ralph's duties, both legal and civic, were more than enough to fill a lifetime of service, but we must examine his influence on our local affairs more closely.

In my book on Southgate, I have detailed the events that led up to the separation of Southgate from Edmonton and I also noted there the subsequent changes in administration through the years. I make no apologies for repeating those paragraphs verbatim for they have an equally far reaching significance, as far as Palmers Green is concerned.

Sir Ralph, an eminent barrister, is best remembered locally for masterminding the separation of Southgate (i.e. Southgate, Palmers Green and Winchmore Hill) from Edmonton in 1881.

There is little doubt that the western side of the parish was badly neglected by the Edmonton authorities. Roads were badly kept and ill-lit. Sanitation and water supplies were poor and lacked maintenance. The public pleadings and protests went unheeded. One morning, Sir Ralph awoke to find the ponds in front of Broomfield House covered with dead fish. Seepage from cracked sewers had contaminated the lakes. It was the last straw, and a very irate Sir Ralph not only sued the Edmonton authorities (he was awarded £350 damages and £1,000 costs), but also set up a separatist movement.

After much discussion, an important public meeting was to be held at the Schoolhouse in Powys Lane on 18th January 1881, to vote on the motion for separation. That evening a great snowstorm brought havoc to the locality. The Edmonton contingent (most of whom were against separation) was unable to make the journey and the motion was carried.

On 18th July 1881, with Royal assent, Southgate's Local Board of Health was established. John Walker of Arnos Grove was the first Chairman and the offices were in Ash Lodge on Southgate Green near The Cherry Tree. The house is still there. Southgate, Palmers Green and Winchmore Hill were the areas under new, more localised, control.

Following the passing of the Local Government Act of 1894, Southgate became an Urban District, with a new Town Hall in Palmers Green.

Local Councillors are often criticised, but tribute must be paid to many of those who guided Southgate's destiny during this period of change. Although often under attack, many of their decisions showed foresight, imagination and concern for the future. Their wisdom in acquiring land for parkland in various parts of the borough ensured a breathing space and a better environment for generations to come.

Southgate blossomed into full borough status on 30th September 1933, when Prince George, later to become the Duke of Kent, came to Arnos Grove (then Northmet House) to present the Charter of Incorporation.

Southgate's years as a Borough were fruitful ones, in spite of wartime intervention. There was a feeling of honour and pride among its residents that augured well for the future.

However, under the London Government Act of 1963*, along with many other boroughs, Southgate lost its independence and once again came under the control of a much larger administrative body, the London Borough of Enfield. The wheel had turned full circle.

* the operative date was 1st April 1965.

Ralph Littler was made a knight in 1902, shortly after leaving Broomfield, and went to live in Kensington, where he died on 23rd November 1908. His widow, Lady Littler, was to survive him a further 23 years, when she died in 1931 in her 96th year. There were no children.

Sir Ralph was always anxious to assist the young offender and was a keen advocate of the Borstal system. He was criticised in the Press, however, for his harsh sentences, usually imposed on convicted burglars, especially the habitual criminal. His view, forcibly expressed, was that he had a duty to protect honest people and those of a nervous disposition. He frequently cited the case of a Southgate lady, who never recovered from the shock sustained after burglars had broken into her residence.

Although he was often described as autocratic, domineering, even austere, Sir Ralph fought hard for what he believed to be right and his determination, allied to his skills as a lawyer, brought about changes that were to affect the locality long after his passing.

Life must have been so different in Sir Ralph's days at Broomfield. Palmers Green was still a quiet village set in open countryside. The local farms and the estates of the wealthy landowners were still an integral part of the scene. Although the railway had arrived in Palmers Green in 1871, the immediate effect was decidedly limited. There were no motor cars, buses or trams. One's means of conveyance was still by way of the horse. There were no aeroplanes, and such things as electricity in the home, the wireless, the telephone, refrigeration, the cinema and television still lay way ahead in the future.

Sir Ralph's staff at Broomfield numbered 14, and included a Cook/Housekeeper and Companion, the Head Groom, Coachman, Head Gardener, 2 gardeners and 1 undergardener, the Butler, parlourmaid, kitchenmaid, 2 undermaids and an odd jobs boy. Though they are in bad condition, the stable buildings can still be seen bordering Broomfield Lane, together with some tiny cottage dwellings, probably occupied originally by the Coachman and Head Groom.

All this information, I feel, helps us to put the pieces of the jigsaw into place, so that we can complete the picture showing the reality of life in those times, so vastly different from today. Changes have gone on since time began, but never could they have been so rapid, so far reaching, and so dramatic, as we have witnessed in this 20th century.

What of Broomfield House and the estate? It was now on the market and the Council had expressed interest in acquiring part of it as a parkland, for the benefit of the community. The councillors,

Powys Lane in 1897 was just a country lane. Beyond the cows the outbuildings of Hampton's Farm can be seen.

Hampton's Farm on the bend of Powys Lane.

Old Broomfield House before the addition of the false half timbering.

however, were far from unanimous in their views. Many of them criticised the idea, fearing huge rate rises for the local residents. Property developers, sensing the delay, were ready to make their bids and the Powys family was losing patience with the Council.

Faced with an ultimatum, Mr. W.M. Ellenor, Clerk of the Council, decided to act on his own initiative and pay £25,000 for the purchase of the house and some 54 acres of the grounds in the Council's name. It was the act of a brave man that saved Broomfield Park for future generations. But for his action, later endorsed by the Council, the parkland would have soon become a large housing estate.

At 2.30 p.m. on Saturday afternoon, 25th April 1903, the 12 members of Southgate Urban District Council assembled at Southgate Town Hall and, led by the Wood Green Town Military Band and the Band from the Chase Farm School at Enfield, they solemnly marched down Broomfield Lane to the old gateway and there the Chairman, William Blumfield Brown, opened the gates with a silver key.

A platform had been erected in front of the house for the Councillors and local people of importance. These included Col. Henry Bowles of Forty Hall, who was M.P. for the division, Mr. Richard Bell M.P., later Chairman of the Southgate Council, V.E. Walker of Arnos Grove, A.R. Barker of Grove House, Dr. Vivian, C.H. Regnart, several of the local clergy, Dr. Fairweather, Dr. Ransome, J.H. Bolton, W.G. Rice (later Sir William Rice), and many others. The National Anthem was played and there were 10 speeches. A Glee Party sang popular choruses and the bands played on until dusk.

It was a great beginning and Broomfield Park has remained one of our most popular areas for recreation ever since. In particular, with its central position and easy access, many of our civic celebrations through the years have been held there.

A shell-like commemorative plaque, celebrating the opening of the park, was placed in the border near the main entrance in Broomfield Lane and remains to this day. The park's area of 54 acres and 25 poles is inscribed on the tablet, together with the purchase price of £25,000. Many generations since 1903 will bear witness that never was such a sum more wisely spent, and yet how near we came to losing Broomfield Park altogether. The Councillors of the day are listed, but their names are badly weathered. We should be thankful that wisdom, in the end, prevailed.

If we reflect on the many civic celebrations held at Broomfield through the years, it is opportune to mention James William Harris, the man responsible for the organisation of these events.

Having worked for the London and North-Western Railway Co.

for 46 years, Mr. Harris retired in 1922 to devote his energies to social life in Southgate. He was a founder of the Southgate Bowling Club in Broomfield Park, of which he became President in 1923 and again in 1935. He was often asked to stand for the District Council, but decided he could best serve the community as a private citizen.

Having a great love for Broomfield Park, Mr. Harris conceived the idea of celebrating the 25th anniversary of its opening to the public, and obtained the permission of the Council, on the understanding that he would organise the ceremony and be responsible for the arrangements. The celebrations held at Broomfield, on 29th April 1928, were so well organised and such a great success, that Mr. Harris was repeatedly asked to take charge of many subsequent events held there. These included:—

The opening of the Garden of Remembrance (7th July 1929).
Southgate's 50 Years of Progress (26th September 1931).
Southgate's Charter Day (30th September 1933).
The Silver Jubilee of King George V (6th May 1935).
The Coronation of King George VI (12th May 1937).

James Harris was a born organiser and his enthusiasm and keen eye for meticulous detail were remarkable. He was vice-chairman of Palmers Green and Southgate Ratepayers' Association. For more than 20 years, he was a member of the Parochial Council of Christ Church in Waterfall Lane, where he was a sidesman.

He was a prominent actor in amateur dramatic circles in his younger days but, generally speaking, he was content to stay out of the limelight and, in his retirement, to serve the Council, the community and, above all, the park he always loved. His endeavours over the years, did much to enhance the rapport and affection felt by residents for Broomfield, the park we nearly lost.

James Harris died at his home in Broomfield Avenue in 1949, in his 88th year. Four years later we were celebrating, not only the Coronation of Queen Elizabeth II, but also the Golden Jubilee of Broomfield Park. James Harris would have liked that.

A great controversy arose in 1911. Bathing in the lakes was much enjoyed by the public and a very active Broomfield Park Swimming Club had become established. The Council decided to ban swimming in Broomfield on health grounds as, they maintained, the waters were too polluted. Their action was fully endorsed by their own Medical Officer for Health, Dr. Ransome. There was a great public outcry and discussion in the Council Chamber on the issue became very heated. The arguments rumbled on until the Barrowell Green Baths opened on 14th August 1913.

Swimming was a very popular pastime in my youth (and since) and many thousands of us will remember the penny pink tickets we obtained from school to give us reduced admission to Barrowell. I remember, too, the cups of Bovril and those superb large halfpenny biscuits we could buy from the refreshment shop at the side of the pool. Happy days!

To return to Broomfield matters and the Garden of Remembrance. This was constructed by the Council in honour of those who died in the First World War and replaced a rifle range that previously occupied the site. The Garden was opened by the Admiral of the Fleet, Earl Jellicoe, on 7th July 1929, and was visited by H.R.H. Prince George (later to become Duke of Kent) on 30th September 1933, when he laid a wreath at the memorial. This was during his visit to Southgate when he presented the Charter of Incorporation, whereby Southgate became a Municipal Borough.

The pergolas draped with climbers offer us a shady walk to the Cairn, made with 527 stones, each stone representing a life laid down by local residents in the 1914-18 war. The memorial has since been extended to cover the casualties of the Second World War and all the names are suitably recorded. In spite of the never ending traffic that hurries around the perimeter of the park outside, it remains a relatively peaceful spot. We can sit on a bench by the side of well trimmed yew hedges and colourful borders. We can gaze at the pool and the fountain and reflect on those who gave their lives in wartime. There is the shrine with the inscription for us all to read:—

At the going down of the sun,
and in the morning,
we will remember them.

Other amenities at Broomfield include a football pitch surrounded by a running track. These are situated in a sunken area to the east of the house, once called Warren Field, so named because the place abounded with rabbits. A 1754 map shows it still as Warren Field but the area was subsequently worked as a gravel pit, thus causing its present sunken level, with high sloping banks around three of its sides. The large scale O.S. map of 1867 clearly shows the gravel pit and, just to the north of and at right angles to Broomfield Lane, there was a little row of cottages (Warren Cottages) which were demolished in 1902-3 to make way for Broomfield Avenue. The Council sold them to the demolition contractors for the princely sum of £10. There was no Broomfield Avenue in 1867, just open countryside, and Broomfield Lane was then known as Warren Lane.

With all these references to Warren and our furry friends how ironic that, when Southgate County School started its life at Broomfield House in 1907, the first Headmaster should be the highly respected Mr. A.T. ('Bunny') Warren!

My reference to maps reminds me that many years ago, when I first became interested in local history, I visited the British Library to obtain copies of the large scale maps of the early editions of Ordnance Survey. It was an expensive exercise, for so many of them are needed to cover a quite limited area. However, I bless the day I did, for I have spent many happy and rewarding hours since, studying and learning so much about our past. Each map is a veritable mine of information, with new facts coming to light on each perusal. I have often praised our early photographers for capturing the scenes of yesteryear with such expertise. This praise should be extended to our early map-makers, whose contribution was no less valuable.

Mention of the running track has reminded me of the competitive and exciting inter-schools athletics meetings, that once were held there. Those not competing could stand on the banks and encourage their own schoolmates with vociferous support. They were great occasions and I do not recall one moment of rancour.

Broomfield House itself became a focal point, accommodating a Museum which opened in 1925, showing exhibitions and all aspects of local history and interest. The army took occupation during the last war and the exhibits were removed to safe storage, until the Museum re-opened in 1949, when it became even more popular. In the Natural History Room, exhibits of the fauna and flora of the district could be seen, as well as geological specimens. Rooms were available for local artists and societies to exhibit their work and the Council mounted several displays on various aspects of local history.

Incidentally, since writing my book on Southgate, I have had the pleasure of meeting up with Mr. G. Vernon Bore, the first appointed Headmaster of Oakwood School in 1933, who later became associated with the Broomfield Museum in post-war years. Today, at the age of 97, he lives in a home for retired teachers at Elstree.

Tennis courts, bowling greens and a model yacht pond are added attractions and today the children (and some of the parents) still delight in feeding the ducks and wild fowl on the lakes and the squirrels in the trees nearby. The views over the lakes and well-tended flower borders remain a delight to the eye.

The Head Park Keeper is a conscientious, kind and friendly man, but there was a note of despair in his voice, as he told me of the modern curse of mindless vandalism and the organised theft of shrubs

Sir Ralph Littler, a key figure in the fight for the separation of Southgate from Edmonton.

The famous avenue of elms in Broomfield Park. This magnificent double row of trees succumbed to Dutch elm disease in 1978.

Broomfield House before the fire of 1984.

A cocooned Broomfield in 1988 still awaiting restoration.

and plants from the grounds. Even more worrying was the ever present threat of violence towards his staff, whilst carrying out their normal, everyday tasks. Such wanton damage and deliberate crime had eroded his faith in human nature and this lack of social conscience, albeit by a small minority, is a sad reflection on life today.

Tragedy struck when Broomfield House was badly damaged by fire on the night of 25th April 1984. The cause is believed to have been an electrical fault. The polythene sheeting, that cocooned the damaged house for so long, became a depressing sight whilst the authorities decided its fate.

For the sake of future generations, let us hope that the final reinstatement will be a worthy reflection on its historic past, for our predecessors fought hard to preserve Broomfield House and the Park for the benefit of us all.

CHAPTER 9

ALDERMANS HILL TO THE TRIANGLE

ALDERMANS HILL IS named after Alderman William Curtis, who lived in a fine house called Cullands Grove, set in the extensive and attractive grounds of what was always known as the 'Old Park' estate, on the north side of Aldermans Hill. Obviously, the area is now fully developed, but the names of the roads will help us to visualise the position of the house. This would have been slightly to the west of the junction of Harlech Road (at its southern end) and Conway Road. To give you a further clue, do search out the big cedar tree, which can be easily missed, hemmed in as it is by the development. You will see it, quite plainly, if you peer through the gap between the houses numbered 35 and 37 Conway Road. Alternatively, with permission, one can stroll round into the garage block alongside to get a closer look. It is a magnificent specimen, which once stood in the gardens of, and in close proximity to, the house known as Cullands Grove.

To the east of the big house, set back from the road and shrouded by trees, there was a small lake or fishpond roughly triangular in shape, containing two islands, situated where Derwent Road now joins Aldermans Hill. To give some indication of its size, each side of the triangle measured some 140 yards. I can well imagine the lads of the village with makeshift fishing rods, bent pin hooks and can of worms, whiling away some happy hours here, if only the gamekeeper would let them! This pond was opposite the long pond on the south side of Aldermans Hill, to which I refer later, and was on the same line as the three ponds in front of Broomfield House and Littlers Pond in Powys Lane. So many of our ponds, once a prominent feature of our landscape, have now disappeared and, with them, the wildlife they once supported.

Cullands Grove was thought to have been built in the first half of the eighteenth century and will always be associated with Sir William Curtis (1752-1829), the 'Hill' taking its name from his appointment as an Alderman of the City of London in 1785, at the early age of 33. He was Sheriff in 1789, Lord Mayor in 1795 and was created a baronet in 1802. He was elected as Member of Parliament for the City in 1790, a post he held continuously for 28 years. Sir William lost his seat in 1818 when offered a peerage as Lord Tenterden, a place to which his wife's family belonged. He refused and was elected the following year as M.P. for Bletchingley. In 1820 he returned to represent the City. Even then his parliamentary career was not finished for, in 1826, he was elected to represent Hastings but, in December of that year, was forced to resign his seat because of ill-health. Sir William retired from public life and went to live at his house in Ramsgate.

In every generation we come across these larger than life characters. They have a certain flamboyancy and resilience, and a self-confidence that is usually branded as conceit by their adversaries. One either loves them or loathes them, there is no taking up the middle ground. They are present in every walk of life and in every profession, whether it be politics or religion, commerce or industry, sport or entertainment. Such individuals are usually impervious to the criticism they inevitably attract. This is attributed to strength of character on the one hand, or to a vain egotism on the other. Sir William Curtis, it appears, was one such controversial character.

It was Sir William's grandfather who had set up an enterprise in Wapping, into which his father had succeeded, specialising in the baking of ships' biscuits. William and his elder brother, Timothy, extended the business successfully and William's business interests soon widened considerably. Following successful ventures with Greenland fisheries, he became a partner in the banking firm of Robarts, Curtis, Were & Co., which later became Robarts, Lubbock & Co. This company amalgamated with Coutts in 1914, later to become part of National Provincial, latterly National Westminster Bank. Sir William was President of the Honourable Artillery Company from 1795 until his death, and their Colonel from 1803 to 1817.

As a staunch Tory, he entered politics at a time when the most scurrilous attacks and ridicule were considered fair game by all parties. Individuals were singled out for defamation and personal abuse. Sir William became the butt of the Whigs and Radicals and was cartooned as an illiterate and obese buffoon.

It was claimed that Sir William was the originator of the expression, the three R's, – readin', ritin' and rithmetic and that when he entertained George IV to dinner with Mr. Cox, the banker, he gave the toast – to the three C's, King, Cox and Curtis. The evidence, however, which includes a copy of a letter written by him, would indicate that Sir William was far from stupid or illiterate and that, if he ever did make any of these statements, they would have been made in jest.

Sir William's family background was sound. His father was successful in the family business and his brother Charles became Vicar of Solihull & St. Martin's, Birmingham. His nephew was nominated in 1813 as Minister of the Weld Chapel, though the Vicar of Edmonton overruled his appointment. Whatever his faults and shortcomings, and possibly he had many, Sir William was no fool. His career as a business man, and in the City, could not have succeeded without a considerable ability and expertise. Maybe it was his working class background, in the East End, that tempted his critics.

Sir William became well-known for his lavish dinner parties. He became friends with many people in high places, including the Prince Regent (later to become George IV). On one occasion, in 1815, he entertained the Prince, together with the Czar of Russia and the Kings of France and Prussia, at Cullands Grove, here in Palmers Green. What an occasion that must have been! The Czar of Russia would have been Alexander I, the King of France, Louis XVIII, and the King of Prussia, Frederick William III. The Prince Regent did not become King until the death of his father (George III) in 1820.

The kitchens at Cullands Grove were an outstanding feature of the house. They were large and lofty and Sir William would invite his guests to walk along the galleries above, to look down at the gastronomic delights being prepared below.

Sir William invited King George IV to accompany him in cruises on his yacht. George IV was not the most loved of our monarchs and Sir William's friendship with him was seen, by his political adversaries, as a devious attempt to curry favour and thus gain benefit from the power and influence he wielded. In 1822, Sir William was invited to accompany the King to Scotland and, with his ample girth dressed appropriately enough in a kilt, he became the ideal target for the cartoonists of the day.

James Boswell, the noted biographer of Doctor Johnson, was also entertained at Cullands Grove and this was seen, by some, as Sir William's ploy to have his own life immortalised. Even Lady Curtis did not escape attack from her husband's political adversaries. It was reported that, on being shown by an aristocratic host a bust of the Roman Emperor, Marcus Aurelius, she replied, putting on her best accent, "I believe we dined with the Marquis last year."

Sir William did not live for long after his retirement in 1827. Following his death in 1829 at his house in Ramsgate, every shop in the town there closed as a mark of respect and his funeral cortege was followed by an immense crowd halfway to Canterbury, on its way to Wanstead in Essex, where he was buried.

Commencing on 26th March 1832, and continuing for the following five days, the sale took place of the contents and effects of the Cullands Grove estate. In his book 'Old Southgate', Herbert Newby reproduces the Sale Catalogue and it makes interesting reading. Incidentally, the documents were given to Herbert by Reginald Broadbridge, a spry and energetic 'old-timer', and still a great

(Left):
Sir William Curtis, a controversial character, was pilloried by his political opponents.

(Below):
His home in Cullands Grove was the scene of many lavish parties.

(Above):
These gates and lodge were at the entrance to the Old Park estate in Aldermans Hill, where Old Park Road joins today.

(Left):
The village gates at the top of Aldermans Hill are but a token.

supporter of the cricket on the Walker Ground. The items that particularly caught my eye were 370 dozen (i.e. 4,440) bottles of wine from the cellars and '24 very fine Orange & Lemon Trees in full bearing'.

The whole estate was purchased by John Donnithorne Taylor of Grovelands, who demolished the house in 1840 and added the grounds to his own vast holdings. Mr. Taylor was now able to have a most impressive approach to his Grovelands mansion. One entered through a pair of iron gates beneath a high arched superstructure, with single iron gates at either side, and a most attractive lodgekeeper's house adjoining. This entrance was situated where Old Park Road now joins Aldermans Hill. The carriage drive then continued, through the countryside of the Old Park estate between Aldermans Hill and Fox Lane, crossing The Mall footpath, to emerge briefly at The Pound by the Woodman Inn. Here, the drive continued into the Grovelands Estate, to circle around the lake, and lead us up to the house. It must have been an awe inspiring scene, and one of great beauty, for visitors to the Taylor homestead.

'J.D.T.' lived at Grovelands for some 50 years before his death in 1885, by which time his estates were spread over nearly 600 acres. As an early conservationist, he was instrumental in delaying the development of this whole area. Because of his intervention, the villages of Southgate, Palmers Green and Winchmore Hill remained in isolation for longer than they would otherwise have been.

There is an interesting story concerning those 'Old Park' entrance gates for, when the great sale of the Taylor estates took place in 1902, they were purchased by Councillor Corke. He presented them to the Council to be re-erected, in 1903, at the top of Aldermans Hill, as an entrance to Broomfield Park, where they came to be known as 'The Village Gates'. They were hung on substantial brick piers and became a popular and familiar sight to the villagers, even when the gates were removed during the last war to be replaced by wooden ones.

Then, without warning one day in January 1953, the Council workmen appeared on the scene and pulled down the gates and supporting piers that had served Broomfield for 50 years. Moreover, these gates had a link with our past, and their destruction seemed so completely unnecessary. It caused a furore at the time. Letters appeared in the local press bitterly condemning the Council's action and demanding explanations. None were forthcoming.

However, the Council did decide to erect a token structure on the green opposite, at the junction of Aldermans and Cannon Hill, in memory of our village gates. It seemed to be a perfunctory move, merely designed to placate the anger that had been aroused. I remember being mystified at the time as to why part of our history should be torn down in this way, without cause, and my subsequent research has failed to enlighten me further.

Local doctors are usually ideal characters on whom to dwell, and Doctor Fairweather is a particularly worthy example. He was born in Forfarshire, Scotland, in 1855 and became an outstanding student of medicine. In 1882, at the age of 27, and with the letters M.A., M.D., and M.B.C.M. (Edinburgh) to his name, he migrated to the south and settled in Wood Green.

He soon established a reputation as one of the finest of doctors. He decided to move to Carlton Lodge in Palmerston Road, Palmers Green (the house previously lived in by Thomas Stafford Sidney, one of the Alderman's sons). He became a friend and neighbour of Alderman Sidney and would be invited into Bowes Manor and its grounds, to skate on the lake in the wintertime. Other neighbours, such as Sir William Rice of 'Grasmere', and his brothers, would often join the party.

Palmers Green, Southgate and Winchmore Hill were then just small villages, surrounded by farmland and countryside. The doctor usually rode his blue roan mare to visit his patients and always carried a strap to fasten his steed to a tree or fence, during his consultations. Some of the doctor's patients were as far away as Muswell Hill, Tottenham, High Barnet and Hadley, which were better served by roads and he would usually drive his beautiful dappled bay mare and gig, often accompanied by his groom, on these longer journeys.

He married in 1895 and, in 1900, he was sworn in as a Justice of the Peace. He sat regularly on the Wood Green Bench, until the demands of his medical practice took greater priority.

With the sale of the Taylor estates in 1902, Palmers Green was starting to develop. In 1905, the doctor had built for himself the first house in Aldermans Hill, number 94 (still there today) on the corner of Lakeside Road, where he continued to practise until 1936.

As a young man, he was a keen sportsman and enjoyed shooting, cricket and hockey. He was a member of the Southgate Cricket & Hockey Clubs and played alongside the Walker brothers in some club matches. During the First World War, Doctor Fairweather was one of a patriotic band of voluntary physicians and surgeons, who served on the staff of Grovelands War Memorial Hospital.

Mrs. Fairweather was highly respected, by virtue of her unstinting voluntary work during the Great War. The couple were keenly interested in Southgate Queens Nursing Association, the doctor being a Vice President and his wife, the Committee Chairman. He was a great friend of Sir Thomas Lipton, as well as being his personal physician, and would often visit him at Osidge to play him at billiards and exchange a yarn or two. When Lipton died, the doctor and another friend, Lord Inverforth, had much to do with the setting up of Osidge as a Home for Nurses, and Mrs. Fairweather became a member of the Board of Trustees.

In 1936, in his 81st year and still enjoying fine health, the doctor decided to retire, and he and his wife moved from their Aldermans Hill home to live at West Lodge Park, Hadley Wood. As a friend and doctor to so many, his service in the district had lasted for 54 years, thus surpassing that other much loved practitioner, John Cresswell, whose service in the Winchmore Hill area had spanned a half century (1842 to 1892).

Doctor Fairweather had lived through a period of dramatic and radical change in our local scene. How he must have reflected on those early days, when he would set off on horseback over green fields and open countryside to visit his patients, long before the motor car was even dreamt of. Within a few months of retirement, his health started to deteriorate and he died of pneumonia at West Lodge Park, in March 1938, just short of his 83rd birthday. For so long a highly respected and much loved member of the community, Doctor Fairweather was sadly missed by so many.

My reference to Lakeside Road just now has reminded me of Charles Griffin Lawson, who became Southgate's first Surveyor on its separation from Edmonton, in 1881. He held the post for 33 years and should have retired in 1913, but he was persuaded to stay on for another year, so that the official opening of Grovelands Park might take place before he left.

Before he came to Southgate, he held an official post at Ullswater and it is believed that the naming of Ulleswater (strangely spelt with an 'e'), Derwent and Lakeside Roads stems from this. One can think of many names of local significance and it does seem a pity that, when the opportunity arises, these are not always considered more seriously, rather than a purely arbitrary selection chosen at random.

Charles Lawson had an extremely important role to play in his 33 years as Borough Surveyor. In these formative years, at a time of such radical change, it was vital that the development should be on the right lines and under proper control. We are indebted to Mr. Lawson for his foresight and his skill in such matters. The fruits of his labours are still apparent today when we visit Grovelands or Broomfield

Park. He was closely involved with the laying out of many of our roads and our public buildings, such as Southgate Town Hall (still there), the swimming baths and the dust destructor (both demolished) in Barrowell Green. He witnessed the advent of the trams along the Green Lanes to Winchmore Hill, in 1908, and the arrival of the motor buses in Southgate, in 1912. He was responsible for the width of the highway from Wood Green to Enfield. The proposal was to make it a 50 feet road, but he fought hard for a 60 feet road, and won.

At the age of 66, Charles Lawson retired to live at Ringwood in Hampshire, but he retained a keen interest in Southgate. In 1931, he attended the celebrations held to mark the 50 years of separation from Edmonton. Together with his old colleague, Mr. W.M. Ellenor, former Clerk of the Council, he was presented to a cheering crowd of spectators in Broomfield Park. Mr. Ellenor, you may remember, played a vital part in securing Broomfield as a public park in 1903.

Mr. Lawson continued to visit the area he had helped to create and returned, in 1933, to attend the Charter celebrations. He died at his home in Hampshire in 1935, at the age of 87.

When the Taylor estates were put up for sale in 1902, they were divided into 13 Lots. Lot No. 1 was the 'Old Park' estate, of about 130 acres between Aldermans Hill and Fox Lane, with frontages to Aldermans Hill, Fox Lane, Cannon Hill and High Street.

It would have been a rich prize for any property developer in any age and the British Land Company's successful bid of £45,000 for the whole 130 acres, plus a timber valuation not to exceed £1,500, seems laughable today. They disposed of the land in parcels to various builders and the development was not long delayed. Old Park Road was one of the first roads to be laid out and the others soon followed. Gladys Lees, who still lives locally, was a babe when her parents moved into the first house to be completed in Ulleswater Road, number 12, in March 1905. The house, still there today, is four-bedroomed and semi-detached. The price, in 1905, was £450.

Aldermans Hill had been completely rural up to this time, with the Broomfield estate to the south and the 'Old Park' estate to the north. Picket fences lined the edges of the old estates and the great majestic trees formed a canopy above the roadway.

After 1871, the rutted surface of the road would be disturbed occasionally by the horsebuses fetching and carrying their passengers to Palmers Green Station. They would stop and wait in the little cobbled yard, at the side of the station, to allow those early day

The horsebus awaits the arrival of the London train at Palmers Green Station.

Palmers Green Station in 1988.

The Long Pond in Aldermans Hill, looking towards the Green Lanes.

A horsebus approaches in Aldermans Hill on its way to the station. The pond and the Broomfield estate can be seen to the left.

commuters on or off the bus. The horses would stand obedient, patiently awaiting their master's commands. Until recently, when the new entrance to the car park was formed, that cobbled yard had altered very little in over 100 years. There may have been a private horse and carriage by the station entrance, waiting perhaps for Sir Thomas Lipton to return from his busy day at the office. Such was the rush hour scene of nearly a century ago.

As I have mentioned in earlier chapters, the horsebuses were originally organised and run by the local licensees. Robert Davey's (The Fox), Pickard's (The Crown), Frank Lowe's (Rising Sun) and Henry Bray's (Cherry Tree) were just some of the services running, before the arrival of the motor bus in 1912.

The 'long water' in Aldermans Hill lasted for many years. It shows in most of the old photographs. The pond was situated on the south side of the road, opposite where Derwent Road enters today. A retaining wall and a railed barrier protected the pond, but the road allowed entry and exit from either end. It was normal practice to allow the horses and carriages to quietly splash their way through, to cool off on a hot summer's day. Sometimes they would stop in the middle and refuse to budge further until goaded by the driver. There is a fine photograph of the pond taken in 1907. In another year it would be gone for ever.

On the north side of 'The Hill', the development of the 'Old Park' estate continued. Some particularly fine houses were built facing the road, with the advantage that they would forever have an open aspect over Broomfield Park, which came into being on 25th April, 1903. There was opposition to the building of the shops (Park Parade), between Lakeside and Old Park Road, by those who thought that private residences alone should occupy these prime sites.

There did exist one very elegant residence, Old Park House, that had been built many years earlier on the north side of Aldermans Hill, near the entrance gates and lodge mentioned previously in this chapter. This was the spot where Mr. Taylor's guests of years gone by would enter the carriage drive on the beautiful long approach to Grovelands. Old Park House stood in extensive grounds, just to the east, between the Old Park Road of today and the railway station. In the photographs I have seen, it looks a delightful home.

It was built for Colin Docwra, son of Thomas Docwra of Swanage, who founded, in 1833, a well-known firm of public works contractors. Colin was considered a leading authority on the history and sinking of wells, as well as being actively involved, at most senior level, with many public utility companies connected with gas and water supplies. He lived in Old Park House for about 20 years, before moving to Potters Bar and later to Guildford, where he died in 1942 aged 86. Colin is buried in the large family grave in Southgate Cemetery, Waterfall Lane.

The house was later the residence of the May family, until Thomas Melville took occupation. He was a genial bearded Scot, who was a highly esteemed member of the Southgate Urban District Council from 1906 to 1918, and its chairman for two years during the difficult 1914-18 war period. He was a great believer in the creation of our local parks and amenities for the public good. In 1909, he was the driving force behind the setting up of Palmers Green Presbyterian Church in Fox Lane and became a stalwart member. He was an enthusiastic bowler on the rinks of the Southgate Bowling Club in Broomfield Park, where the Melville Shield was competed for in his honour. He was one of three who joined forces to establish the first Ratepayers' Association in the district, in Winchmore Hill.

There is a road, Melville Gardens, that carries his name but he is possibly best remembered as the man responsible for the building of the yacht pond in Broomfield Park which, for years afterwards, in Council and Committee meetings, was referred to as 'Loch Melville'. He was also responsible for having one of the old outbuildings, bordering Broomfield Lane, converted into a rifle range during hostilities, and supplying a silver rose bowl trophy for the annual competition. The range was cleared away some years after the war, to make way for the Garden of Remembrance which was opened in 1929.

Thomas Melville remained active well into old age. He was still living at Old Park House in 1932 when he organised a family party to celebrate his 80th birthday but, a few years later, the house was demolished to make way for Car Showrooms and flats. Thomas Melville, a widower for 17 years, died in 1942, shortly after his 90th birthday and is buried alongside his wife Mary in Southgate Cemetery.

The scene on the southern side of Aldermans Hill, just west of the railway, has undergone recent dramatic change. In 1987 a new road (Pilgrims Close) was formed, to serve the new maisonette development built tight to the railway, and the Aldermans Hill frontage, previously occupied by small single-storey premises, was redeveloped. Those familiar buildings, which at one time included the old 'Red Hut' offices of the Palmers Green & Southgate Gazette, have been swept aside to make way for progress.

Land has become so valuable in the outer suburbs, that any to spare adjoining the railway has been prey to the developers. The Pilgrims Close project is not unique. The land just to the west of the railway tracks, on the north side of Vicars Moor Lane, has been similarly developed and there are other examples.

And so we come over the hump-backed bridge to The Triangle, where we meet up with the Green Lanes leading to Winchmore Hill and Enfield in the north, and Wood Green, Turnpike Lane and beyond in the south. It remains a busy intersection at all times, with Woolworth, W.H. Smith, and two of the leading banks in close proximity.

In the great sale of the Taylor estates, in 1902, Lot No. 4, with its valuable 233ft. corner frontage, was sold. The land lay between the railway bridge and Turner & Lisney's old offices. Lot No. 3, about 9 acres, was also sold. This comprised land south of The Fox through to Aldermans Hill, with valuable frontage on to the Green Lanes.

There had been some isolated development before 1902, indeed before the arrival of the railway in 1871. It included a large house on the eastern side of Green Lanes, immediately opposite Aldermans Hill, called Hill House, which had extensive grounds at the rear. A more modest but charming dwelling was situated on the north western side of the junction, next to where Barclays Bank premises now exist. This was called Park Villa, once a private residence with an attractive garden, later used commercially by a firm of estate agents.

In 1907, two close friends with Welsh backgrounds decided to cement their friendship into a business partnership and open two shops in Leytonstone. Their names were Mr. D.C. Exton Evans and Mr. W. Cook Davies. The shops were called Evans & Davies.

The venture was a great success and, in 1911, they opened a small shop (No. 3, The Market) in Palmers Green. In 1920, they built new premises a few doors away, in what had been the gardens of Park Villa and, from then on, there was no looking back. There were major additions in the early twenties and thirties, which absorbed the whole of this prime corner site, thus establishing a major store of no less than 27 departments, with a passenger lift to all floors and daily van deliveries to its customers.

The concept was to establish a West End type quality store in the suburbs. Oxford Street was now, so to speak, on our doorstep. It was a great success, which rubbed off on to other enterprises that had already become established nearby. It set the standard that others were only too willing to emulate. Approaching Palmers Green from the south, past The Cock and Southgate Town Hall on the brow of the hill, one was immediately struck by this grand building coming into view with its impressive facade.

Mr. Evans and Mr. Davies died in 1938 and 1934 repectively, leaving behind a thriving business as their legacy. Its fine reputation was maintained, in spite of wartime difficulties and the post war period, when rationing and shortages were still part of our lives. In 1956, major renovations were carried out, including new shop fronts and the removal of the overhead cash wires.

Many residents today will remember the store, which epitomised the quality of the shopping facilities in Palmers Green. They will also remember the novel way of settling the bill. The assistant would place the account and the cash in a cup, which was then screwed into a fitting on the overhead wire 'railway'. A pull on the handle would send it winging its way along to the cashier's office. A brief pause, and the receipt, plus change, would be returned in similar fashion to one satisfied customer. A comparable system was used originally at Grouts and the old fittings etc. can still be seen there.

Shopping habits were changing with the growth of undercover and traffic-free shopping centres in other areas. Evans & Davies struggled to survive and, in this last decade or so, they have, alas, faded from the scene. For a time, the Co-operative took over the store and then various 'markets' traded there, with variable success. The palmy days were over and the premises began to look shabby. No longer was the visitor to Palmers Green greeted by a prosperous store. The premises were empty now, with only our memories to remind us of its proud past.

Then in 1987 came the signs of revival. The outside of the store was renovated to its former high standard and, soon afterwards, the ground floor premises were occupied by Cullens, the grocers and Multiyork Furniture. Cullens trading has been very short lived, but all residents are hoping that this is the beginning of a happier and more prosperous period for the old Evans & Davies building.

I finish this chapter and the book quite deliberately, and by design, with reference to Ye Olde Thatched Cottage, situated just opposite to the old Evans & Davies store in the Green Lanes, for this building was indeed THE great survivor. If you speak to any longstanding resident of Palmers Green, mention of 'Ye Old Thatched Cottage' will bring a look of sweet remembrance to light up their eyes, for this cottage, one of the last links with the old village, refused to die until 1938.

Once called Fern Cottage, it was built about 1790 by Thomas Lewis, Governor of the Bank of England, as a lodge to the big house

Evans & Davies, Palmers Green's premier store in its heyday.

Ye Olde Thatched Cottage that became a flower shop, once upon a time.

called 'The Lodge'. The estate took up much of the eastern side of the Green Lanes, between Hazelwood Lane and The Triangle. When the cottage was built, the Green Lanes was in the depths of the country and was no more than a rutted track along which the cattle would be driven up to market. Originally, the estate's gardener and his family occupied the lodge.

In the earliest photograph I have seen, taken in 1859, it looked a charming cottage, set in ideal surroundings. The main building had chimney stacks at each end and its roof was densely thatched with eye brow windows upstairs, looking out on to the Green Lanes. All the joinery and roof timbers were in oak. Two small single-storey additions at each end, also thatched, huddled tight against the main cottage and all the front was covered in greenery and flowering ramblers. A charming and colourful front garden was bordered by a holly hedge, later replaced by a picket fence. Many artists have captured the beauty of this little gem in our midst and the photographs are ample proof of their truthful interpretation.

The front garden of the Thatched Cottage was swallowed up to accommodate the widening of the Green Lanes in 1906, prior to the arrival of the tramways, two years later. It continued to be used as a dwelling place until 1911, by which time there were signs of shabbiness and decay. Following the sale of the Taylor estates in 1902, shop development was gradually beginning to change the face of the highway. It looked more than likely that the cottage would bow to progress.

It was then that Percy Whellock F.R.H.S. stepped in to save the day, and the cottage. He bought the lease and converted it into a florists. In 1916, restoration work was carried out to give it a new term of life. Whellock developed 2 acres of nursery at the rear of the cottage (previously the rear gardens of Hill House) and sold roses, fruit trees, shrubs, bedding plants, seeds and bulbs, as well as cut flowers.

Percy Whellock & Son Limited became well-known to many Londoners and provided an attraction for overseas visitors. There must be many photographs of it still in existence all over the world, showing the lovely thatched roof, the eye brow windows looking out on to a quite different scene and below, the striped awnings shielding the forecourt, where the bedding plants were displayed in profusion. It was quaint and the American visitors in particular, even during those pre-war years, were enraptured by it. The cable address remained – Yeoldecott, London – no more need be said!

I can remember it just before the war. By this time, it had become hemmed in by extensive shop development all around. It was still unusual enough to be an attraction, but its charming original setting had gone and the changing scene had made it appear somewhat incongruous.

Its 150 year life ended in 1938 when it was demolished to make way for a new branch of Burton's, the Gents tailors (since taken over by Westlakes) and Percy Whellock moved to some new premises in Aldermans Hill. A cherished link with the past had been finally broken. Ye Olde Thatched Cottage had witnessed so many changes over the years, and now the time had come to bow gracefully from the scene. It will be remembered by many with much affection.

I do hope these memories of Palmers Green have evoked interest and given some pleasure to my readers. For, let us remember that, once upon a time, there was a village called Palmers Green and, in that village, there was a dear little thatched cottage that became a flower shop.

But that was once upon a time . . . . . .

ACKNOWLEDGEMENTS

FOR ASSISTING MY researches into the history of this area, I am again indebted to our Local History Department and, in particular, to Graham Dalling. His wide knowledge and expertise on the sources of information, allied to his cheerful encouragement at all times, has helped to sustain me during the creation of this book. I thank him also for reading through the final text.

I have done much of the groundwork over a period of many years but, when it comes to the final process of applying pencil to paper and transferring thoughts into words, then one's concentration must become absolute, to the exclusion of all else. Many domestic tasks remain untouched or unfinished and, for her understanding and support, I shall always be grateful to my wife, Sheila. She has again assisted with the final reading of the manuscript, checking the proofs, and correcting grammar and punctuation etc.

I am grateful to so many 'old timers' and those having connections with the past, who have so readily and willingly co-operated, such as:- Graham Knight, for information on his great-great uncle and the Hazelwood Lane Mission; Robert, Arthur and, especially, Leo Whalen, for their help with the recent history of the Fox Hotel; Arthur and Mavis Wiggins, for so many memories of the past, including recollections of their close ties with St. John's Church and the Derwent Road 'incident'; the Reverend Keith Forecast of the United Reformed Church in Fox Lane; Mrs. A.F. Woodings, Headmistress of Palmers Green High School; James and Joan McIntosh, for their memories of the Cock Forge; Brian and Brenda Houghton, for allowing me to browse through the blacksmith's Sales Book, 1900-1903; Lt.Col. C.W. Hampton and his wife Margaret, for their help with Broomfield Farm and the Hampton Garage complex; the Principal of Camden Lodge Day Nursery; the Warden of the new Skinners Almshouses; Gladys Lees, for those wonderfully sharp memories of her childhood; Sister Mary Agnes, for her kind help with the history of St. Angela's Roman Catholic School in Oakthorpe Road; the Head Keeper of Broomfield Park; Leslie Brown, for information about the Seal Laundry; Stan Perrin, for the background on his father's shop in Hazelwood Lane; and to many others, who have so graciously given me their time, and shown interest in my task.

Then there were those who were especially helpful with my chapter on the shops, such as:- John Tomlins of Camera Craft Ltd; Alan King of E. & M. Gamble; Vernon Phillips of C.A. Phillips; Roy Burke of A.V. Burke, the greengrocers; Fred Rappitt, who founded the Palmers Green Billiards & Social Club; Mr. Grout and his daughters, who are maintaining such a worthy tradition; and Harry Ford, once manager of the Meaker's shops in Palmers Green and Southgate. My thanks to them all for helping me on my way.

I am indebted to our local newspapers, their editors and contributors, over many decades. They remain an important part of our local scene, for today's news is history in the making. Long may they continue to report on the changing face of our neighbourhood, with an occasional look back into the past.

At the turn of the century, Palmers Green was a village that was just about to grow up. Those early pioneers, who helped to establish our local churches, were vitally important members of the new community. Fortunately, their stories have been suitably recorded. I have dipped into the various church histories, where appropriate, and am grateful to those early scribes for providing the background.

I value old photographs very highly, for we can learn so much from studying their images. The immediate impact tells only part of the story, for a subsequent detailed investigation will invariably reveal more. The same applies to our study of the early maps, especially those by Ordnance Survey.

I am grateful to the Local History Department for allowing me access to search their files and select some photographs, for inclusion in my illustrations. John Clifford kindly allowed me to reproduce some H.A. Parr photographs, now in his possession. Geoffrey Gillam came to my aid with Kevin Whelan's photograph of the Ritz cinema and Graham Knight graciously supplied me the print and negative of the Hazelwood Lane Mission. My thanks to them, and to those early photographers, for recording the scenes of up to a hundred years ago in such clarity and detail, notwithstanding their comparatively crude and unsophisticated equipment. Most of the 'modern' pictures are mine, enhanced by the expert processing and advice of Ron Chapman of Winchmore Hill. With the rate of change continuing unabated, many of these scenes will have become historic even before we realise it.

I am coming to the end of a long spell of writing. My draft handwritten sheets usually finish up looking like a plan of campaign, with corrections and additions requiring a liberal adornment of stars and arrows. How fortunate to have a kind and patient typist who can understand my hieroglyphics. Thank you Lyn Smith.

I am indebted to all concerned at Macdermott & Chant for their willing help and co-operation in giving birth to my second volume.

I started the book by expressing my grateful thanks to all my readers and correspondents, for their interest and support. May I repeat those sentiments now, as my writings come to a close.

DIRECTORY

SOME OF THE SHOPS, 1938-1988

The shops listed include those in the Green Lanes between Hedge Lane and the Triangle and those in Aldermans Hill near the Triangle only as far west as Devonshire Road and Blyth & Taylors depot. I am grateful for the assistance of Kelly's Directories in helping me compile the 1938 list. I compiled the 1988 list in February of that year. I found some discrepancies in the sequence of numbering along the Green Lanes and apologise for any errors unwittingly made.

1938	*No. Green Lanes*	*1988*
East Side	***HEDGE LANE***	
Direct Supplies Fruiterers	***492***	*Vacant*
G. Durham Vet. Surgeon	***490***	*Teleset Rentals*
Frank Clarke Coffee Bar	***488***	*Cash Registers*
Myddleton & Alex. Park Laundry	***486***	*Betsy's Flowers*
Keiller Tobacconists	***484***	*Trader Antiques*
Francis Mann Hairdresser	***482***	*The Telephone Shop*
Imperial Window Cleaning Co.	***480***	*Andreas Sallas, Gents Hairdresser*
Greigson Confectioner	***478***	*R.P. Patel, Newsagent etc.*
Stone & Sons Prams	***476***	*Box O' Chicken. Take Away*
Dawes Stores Grocers	***474***	*Green Lanes Mini Market*
Grouts Drapers	***472***	*Gateway Films*
Peter Moll Photographer	***470***	*Gateway Films*
Horace Rand Tailor	***468***	*Lucas & Co. Estate Agents*
United Dairies	***466***	*Stephen Young Estates*
Mabs Milliner	***464***	*Fantasia Dress Hire*
Residential	***462***	*Wrights Radio*
Geo. Watson Electricians	***460***	*Wrights Radio*
Three Point Footwear Repairs	***452***	*Stylistic Ladies Hairdresser*
Goodwin Fox Gowns	***450***	*Lucy's Launderette*
A. Seaward & Sons. Undertakers	***448***	*A. Seaward & Sons. Undertakers*
Camera Craft	***446***	*Camera Craft*
	OSBORNE ROAD	
Lillie May Tobacconists	***444***	*Laws Antiques*
Refreshment Bar	***442***	*Break Time Snack Bar*
Turner & Son Bootmakers	***440***	*E. & M. Gamble. Garden Seed Merchant*
E. & M. Gamble Corn Dealers	***438***	*E. & M. Gamble. Garden Seed Merchant*
A.E. Clark. Music & Records	***436***	*E. & M. Gamble. Garden Seed Merchant*
Lawrance & Powell Provisions	***434***	*Wiseparts. Builders Merchants*
George Moore Ironmongers	***432***	*Wiseparts. Builders Merchants*
Direct Supplies Fruiterers	***430***	*Wiseparts. Builders Merchants*
Arthur Phillips Picture Frames	***428***	*C.A. Phillips. Artists Materials etc.*

1938	No. Green Lanes	1988
Sydney Lawrence Stationer	426	Coin Wash Launderette
Dewhurst Butcher	424	Shoe Repairs & Leather Goods
Freeman, Hardy & Willis Shoes	422	Georges Fish Bar
J.F. Westbrook & Son. Bakers	420	Gerrard Insurance Brokers
Sidney Dale Mens Outfitters	418	Chris's Gents Hairdresser
Cameron Coal Merchant	416	Andros Greek Restaurant
Brown Watchmaker	414	Andros Greek Restaurant
Coopers Stores	412	Walker's Chemists
Percy Reed Chemist	410	Walker's Chemists
Renee Ladies Hairdresser	408	Chrisies Ladies Hairdressers
Gladys Art Needlework	406	Van Hamme Travel Co.
	WINDSOR ROAD	
Geo. Wright Shoe Repairs	404	Vacant
Cullens Stores Grocers	402	Vacant
W. Nodes Undertakers	400	John Ripley Estate Agents
Lee Tobacconists	398	Greek Club/Restaurant
A.V. Burke Fruiterer	396	Vacant
Reuben Elsdon Tailor	394	Bon Vivant Restaurant
Stead & Simpson Bootmakers	392	Golden Orient Indian Restaurant
Braham Drapers	390	Moses English & Continental Store
Alfred Johnson Ham & Beef	388	Southern Heating & Plumbers Merchants
Janes & Adams Cycle Makers	386	Southern Heating & Plumbers Merchants
E.J. Glossop. Tobacconist & Hairdresser	384	Good News Newsagents etc.
Oceana Laundry	382	Flower Fantasy Florists
Jarvis Elson Mens Outfitters	380	Troodos. Greek Club/Restaurant
Arthur Robson Stationer	378	Underpin & Makegood Offices
Wyman & Sons Stationer	376	Century Dry Cleaners
A.V. Burke. Greengrocer	374	A.V. Burke. Greengrocer
Barclays Bank	372	Barclays Bank
	PARK AVENUE	
Harris Butcher	370	The Scotch Beef Centre
Margaret Smith Art Needlework	368	Georgio Ladies Clothes
Lion Furs. Furriers	366	Picnic Kebab House
Post Office	364	The Post Office
Kiltykakes Cafe	362	Buy Best Grocers
Payantake Stores Grocers	360	Buy Best Grocers
Haslers Ironmongers	358	Impulse Ladies & Childrens Fashions
Mayfair Dry Cleaning	356	Butlers Restaurant
Melodies Library	354	Butlers Restaurant
(Bata Shoes)	352	Bairstow Eves Estate Agents
Chanelle Milliner	350	Something Different Gift Shop
National Provincial Bank	348	Job Centre

1938	No. Green Lanes	1988
	HAZELWOOD LANE	
Young & Harrison Chemist	**346**	*Cross & Herbert Chemists*
Alfred Smith Furniture	**344**	*Likely Lads Gents Outfitters*
Beresford Sports Outfitters	**342**	*Conrich Gents Outfitters*
Fabrics Dress Materials	**340**	*Jades Newsagents etc.*
Davrene Gowns	**338**	*Scruples Unisex Hairdressing*
Pryce Costumiers	**336**	*Film Office. Camera Shop*
Keating & Rumens Radio	**334**	*Anglian Window Centre*
Hillier & Son Wallpapers	**332**	*Holland & Barrett Health Foods*
Pryce Bevan Butcher	**330**	*Michael Walters Opticians*
Bricks & Sons Outfitters	**328**	*Quality Cards*
H.E. Randall Ltd. Bootmakers	**326**	*Oxfam*
Victoria Wine Co.	**324**	*Video Fair*
Clara Reid Milliners	**322**	*Courts Furniture & Carpets*
H. & J. Sanders Drapers	**320**	*Courts Furniture & Carpets*
H. & J. Sanders Drapers	**318**	*Courts Furniture & Carpets*
J.B. Green Fishmonger	**316**	*Courts Furniture & Carpets*
Goetz & Sons Butchers	**314**	*Sun Harvest Bakers*
Amalgamated Fruiterers	**312**	*Smart 'N' Up Dry Cleaners*
R. Gunner Butchers	**310**	*Tendermeats. Butchers*
W. Hinds Jewellers	**308**	*Joan Fashions Ladies Wear*
Leslie Costumier	**306**	*Talbots Estate Agents*
Black Boy Chocolate Co.	**304**	*The Spastics Society Shop*
W. Barton Bakers	**302**	*Safi's Fabrics*
Stearn & Son Florists	**300**	*Fruit 'N' Veg*
Meesons Confectioners	**298**	*Tesco Supermarket*
Palmadium Cinema	**296**	*Tesco Supermarket*
Beran Ladies Wear	**294**	*British School of Motoring*
	292A	*Granada TV*
	292	*William Hill Bookmakers*
	290A	*Bertram Jewellers*
Porter & Thompson Estate Agents	**290**	*Marble Arch Motor Supplies*
Westminster Bank	**288**	*National Westminster Bank*
	LODGE DRIVE	
Northmet Showrooms	**286**	*Electricity Board Showrooms*
Queens Cinema	**284**	*Bejam Frozen Foods*
Capon Bros. Mens Outfitters	**266**	*Greensleeves Dry Cleaners*
Capon Bros. Mens Outfitters	**264**	*Vacant*
Being Rebuilt for Burtons Tailors	**262**	*Westlake's Hardware Shop*
Stapleton & Sons Dairy	**260**	*Metres Curtains etc.*
Yates & Sons Dyers	**258**	*Halifax Building Society*
Loraine Confectioners	**256**	*Halifax Building Society*
J. Lyons Caterers	**254**	*Vacant*
Rego Clothiers	**252**	*Harris Carpets*
Henry Haysoms Furnishers	**250**	*Superdrug Chemists*
Aerated Bread Co.	**248**	*Coombes Bakers*

1938	No. Green Lanes	1988
Charles Butchers	246	The Cyprus Popular Bank
Rebec Ladies Hairdressers	244	Woolworths
Woolworths	242	Woolworths
Woolworths	240	Woolworths
Wm. Pryor Builders Merchants	238	Broadway Supermarket
West Side		
Fox Inn	413	Fox Hotel
Hammonds Optical Service	411	Fox Hotel
Barker Morton Estate Agents	409	Crispins Fish & Chips
Shorey & Sons Tobacconists	407	Office Interiors Furniture & Stationery
Arthur Confectioners	405	Pickfords Travel Agents
Ellen Butchers	403	Pierres Patisseries Bakers
Walton Fruiterers	401	Hairways Unisex Salon
Howell Bakers	399	Ladbrokes Bookmakers

DEVONSHIRE ROAD

1938	No. Green Lanes	1988
Grouts Drapers	397	Grouts Drapers
Regional Libraries	395	HFC Trust & Savings
Bernard Best Grocers	393	Vacant
Fleming Reid Hosiery	391	Alliance Leicester Building Society
Market Pharmacy Chemists	389	Palmers Green Fruiterers
Clarke & Co. Grocers	387	Shanam Fabrics
L. Kenny Costumiers	385	H. & A. Bargain Stores
Madame Yorke Milliner	383	Nationwide Anglia Building Society
French Cleaning & Dyeing Co.	381	Adonis Mens Clothes
Singer Sewing Machines	379	Adonis Mens Clothes
Home & Colonial Stores	377	Amathus Continental Food & Wines
Lawleys China	375	Puss in Boots Shoe Shop
MacFisheries Fishmongers	373	The Eye Centre Opthalmic Opticians
Ashwells Music & Instruments	371	Lloyds Bank
Lloyds Bank	369	Lloyds Bank
Brian Walsh Tailors	367	Vacant
Isaac Walton Outfitters	365	S.P.I. Domestic Appliances
Isaac Walton Outfitters	363	S.P.I. Domestic Appliances
Rivoli Glove Co.	361	S.P.I. Domestic Appliances
Rivoli Glove Co.	359	S.P.I. Domestic Appliances
Trueform Bootmakers	357	Palmers Green Tile King
Barratts Shoe Shop	355	Barratts Shoe Shop
J. & F. Stone. Lighting & Radio	353	Imperial Cancer Research Fund Shop
Wyman & Son Stationers	351	Smokers Paradise Newsagents etc.
Bourlet Jewellers	349	Bourlet Jewellers
Saml. Green Costumier	347	Weight Save Greengrocers
Hammett Butchers	345	Mellorstyle Greengrocers
Lilley & Skinner Bootmakers	343	Vacant
Lilley & Skinner Bootmakers	341	Vacant
J. Sainsbury Provisions	339	Abbey National Building Society
Meakers Outfitters	337	Bindi Gift Shop (closing down)

1938	*No. Green Lanes*	*1988*
Dolcis Shoe Co.	***335***	*Toymaster Toy Shop*
Dolcis Shoe Co.	***333***	*Toymaster Toy Shop*
Lewis Tobacconist	***331***	*BAC Windows & Doors*
Dorothy Perkins Ladies Wear	***329***	*The Leeds Building Society*
Lovelace Bootmaker	***327***	*K Shoe Shop*
Boots Chemists	***325***	*Pharmacy Chemists*
Henry Fancy Goods	***323***	*Vacant*
Coles Fishmonger & Poultry	***321***	*Palmers Green Fisheries*
John Coombes Confectioner	***319***	*John Coombes Newsagents etc.*
R. & J. Pritchard	***317***	*Millers Ladies & Childrens Wear*
R. & J. Pritchard	***315***	*Millers Ladies & Childrens Wear*
Evans & Davies Drapers	***311***	*Multiyork Furniture*
Evans & Davies Drapers	***309***	*Multiyork Furniture*
Evans & Davies Drapers	***307***	*Cullens Food Hall*
Evans & Davies Drapers	***305***	*Cullens Food Hall*

ALDERMANS HILL

Burdetts Bakers	***303***	*Metaxas Travel Agents*
Gerald Maison Gowns	***301***	*Norwich & Peterborough Building Society*
Oldland Tobacconists	***299***	*Newsagents etc.*
Baxter & Jordan Hairdressers	***297***	*Valia Restaurant*
Turner & Lisney Offices	***295***	*Blyth & Taylor Offices*

	No. Aldermans Hill	
Barclays Bank	***2***	*Barclays Bank*
Manfield Bootmakers	***4***	*Barclays Bank*
Henry Smeeton Butchers	***6***	*John Abbott Butchers*
Gas Company Showrooms	***8***	*Sophia Unisex Hairdressers*
J. Salmon & Co. Grocers etc.	***10***	*Bathroom & Kitchen World*
United Dairies	***12***	*Winkworth Estate Agents*

DEVONSHIRE ROAD

Midland Bank	***1***	*Midland Bank*
Chamberlain & Willows	***3***	*Prudential Property Agents*
W.H. Smith Newsagents	***5***	*W.H. Smith Newsagents*
J. Sainsbury Provisions	***7***	*Nationwide Anglia Building Society*
James Moore China	***9***	*Charringtons Heating Centre*
Eastman Dyers & Cleaners	***11***	*Bradford & Bingley Building Society*
Turner & Lisney Depot		*Blyth & Taylor Depot*

INDEX

The index refers to Chapters 1 to 9, and includes illustrations